보육교사 인성론

Childcare teacher
Personality theory

고정곤 김중기 이영희 이우언 전대성 공저

양 성 원

머리말

지난 40여 년간의 교직생활에서 한동안 교사로서 사명감과 열정을 가지고 오직 아동교육에만 혼신의 힘을 다해 젊음을 불태웠던 청년교사시절을 경험했고 또한 상당기간을 교사로서의 사명감과 소명의식 그리고 전문적인 교사로 성장하기를 기대하는 마음으로 교사들의 멘토로서 지도 · 조언을 하는 교육행정기관에서 근무하는 등 평생을 교사들과 인연을 맺고 애환을 같이하며 살아왔다. 그리고 이러한 현장교사와 행정경험을 기반으로 대학에서 몇 학기 동안 교사론에 대하여 강의한 바 있으나 지금도 만족스러운 강의가 되지 못했음을 늘 아쉬워하고 있다. 나는 어떤 교사가 되기를 원하는가? 학부모들은 어떤 교사를 선호하는가? 그리고 기관장이나 동료교사는 어떤 교사가 되기를 바라는가?에 대한 많은 궁금증을 갖고 있던 차, 이들 모두의 요구와 기대를 충족시켜 줄 수 있도록 '교사론'에서 다루어야 할 내용에 대하여 고민하던 차 이제야 나름대로의 생각을 정리하여 2016년 7월에 자신감을 가지고 〈보육교사론〉을 출판하였다.

그러고 나서 기 출판된 보육교사론에 대한 검토를 하였던 바 나이 어린 영유아의 바른 인격과 바른 인성의 기본적인 틀을 형성시켜주어야 하는 보육교사에게는 여타의 학교학급교사들에 비해 바른 인성과 품격을 지녀야 하는 필요성을 절감하고 교사인성에 관한 내용을 보완하여 본 서를 다음과 같은 체제로 편성하였다.

제I부에서는 보육교사직의 특성을 다루었다. 유아교육기관은 인생 최초의 사회교육기관으로 어린 시기의 영유아들의 바른 인격과 인성의 기초를 형성시켜주는 보육교사는 어떤 교육자이어야 하는가에 대한 해답을 주고 있다. 제1장 보육교사의 역할 · 권리 · 의무에서는 보육교사의 역할이 무엇인가? 연령발달단계에 따른 영아기와 유아기의 교사의 역할이 무엇인가? 그리고 보육교사의 권리와 의무에 대하여 다루었다. 그리고 제2장 보육교사의 인성에서는 보육교사의 언성과 자질에 대하여 다루었으며, 제3장 보육철학과 윤리에서는 아동관의 발전과정, 아동권리존중, 보육교사의 윤리강령에 대하여 다루었다.

제II부에서는 보육교사의 직무수행을 다루었다. 특히 제II부에서는 모든 유아교육기관에서는 당해 교육기관에서 주목하는 보육목표를 설정하고 설정된 보육목표를 구현하기 위하여 보육교사는 다양한 직무를 수행하게 된다. 바로 이러한 직무가 유아교육기관의 핵심적인 교육활동으로 보육교사 양성대학의 예비교사들에게 이에 따른 이론과 실천적 기술을 터득시켜줘야 한다. 이를 위하여 제1장 임용과 복무에서는 어린이집에 종사하는 교직원의 자격기준과 취득, 임용에 따른 절차와 방법 그리고 보육교사의 복무에 관한 내용을 다루었다. 제2장 보육실 운영관리에서는 흥미영역 구성방법, 비품과 교재 · 교구관리방법 그리고 시설 ·

설비의 관리방법에 대하여 다루었다. 제3장 하루일과운영에서는 하루일과운영에 대한 개략적 이해를 비롯하여 연령발달단계에 따른 영아반과 유아반의 하루일과 운영방법에 대하여 다루었다. 제4장 영유아 이해 및 지도에서는 영유아의 학습 또는 생활지도를 위한 정보와 자료수집을 위한 다양한 평가방법과 절차 그리고 부적응행동 유형별로 지도방법에 대해 알아본다. 제5장 보육실에서 일어나는 보편적인 문제 상황에서는 유아중심교육과 교사중심교육의 영향에 따른 문제, 활동실 면적의 크고 작음에 따른 문제, 그리고 아동학대, 공격적인 행동, 이에 대한 문제점과 대책을 다루었다. 제6장 의사소통과 갈등관리에서는 유아교육기관 내에서 의사소통의 저해요인과 이에 따른 대책, 그리고 조직에서 갈등의 발생되는 요인과 이에 따른 관리전략에 대하여 다루었다. 제7장 학부모 및 지역사회와의 협력에서는 교사와 학부모 그리고 지역사회 간의 협력방안, 지역과제의 보육과정화 방안, 그리고 다양한 지역사회자원을 유아교육에 활용하는 방안에 대하여 다루었다.

제III부에서는 보육교사의 역량개발을 다루었다. 유아교육기관에서의 교육의 질은 원장, 원감, 보육교사들이 그들의 직책에 따른 직무를 어떻게 수행하느냐에 달려 있으나 그중 보육교사에게 거는 기대가 가장 크므로 당해 유아교육기관의 보육의 질은 당해기관 보육교사의 능력의 수준을 넘지 못한다. 따라서 보육교사의 역량개발은 당해 유아교육기관의 주된 업무이다. 이를 위해서 제1장 전문성 개발에서는 반성적 사고와 교사발달에 대하여 이해하고 이를 기반으로 하여 보육교사의 전문성 개발을 위한 방안에 대하여 알아보았으며, 제2장 현직교육(자기개발)에서는 보육교사의 전문성 개발을 위한 방안으로 개인주도연수, 기관주도연수, 정부주도연수 유형과 유형에 따른 운영방안에 대하여 알아보았다.

제IV부에서는 보육교사의 자기관리를 다루었다. 보육교사는 유아교육기관에 소속된 조직원으로서 직무수행의 효율성을 높이기 위한 부단한 노력이 필요하지만, 한편으로는 한 가정의 가족원으로서 또한 한 사회의 구성원으로서 자신의 신체와 정신의 건강을 유지하고 행복한 삶을 유지하기 위해서는 자기관리가 필요하다. 따라서 제1장 스트레스관리에서는 기관 내에서 스트레스 유발요인과 대처방법, 제2장에서는 시간관리기법, 그리고 제3장에서는 업무관리기법에 대하여 다룬다.

2016년에 〈보육교사론〉을 출간한 데 이어 본서에 대한 2년간의 검토를 통해 부족한 부문을 보완하여 출간함에 뿌듯한 마음을 느끼며, 분명히 예비보육교사나 현직보육교사들에게 보육교사로서 직무를 수행하는 데 필요한 정보와 자료를 제공하는 저서가 되리라고 확신한다. 본 서를 출간하기까지 애써주신 양성원 강철원 대표님께 감사드린다.

2019년 1월
저자 대표

차 례

제 III 부 보육교사의 역량개발

제 I 부

보육교사직의 특성

보육교사는 영유아의 심신을 건강하게 하고 전인적인 발달을 이루어 민주시민의 기초가 형성될 수 있도록 지원하고 지도해 주는 역할을 수행해야 한다. 이러한 보육교사가 되기 위해서는 아동존중사상을 갖고 올바른 보육철학과 보육관을 지니어야 하는바 이에 필요한 내용으로 첫째, 보육교사의 역할과 권리 그리고 의무가 무엇인가에 대하여 학습하고 둘째, 보육교사가 지녀야 하는 인성에 대하여 이해시키기 위하여 유아교직의 특성, 보육교사의 주요 인성덕목과 인성지도교사로서의 태도와 역할을 이해시키고 셋째, 보육교사에게 보육철학과 윤리의식을 고취시키기 위하여 아동존중사상의 발전과정, 아동권리존중, 보육교사의 윤리강령에 대하여 학습한다.

제 1 장

보육교사의 역할, 권리, 의무

유아교육기관 내에서 보육교사가 보육교사로서의 역할을 정상적으로 수행할 때 당해 유아교육기관에서 설정한 보육목표가 합리적으로 구현되고, 보육교사로서 자신의 역할을 정상적으로 수행한 보육교사에게는 법률이 정한 보육교사로서의 권리가 부여되며 또한 법률적으로 부여된 권리를 수행하는 데는 보육교사로서의 의무가 따른다. 따라서 보육교사의 역할, 권리, 의무는 상호적 관계를 갖는다. 그러므로 본 장에서는 보육교사의 역할, 권리, 의무에 대하여 자세히 다루기로 한다.

1. 보육교사의 역할

보육교사의 역할에서는 역할과 자질과의 관계, 교사의 역할, 보육교사의 역할 그리고 유아 발달단계에 따른 영아반 교사의 역할, 유아반 교사의 역할 순으로 기술한다.

1) 역할과 자질의 관계

역할과 자질의 관계에 대하여 생각해 보기로 한다.
먼저 자질의 성격은
첫째, 자질은 시대적 상황과 변화, 교육관에 따라 달라진다.
둘째, 자질은 만족스럽게 정의할 수도 없고 표준화된 자질도 없다.
셋째, 자질은 비교적 영속성이 있다.
넷째, 자질과 역할은 정확한 개념정립이 어려워 혼용하여 쓰는 경우가 많다. 또한 역할을

'개인이 맡은 바 직책이나 의무'로 본다면 자질은 '역할을 결정하는 근거나 바탕'으로 교사로서 바람직한 자질을 보유하고 있을 때 해당 교사는 바람직한 교사역할을 수행할 수 있을 것이다. 또한 이와 반대로 교사에게 필요한 자질은 교사의 역할을 어떻게 규정하느냐에 따라 달라질 수도 있다. 예를 들면, 보육교사의 역할 중에 '보육교사는 영유아들을 잘 지도하는 역할을 해야 한다'라고 규정하면 보육교사의 자질로서 '탁월한 교수·학습기술'을 선정할 수 있듯이 역할과 자질이 서로 양면성을 지니고 있어 학자에 따라서는 역할과 자질을 혼용하여 사용하기도 한다.

2) 교사의 역할

역할(role)이란 사전적 의미로는 '자기가 마땅히 해야 할 직책이나 의무'로서 역할은 개인이 처한 사회적 지위에 따라 달라진다. 또한 역할은 사회의 어느 한 직위에 있는 사람에게 사회인으로부터 일반적으로 기대되는 행동유형인 반면, 어느 지위에 있는 사람이 자기직업에 관련하여 전문적으로 행사하는 행동유형으로 사회적으로 승인되는 보편성을 띤다. 이렇게 볼 때 보육교사의 역할이란 '교사가 보육현장에서 담당해야 할 행동특성인 반면에 사회인들이 보편적으로 보육교사에게 기대하는 행동특성'으로서 교사가 자각한 보육교사의 역할과 사회인이 보육교사에게 기대하는 역할 간에 차이가 있을 때 해당 보육교사는 사회적으로 규탄을 받게 된다. 따라서 보육교사는 보육교사의 역할과 자질에 대해 잘 이해하고 있어야 한다. 다음에서 교원의 일반적인 역할과 보육교사의 역할에 대하여 생각해 보기로 한다.

〈교원의 역할〉

특정 지위에 대한 역할이 무엇인가를 이해하는 일은 쉬운 일이 아니다. 사회 · 문화 · 제도에 따라 역할은 달리 규정되어 왔기 때문이다. 교사의 역할에 대한 이해가 전재되는 것은 보육교사의 역할도 교원의 역할이 무엇인가에서부터 기초해야 하기 때문이다. F. Reedle과 W. W. Wartenberg는 교원의 역할을 다음과 같이 제시하였다.

① 사회 대표자로서의 역할
② 판단자로서의 역할
③ 지식 자원으로서의 역할
④ 학습의 조력자로서의 역할
⑤ 심판관으로서의 역할
⑥ 훈육자로서의 역할

⑦ 동일시 대상으로서의 역할
⑧ 불안 제거자로서의 역할
⑨ 자아 옹호자로서의 역할
⑩ 집단 옹호자로서의 역할
⑪ 부모 대리자로서의 역할
⑫ 적대 감정 표적의 역할
⑬ 친구로서의 역할
⑭ 애정의 대상자로서의 역할

3) 보육교사의 역할

보육교사의 역할은 시대적 변천 및 사회적 요구와 기대는 물론, 보육기관의 유형, 적용되는 프로그램의 특질, 영유아의 특성, 영유아 부모의 요구에 따라 보육교사의 역할은 달라진다. 따라서 보편적인 보육교사의 역할을 제시하기 전에 먼저 여러 학자가 제시한 보육교사의 역할에 대하여 알아보자.

〈표 I-1〉 보육교사의 역할

학자명	보육교사의 역할
교육과학기술부 (2009)	• 교육과정 설계자 • 일과 계획 및 운영자 • 현장연구자 • 의사결정자 • 상담자 및 조언자 • 생활지도자 • 행정업무 및 관리자 • 동료와의 협력자
황해익 외 (2015)	• 부모로서의 역할 • 의사결정자로서의 역할 • 학습조력자로서의 역할 • 부모와의 교류자로서의 역할 • 훈육자로서의 역할 • 환경조성자로서의 역할 • 상호협력자로서의 역할
이순형 외(2015)	• 대리양육자의 역할 • 교수자의 역할 • 본보기의 역할
권영례 외(2015)	• 발달이론: 관찰자, 평가자, 양육자, 관리자, 정보제공자, 혼합된 역할 • 학습상황: – 상호작용자로서의 역할 – 양육자로서의 역할 – 스트레스를 관리하는 역할 – 촉진자로서의 역할 – 환경관리자로서의 역할 – 활동제공자로서의 역할 – 문제해결자로서의 역할 – 지지자로서의 역할
정혜영(2002)	• 예술가로서의 교사 • 전문가로서의 교사 • 연구자로서의 교사 • 도덕적 귀감자로서의 교사 • 임상의학자로서의 교사 • 설득자로서의 교사 • 대화자로서의 교사

학자명	보육교사의 역할
오천식(2002)	• 정원사 • 벽돌을 쌓는 자 • 안내자 • 창조자
이은화(1985)	• 환경제공자 • 관찰자 • 프로그램계획자 • 연구가 • 부모교육담당자 • 평가자
Kazz(1972)	• 모성적 역할 • 치료적 역할 • 교수적 역할
Spodek(1985)	• 양육자의 역할 • 교수의 역할 • 관련적 역할
Saracho(1988)	• 교육과정설계자 • 교수조직자 • 진단자 • 상담자 및 조언자
Schickedanzetal (1990)	• 지식전달자 • 계획자: –조직자 • 의사결정자 • 훈육자 –평가자

〈표 I-1〉과 같이 여러 학자가 제시한 보육교사에 대한 역할을 보면

첫째, 교사의 역할이 현장에서 영유아, 학부모에게 무엇을 해야 할 것인가?에 관하여 착안되어 있다.

둘째, 일부 학자가 제시한 보육교사의 역할은 일부 영역에 편중되어 있는 감이 있다.

셋째, 〈표 I-1〉에 제시된 보육교사의 역할들이 현장에서 처리되는 업무의 명칭이나 성격과 직결되지 않은 감이 있어 역할만 보고서는 보육교사가 업무처리나 활동의 방향을 추측하기 어려운 정의를 내린 학자도 더러 있다. 따라서 본 서에서는 〈표 I-1〉에 제시된 여러 학자의 의견을 종합하고 다년간의 교사경험과 교사 총괄·관리 경험을 중심으로 현장감이 있는 용어를 구사하고 현장업무를 중심으로 보육교사의 역할을 다음과 같이 정리한다.

(1) 보육과정 설계자로서의 역할

① 보육과정 운영계획 수립

② 연간, 월간, 주간, 일간 보육계획 수립

③ 기타 보육활동계획 수립

(2) 보육과정 운영자로서의 역할

① 일일 일과계획 및 운영

② 보육 관련 행사 운영

(3) 교수·학습지도자로서의 역할

① 보육과정 지도자 ② 학습조력자

③ 상호작용자
④ 활동제공자
⑤ 상호학습협력자

(4) 생활지도자로서의 역할

① 부모의 역할
② 본보기
③ 상담 및 조언자
④ 훈육
⑤ 대리양육자
⑥ 대화자
⑦ 도덕적 귀감자
⑧ 지지자
⑨ 촉진자
⑩ 스트레스 관리자
⑪ 문제해결자
⑫ 설득자

(5) 보육환경 조성자로서의 역할

① 흥미영역 관리
② 공간구성 관리

(6) 교수·학습자료 제작·관리·활용자로서의 역할

① 교수·학습자료 제작
② 교수·학습자료 관리
③ 교수·학습자료 활용

(7) 상호교류자로서의 역할

① 학부모와의 교류
② 지역사회와의 교류
③ 보육행정가와의 교류
④ 동료교사와의 교류

(8) 보육활동 평가자로서의 역할

① 관찰자
② 평가자

4) 발달단계에 따른 교사의 역할

다음은 영유아의 발달단계에 따른 교사의 역할을 영아반과 유아반으로 구분하여 발달단계별 특성에 따른 교사의 역할에 대하여 생각해 보기로 한다. 유안진(1998)은 발달연령에 따른 교사의 역할을 [그림 I-1]처럼 나타내었다. 그림에서 보는 바와 같이 연령이 높아질수록 교육의 역할이 강화되는 반면 양육의 역할이 약화된다.

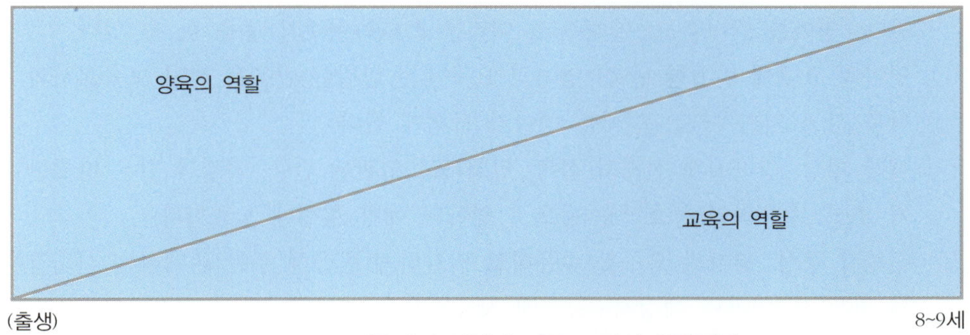

[그림 I-1] 영유아의 연령에 따른 교사의 역할변화

(1) 영아반의 교사역할

앞서 살펴본 보육교사의 일반적인 역할과 영아의 발달특성에 따른 영아반의 교사역할을 종합하여 다음과 같이 정리한다.

① 지지적 역할

㉠ 가정적 분위기 조성
㉡ 따뜻한 스킨십
㉢ 영아의 요구에 민첩한 반응
㉣ 애착 형성
㉤ 신뢰감 형성
㉥ 영아에 대한 존중

② 육아적 역할

㉠ 개별화 보육
㉡ 충분한 양육
㉢ 가족에 대한 존중
㉣ 안전한 육아환경 조성하기

③ 발달 계발적 역할

㉠ 개인의 발달과 학습 조장
㉡ 언어적 자극 제공, 비언어적 의사소통
㉢ 기본생활습관 지도
㉣ 사회적 기술 형성 돕기
㉤ 특수아 발달에 대한 지식

제시한 영아에 대한 교사의 역할에 대하여 자세히 설명하기로 한다.

① 지지적 역할

㉠ 가정적 분위기 조성: 어린이집을 가정과 같이 꾸며 영아가 어머니의 따뜻한 품속과 같이 편안함, 안락함, 안정감을 느끼게 조성해 준다.

㉡ 따뜻한 스킨십: 따뜻한 스킨십(신체적 접촉)을 통하여 영아가 심리적 안정감을 갖게 한다. 영아를 안아주고, 만져주고, 머리를 쓰다듬어주기 등을 들 수 있다.

㉢ 영아의 요구에 민첩한 반응: 영아의 요구에는 민첩한 반응을 하여 보육교사와 신뢰감을 갖고 지지자라는 인식을 영아가 느끼게 한다.

㉣ 애착 형성: 영아에게 신체적 접촉, 민첩하고 일관된 반응, 가정과 같은 따뜻한 분위기 조성, 수용적인 상호작용 등으로 영아와 애착 형성에 노력한다.

㉤ 신뢰감 형성: 영아의 요구를 수용하고 민감하게 반응해 주는 존재라는 신뢰감을 쌓게 하는 등 영아와 애정적 · 긍정적 상호작용을 강화한다.

㉥ 영아에 대한 존중: 영아가 보육교사와 대등한 인격체라는 존중감을 갖는다. 바닥에 앉기, 눈 맞추기 등 물리적으로 영아의 수준에 맞추기, 영아수준의 용어를 사용하여 말하기 등의 방법을 활용한다.

② 육아적 역할

㉠ 개별화 교육: 영아를 위한 보육계획을 세웠다 할지라도 영아는 모두 같은 방법으로 같은 단계를 거치지 않는 개성 있는 존재로 영아의 개별성, 다양성을 존중하고 인정해야 한다. 학기 초에 영아를 위해 수립한 보육계획이라 할지라도 영아의 흥미와 수준에 맞지 않으면 수정하여 운영해야 한다.

㉡ 충분한 양육: 0~2세 영아는 신체성장의 급등기이다. 정상적인 성장을 할 수 있도록 수유, 수면, 배설, 안전, 위생, 질병 예방에 주력하고 신체적 요구를 충분히 해결해 주어야 한다.

㉢ 가족에 대한 존중: 영아 가족에 관한 모든 것을 존중하며, 특히 가정에서 부모의 육아방식을 존중해서 영아를 지도해야 한다. 영아의 하루일과에 대해 부모와 늘 협의하고 영아지도를 위한 다양한 정보와 자료를 제공받는다.

㉣ 안전한 육아환경 조성하기: 안전한 시설, 놀이기구, 식사시설, 배변시설, 수유시설, 휴면 · 휴식시설을 정비, 관리한다.

③ 발달 계발적 역할

㉠ 개인의 발달과 학습 조장: 영아에게는 양육뿐만 아니라 신체, 언어, 인지, 정서, 사회성 발달을 도모할 수 있도록 발달과 학습에 직결되는 교육적 자극을 제공해야 한다.

㉡ 언어적 자극 제공, 비언어적 의사소통: 영아기는 수용언어가 급속도로 발달하는 시기이다. 따라서 영아가 언어로 자기의사를 표현하지 못하더라도 행동이나 표정 등 신체적 표현을 통해 의사를 전달하므로 이러한 신호에 민감하게 대처하는 등 언어적 자극을 해결해 주고 또한 교사도 신체적 표현을 통한 비언어적 의사소통을 강화

하여 영아와 신뢰감을 쌓는다.

ⓒ 기본생활습관 지도: 영아의 기본생활습관 지도내용으로는 배변훈련, 초기 식습관, 말하기, 사회적 놀이하기, 낮잠 자기 등 바른 기본생활습관 형성지도에 힘쓴다.

ⓓ 사회적 기술 형성 돕기: 영아기의 사회적 기술은 영아의 요구를 충족시켜주었을 때 미소짓기, 성인이 묻는 말에 간단히 말하기, 고개 끄덕이기, 또래에게 놀이기구 양보하기 등의 사회적 기술이 나타난다. 이러한 사회적 기술이 나타날 때 교사는 다양한 방법으로 강화하고 격려한다.

ⓔ 특수아 발달에 대한 지식: 일반아는 물론 특별한 지원이 필요한 영아를 위해 발달특성과 그에 맞는 지도방법을 익혀 특수아 발달지도를 돕는다.

(2) 유아반의 교사역할

전 항에서 밝힌 보육교사의 일반적인 역할과 유아의 발달특성에 따른 유아반 교사의 역할을 정리하면 다음과 같다.

① 보육과정 영역별 핵심내용 강조지도

ⓐ 호기심, 탐구력, 창의적 사고력 배양: 사회관계, 자연탐구 영역

ⓑ 인지발달 촉진: 전 영역

ⓒ 의사소통능력 향상: 언어발달 영역

ⓓ 대근육, 소근육 발달: 신체운동 · 건강 영역

ⓔ 기본생활습관, 집단의식, 또래관계 지도: 사회관계 영역

ⓕ 잠재능력 계발: 예능표현 영역

② 학습환경 조성 및 관리

ⓐ 흥미영역 설치　　ⓑ 보육실 공간 구성

③ 다양한 교수 · 학습방법 적용의 역할

ⓐ 3~5세 누리과정 교수 · 학습방법 지침 준수

ⓑ 다양한 교수 · 학습방법 적용

ⓒ 교수 · 학습방법의 개별화

ⓓ 보육과정의 개별화

ⓔ 집단교수 · 학습체제의 구축

ⓕ 예술가로서의 역할

앞서 열거한 유아반 교사의 역할에 대하여 자세히 기술하기로 한다.

① 보육과정 영역별 핵심내용 강조지도

3세부터는 영아에 비하여 적극적인 교육활동이 이루어지는 시기로서, 특히 표준보육과정의 3~5세 누리과정 5개 영역에서 기대되는 핵심적인 능력을 배양하는 데 노력해야 한다.

㉠ 호기심, 탐구력, 창의적 사고력 배양(사회관계, 자연탐구 영역)

유아기에는 유아 스스로 학습할 수 있도록 주위의 모든 사물이나 현상에 대하여 호기심을 가지고 탐구하고 창의적으로 사고할 수 있도록 한다.

㉡ 인지발달 촉진

유아들은 상징놀이를 통하여 표상능력이 발달되고 인지발달을 촉진시키므로 유아의 발달특성에 따른 다양한 활동을 준비한다.

㉢ 의사소통능력 향상

유아기는 언어발달의 결정적 시기로서 빠르게 어휘를 습득하고 문법규칙을 이해하면서 의사소통능력이 빠르게 발달하는 시기이다. 따라서 교사는 의사소통능력 발달을 촉진시키는 올바른 언어지도가 필요하다.

㉣ 대근육, 소근육 발달

유아기는 활동성이 강화되면서 신체놀이를 즐긴다. 특히 공 던지고 받기, 공차기, 미끄럼틀 타기, 사다리 오르내리기, 시소 타기 등을 통해 신체 각 부분의 근육이 발달한다. 이뿐만 아니라 유아들의 소근육 발달을 위해서 퍼즐 맞추기, 가위로 오리기, 점토 만들기, 조립형 장난감 맞추기, 크레파스 잡기 등의 활동을 체계적으로 지도한다.

㉤ 기본생활습관, 집단의식, 또래관계 지도

유아기는 유아들의 활동이 활발해지면서 또래관계가 형성되고 소그룹을 형성하면서 집단의식이 생기고 집단생활을 영위하면서 집단생활에 필요한 기본생활습관과 단체생활 태도를 형성시켜주어야 한다. 특히 기본생활습관은 스스로 옷 입고 벗기, 단추 채우기, 양말이나 신발 신기, 장갑 끼기 등이며 단체생활규범으로는 바르게 화장실 사용하기, 순서대로 수돗물 사용하기, 순서대로 놀잇감 이용하기 등을 들 수 있다. 그리고 바람직한 또래관계가 형성되도록 지도해야 한다.

ⓗ **잠재능력 계발**

영아기에는 보통 양육 위주의 보육활동에서 유아기에는 유아의 잠재력을 계발하는 적극적 교육으로 전환시키는 데 따른 교사의 역할이 필요하다. 유아의 잠재력은 교사가 주도적으로 계발시켜주는 것이 아니라 유아가 자기주도적인 방법으로 계발하도록 격려해 주어야 한다.

② **학습환경 조성 및 관리의 역할**

3~5세의 유아반은 월별 또는 주별 활동주제와 관련하여 조사, 발견, 탐색, 탐구활동을 조장하여 효율적이며 유아주도적인 학습을 주도할 수 있도록 구성하고 실내의 벽면과 천장도 정서적인 가치 외에도 학습을 도울 수 있도록 구성한다.

㉠ **흥미영역 설치**

영아반에 비하여 실내흥미영역의 수도 많고 교구나 자료도 다양하게 준비한다. 실내흥미영역 외에 실외흥미영역도 설치한다.

㉡ **보육실 공간 구성**

영아반 보육실에서는 영아발달의 특성을 반영한 일상생활과 대근육 발달 위주의 공간 구성이라면 유아반 보육실의 공간구성은 정서감을 배양하고 유아의 학습활동을 자극하는 좋은 학습경험을 제공할 수 있도록 구성한다.

③ **다양한 교수·학습방법 적용의 역할**

영아반의 교사역할이 보육 위주로 이루어진다면 유아반의 교사역할은 교육 위주로 이루어진다. 특히 교육 위주의 교사활동 중 가장 중요한 역할이 교수·학습활동이다.

교수·학습활동에서는 다음과 같은 내용이 고려되어야 한다.

㉠ **3~5세 누리과정 교수·학습방법 지침 준수**

3~5세 누리과정 교수·학습지침은 표준보육과정에서 제시하는 내용을 기반으로 어린이집에서 보육활동 계획 운영 시 놀이중심, 흥미중심, 생활 속 경험중심, 능동적 상호작용 중심, 통합적 지도, 균형적 지도, 개별 유아의 흥미와 요구에 따른 방식으로 지도하도록 되어 있다.

㉡ **다양한 교수·학습방법 적용**

교수·학습방법은 각 영역별 활동주제의 성격에 따라 적합한 교수·학습방법을 계획·적용한다. 따라서 교사는 다양한 교수·학습방법을 계획하고 실제 지도 시에도 활동주제의 성격에 따라 최적의 교수 · 학습방법을 계획 · 적용한다.

㉢ 교수 · 학습방법의 개별화

유아는 같은 연령이라도 각자 경험의 내용과 범위, 관심사, 학습능력, 발달수준 등 많은 부분에서 서로 차이가 있다. 따라서 유아의 개인별 특성을 고려하여 유아 개개인에게 적합한 교수 · 학습방법을 계획 · 적용해야 한다.

㉣ 보육과정의 개별화

전 항에서 교수 · 학습방법의 개별화를 강조하였는데 이에 못지않게 보육과정의 개별화가 이루어져야 한다. 일반적으로 각 보육기관에서는 연령을 고려한 보육과정을 수립하고 있으나 각 유아의 특성과 생활경험수준이 서로 다르기 때문에 유아 개인별로 그들의 특성, 생활경험 등을 고려한 개인별 보육과정이나 프로그램을 계획하여 활용해야 한다.

㉤ 집단 교수 · 학습체제 구축

집단 교수 · 학습체제 구축을 통해 협동과 질서 외에 남을 배려하고 양보하고 준법정신을 기르는 등 좋은 효과를 높일 수 있다. 따라서 영유아 보육현장에서 집단지도와 개별지도 간에 역동적인 관계를 유지하면서 균형적으로 지도해야 한다.

㉥ 예술가로서의 역할

교사의 역할을 몇 가지로 한정지어 설명하기란 지극히 어려운 일이다. 예술가로서의 역할이란 예술이 다양하듯이, 예를 들면 유아들이 '가을동산'을 그림으로 표현하더라도 각기 다른 표현기법을 사용하듯이 교사의 역할도 아주 다양하여 유아의 특성이나 성격, 개인차 등 유아의 현 상황에 알맞은 역할을 수행해야 한다. 예술가로서의 역할에는 교수자, 격려자, 양육자, 지지자, 애정표현자의 역할 등 수없이 많다.

2. 보육교사의 권리(교권)

보육교사는 교사로서의 권리를 행사하고 또한 각종 교원단체에 가입하여 교권의 보호와 자기성장의 기회를 확보해 나가고 있다.

다음에서 교권에 대하여 알아보기로 한다.

1) 교권(교사의 권리)의 개념

교권에 관한 여러 학자들의 견해를 종합하면 〈표 I-2〉와 같다.

〈표 I-2〉 교권의 개념

학자명	개념
김윤태 외(1984)	• 교육을 받을 권리와 교육을 할 권리
김기태 외(2002)	• 교육자의 권리
박화윤 외(2010)	• 교직에 종사하는 교원들이 그들의 책임과 의무를 수행함에 있어 보장받아야 할 교육활동의 자율성, 신분과 생활의 안정, 사회적 신뢰와 존경 등 제반 조건에 관한 교원의 권리
서정엽(1982)	• 교권은 교육권이며 교사의 권리
임부연 외(2015)	• 교직에 종사하는 교사의 권리 혹은 교사의 권위
염지숙 외(2015)	• 교사가 교육을 잘 수행하기 위해 기본적으로 보호받고 존중받아야 하는 권리와 권위 • 교원의 직업적 권위와 권리

〈표 I-2〉의 교권의 개념을 종합해 보면 다음과 같은 성격이 있다.

첫째, 교사의 권리 혹은 교사의 권위이다.

둘째, 교육권이다.

셋째, 교사가 교육을 잘 수행하기 위해 필요한 것이다.

넷째, 교사가 교원으로서 그들의 책임과 의무를 수행하기 위해 보장받아야 할 제반조건이다. 따라서 이들을 토대로 하여 교권이란 "교원이 교육을 잘 수행하고 교원으로서의 책임과 의무를 원활히 수행하기 위해 보장받고 존중받아야 할 제반 조건에 대한 교원의 권리와 권위"로서 정의할 수 있다.

2) 교권의 중요성

학부모가 교육현장에서 교사에게 무시하는 언행을 하고 심지어는 교사를 구타하는 행위를 할 때 교권이 무너졌다고 한다. 이 경우는 교사로서 교육을 수행하기 위한 제반조건에 교원의 권리가 훼손된 사례이다. 또한 교사가 크고 작은 비사회적 행동이나 범법행위를 저질렀을 때도 교권이 추락했다고 하는데, 이 경우 교육을 수행하기 위한 교원의 권위가 훼손되었기 때문이다. 교권의 추락은 교사 또는 교사 이외의 사회인들에 의해 확립되는 것으로 교권이 왜 중요한가에 대해 알아보자.

첫째, 교육의 성과를 높이기 위해서이다.

교육의 성과를 높이는 일은 교육에 작용하는 보육과정, 시설, 교재 · 교구, 기관의 분위기, 학부모의 이해수준 등 모든 대내 · 외적 조건이 갖추어져야 한다. 하지만 그보다도 교육을 주도적으로 이끌어가는 교사의 역할이 가장 중요한 변인임은 재론의 여지가 없다. 즉, 교육을 원활히 수행하기 위해서는 제반조건에 대한 교원의 권위와 권리가 보장되어야 한다.

둘째, 교원의 사회적 · 경제적 지위를 향상시키기 위함이다.

교권의 중요성에 대한 사회적 인식수준이 높아지면 교권의 지위도 그만큼 높아지고, 사회적 인식수준이 낮아지면 교원의 지위도 낮아지기 마련이다. 뿐만 아니라 사회적 인식수준에 따라 경제적 수준도 달라진다. 따라서 교원의 사회 · 경제적 지위를 향상시키기 위해서는 교원의 교권이 확립되어야 한다.

셋째, 교직이 전문직으로 인식받기 위함이다.

교육, 교권, 사회 · 경제적 지위, 전문직 등은 서로 상호작용적 관계를 가지고 있다. 교원이 전문성을 확보하면 교권이 바로서고 교권이 바로서면 사회 · 경제적 지위가 향상된다. 또한 교직이 바로서고 전문직으로서의 사회적 인식이 제고되면 사회 · 경제적 지위 또한 향상될 것이다. 또한 교권이 바로서고 교원이 사회 · 경제적 지위가 향상되고 전문성이 보장되면 교육이 성공적으로 잘 이루어질 수 있다. 교직이 전문직으로 자리매김을 하기 위해서는 교권이 바로서야 한다.

3) 교권 개념의 발달

교권은 교원이 아닌 다른 사람들에 의한 사회적 인식수준에 달려 있고, 교원이 아닌 다른 사람들에 의해서 확립되는 부분도 있지만, 교권 당사자인 교원이 스스로 노력해서 얻는 부분이 더욱 많다. 그렇다고 해서 교원이 무조건 노력만 한다고 해서 얻는 성과는 제한적이므로 교권이 확립되기 위해서는 법률적 보장이 먼저 전제되어야 한다. 교권만이 아니다. 교육을 비롯한 모든 분야의 혁신적인 국가정책도 법률적 지원 없이는 실효를 거둘 수 없다.

다음에서 교권이 어떻게 법률적 지원을 받아왔는지에 대하여 알아보자.

〈표 I-3〉 법률상 교권에 관한 규정

관계법령	내용
「교육기본법」 제14조(교원)	① 학교교육에서 교원의 전문성은 존중되며, 교원의 경제적·사회적 지위는 우대되고 그 신분은 보장된다.
「교육공무원법」 제43조 (교권의 보장과 신분보장)	① 교권은 존중되어야 하며, 교원은 그 전문적 지위나 신분에 영향을 미치는 부당한 간섭을 받지 아니한다. ② 교육공무원은 형의 선고, 징계처분 또는 이 법에서 정하는 사유에 의하지 아니하고는 그 의사에 반하여 휴직, 강임 또는 면직을 당하지 아니한다. ③ 교육공무원은 권고에 의하여 사직을 당하지 아니한다.
「교원의 지위 향상 및 교육활동 보호를 위한 특별법」 제2조 (교원에 대한 예우)	① 국가, 지방자치단체, 그 밖의 공공단체는 교원이 사회적으로 존경받고 높은 긍지와 사명감을 가지고 교육활동을 할 수 있는 여건을 조성하도록 노력하여야 한다. ② 국가, 지방자치단체, 그 밖의 공공단체는 교원이 학생에 대한 교육과 지도를 할 때 그 권위를 존경받을 수 있도록 특별히 배려하여야 한다. ③ 국가, 지방자치단체, 그 밖의 공공단체는 그가 주관하는 행사 등에서 교원을 우대하여야 한다.

〈표 I-3〉에서 보는 바와 같이 교권과 같은 개념으로 법령화된 것은 「교육기본법」 제14조(교원)로서 교원의 전문성, 경제적 · 사회적 지위우대를 명시하였고, 이어 「교육공무원법」 제43조(교권의 보장과 신분보장)에서 교권의 개념이 처음으로 도입되어 '교권은 존중되어야 하며, 교원은 그 전문적 지위나 신분에 영향을 미치는 부당한 간섭을 받지 아니한다'라고 규정하면서 부당한 휴직, 강임, 면직, 권고사직 금지가 규정되는 등 교권 존중을 강조하였으며 이어서 공포된 「교원의 지위 향상 및 교육활동 보호를 위한 특별법」(약칭: 교원지위법) 제2조(교원에 대한 예우)에서는 교권확립을 위한 구체적인 방안으로 국가, 지방자치단체, 그 밖의 공공단체에서 해야 할 일 등을 명시하는 등 구체적으로 교권 확립 방안이 제시되는 등 법률상으로는 교원교권보호가 보장되었다.

4) 교권의 내용

교권의 내용은 무엇인가? 이에 대한 견해는 학자에 따라 다르다. 본 서에서는 교권에 관련된 법규, 여러 학자의 견해를 종합한 한국교원단체연합회편(2000)의 의견을 따르기로 한다. 여기에서 교원이 갖는 권리는 적극적 권리와 소극적 권리로 분류된다. 적극적 권리는 교원이 전문적 활동에 전념할 수 있도록 여건조성의 측면인 자율적인 분위기 보장, 생활 보장, 근무조건 개선 등으로 조성적 · 보조적 권리이고, 소극적 권리는 신분 보장, 교권침해 방지와 같은 내용으로 규제적 · 법률적 권리의 성격을 띠고 있다.

(1) 적극적 권리

적극적 권리는 조성적 권리 또는 보조적 권리라고 하는데, 여기에는 자율성의 신장, 생활보장, 근무조건 개선, 복지 · 후생제도가 포함된다.

① 자율권

전문직으로서의 직무수행을 제대로 하기 위해서는 업무수행에 따른 모든 방안을 창의적으로 연구 모색하는 데 있어서 외부의 통제나 감독에서 자유로워야 한다. 외부의 통제, 감독, 지시가 주어지면 교원들이 창의적으로 업무방법을 연구하고 탐색할 기회가 차단되어 비전문가의 방식대로 교육이 답습될 수밖에 없다. 교원의 자율권 보장은 교원의 전문성 계발을 위한 가장 기본적인 권리이다. 특히 교사가 지녀야 하는 자율권은 보육과정의 편성과 운영, 교수 · 학습방법의 채택, 생활지도 및 보육환경구성, 교재 · 교구의 제작 · 관리 · 활용, 학부모 · 지역사회인과의 상호교류, 보육활동평가에 관한 자율권이 보장되어야 한다. 이런 자율권의 보장은 교사의 전문성을 제고시키고 궁극적으로는 보육의 효율성을 제고시킨다.

② 생활보장권

생활보장권이란 경제적 지위 보장권으로 안정된 경제생활이 확보되어야 가르치는 일에 전념할 수 있다는 의미이다. 교원 보수의 우대에 관한 법률은 「교육법」 제13조, 「교육공무원법」 제34조에서 교원이 사회 · 경제적 지위를 우대해야 함을 명시하고 「사립학교법」 제2조에서 사립학교 경영자는 교원의 보수를 공립학교 교원의 수준으로 유지해야 함을 명시하고 있다. 1960~70년대 초 · 중등학교에서 우수한 젊은 교사들이 봉급과 근무조건이 좋은 직종으로 옮겨갔다. 그 자리를 메우기 위해 양성소와 농업고등학교 출신을 대상으로 만들어진 교원의 양산은 교육의 질을 저하시킴은 물론 교원은 아무나 할 수 있다는 사회적 인식이 확산됨으로써 교권이 땅에 떨어진 과거의 우를 다시는 번복해서는 안 된다. 교원의 생활보장은 물론 대기업 수준에서 대우되고, 실질적인 면에서 교직의 특수성이 충분히 반영된 제도적인 접근으로 기본급의 확대, 보수책정에 연수 · 연구 결과의 반영, 장기 근속자의 우대 등을 통해서 경제적 지위가 보장되어야 한다.

③ 근무조건의 개선

근무조건의 개선이란 보육교사가 그들 본연의 임무인 보육활동에 전념할 수 있는 여건을 보장받아야 한다는 것이다. 어느 직종에서나 해당 직종에서 기대하는 성취와 능률을 극대화시키기 위해서 해당 직종에서 만족스럽게 근무할 수 있는 근무조건이 중요한 요건이 되고 있다. 특히 보육교사는 적정량의 근무부담이 주어져야 하는데 현재 실정은 그렇지 못하다. 그렇다면 보육교사 본연의 업무인 보육활동에 전념하는 것을 방해하는 요인은 무엇인가?

첫째, 보육활동 외에 간접업무량이 너무 과다하여 본연의 보육활동에 집중하기가 어렵다. 특히 등 · 하원 시 차량 지도, 각종 장부처리, 원내 잡무처리 등을 들 수 있다.

둘째, 적정 인원보다 많은 수의 영유아를 보살펴야 하는 부담이 있다.

셋째, 정해진 휴식시간이나 점심시간을 확보하지 못하고 있다.

넷째, 연가와 월차휴가를 필요시 사용하지 못하고 있다.

④ 복지 · 후생제도의 확충

복지 · 후생제도란 보육교사들의 생활을 안정시키고 가족부양에 대한 책임을 덜어 주어 보육교사로 하여금 보육활동에 전념할 수 있도록 하는 데 그 의의가 있다. 보육교사에 대한 복지후생제도는 극히 미약한 실정으로, 특히 연금, 퇴직금, 산업재해보험, 고용보험, 안전공제 등이 해당되는데, 이에 대한 합리적인 개선이 시급하다. 특히 보육교사가 업무수행 중 발생하는 질병이나 부상에 대한 보상제도나 보육활동 중 영유아의 안전사고에 대한 보육교사의 민 · 형사상 부담을 해소할 수 있는 근본적인 안전공제제도 등은 시급히 해결해야 할 과제이다.

(2) 소극적 권리

소극적 권리에는 신분보장, 쟁송제기권, 불체포특권, 단체활동권 등이 있다.

① 신분보장

신분보장은 보육교사가 사회 · 경제적 지위가 적정하게 우대됨은 물론 형의 선고, 징계처분 등에 의거하지 않고, 임의로 보육교사의 의사에 반해 해임이나 사직 등을 강요당하지 않고, 보육교사직을 정상적으로 유지할 수 있도록 하는 것이다. 이러한 신분이 보장되지 않고 운영자나 설립자에 의해 임의로 해임이나 사직 등 불이익이 이루어진다면 마음 놓고 업무에 충실할 수 없음은 자명한 일이다. 보육교사의 신분을 보장받기 위해서는 보육교사의 자격증을 국가가 관리해야 하는데, 우리나라는 2005년부터 국가자격증제도가 시행되어 보육교사의 자격을 국가가 관리하고 있으며, 또한 「영유아보육법」 제19조에 의해 보육교사에 대한 임면과 경력을 특별자치도지사, 시장, 군수, 구청장이 관리하고 있다. 이것은 보육교사의 신분을 보장하기 위한 시책의 일환이다.

② 쟁송제기권

쟁송제기권은 교원이 법에 어긋나는 부당한 인사상의 불이익이나 처분을 받았을 경우, 소청이나 쟁소를 통하여 교원의 신분과 권익을 보장받을 수 있는 권리이다. 소청에는 두 종류가 있다. 하나는 징계처분권자가 징계위원회의 의결이 가볍다고 여겨질 때 재심을 청구하는 경우와 징계처분 대상 보육교사가 징계위원회의 의결이 과중하다고 느낄 때 이에 불복하고 재심을 청구하는 경우이다. 「영유아보육법」에는 쟁송제기권에 대한 규정이 현재 없는 상태이다. 앞으로 「교육공무원법」에 준하는 법률적 규정이 있어야 한다.

③ 불체포특권

교원은 현행범인 경우를 제외하고는 소속 기관장의 동의 없이는 학원 안에서 체포되지 아니한다(「교육공무원법」 제48조, 「사립학교법」 제60조, 「교원지위법」 제4조). 또한 불체포특권은 국회의원과 선거관리위원회 위원에만 주어진 권리로 교원에게 이러한 권리를 인정하는 것은 학원의 자유를 보장하고 교원으로 하여금 교육 및 연구활동을 수행함에 있어 권력기관의 부당한 압력을 배제하기 위함이다(김낙운, 1975). 「영유아보육법」에는 불체포특권에 관한 규정은 따로 없으나 「교육공무원법」에 준하는 법률적 규정이 있어야 한다.

④ 교원단체활동권

교원은 자신들의 권리 보호와 효과적인 직무수행을 위하여 단체활동을 할 수 있다. 즉 교원들이 단체를 조직하고 적극적인 운영을 통하여 회원들의 상호 유대강화, 회원들의 복지향상, 회원들의 자질 향상 등의 목표를 추구하는 것을 말한다(김종철, 1996). 이는 현행 법규상 교원은 상호 협동하여 교육의 진흥과 문화의 창건에 전력하여 경제적 · 사회적 지위를 향상시키기 위해 각 지방자치단체 및 중앙에 교원단체를 조직할 수 있도록 규정하고 있다(「교육기본법」 제15조 제1항). 또한 「교원지위법」에는 '교원단체는 교원의 전문성 신장과 지위 향상을 위하여 교육감 또는 교육부 장관과 교섭, 협의한다'고 명시하고 있다. 그리고 교원단체의 활동은 교육발전과 교원 자신들에 관한 제반정책 형성에 있어서 압력단체라 할 수 있으며, 국민 모두에게 교육의 기능과 교육현안 문제 그리고 교육의 과제를 알리는 홍보단체이기도 하다(김종철, 1996). 교원단체는 크게 한국교원단체 총연합회와 교원노동조합의 2가지 형태이다. 한국교원단체 총연합회는 전문직으로서의 교원의 위상을 강조함에 반해 교원노동조합은 종전의 관행을 탈피하여 노동직으로서의 교직의 성격을 법률적으로 인정받은 것이다. 이들 두 단체는 사안에 따라 서로 갈등을 빚기도 하나 공무원 연금개혁운동 시에는 견해를 같이 하기도 하였다.

3. 교원의 의무

교원은 「교육기본법」 등 교육관계법과 「국가공무원법」 및 「사립학교법」 등이 정한 의무를 이행해야 한다. 국공립학교 교원은 「교육공무원법」의 적용을 받으면서 아울러 「국가공무원법」의 적용을 받고, 사립학교 교원도 「사립학교법」에 의하여 「교육공무원법」과 「국가공무원법」의 준용을 받으므로 공·사립학교의 모든 교원은 결과적으로 그 의무에 있어서 「국가공무원법」의 적용을 받는다. 「헌법」은 공무원이 국민 전체에 대한 봉사자이며 국민에 대하여 책임을 져야 한다고 규정하고 있다. 또한 공무원의 신분과 정치적 중립성을 법률이 정하는 바에 의해 보장된다고 규정한다(「헌법」 제7조). 또한 「교육기본법」 제4조는 '교원은 교육자로서 갖추어야 할 품성과 자질을 향상시키기 위해 노력하여야 한다(제2항)', '교원은 특정 집단 또는 정파를 지지하거나 반대하기 위하여 학생을 지도하거나 선동하여서는 안 된다(제3항)', '교원은 법률이 정하는 바에 의하여 다른 공직에 취임할 수 있다(제4항)'고 규정하는 등 교원의 의무를 규정한 관계법이 아주 많다.

다음에서 교원의 의무를 적극적 의무와 소극적 의무로 구분하여 기술하기로 한다.

1) 적극적 의무

교원의 적극적인 의무로는 교육 및 연구활동의 의무, 선서, 성실, 복종, 비밀엄수의 의무, 품위유지의 의무 등이 있다. 이에 대하여 다음에서 구체적으로 기술하기로 한다.

(1) 교육 및 연구활동의 의무

교육 및 연구활동이란 교사가 담당하고 있는 학생들을 지도하는 데 필요한 역량을 배양하기 위해 관련 교과에 대한 이론이나 실천적 기술을 체득하기 위해 연구하는 활동이다. 교사는 직전 교육으로서 교원양성기관에서 교사로서 학생들을 지도하는 데 필요한 제반 교육이론이나 실천적 기술을 배우고 현장 교사로서 복무하고 있지만 대학에서 학습한 내용이 현장지도에 그대로 적용되기를 기대하는 것은 무리이다. 또한 몇 년을 주기로 교육과정이 개편되고 사회의 급속한 변화는 교사들로 하여금 항상 새로운 것을 학습하지 않고서는 학생들을 지도할 수 없게 만들고 있다.

따라서 교원의 교육 및 연구활동은 「초·중등교육법」 제20조에는 교원은 '학생 또는 원아를 지도한다', 「고등교육법」 제15조에 교원은 '학생을 교육·지도하고 학문을 연구하되 학문연구만을 전념할 수 있다'라고 규정하고 있다.

(2) 선서, 성실, 복종, 비밀엄수의 의무

「국가공무원법」 제2조에 교육공무원을 특정직 공무원으로 규정하고 별도의 「교육공무원법」을 제정하여 교육공무원에 대하여 특례를 규정하고 있다. 교원은 교육을 통하여 국민 전체에 봉사하는 교육봉사자로서 공무원과 동일한 의무를 지며 교원의 복무에 관한 사항은 「국가공무원법」을 준용하도록 하고 있다. 따라서 국가공무원의 의무인 선서, 성실, 복종, 비밀엄수의 의무를 수행해야 한다(김기태 외, 2002).

① 선서의 의무

선서의 사전적 의미는 '여럿 앞에서 굳게 약속하거나 다짐하여 말함'으로 정의되어 있다. 따라서 국가·사회적으로 큰 행사나 각급 학교에서 진행하는 크고 작은 행사에서도 선서를 하여 행사나 모임의 취지에 맞게 충실히 이행할 것을 다짐하고 있다. 교원도 취임 전에 기관장 앞에서 '국민 전체에 대한 봉사자로서의 책임과 조국의 번영을 이룩하는 영광스러운 길잡이임을 자각하고 명령 및 직무상의 명령을 준수, 복종하며 창의와 성의로서 맡은 바 책을 다할 것'을 다짐하는 선서를 하게 되어 있다(「국가공무원법」 제33조). 이것은 공무원의 행동규범으로서 하나의 윤리강령인 것이며, 국민의 공복으로서 솔선수범하겠다는 다짐의 표현이라는 데 그 의의가 있다.

② 성실의 의무

성실의 의무란 직무전념의 의무라고도 한다. 「헌법」 제7조에서 규정한 바와 같이 공무원은 국민 전체에 대한 봉사자로서 국민에 대하여 책임을 지므로 교원도 이와 같은 의무가 있다. 또 「국가공무원법」 제56조는 모든 공무원은 법령을 준수하며 성실히 직무를 수행해야 한다고 규정하고 있어 교원은 직장의 무단이탈이나 영리업무에 종사 또는 소속 장관의 허가를 받지 아니한 겸직이 금지된다(「국가공무원법」 제58조, 제64조, 「지방공무원법」 제50조, 제56조). 성실의 의무에는 직장이탈금지의 의무와 영리 및 겸직금지의무가 있다.

㉠ 직장이탈금지의 의무

교원은 소속 상관의 허가 없이 또는 정당한 이유 없이 학교를 이탈하지 못한다(「국가공무원법」 제58조 제1항). 이 의무는 근무시간(「공무원 복무규정」 제2장) 중에 성립되는 것이지만 시간외 근무명령(「동규정」 제11조)이 있는 경우에도 성립된다. 이 의무의 위배는 「형법」상 직무유기가 된다.

㉡ 영리 및 겸직금지의무

교원은 영리를 목적으로 하는 업무에 종사하지 못하며 소속 기관장의 허가 없이 다른 직무를 겸직하지 못한다(「국가공무원법」 제64조). 여기서 영리란 1) 상업, 공업, 금융업, 기타 영리적인 업무를 스스로 경영하여 영리를 추구함이 현저한 업무, 2) 상업, 공업, 금융업 기타 영리를 목적으로 하는 사기업체의 이사, 감사 업무를 집행하는 무한 책임사원, 지배인, 발기인, 기타 임원이 되는 것, 3) 2의 직무와 관련 있는 타인의 기업에 투자하는 행위, 4) 기타 계속적으로 재산상의 이득을 목적으로 하는 업무를 행하는 것이다(「공무원 복무규정」 제25조). 이러한 영리행위는 직무상 능률의 저하, 직무에 대한 부당한 영향, 국가의 이익과 상반되는 이익의 취득 또는 정부에 대해 불명예스러운 영향을 초래할 수 있기 때문이다.

③ 복종의 의무

교원은 소속 상관의 직무상의 명령에 복종하여야 하며(「국가공무원법」 제57조, 「공무원 복무규정」 제3조), 특히 교사는 교장의 명을 받아 학생을 교육할 것을 「교육법」 제75조에 규정하고 있다. 직무명령이란 상관이 직무에 관하여 부하에게 발하는 명령이다. 직무명령의 형식이 결정되어 있는 경우에는 그 형식을 갖추어야 하지만 그렇지 않은 경우에는 서면, 구술의 어느 형식에 의해서도 직무명령이 가능하다. 여기에서 소속 상사란 그 기관이 관청 또는 보조기관인지의 여부에 관계없이 당해 공무원의 직무에 관하여 지휘 · 감독권을 가진 자를 총칭한다.

직무상의 명령이란 상사가 그 부하에 대하여 발하는 명령인데, 특별한 규정이 있는 경우 외에는 구술이나 문서의 어느 형식에 의하여도 무방하다. 교원에 대한 상관의 명령은 교원의 직무에 관한 사항에 한하여야 하며, 이는 곧 교원의 교육활동이나 이에 수반되는 업무 혹은 합법적인 직무내용이어야 한다.

④ 비밀엄수의 의무

공무원은 재직 중은 물론 퇴직 후라도 직무상의 비밀을 엄수하여야 한다(「국가공무원법」 제60조). 직무상의 비밀은 자신이 처리하는 직무에 관련한 비밀뿐만 아니라 직무와 관련하여 알게 된 비밀도 포함한다. 공무원으로서 무엇을 비밀로 해야 하느냐는 법령 또는 처분에 의해 결정된다. 무엇이 비밀에 속하는 사항인지는 분명하지 않으나 직무상 비밀문서로 취급된 사항(「보완업무규정」 제2조 1호) 및 법령에 특히, 비밀사항으로 규정된 사항을 뜻하는 것으로 본 것이다. 비밀누설은 행정상의 징계사유가 될 뿐만 아니라 형사상의 피의사실 공표죄(「형법」 제126조) 또는 업무상 비밀누설죄(「형법」 제127조)를 구성한다.

비밀유지의 의무는 직무상의 의무가 아닌 까닭에 퇴직 후에도 존속된다. 다만, 퇴직 후의 비밀누설에 관해서는 형사책임을 물을 수 있는 경우를 제외하고는 징계책임을 물을 수 없으니 그 후에 있어서의 공무원 관계의 설정을 거부할 수는 있다. 또한 공무원은 이 의무를 지는 까닭에 법원, 기타 법률상의 권한을 가진 관청의 증인 또는 감정인이 되어 직무상의 비밀에 대하여 심문을 받을 때는 관계 장관의 허가를 받는 사람에 한해 진술할 수 있다. 따라서 관계 장관의 허가를 받지 않은 사람에 대해서는 증인을 거부할 수 있다(「형사소송법」 제147조, 「민사소송법」 제276조, 제305조).

(3) 교원으로서의 품위유지의 의무

교원의 품위를 유지해야 하는 의무를 논하기 전에 품위유지의 이유를 생각해 보기로 하자. 첫째, 교원은 유아들에게는 유일한 교육적 환경이다. 유아들은 교사가 시키는 대로는 하지 않아도 행하는 대로는 행한다라는 말이 있다. 유아는 교사의 일거수일투족을 관찰하면서 교사의 행동을 모방하고 동일시하여 언행을 학습한다. 따라서 교원은 자신의 품위유지에 노력해야 한다. 둘째, 교육자로서의 품위유지를 통해 사회적 지위를 향상시키기 위함이다. 교사는 유아들에게 교수–학습자이지만 사회인들에게는 사회를 선도적으로 이끌어 가야 하는 모범적인 사표가 된다. 사회인들의 지탄의 대상이 되는 경우, '소위 교육자가 저럴 수가 있느냐?'고 개탄하는 사례가 이런 경우이다. 관계 법령으로는 「국가공무원법」 제63조에는 공무원은 직무의 내외를 막론하고 그 품위를 손상하는 행위를 하여서는 안 된다. 여기서 품위손상의 형태는 방탕, 주벽, 축첩, 낭비, 과도한 부채 등으로 공적 임무뿐만 아니라 사생활의 부분까지 포함하고 있다.

2) 소극적 의무

교원의 소극적 의무란 교원이 하지 말아야 할 금기적인 사항으로 여기에는 정치활동 금지의 의무, 집단행동 금지의 의무가 있다. 이에 대하여 다음에서 자세히 기술하기로 한다.

(1) 정치활동 금지의 의무

교육공무원도 일반직 공무원과 같이 정치활동에서 중립을 지키도록 「교육기본법」 제6조에 '교육은 교육 본래의 목적에 따라 그 기능을 다하도록 운영되어야 하며, 어떠한 정치적·파당적 또는 개인적 편견의 전파를 위한 방편으로 이용되어서는 아니된다'고 규정하였다. 공무원에게 정치적 중립성을 보장하는 것은 직업공무원제의 확립에 따라 행정기술의 향상과 능률을 올릴 수 있으며, 국민의 봉사자로서 공평성을 유지하기 위함이다. 특히, 교원들에게 정치적 중립성을 유지하도록 하는 것은 학생을 직접 지도하는 위치에 있음을 기회로 특정 정당을 지지하거나 배격하기 위하여 학생을 잘못 지도할 우려가 있기 때문이다. 이와 같이 일반직 공무원이나 교육공무원의 정치활동을 금지함으로써 공무원이 국민 전체의 봉사자의 위치를 보장하고 그의 정치적 중립을 지키도록 한다. 다만 교육공무원들은 모든 학생에게 공정한 정치의식을 가지고 민주주의 발전에 공헌하는 정치적 의식을 갖도록 지도해야 한다.

(2) 집단행동 금지의 의무

공무원은 대통령령(「국가공무원법」 제3조 단서, 공무원의 범위에 관한 건 제2조, 공무원 복무규정 제27조, 영리사업의 한계 및 노무에 종사하는 지방공무원의 범위에 관한 건 제3조)으로 정하는 공무원과 사실상 노무에 종사하는 공무원을 제외하고는 노동운동, 기타 공무 이외의 일을 위한 집단행위를 할 수 없다(「헌법」 제33조 제2항, 「국가공무원법」 제65조, 「지방공무원법」 제58조, 「사립학교법」 제58조). 여기에서 공무 외의 집단행위는 '공무원으로서 직무에 관한 기강을 저해하거나 기타 본분에 배치되는 특정 목적을 위한 다수인의 행위로서 단체의 결성단계에는 이르지 아니한 상태에서의 행위를 말한다(대법원 판결 1992년 3월 27일, 91누9145)'고 함이 대법원의 견해이다.

이와 같이 집단행동을 금지하는 이유는 첫째, 공무원은 주권을 가진 국민의 수임자이고 국민 전체에 대한 봉사자이며 국민에 대한 책임을 진다는 헌법정신(헌법」 제7조)에 입각하여 보다 엄격한 정치적 중립성을 요구하며, 둘째, 공무원이 행한 행위의 효과는 국가에 대하여 발생하며 그 효과가 국가에 귀속되므로 공무원의 집단행위는 국가기관 구성원으로서의 임무에 저촉된다는 점, 셋째, 공무원은 공무상의 특별 권력관계를 형성하고 있는 자이므로 공법상의 명령에 복종할 의무가 있고 따라서 공법상의 명령의 위반, 합가하는 행위는 할 수 없다(김기태 외, 2002).

제 2 장

보육교사의 인성과 자질

영유아는 지금은 부모나 교사로부터 보호, 양육, 교육을 받고 살 수밖에 없는 힘없고 나약한 피동적인 존재이지만 이 기간 동안에 영유아는 무한한 가능성과 잠재력을 계발하여 평생 행복하게 살아가는 삶의 기초를 다져간다. 그런데 이 기간 동안에 전문화된 지식, 좋은 인성, 훌륭한 교사로서의 자질과 교직관을 갖춘 교사를 만난 영유아는 바람직하게 성장·발달하지만 그렇지 못한 영유아는 평생 지울 수 없는 트라우마를 겪기도 한다. 그중 하나가 어린이집에서 자주 일어나는 영유아 학대, 체벌, 방임 등으로 이러한 문제가 도를 넘어 사회적 이슈가 되면서 이제는 정부에서 칼을 빼들었다. 이러한 물의를 일으키는 교사는 보육교사로서 좋지 못한 인성과 자질을 갖춘 교사들이다. 따라서 본 장에서는 보육교사가 지녀야 할 바람직한 인성과 자질에 대하여 다룬다.

1. 보육교사의 인성

교육부에서는 1990년대 중반부터 인성교육의 강화라는 교육정책이 수립되고 최근에는 '창의성과 인성을 겸비한 인재'를 교육을 통해 기르는 교육정책이 국가적인 차원에서 강조하고 급기야는 인성교육의 강화를 법으로 규정한 「인성교육진흥법」이 2014년 12월에 국회에서 가결하기에 이르렀다. 뿐만 아니라 모든 기업체에서도 하나로 단일화된 세계시장에서 살아남기 위해 이에 적절한 인재를 선발하는 과정에서 기본인성을 중요시하고 있다. 대부분의 유아교육기관의 관리자들이 전문성은 탁월하나 인성이 별로 좋지 못한 교사와 전문성은 좀 떨어지나 인성이 좋은 교사 중에서 한 명의 교사를 선택하라고 하면 한결같이 후자의 교사, 즉 전문성이 좀 떨어져도 인성이 좋은 교사를 선택한다고 답변하고 있다. 여기에서 과연 인성이 무엇이며 기관 운영과 어떤 관계가 있기에 이런 선택을 하는지 보육교사의 인성에 대하여 살펴보기로 한다.

1) 인성의 개념

인성을 일반적으로 성격, 품성, 인격, 성품, 양심, 기질 등과 같이 혼용하여 쓰고 있는데, 다음에서 인성의 개념에 관한 여러 견해를 소개하기로 한다.

① 선현들 가운데 동양의 공자(BC 551~479)는 중용에서 '천명; 이를 인성'이라 하였고, 맹자(BC 372~289)는 인성을 '선(성선설)'이라고 하였으며, 순자(BC 300~230)는 '악(성악설)'이라 하였다. 또한 서양의 그리스 철학자 Aristoteles(BC 384~322)는 '자신을 아는 것이 지혜의 시작'이라고 하였으며, Tolstoy(1828~1910)는 인성이란 시대와 환경, 사람에 따라 정의가 달라진다고 하였다.

② 사전적 의미로는 인성을 사람의 성품(性品)으로 정의한다(표준국어사전). 성품은 사람의 성질(性質)과 품격(品格)을 합한 말로서 성질은 마음의 바탕이고 품격은 사람의 모습(됨됨이)으로 인성이란 사람의 '마음'과 '사람됨'으로 정의하고 있다(한국교육학회, 1996). 사람의 성품에는 2가지가 있다. 하나는 사람이 부모로부터 몸 하나만 받아 살아오면서 익히고 경험한 것에 의해 만들어진 성품이 있고 또 하나는 우리 모두 공통된 본래의 성품이 있다. 전자의 성품은 창세 이래 같은 성품이 하나도 없다. 그래서 오늘날 분쟁이 끊이질 않는다. 그러면 후자의 성품은 무엇일까? 이것은 공통된 하나의 성품이다. 본래가 우리는 같다는 것이다.

③ 심리학자들은 인성을 '성격'(Personality)으로 정의하며 'Personality'는 개인의 독특하고 고유한 특성으로서 개인이 지닌 어떤 심리적 특성에 의해 드러나는 특징적인 반응양식 내지는 행동양식이며 환경과 상호작용하면서 나타나는 독특하고 일관성 있으며, 안정된 인지적 · 정의적 · 감정적 · 행동적 양식이다(강진령, 2010).

④ 윤리학자들은 인성을 도덕적 특성으로서 '인격'으로 정의한다. 즉, 인성은 인간만이 가지는 고유한 품격으로 가치관이 내재된 개인의 고유한 특성으로서 도덕적이고 실천적인 선택과 행동에 관련된 '인격적 특성'으로 정의한다(김국헌, 2002).

⑤ 정신분석학자인 Freud는 '성격'으로 정의한다. 또한 인성은 다른 사람과 구별되는 '사고나 태도 및 행동의 특성'을 의미하여 Personality와 Character를 모두 포함하는 개념이다.

이상의 인성에 관한 다양한 개념에서 보듯이 인성은 다음과 같은 특성이 있다.

첫째, 인성은 시대와 사회의 변천 및 학자들의 견해에 따라 서로 다르게 정의함으로써 일반적이며 일관된 정의를 내리기가 어렵다.

둘째, 동서양 학자들 간에 인성의 정의에 대한 견해에 뚜렷한 차이를 보인다. 동양학자들은 인성의 선천성과 행동을 강조한 반면에 서양학자들은 인성의 후천성과 행동은 물론 가치까지 포함시키는 개념으로 이해하고 있다.

셋째, 결론적으로 인성을 개인이 타고난 선천적인 특성으로부터 교육이나 환경에 의해 후천적으로 형성될 수 있는 도덕적 · 윤리적으로 바람직한 덕성을 갖춘 인격적 특성을 포함하여 확대된 개념으로 정의하는 등 인성에 대한 정의는 아주 다양하다.

또한 인성에 대해 잘못 이해하고 있는 점에 대해 알아보기로 한다.

첫째, 인성은 좋은 것, 나쁜 것이라고 판단하는 경우이다. 그 대표적인 것이 성선설과 성악설이다. 인성은 그 자체가 선하거나 악하다고 규정해서는 안 된다. 어떤 사람은 선하게 발현되지만 어떤 사람은 악하게 발현된다. 두 가지 형태로 발현되는 속성을 가지고 선하다 또는 악하다라고 이야기할 수 없다. 따라서 인성은 선과 악을 모두 포함하는 가치중립적인 존재이다.

둘째, 인성을 행해야 하는 가치나 규범으로만 인식하는 오류가 있다. 많은 사람이 인성을 행하여야 할 가치나 규범으로만 생각한다. 그 속에 담겨진 깊은 진리로서의 내용을 알지 못하고 무조건 인성을 갈고 닦아 자신의 가치를 높이려고만 한다. 인성은 진리이다. 진리는 보이지 않지만 존재하며 영원하여 생명과 관련된 것이다. 인성은 선과 악의 체계를 넘어서는 최상위 차원의 영역에 있다. 즉 인성으로 발현된 각종 현상들, 선행, 자비, 불의, 미움, 전쟁 등은 인성에 영향을 미칠 수 없는 것들이다. 인성은 가치나 규범을 포함한 사고와 태도, 퍼스낼리티와 캐릭터를 포함하는 개념이다.

이상의 논술내용을 근간으로 하여 인성을 '전인으로서 갖추어야 할 인간의 도리로서의 바람직한 성품으로 가치, 사고와 태도 및 행동의 특성을 추구하고 마음을 다스리는 마음교육'이라고 정의할 수 있다.

2) 인성 부재현장, 원인, 전략(대책)

그릇된 인성으로 인한 폐해가 얼마나 심각한지 그리고 그 원인이 어디에 있으며 그에 대한 전략(대책)에 관하여 개략적으로 알아보기로 하자.

(1) 그릇된 인성교육이 빚어낸 교육현장의 폐해

그릇된 인성교육이 빚어낸 교육현장 폐해의 대표적인 사례는 '교실이 붕괴되고 있다'는 사실이다. 교실붕괴의 몇 가지 사례를 들어본다.

① 통제기능을 잃은 교실

㉠ 집중하는 아이 3명, 자는 아이 5명, 잡담하고 노는 아이 10명, 딴생각하는 아이 30명. 그 뿐인가. 수업 도중 예닐곱은 '화장실에 간다'며 수업의 흐름을 끊기 일쑤다. (서울 ㄷ 고등학교 교사 ㄱ씨의 말) (전종호)

㉡ 서울 ㅂ 여고 1학년 교실. 수업종이 울리고 교사가 교실에 들어섰는데도 교과서를 펴 놓고 있는 학생이 거의 없다. 교사가 교탁 앞에 서면 학생들이 비로소 교실 뒤에 있는 사물함으로 어기적 어기적 걸어서 교과서 및 공책을 꺼내온다. 아직까지 책상에 엎드려 자는 아이가 5명, 교사가 짝을 시켜 이들을 깨운다. 부스스 일어나는 아이들. 미안하다는 기색은 손톱만큼도 없다. (전종호)

㉢ 요즈음은 아이들의 요구로 시작된 이야기라도 조금만 시시해지면 애들에게는 그저 '썰렁한 이야기'일 뿐이다. 아이들은 표피적이고 노골적이고 직접적인 이야기를 좋아하는 것 같다. 하지만 이런 이야기라도 해서 아이들의 이목만 집중시킬 수 있다면…. 최근에는 아이들이 재미있는 이야기조차 듣고 싶어 하지 않는다. 수업시간이 다소 남아서 무얼 할까 물으면 제발 잠자게 해달라고 할 뿐이다. (이인규)

㉣ 중3 선생님께서 성적에 따라 권하셨고, 나도 대학을 가지 못할 것 같아 실업계를 선택했다. 1학년 때는 새로운 것을 배우느라 몰랐는데, 학년이 올라갈수록 재미가 없고 지겹다. 필요없는 과목이 많은 것 같고, 학교에서는 너무 어렵게 가르쳐 학원에 또 가야한다. 학원비는 과목당 20~30만 원으로 애들은 보통 2~3과목 듣는다. 학원에 다니지 않는 아이들은 아르바이트를 하는데 힘들기 때문에 대개 수업시간에 잠을 자고 선생님도 그냥 놔둔다. (조혜정)

㉤ 현직 교사인 필자는 교직에 몸 담은 지 15년째이다. 선배 선생님에 비하면 짧은 기간이지만 그래도 작금의 교육현실에 대하여 주체로서의 한 목소리를 낼 수 있는 경력이다. 나름대로 대의를 지켜 왔다고 자부하는 필자에게도 시련은 있었다. 수업중간에 집중하지 못하고 딴청을 부리는 학생에게 주의를 주었다가 오히려 나에게 대드는 통에 기가 막혀서 수업시간을 다 채우지 못하고 교무실로 내려와버렸다. 그로부터 며칠을 매우 우울하게 보냈다. (이하 생략)

② 집단 따돌림의 횡행

'집단 따돌림'의 문제로 사회적 물의를 빚은 부산 모 중학교 교장의 자살. 초등학교 입학을 앞둔 유치원생이 얼굴 흉터로 '집단 따돌림'을 우려하여 얼굴을 성형하는 진풍경이 일어나기도 하는 등 '집단 따돌림'의 문제는 교육계가 해결해야 할 과제 중의 하나로 부각되었다. '집단 따돌림'을 당한 아이들은 자살이라는 극단적인 방법을 택하고 정신이상이 되고 심지어 이민 가는 등 이로 인한 신체적 · 정신적 피해는 끊이지 않고 있다. '집단 따돌림'을 장기적으로 체험한 아이들은 대인기피, 우울증, 등교 거부, 가출 등의 현상을 보이며, 심할 경우 자살까지도 한다. 이것은 집단 따돌림으로 인한 학생들의 고통과 후유증이 얼마나 심각한지를 잘 보여주고 있다.

③ 패륜부모, 패륜아

불안한 가정을 비관한 청소년들이 한데 모여 잠시나마 그들의 처지를 토로하고 위안을 받으면서 결국에는 집단자살을 선택하는 사례들이 종종 보도된다. 생활고에 시달리는 어머니가, 또는 이혼, 결별, 실직 등의 이유로 가정을 파경을 몰아넣은 어머니가 어린 자녀들을 죽이고 자신도 자살을 선택하는 사례, 돈 달라고 조르는 자녀들을 죽인 패륜부모, 돈 안 준다고 부모를 죽인 패륜아 등 사회의 도처에서 인명 경시의 풍조가 만연한 사회는 인성 부재에 앞서 황폐화된 사회의 단면을 보여준다.

④ 정치인, 기업인의 부도덕성

일부 정치인들의 금전수수와 관련되어 손에 수갑을 채운 채 감옥에 들어가는 비참한 모습을 보였지만 그들은 어김없이 한때는 국가와 민족을 위해 헌신적으로 일했던 훌륭한 정치가 또는 위정자(?)로 모든 국민의 총애를 받고 살아온 국가지도자급 저명인사들이었다. 또한 대기업의 갑질논란, 특히 막대한 금권으로 부를 누리면서 돈도, 권력도, 살아갈 힘도 없는 서민을 울린 무시와 횡포는 아직도 우리 국민들의 공분을 사고 있다.

이상의 몇 가지 사례는 바로 그릇된 인성교육으로 빚어진 문제로서 당사자 모두가 자신의 마음을 바르게 다스리는 인성과 품격을 가지는 데 조금만 노력하였다면 해결할 수 있는 일들이었다.

(2) 원인

오늘날 인성교육의 문제가 대두되어 이에 대한 대책으로 「인성교육진흥법」까지 개정 · 운영되고 있는 실정이니 인성교육의 문제는 우선적으로 학교교육에서 체계적으로 이루어져야 하고 학교교육에서도 가급적 일찍 유아교육기관에서부터 실시되어야 한다. 오늘날 학교교육에서 인성교육을 저해하는 요인이 무엇인가에 대하여 생각해 보기로 한다.

① 교사의 역할에 관련된 인성교육의 문제

㉠ 교사들의 정체성 부족

㉮ 교사들이 교직이나 자신에 대한 정체성이 부족하고 또한 인성교육에 대한 중요성을 인식하지 못하고 있다.

㉯ 이는 바른 인성의 부재로 파생되는 문제들이 당장에는 그다지 크게 나타나지 않는 수도 있기 때문이다.

㉰ 그리고 이것은 학교에서 교과 위주로 가르치는 교육활동의 구조적인 환경 때문이다.

㉡ 교사들의 교직관

교사들의 교직관이 성직자→전문직→노동자로 변해온 교직관의 변화 추세가 학생들의 인성교육에 나쁜 영향을 주었다.

㉢ 교사들의 인성교육에 대한 그릇된 인식

㉮ 인성교육의 중요성은 인식하나 인성교육은 소홀히 한다.

㉯ 인성교육은 도덕과나 생활지도 영역에서 이루어지는 것으로 인식한다.

㉰ 좋은 인성을 갖춘 학생보다 공부 잘하는 학생에게 더 많은 관심을 갖는다.

② 교사의 역할문제

㉠ 학생들 간의 지나친 경쟁, 주지과목 위주의 교과운영, 교사와 학생 간의 부정적인 관계 등 수많은 문제를 파생시키고 있으나 학교에서의 인성교육은 형식적이다.

㉡ 교사가 지도해야 할 학생수의 과다, 업무과중으로 학생 개개인에 대한 개별지도의 소홀, 상담 및 대화의 제한 등을 들 수 있다.

③ 학교생활지도에 관련된 문제

㉠ 지식 위주의 교육으로 학생들의 건전한 인성을 기르기 위한 생활지도에 소홀하고 있다.

㉡ 서로 상반된 가치를 동시에 강조하는 생활지도가 이루어짐으로써 학생들은 어느 가치를 선택해야 할지 혼란에 빠지는 경우가 많다.

㉢ 학생들은 통제에 의한 타율에 길들여져서 자율성의 필요성을 느끼지 못한다.

㉣ 체벌과 제재 중심의 생활지도가 학생들의 건전한 인성 형성을 저해해 왔다.

㉤ 학생들이 이기적이며 개인주의적인 성향이 강하며 가정에서 학생 위주의 생활이 되

다 보니 매사에 모든 학생이 자기중심적이어서 타 학생에 대한 배려가 없다.

④ **교육과정 운영상의 문제**

㉠ 교육과정의 내용이 너무 광범위하고 과다하여 교육과정을 이수하는 데 너무나 많은 시간과 정력을 소모하다보니 바람직한 인성교육을 소홀히 하여 왔다.

㉡ 학생들의 체험적 활동이나 자율적인 활동이 제대로 이루어지지 않고 있다.

㉢ 학교행사의 운영이 지극히 형식적이고 인성교육과 결부된 참신한 프로그램이 없다.

㉣ 모든 교육활동이 인간교육이나 인성교육을 하기보다는 기능적인 인간, 기계적인 인간을 육성하고 있다.

⑤ **가정적인 문제**

㉠ 부모는 비록 어렵게 생활하더라도 자녀만은 고생시키지 않고 키우려는 부모의 보상심리가 작용하여 자녀의 생활지도나 예의가 바르지 못해도 허용하고 과잉보호하고 있다.

㉡ 인성보다 지적 탁월성을 더욱 강조한다.

㉢ 부모가 자녀와 함께 할 시간이 부족하고 대화가 부족하다.

㉣ 과외나 컴퓨터게임에 시간을 쏟다보니 집단생활에 익숙하지 못하여 바른 인성의 배양을 제약한다.

(3) 인성교육 전략(대책)

인성교육은 학교의 실정에 따라 다양한 방법으로 접근할 수 있으나 다음과 같은 전략(대책)을 적용할 수 있다.

① **긍정적인 자아개념 형성 지도**

㉠ **장점 찾아 칭찬해 주기**

㉮ 학생의 장점, 특기 찾아 칭찬하고 격려하기(교사)

㉯ 친구 장점 서로 찾아서 칭찬해 주기(학생)

㉰ 자성 예언 발표회 갖기

㉡ **안정감을 주는 사랑의 대화 실천**

㉮ 마음의 힘 키우기

㉯ 학생수범적 행동 발견 시 칭찬 격려하기

㉰ 소년 · 소녀가장과 교원, 지역인사와 학생과의 사랑의 고리 맺기

ⓒ 기본생활습관 지도

㉮ 생활 반성 · 다짐시간 운영

㉯ 질서, 안전교육의 생활화

㉰ 고(고맙습니다), 미(미안합니다), 안(안녕하십니까?) 생활실천

ⓓ **명상시간 운영**

㉮ 월별, 주별, 명상덕목 설정 운영

- 훈화, 녹음테이프, VTR 자료활용
- 느끼고, 깨닫게 하는 명상활동 전개

ⓔ **사랑의 대화 편지 쓰기**

㉮ 부모님과 긴밀한 대화 나누기

㉯ 부모님과 사랑의 편지 전달하기

ⓕ **인성 일기 쓰기**

㉮ 올바른 인성 실천기록

ⓖ **인성사례발표회 갖기**

② 공동체 의식 함양을 위한 활동 강화

ⓐ **단체수련활동 활성화**

㉮ 지방자치단체의 각종시설 적극 활용

㉯ 준거집단, 청소년단체 가입 및 활동권장

ⓑ **공동체 의식 함양 프로그램 운영**

㉮ 다양한 동시참여활동, 자연탐사활동, 전가족캠프, 야영극기훈련

㉯ 공동체 의식 체험기회 확대

ⓒ **가족, 이웃공동체, 체험기회 확대**

㉮ 가족 여행하기

㉯ 친족 간 왕래하기

㉰ 이웃사랑 봉사활동 전개(청소)

㉱ 가정의 날 운영

③ 건전한 학생 축제 문화마당 개설

㉠ 학생 문화 한마당 개최

㉮ 학생 주도의 학예발표회, 학생 축제운영

㉯ 학생 어울마당

㉰ 학생 민속종합발표회 운영

㉱ 온가족 한마당 잔치

㉡ 전통예술 교실 운영

㉮ 우리 가락 익히기: 전 학생 단소 연주 기능 갖기

㉯ 전통미술 익히기

㉰ 전통예능 발표회

㉢ 인성 관련 열린 수업 전개

㉮ 자기 주도적 학습능력 배양

3) 올바른 인성교육을 위한 「인성교육진흥법」

예나 지금이나 인성교육의 문제는 모든 학교교육에서 가장 근본적이고 중요한 문제로 인식되어 왔다. '…이 되기 전에 사람이 되어라'라는 말은 인간으로서의 좋은 품성을 갖추는 일이 모든 것에 앞서 가장 기본이 된다는 것을 의미한다. 전 항의 인성교육의 현장에서 사회 각계 각층에서 건전한 인성의 결핍으로 빚어진 다양한 교육 또는 사회적 문제나 갈등을 제시한 바 있으나 이 모든 문제가 오늘날에만 국한된 문제가 아니며 또한 우리나라만이 아닌 전 세계 각국의 공통된 문제로서 이러한 절박한 상황에서 국가에서는 급기야 「인성교육진흥법」을 제정하여 인성교육의 진흥을 꾀하고 있다. 따라서 인성을 지도하는 보육교사로 필히 알아야 할 내용을 요약하여 제시하기로 한다.

(1) 「인성교육진흥법」 개정의 배경

「인성교육진흥법」은 인성교육을 의무로 규정한 법이다. 건전하고 올바른 인성을 갖춘 시민을 육성하여 국가사회의 발전에 이바지함을 목적으로 2014년 12월 국회를 통과해 2015년 7월부터 시행하였다.

인성교육이란 자신의 내면을 가꾸고 타인이나 공동체와 더불어 살아가는 데 필요한 역량을 기르는 교육이다. 국가와 지방자치단체는 「인성교육진흥법」에 따라 인성교육에 관한 장기적이고 체계적인 정책을 수립해 시행하는 한편, 학생들의 발달단계와 학교상황에 적합한 인성교육 시책을 마련해야 한다.

교육부장관은 「인성교육진흥법」에 따라 인성교육종합계획을 5년마다 수립한다. 종합계획에는 인성교육의 목표나 계획, 총괄, 재원조달, 관리방안, 핵심가치의 덕목 등이 포함된다. 지방자치단체 교육감은 종합계획에 따라 연도별 인성교육시행계획을 수립해 교육부장관에게 통보한다. 교육부 장관과 교육감은 종합계획이나 시행계획을 수립할 때 공청회를 열어 시민과 전문가에게 의견을 듣고 타당할 경우 계획에 반영하여야 한다.

「인성교육진흥법」에서는 인성교육 관련 심의를 위해 인성교육진흥위원회를 둘 것을 규정하고 있다. 인성교육진흥위원회가 심의하는 사항에는 인성교육정책의 추진방향이나 종합계획 수립 관련 사항, 인성교육 실적 점검 및 평가, 인성교육 지원 협력이나 조정에 관한 사항 등이다. 위원회는 위원장을 포함해 20명 이내의 위원으로 구성한다. 위원은 교육부 차관과 문화체육관광부 차관, 보건복지부 차관, 여성가족부 차관, 국회의장이 추천하는 사람 3명, 인성교육에 관해 학식이나 경험이 풍부한 사람 중에서 교육부 장관이 임명하되 공무원이 아닌 사람이 과반수가 되게 구성해야 한다. 위원장은 위원 중에서 공무원이 아닌 사람이 맡는다.

교육부 장관과 교육감은 1년마다 인성교육 활동에 대한 평가를 시행한다. 교사는 인성교육 관련 연수를 일정 시간 이수해야 하며, 사범대학이나 교육대학 동 교원 양성기관 역시 인성교육 과목을 필수로 개설해 운영해야 한다.

(2) 「인성교육진흥법」(법률 제15233호 일부개정 2017.12.15)의 주요 법규 내용

제1조 (목적)

이 법은 「대한민국 헌법」에 따른 인간으로서의 존엄과 가치를 보장하고 「교육기본법」에 따른 교육이념을 바탕으로 건전하고 올바른 인성(人性)을 갖춘 국민을 육성하여 국가사회의 발전에 이바지함을 목적으로 한다.

제2조 (정의)

이 법에서 사용하는 용어의 뜻은 다음과 같다. [개정 2017.12.19] [시행일 2018.6.20]

1. "인성교육"이란 자신의 내면을 바르고 건전하게 가꾸고 타인 · 공동체 · 자연과 더불어 살아가는 데 필요한 인간다운 성품과 역량을 기르는 것을 목적으로 하는 교육을 말한다.
2. "핵심 가치 · 덕목"이란 인성교육의 목표가 되는 것으로 예(禮), 효(孝), 정직, 책임, 존중, 배려, 소통, 협동 등의 마음가짐이나 사람됨과 관련되는 핵심적인 가치 또는 덕목을 말한다.
3. "핵심 역량"이란 핵심 가치 · 덕목을 적극적이고 능동적으로 실천 또는 실행하는 데 필요한 지식과 공감 · 소통하는 의사소통능력이나 갈등해결능력 등이 통합된 능력을 말한다.
4. "학교"란 다음 각 호의 어느 하나에 해당하는 기관을 말한다.
   가. 「유아교육법」 제2조제2호에 따른 유치원
   나. 「초 · 중등교육법」 제2조에 따른 학교

다. 「재외국민의 교육지원 등에 관한 법률」 제2조제3호에 따른 한국학교

제5조 (인성교육의 기본방향)

① 인성교육은 가정 및 학교와 사회에서 모두 장려되어야 한다.

② 인성교육은 인간의 전인적 발달을 고려하면서 장기적 차원에서 계획되고 실시되어야 한다.

③ 인성교육은 학교와 가정, 지역사회의 참여와 연대 하에 다양한 사회적 기반을 활용하여 전국적으로 실시되어야 한다.

제6조 (인성교육종합계획의 수립 등)

① 교육부장관은 인성교육의 효율적인 추진을 위하여 대통령령으로 정하는 관계 중앙행정기관의 장과의 협의와 제9조에 따른 인성교육진흥위원회의 심의를 거쳐 인성교육종합계획(이하 "종합계획"이라 한다)을 5년마다 수립하여야 한다.

② 종합계획에는 다음 각 호의 사항이 포함되어야 한다.

1. 인성교육의 추진 목표 및 계획
2. 인성교육의 홍보
3. 인성교육을 위한 재원조달 및 관리방안
4. 인성교육 핵심 가치 · 덕목 및 핵심 역량 선정에 관한 사항
5. 그 밖에 인성교육에 관하여 필요한 사항으로 대통령령으로 정하는 사항

③ 교육부장관은 종합계획의 중요사항을 변경하는 경우 제1항에 따른 관계 중앙행정기관의 장과의 협의와 제9조에 따른 인성교육진흥위원회의 심의를 거쳐야 한다. 다만, 법령의 개정이나 관계 중앙행정기관의 관련 사업계획 변경 등 경미한 사항을 변경하는 경우에는 그러하지 아니하다.

④ 교육부장관은 제1항 또는 제3항에 따라 종합계획을 수립하거나 변경하였을 때에는 지체 없이 이를 관계 중앙행정기관의 장에게 통보하여야 한다.

⑤ 특별시 · 광역시 · 특별자치시 · 도 및 특별자치도 교육감(이하 "교육감"이라 한다)은 종합계획에 따라 해당 지방자치단체의 연도별 인성교육시행계획(이하 "시행계획"이라 한다)을 수립 · 시행하여야 한다.

⑥ 교육감은 제5항에 따라 시행계획을 수립하거나 변경하였을 때에는 이를 지체 없이 교육부장관에게 통보하여야 한다.

⑦ 종합계획 및 시행계획의 수립 · 시행 등에 필요한 사항은 대통령령으로 정한다.

제10조 (학교의 인성교육 기준과 운영)

① 교육부장관은 대통령령으로 정하는 바에 따라 학교에 대한 인성교육 목표와 성취 기준을 정한다.

② 학교의 장은 제1항에 따른 인성교육의 목표 및 성취 기준과 교육대상의 연령 등을 고려하여 대통령령으로 정하는 바에 따라 매년 인성에 관한 교육계획을 수립하여 교육을 실시하여야 한다.

③ 학교의 장은 인성교육의 핵심 가치 · 덕목을 중심으로 학생의 인성 핵심 역량을 함양하는 학교교육과정을 편성 · 운영하여야 한다.

④ 학교의 장은 인성교육 진흥을 위하여 학교 · 가정 · 지역사회와의 연계 방안을 강구하여야 한다.

제11조 (인성교육 지원 등)

① 국가 및 지방자치단체는 가정, 학교 및 지역사회에서의 인성교육을 지원하기 위한 교육 프로그램(이하 "인성교육프로그램"이라 한다)을 개발하여 보급하여야 한다.

② 국가와 지방자치단체는 인성교육프로그램의 구성 및 운용 등을 전문단체 또는 전문가에게 위탁할 수 있다.

③ 교육감은 인성교육프로그램의 구성 및 운용 계획을 해당 학교 인터넷 홈페이지에 게시하는 등의 방법으로 학부모에게 알릴 수 있도록 하여야 한다.

④ 학부모는 국가, 지방자치단체 및 학교의 인성교육 진흥 시책에 협조하여야 하고, 인성교육을 위하여 필요한 사항을 해당 기관의 장에게 건의할 수 있다.
⑤ 그 밖에 가정, 학교 및 지역사회에서의 인성교육 진흥 등에 필요한 사항은 대통령령으로 정한다.

제16조 (인성교육의 추진성과 및 활동 평가)
① 교육부장관 및 교육감은 종합계획 및 시행계획에 따른 인성교육의 추진성과 및 활동에 관한 평가를 1년마다 실시하여야 한다.
② 교육부장관과 교육감은 제1항에 따른 평가 결과를 종합계획 및 시행계획에 반영할 수 있다.
③ 그 밖에 인성교육의 추진성과 및 활동 평가에 필요한 사항은 대통령령으로 정한다.

제17조 (교원의 연수 등)
① 교육감은 학교의 교원(이하 "교원"이라 한다)이 대통령령으로 정하는 바에 따라 일정시간 이상 인성교육 관련 연수를 이수하도록 하여야 한다.
② 「고등교육법」 제41조에 따른 교육대학 · 사범대학(교육과 및 교직과정을 포함한다) 등 이에 준하는 기관으로서 교육부령으로 정하는 교원 양성기관은 예비교원의 인성교육 지도 역량을 강화하기 위하여 관련 과목을 필수로 개설하여 운영하여야 한다.

제18조 (학교의 인성교육 참여 장려)
학교의 장은 학생의 제11조제1항에 따른 지역사회 등의 인성교육 참여를 권장하고 지도 · 관리하기 위하여 노력하여야 한다.

4) 교사 인성의 주요 덕목

교육은 인간과 인간 간의 만남을 통하여 이루어진다. 교사가 인간적일 때 교육의 대상인 유아에게도 보다 감화와 영향력이 크므로 교육적 효과나 성과가 증대되기 마련이다. 교사가 인간적이어야 한다는 말은 교사가 좋은 인성과 품성을 지녀야 한다는 의미이다. 이러한 교사는 포근하고 따뜻하며 안정적인 어머니의 품과 같아 유아들로 하여금 안기고 싶은 마음이 생기는 교사를 말한다. 이런 교사에게는 엄마에게 하지 못할 비밀스러운 이야기도 털어놓을 수 있고 혼자서 고민하는 문제도 상의해서 도움을 청하고 싶은 교사이다. 이러한 인성을 갖추기 위해서는 이에 필요한 인성의 덕목을 파악하고 이들 덕목을 갖추어 나가기 위한 노력이 필요하다. 또한 인성의 덕목은 인성에 대한 정의만큼이나 학자들이 다양하게 제시하고 있다. 김태규 등(2006)은 인성의 주요 덕목으로

① 기본적인 생활습관

㉠ 규칙적인 생활 ㉡ 정리정돈
㉢ 청결위생 ㉣ 물자절약

② 자아 확립

㉠ 정체성 ㉡ 정직 ㉢ 근면 ㉣ 성실 ㉤ 자주

③ 공동체 의식

㉠ 질서 ㉡ 협동 ㉢ 준법 ㉣ 타인존중 ㉤ 책임

㉥ 봉사 ㉦ 정의 ㉧ 효 ㉨ 충

을 제시하고 있으며

또한 수성대학교 인성교육연구회(2012)에서는

① 자신과의 관계: 비전, 자신감, 자기관리, 자아성취

② 타인과의 관계: 사회적 문제해결능력, 효율적 의사소통, 습관 형성

③ 조직과의 관계: 직업윤리, 직장예절, 조직 내에서의 대인관계, 업무활동 계획 및 평가, 팀워크의 덕목을 제시하였고

또한 「인성교육진흥법」 제2조 제2항에서는 예절, 효도, 정직, 책임, 존중, 배려, 소통, 협동 등 8개의 덕목을 제시하고 있다.

따라서 모든 사람은 이상에서 밝힌 인성의 덕목을 실천적이고 협동적인 규범으로 각자의 심정에 내면화시켜야 한다.

(1) 교사 인성 8대 핵심 가치 · 덕목의 실천내용

「인성교육진흥법」 제2조에서 인성교육이란 자신의 내면을 바르고 건전하게 가꾸고 타인, 공동체, 자연과 더불어 살아가는 데 필요한 인간다운 성품과 역량을 기르는 것을 목표로 하는 교육으로 규정하고 제2조에 핵심 가치 · 덕목으로 인성교육의 목표가 되는 것으로 예, 효, 정직, 책임, 존중, 배려, 소통, 협동 등의 마음가짐이나 사람됨과 관련되는 핵심적인 가치 또는 덕목을 제시하였다. 따라서 우리나라의 모든 교육기관에서는 아동의 인성교육의 목표나 지침으로 삼고 운영해야 하며 또한 보육교사도 인성교육 지침에서 제시된 핵심 가치 · 덕목을 행동화하고 실천화하는 데 노력해야 한다. 이를 표로 제시하면 〈표 I-4〉와 같다.

〈표 I-4〉 교사 인성 8대 핵심 가치 · 덕목의 개념 및 실천내용

8대 핵심 가치 · 덕목	개 념	실천내용
1. 예절	• 인간관계를 위하여 일상생활의 규범으로서 지켜나가야 할 형식, 예법	• 유아, 동료교사, 상사, 학부모에게 그들에게 맞는 예의를 표현하는 절차와 방법을 알고 항상 공손하고 친절한 행동을 한다.
2. 효도	• 효친(孝親), 어머니(부모)를 잘 섬기는 일	• 자신의 부모나 웃어른을 공경하고 가정에서 화목하게 지내며 자녀와 유아들을 사랑으로 보살피며 즐거운 생활을 도모한다.

8대 핵심 가치 · 덕목	개 념	실천내용
3. 정직	• 거짓이나 꾸밈이 없이 마음이 바르고 곧음. 꾸밈이 없이 성실하고 심신이 모두 건강함	• 거짓이 없는 진실한 삶이 무엇인가를 알고 어떠한 상황에서도 거짓말을 하지 않고 상황에 따라 용서와 미안함을 잘 표현한다.
4. 책임	• 맡아서 해야 할 임무와 의무행위에 대한 귀책	• 직장 내에서의 책임, 동료교사로서의 책임, 유아에 대한 책임이 무엇인가를 알고 자신에게 부여된 책임을 반드시 이행하고 누구에게도 책임을 전가하지 않는다.
5. 존중	• 소중히 여김. 소중하게 여겨 만듦	• 유아, 동료교사, 상사, 학부모들의 존엄과 가치를 인정하고 소중하게 대우하며 그들의 개성과 다양성을 인정하며 존중하되 자신의 자긍심과 자존감을 버리지 않는다.
6. 배려	• 여러모로 자상하게 마음을 씀. 염려해 줌	• 유아, 동료교사, 상사, 학부모들에게 관심과 애정을 갖고 공감대를 형성하여 가급적 양보하고 먼저 찾아가는 서비스를 실천하고 바로 양해, 상부상조를 몸소 실천한다.
7. 소통	• 의견이나 의사가 상대편에게 잘 통함	• 생각이나 뜻이 서로 통하는 소통의 중요성을 알고 남의 말을 경청, 열린 마음(비판 수용, 허심탄회), 독선금지, 전형금지, 당사자에게 이야기를 직접 듣는 태도를 가지고 생활한다.
8. 협동	• 어떤 일을 함에 마음과 힘을 합함	• 여러 사람이 함께 생활하면서 힘과 뜻을 모아 조화롭게 사는 길의 중요성을 깨닫고 모든 일에 협심, 협력, 협업을 실천한다.

(2) 인성의 삼조율과 육행

전 항에서 「인성교육진흥법」에서 제시된 8대 핵심 가치 · 덕목에 따른 인성의 실천적 · 행동적 구현지침을 제시한 바 있는데, 관점을 달리하여 삼조율 육행을 통한 인성의 덕목구현 방향에 대하여 생각해 보기로 한다.

인성교육은 개인의 차원에서는 자기를 조율해 나가는 법(자기조율), 관계 속에서 다른 사람들과 조율해 나가는 것(관계조율), 마지막으로 공익을 위해 조율해 나가는 법(공익조율)을 가르치고 배우는 것이다.

인간이 동물적 삶을 벗어나 인간답게 살기 위해서는 이 세 가지 능력을 모두 갖추어야 한다. 성공한 사람의 핵심능력인 관계조율의 전제조건은 자기조율능력이다. 하지만 동물적인 본능에 맞서서 마음을 다스리는 자기조율은 어려운 일이다. 왜 그리 어려운 일을 해내야 하는지 분명할 때 비로소 자기조율이 가능해진다. 자신을 뛰어넘고 삶의 의미를 보다 큰 것에서 찾는 것을 공익자율이라고 한다.

우리는 좋든 싫든 끊임없는 관계 속에서 살아간다. 모든 일을 우리 마음대로 할 수 있다면 세상 살기 편하겠지만, 그럴 수 없다는 걸 잘 알고 있다. 그래서 사람들과 조율해 나가는 법(관계조율)을 배워 나가야 하는데, 그 관계조율의 전제조건이 자기조율능력이다. 결국은 자기 스스로를 조율해 나가는 법을 배워나가는게 가장 첫 번째라는 것이다. 또한

① 자율인: 자신을 알고 상황을 객관적 시각으로 보며 외부자극에 대한 본인의 반응(행동)을 선택한다.
② 합리: 선택의 여지를 지니고 감성과 이성의 조화를 이룬다.
③ 긍정심: 긍정적 요인과 결과를 보는 시각을 지니고 그 결과를 창조하는 심적 에너지를 발휘한다.
④ 감정코칭: 본인의 감정을 잘 표출하고 표현하고 타인의 감정에 공감하고 감정을 이동한다.
⑤ 입지: 위기를 자신보다 더 큰 곳에 두고 혁신한다.
⑥ 베품리더십: 타인의 행복에 기여하고 나눔과 베품의 리더십을 발휘한다.

이상에서 밝힌 내용을 종합하면 첫 번째(자율인)와 두 번째(합리)가 자기조율이다. 세 번째(긍정심)와 네 번째(감정코치)가 관계조율이며, 다섯 번째(입지)와 여섯 번째(베품리더십)가 공익조율이다.

바람직한 인성교육을 위해서는 '인성의 육행과 삼조율'을 중심으로 한 덕목에 대한 행동적 · 실천적 규범을 지도해야 하고 보육교사 또한 육행과 삼조율을 실천하는 인성을 지녀야 한다.

5) 인성지도교사로서의 태도와 역할

21세기를 맞은 오늘날 우리 사회는 과거 어느 때보다 국가경쟁력으로서의 교육 그 중에서도 인성교육의 문제가 심각하게 거론되었다. 각급학교에서 교실붕괴가 일어난 지 오래되었다. 예를 들면, 선생님의 수업을 하는데 아무렇지 않게 책상 위에 엎드려 자는 학생, 시끄럽게 떠드는 학생, 수업 중에 전화 받는 학생 등 여러 가지 일이 일어나는데 옛날 같이 선생님이 학생들을 체벌할 수도 없다. 교실붕괴는 수업붕괴, 생활지도의 붕괴, 교육기능의 붕괴, 교사와 학부모 간의 파트너십의 붕괴로 이어져 이제는 교권을 잃은 교사, 학습의욕을 잃어버린 학생, 통제 불능한 무질서한 교실, 갈등과 불신으로 살벌해진 교실 분위기 등 이루 말할 수 없이 교육붕괴가 일어났으며, 그 원인은 그릇된 인성교육에 기인한다. 그런데 요즘에

는 그 도를 넘어 학생들의 동반자살, 학생의 교사폭행, 자식이 자기 부모를 살인한 패륜, 부모가 자식을 죽인 모성의 실종, 기업가의 다양한 갑질과 행패, 정치인의 부도덕성 등 국가가 총체적으로 문제이다. 이러한 국가적인 위기를 타개하는 일은 교육을 통하여 이루어져야 하고, 특히 유아기부터 바른 인성을 심어주는 인성교육이 필요하고 이를 위해서는 보육교사의 태도와 역할이 재정립되어야 한다. 전 항에서 보육교사가 지녀야 할 인성덕목에 대하여 기술한 바 있으나 본 절에서 그 중에서도 시급히 고려되어야 할 보육교사의 태도와 역할에 대하여 간단히 기술하기로 한다.

(1) 유아에 대한 긍정적인 시각

모든 유아들은 그들 자신이 고유의 인격을 가진 존재가치로 인정해야 한다. 모든 유아는 아름다운 천성을 타고났으며 무엇이든 잘 해 보려는 의지를 내면에 가지고 있다. 교사가 유아들을 긍정적으로 보고 지도할 때 유아들은 긍정적인 사람으로 성장하여 그들 모두가 소망스럽고 찬란한 미래의 꿈을 실현할 수 있다.

(2) 유아의 능력에 대한 믿음

유아는 무엇인가 할 수 있는 능력이 있다. 특히 유아 개개인은 그 유아 나름대로의 독자적이며 개성 있는 능력을 가지고 태어난다. 교사는 그것을 찾아주는 것이 교육활동이며 가급적 유아기에 일찍 찾아주려는 활동이 유아교육이다. 어려서부터 못한다고 꾸지람 듣는 데 익숙해진 학생들은 인성이 비뚤어지고 자기능력을 발휘할 수 없다. 교사는 유아 개개인이 무엇인가를 할 수 있다는 자신감을 불어넣어 주어야 한다. 그런 가운데 어려서부터 바른 인성과 창의성이 계발된다.

(3) 유아에 대한 무한한 사랑

유아들을 바르게 성장시키기 위해서는 유아들 자신이 부모나 교사로부터 진실로 사랑을 받고 있다는 감정을 충분히 느끼도록 다양한 방법으로 유아들을 사랑해 주어야 한다. 부모나 교사로부터 사랑을 받지 못하고 성장한 유아는 성장해서도 다른 사람을 사랑할 줄 모른다. 특히, 부모나 교사로부터 사랑을 받고 자란 유아는 성취지향적이며 매사에 적극적이다. 사랑을 전달해 주는 방법은 다음과 같이 다양하다.

① 피부를 통해서: 피부접촉은 유아와 교사 간의 유일한 애정통로이다. 교사의 따뜻하고 부드러운 피부를 통해서 유아는 쾌감과 만족감을 느낄 수 있다.

② 귀를 통해서: 상대방의 말을 잘 들어주는 것도 사랑을 표현하는 중요한 방법 중의 하나이다.

③ 입을 통해서: 말로서 사랑을 고백하고 칭찬과 감사를 표현하고 이름을 불러준다.
④ 눈을 통해서: 사랑스런 인자한 눈은 유아의 마음을 부드럽게 하고 평안하게 해 준다.
⑤ 손을 통해서: 머리를 쓰다듬어 주고 손을 잡아주는 것은 촉각적인 효과와 함께 사랑을 전달하는 중요한 방법이다.
⑥ 발을 통해서: 교사나 부모는 언제나 유아들이 필요로 할 때 즉시 뛰어갈 준비가 되어 있어야 한다.
⑦ 물질을 통해서: 물질 자체가 중요한 것이 아니다. 물질 속에 사랑이 깃들어 있어야 유아의 마음을 즐겁게 한다.
⑧ 시간을 통해서: 유아들과 함께 놀아주면 유아는 행복감을 느끼고 사랑을 받고 있다고 생각한다.
⑨ 존경하자: 인간은 먼저 다른 사람들로부터 존경을 받아야 자신을 존경할 수 있고 또 남을 존경할 수 있다.

(4) 유아주도성 살려주기

교육의 본질을 비유적으로 표현한 말 중에 고기를 잡아주기보다는 고기 잡는 방법을 가르쳐 주자는 말이 있다. 열린 교육, 탐구학습은 유아에게 학습의 주도성을 부여함으로써 가능하다. 그러므로 교사는 유아가 잘 못한다고 하여 닦달하지 말고 스스로 문제를 해결할 수 있도록 도와주어야 한다. 스스로 문제를 해결하는 힘이 곧 창의성을 길러주고 바른 인성을 길러주는 것이다.

(5) 온정적인 자세

교사의 온정적인 성품은 따뜻하고 포근하고 배려적이며 이해심이 강하고 수용적이며 또한 유머러스하면서도 친절한 성품이다.

영아들이 각 가정에서 영아중심적으로 온 가족의 귀여움을 받고 생활하다가 갑자기 모든 것이 생소하며 낯설고 조직적으로 이루어지는 집단생활에 적응하기란 그리 쉽지 않다. 이때 보육교사의 온정적인 태도는 유아의 마음을 안정적이며 불안감을 해소시켜 바른 인성과 품성을 길러주는 데 도움이 된다.

교사의 유아에 대한 온정적인 자세는 유아의 지지자, 격려자, 애정표현가, 불안제거자가 되어 어린이집 내에서 즐거운 생활을 도모함은 물론 바른 인성을 길러주는 데 도움이 된다.

2. 보육교사의 자질

교사의 자질에 대한 정의 또한 학자에 따라 다양하다. 예를 들면 신극범(1979)은 '교사로서 역할을 수행하기 위하여 필요한 지식, 기술, 성품 및 태도' 김종서(1993)는 '교사가 갖추어야 할 비교적 영속성 있는 개인적 특성 및 교직에 대한 태도'로 정의하기도 하지만 일반적으로 교사의 자질이란 '교사로서 교직의 역할을 합리적으로 수행하는 데 필요한 개인적 특성 및 교직에 대한 태도'를 말하는 것으로 시대나 사회의 변화에 따라 그 일부가 수정, 보완되어 왔다. 또한 지금까지 국내 · 외적으로 교사의 자질이 무엇인가에 대하여 수많은 연구가 이루어져 왔지만, 교사의 자질이 정확하고 만족스럽게 밝혀진 바가 없는데, 특히 현장 행정관리자, 현장교사, 학자들 간의 견해차는 현저히 큰 것으로 보인다. 이와 같은 견해차는 보육현장에서 행정관리자와 교사 간에 업무진행과정에서의 의견차가 생겨 결국 보육기관의 관리자와 교사 간의 갈등으로 이어지기도 하였다.

여러 학자가 제시한 보육교사의 자질을 종합해 보면

첫째, 보육교사의 자질을 교육관, 성향, 국가직무능력표준, 보육교사에게 필요한 자질 등 다각적으로 제시하고 있다.

둘째, 황해익 등(2015)은 국가직무능력표준에 의거 보육교사의 자질을 12개의 능력단위(compelency unit descrition)로 제시했는데, 이것은 보육교사가 보육현장에서 수행해야 할 직무의 내용을 중심으로 제시한데 비하여 다른 학자들은 직무를 수행하는 데 필요한 능력이나 기능 그리고 역할을 중심으로 제시되었다. 따라서 본 서에서는 앞서 밝힌 여러 학자의 견해와 저자의 현장교사경험과 교사들에 대한 장학과 행정 · 관리경험을 근거로 하여 보육교사가 보육현장에서 직무를 수행하는 과정에서 필요로 하는 능력, 기능, 역할을 중심으로 다음과 같이 보육교사의 자질을 정리한다.

1) 개인적 자질

(1) 신체적 · 정신적 건강
(2) 영유아에 대한 사랑
(3) 원만한 인간관계
(4) 유머감각
(5) 온정적 성품

2) 전문적 자질

(1) 보육과정에 대한 이해
(2) 교수 · 학습지도기술
(3) 교직에 대한 사명감
(4) 꾸준한 전문성 계발

다음에서 개인적 자질과 전문적 자질에 대해 자세하게 설명하기로 한다.

1) 개인적 자질

보육교사의 개인적 자질에는 교사의 역할수행에서 요구되는 기본적인 특성으로 비교적 항구적으로 타고난 경향성이 높아 이러한 성향을 어려서 일찍 터득한 사람은 교직을 선택할 가능성이 높다. 개인적 자질로서는 신체적 건강, 정신적 건강, 영유아에 대한 사랑, 원만한 인간관계, 온정적인 성품 등이 포함된다.

(1) 신체적 건강

보육교사는 신체적으로 건강해야 한다. 보육교사는 영유아를 돌보고 보살펴 주어야 한다. 또한 영유아는 활동성이 강하여 그들과 같이 활동하려면 늘 서서 움직여야 할 시간이 많아 신체적으로 건강해야 한다. 특히, 영유아와 눈높이를 맞추기 위해 허리를 굽히는 동작이 많은가 하면 감기가 걸린 영유아와 같이 생활을 하면서 신체가 허약한 보육교사는 감기전염에 노출되어 있다. 이뿐만 아니라 교사의 부재로 대체교사가 들어가면 영유아들은 대체교사를 낯설어하고 대체교사 또한 영유아의 개인적 특성 이해가 낮아 적절한 지도가 어렵다.

(2) 정신적 건강

요즘 대중매체에 어린이집에서 보육교사들이 영유아를 체벌하여 사회적 물의를 일으키고 있는 사건을 접하게 된다. 이 문제를 해결하기 위해서는 보육교사 양성과정에서부터 정신적으로 건강한 교사를 선발해야 한다. 특히 영유아기는 사회성이 급속도로 발달하는 시기로서 교사의 밝은 모습과 도덕적인 모습을 보고 모델링을 통해 학습한다. 정서적으로 불안하고 감정의 기복이 심하고 신경질적이며 난폭하고 또 우울증이 있는 보육교사가 영유아의 성장발달에 미치는 나쁜 영향은 이루 말할 수 없을 것이다. 도덕적이고 사회규범을 잘 지키며 다른 사람과 잘 어울려 협동적이고 봉사적이며 예의바르고 늘 밝은 모습을 지니는 등 보육교사는 정신적으로 건강해야 한다.

(3) 영유아에 대한 사랑

일반적으로 인간을 대상으로 하는 직업은 근본적으로 인간에 대한 사랑이 있어야 한다. 특히, 성인의 정서적 신호에 민감하게 반응하는 영유아를 대상으로 하는 보육은 영유아에 대한 사랑을 더욱더 절실하게 기대한다. 영유아들이 바르게 성장하기 위해서는 부모나 교사로부터 사랑의 감정을 충분히 느끼도록 영유아를 쓰다듬고 안아주고 뽀뽀해 주는 등 다양한 방법으로 사랑의 감정을 전달해 주어야 한다. 부모나 교사로부터 사랑을 받고 자란 영유아는 당당하고 성취 지향적이며 매사가 적극적이다.

(4) 원만한 인간관계

인간은 어떤 직종에서 일하든 간에 업무수행상 업무와 관련된 모든 사람과 좋은 인간관계를 맺어야 업무수행의 효율성을 제고시킬 수 있다.

특히 교육이라는 과업이 원래 인간이 인간을 다루는 일이기 때문에 교육활동의 전 과정에서 다양한 형태의 인간관계가 맺어지기 마련이다. 보육활동도 보육활동에 관여하는 직장상사, 동료직원, 학부모, 지역사회인, 유관기관, 보육 관련 행정가들과의 원활한 인간관계를 맺어야 보육활동을 정상화시킬 수 있다.

(5) 온정적인 성품

온정적인 성품은 따뜻하고 포근하고 배려적이며 이해심이 강하고 수용적이며 또한 유머러스하면서도 친절한 성품을 말한다. 영유아가 가정에서 총애와 배려를 받고 생활하다가 갑자기 모든 것이 생소하며 낯설고 모든 활동이 조직적으로 이루어지는 집단생활에 적응하기란 쉬운 일이 아니다. 이때 집단생활에 잘 적응할 수 있도록 보육교사가 온정적인 태도로 영유아의 정서적인 불안감을 해소해 주고 안정감을 주어 집단생활에 잘 적응할 수 있도록 한다.

2) 전문적 자질

교직은 전문직이다. 보육활동은 전 항에서 밝힌 개인적 자질이 잘 구비된 상황에서 보육에 관한 전문성이 곁들여질 때 더욱 효과적이다. 보육교사로서 전문성을 가지기 위해서는 많은 자질이 필요하지만 보육과정 편성 및 지도기술, 교수 · 학습지도기술, 교직에 대한 사명감, 꾸준한 전문성 계발의지가 있어야 한다. 다음은 이에 대하여 자세하게 설명하기로 한다.

(1) 보육과정 편성 및 지도기술

보육과정을 편성하고 지도하는 기술이 있어야 한다. 보육과정이란 당해 어린이집의 보육목표를 실현하기 위한 총체적인 계획으로 일반적으로 보육과정계획에는 제3차 어린이집 표준보육과정을 근거로 한 생활지도계획, 보육환경구성계획, 시설 · 설비 관리계획, 비품 및 교재 · 교구 관리계획, 건강 · 영양 및 안전관리계획, 재정 및 사무관리계획, 부모교육계획, 교원연수계획, 평가계획 등을 계획해야 한다. 보육기관에서는 보육운영계획이 가장 핵심적인 활동으로 효율성을 높이기 위해 많은 연구가 있어야 한다. 표준보육과정은 국가수준의 보육과정으로 규정되어 있어 어린이집에서는 반드시 제3차 어린이집 표준보육과정을 기반으로 어린이집의 교육목표에 따라 지도해야 한다. 제3차 어린이집 표준보육과정은 국가수준의 영유아에게 지도되어야 할 기준을 제시한 것으로 보육교사는 제3차 어린이집 표준보육과정의 근본 취지를 잘 이해하고 이에 대한 전문적 식견을 쌓아 지도의 효율성을 제고시켜야 한다.

(2) 교수·학습과정 및 지도기법

보육교사는 특히 보육과정의 핵심적 분야인 표준보육과정의 영역별 세부내용에 따라 효율적인 지도를 위한 영역별 특징과 성격에 알맞은 교수·학습모형에 대한 지식과 교수·학습에서 기본적으로 필요로 하는 교수·학습지도 기법에 대한 이해와 실천적 지도기술이 있어야 한다. 즉, 교수·학습과정과 지도기법은 보육과정계획을 구체화시키고 영유아에게 좋은 경험을 제공하여 당해 보육기관의 보육목표를 구현시키는 통로의 역할을 한다. 이를 위해서는

첫째, 표준보육과정에 제시된 교수·학습방법 지침에서는 놀이중심교육, 흥미중심교육, 지식, 기능, 태도 및 가치습득, 능동적 상호작용, 통합지도, 균형적 지도, 개별화 교육 등을 강조하고 있다.

둘째, 각 영역별 특징을 고려한 교수·학습모형을 계획·적용해야 한다. 예를 들면 사회관계영역의 사회적인 기능, 생활습관 및 태도를 형성하기 위해서는 내면화 모형, 자연탐구영역 지도는 가설실험학습, 발견학습, 문제해결학습모형을 적용하여 지도해야 한다.

셋째, 교수·학습기본기법에 대한 기술을 습득해야 한다. 교수·학습기본기법은 어떠한 교수·학습모형, 어떠한 활동주제를 학습하든 교사들이 기본적으로 이해하고 실천해야 하는, 예를 들면 동기유발, 상호작용, 발문, 칭찬, 격려, 주의 등에 관한 지도기법을 말한다.

(3) 교직에 대한 사명감과 소명의식

교사뿐만 아니라 모든 직업인은 자기 직업에 대하여 강한 사명감과 소명의식을 가져야 한다. 사명감과 소명의식은 거의 같은 개념으로 사전적 의미로 사명감이란 '주어진 임무를 잘 수행하려는 마음'이고, 소명의식이란 '자기직업에 대한 생각이나 신념' 또는 '개인적·사회적으로 의미 있는 길을 발견하여 그것에 헌신하며 개인적 삶의 목적을 실현하고 사회적으로 의미 있는 일을 하려는 의지'로서 종합적으로 볼 때 교직에 대한 소명의식이란 '교사로서의 직무를 하늘이 주신 임무로 생각해 천직처럼 여기며 최선을 다하려는 의지'를 말한다. 사명감과 소명의식은 당초에 보육교사를 선택한 이유나 근거가 될 수도 있지만 보육교사로 입문

한 후에도 본인의 결의에 따라 얼마든지 강화시킬 수 있다. 사명감과 소명의식이 강한 보육교사의 특성은

첫째, 보육직에 대한 낮은 경제적 · 사회적 지위에 대해 수치스럽지 않고 당당하게 생각한다.

둘째, 영유아에 대한 애정과 존경심을 가지고 있다.

셋째, 영유아가 성장하는 모습을 보고 즐거워한다.

넷째, 온정적인 성품과 좋은 인간관계를 가지고 있다.

(4) 꾸준한 전문성 계발의지

교직은 전문직이다. 전문직의 사전적 의미는 '자신의 일에 대한 전문적인 이해와 기술을 가지고 있는 사람'을 의미한다. 따라서 전문가는 고도로 전문화된 이론적 지식을 소유하고 더불어 이 지식을 그들의 일상근무에 적용하는 방법과 기술을 가지고 있다. 이 세상에는 전문직이 많다. 그 중 보육교사는 인간을 대상으로 하고 또한 인간을 대상으로 하는 전문직에는 교사를 비롯하여 의사, 서비스업에 종사하는 사람 등 많은데 보육교사는 그 중 인간의 초기단계에서 그들의 교육과 보육을 담당한다는 특수성이 있다. 따라서 이와 같이 직무수행에 절대적으로 필요한 보육교사의 전문성 계발을 위해서는 보육교사로서 임용되기 전 보육교사양성기관에서의 직전교육(양성교육)도 중요하지만 현직에서도 전문성 계발을 위한 다양한 현직교육(연수)을 강화해야 한다.

(5) 영유아에 대한 이해

보육교사가 영유아에 대한 보육활동을 충실히 전개하기 위해서는 보육의 대상인 영유아에 대한 이해가 철저히 이루어져야 한다. 영유아의 보육에 관한 모든 계획은 영유아의 흥미 · 요구, 발달수준, 학부모의 요구 등을 고려하여 수립되기 때문에 모든 보육계획 수립에 앞서 영유아에 대한 이해가 전제되지 않은 보육계획은 실현성이 없기 마련이다. 영유아에 대한 이해는

첫째, 영유아를 보는 관점에 대한 이해가 필요하다. 영유아를 피동적이고 미숙한 존재로 볼 때 교사중심교육을, 영유아를 무한한 잠재력과 가능성을 지닌 인격적인 독립된 존재로 볼 때 유아중심교육을 지향한다.

둘째, 해당 연령에서 성취시켜야 하는 발달과업의 내용을 잘 파악하여 발달과업을 계발하는 방향으로 보육을 해야 한다. 특히 영유아보육에서 발달과업을 연령발달단계를 고려하지 않고 조기에 성취시키려는 조기기능 계발교육은 절대 지양해야 한다.

셋째, 연령별 5개 영역(0~2세는 6개 영역)에 대한 발달의 정확한 특성을 이해해야 한다. 연령발달단계에 따른 신체, 정서, 인지, 언어적 발달 특성을 이해하고 있어야 보육지도계획을

적절히 수립하여 지도할 수 있다.

넷째, 개인별 특성을 이해해야 한다. 영유아들은 모든 발달면에서 개인차가 심하다. 따라서 개인적 특성을 파악하여 개별화 지도가 이루어져야 한다. 예를 들면, 영유아가 탐색의 욕구와 호기심이 강하면 영유아에게 다양한 탐색활동을 격려하고 반대의 경우에는 영유아에게 탐색의 동기를 부여하는 보육활동을 장려해야 한다.

(6) 강한 윤리의식

윤리란 '강제성은 없으나 개인생활이나 사회생활에서 꼭 지켜야 할 실천도덕으로 생활을 바르게 이끌어줄 규범'을 말한다. 법률이 외적 · 공식적 통제체제라면 윤리는 내적 · 자율적 통제체제이다. 윤리는 안 지킨다고 해서 강제적으로 처벌이 가해지지는 않으나 지켜지지 않을 때는 개인이나 사회에서 법률보다 더 큰 영향을 미치는 힘을 가지고 있다. 윤리는 인간의 자율적 판단에 의해 이루어지면서 동시에 사회적 규범과 합치된다. 보육교사에게 강한 윤리의식이 필요한 이유는

첫째, 영유아의 입장에서 영유아의 4가지 기본권, 즉 생존권, 보호권, 발달권, 참여권을 보장받기 위함이다. 보육교사는 어떤 경우에도 영유아의 4가지 기본권을 손상시키는 행위를 할 수 없도록 규정하여 절대로 영유아에게 해를 끼치지 않게 하기 위함이다.

둘째, 윤리의식은 보육교사에게 매일의 보육활동 상황 속에서 당면하는 윤리적 딜레마에 대해 스스로 적절한 행동을 결정할 수 있는 기준을 제시해 주고 있다. 따라서 보육교사는 보육교사 윤리강령과 윤리선언문(2011년 전국 보육인대회에서 공표함)을 잘 이해하고 실천하여 영유아에게는 그들의 기본권이 보장되고 보육교사에게는 보육활동 중 예기치 못하게 야기되는 각종 도덕적 갈등에 대한 현명한 판단이 이루어지도록 한다.

제 3 장

보육철학 및 윤리

철학이란 사전적 의미로는 인간이 살아가는 데 있어서의 중요한 인생관, 세계관 따위를 탐구하는 학문으로 정의하고 있다. 한 유아교육기관에서 원장이 어떤 교육철학을 가지고 있느냐에 따라 보육의 목표, 보육의 내용이 다르듯이 한 국가의 지향하는 보육철학에 따라 다양한 보육정책이 수립될 수 있다. 따라서 우리나라 보육철학이 잘 반영되어 있는 아동존중사상(아동관)의 변천과정, 아동권리존중, 보육교사의 윤리강령에 대하여 살펴보기로 한다.

1. 아동존중사상(아동관)의 발전과정

교육은 어떤 유아관을 신봉하느냐에 따라 교육의 방향이 달라진다. 시대변천에 따라 유아관이 어떻게 변해왔는가에 대해 다음에서 개략적으로 이해하기로 한다(정찬익, 1999).

1) 전통적 유아관

인간은 다른 동물과는 달리 장기간의 보호와 양육 및 교육의 과정을 필요로 하는 존재이다. 그런데 이 과정은 동물들에서처럼 자연에 적응하고 본능에 따르며 먹이만 공급하는 단순한 과정이 아니라 장기간의 보살핌이 없이는 생명을 지탱할 수 없는 절체절명의 보호와 양육 및 교육의 과정인 것이다. 인생 초기의 생존권의 문제는 전적으로 부모나 성인의 손에 달려 있다. 따라서 이 과정에서는 부모나 성인의 애정과 봉사, 헌신적인 노력과 꾸준한 정성은 필연적이며 당위적인 것이다. 특히, 인생 초기의 3년간은 그러한 성인의 배려가 절대적이라고 보았고 그것은 고행의 과정이며 겸허의 과정으로 인식되었다. 그리하여 인생 초기

3년간의 이 과정을 효행의 마지막 단계인 '삼년상'의 엄격성과 고행으로 대비 · 보상시켰던 것이다.

동 · 서양을 막론하고 수십 세기가 넘는 장기간의 농경사회가 지속되면서 양육의 대가는 노후생활의 보장이라는 보상심리로 작용하게 되었다. 그리하여 남아선호사상은 농경문화의 굳어진 전통이 되어 버렸다. 생산활동뿐만 아니라 집단 수호나 전쟁의 용사를 확보한다는 면에서도 그러했다. 서구의 고대사회에서 신생아 검사관이란 직책을 두어 건강한 아이는 양육하게 하고 병들고 연약한 아이는 유기하거나 살해했던 것도 같은 이유에서였다.

생활이 어렵고 힘들었던 고대사회나 전통사회에 있어 귀족이나 상류층에서 태어난 아이는 집안의 보배요 행복이며 희망이었으나 서민, 빈민, 천민에게는 그렇기도 하였지만 나뭇잎을 깐 궤짝에 눕혀져 한나절을 그 속에 갇혀 지낸 경우도 많았고, 기어다닐 정도의 아이들은 밧줄에 발목이 묶여 기둥에 매어진 채 한나절을 보내야 했다. 또 한편 전통사회에서의 아이들은 고의적으로 유기되기도 하고, 양자, 양녀라는 미명하에 물질적 대가를 받고 팔려가기도 했으며 부모의 출세수단으로 이용되기도 하였다. 우리나라의 경우 고려 말까지만 해도 하급 관리가 출세의 수단으로 아들의 성기를 절단하여 궁신으로 만들기도 했고 심지어 그 아이들을 몽고로 보내어 궁중 하급 관리가 되게 하여 자기의 출세수단으로 삼기도 하였다(고려사, 1권).

이상과 같은 이유뿐만 아니라 여러 가지 이유로 인해 전통사회에서는 아동을 부모나 성인의 소유물이나 생계수단으로 보았으며 출세의 방편으로 이용하기도 하여 아동이 인간다운 대접을 받지 못하는 경우가 많았다.

2) 근대의 유아관

역사학자들이나 교육사상가들은 Rousseau의 최대의 발견, 인류 최대의 공헌은 '아동의 발견'이었다고 말한다. 서구화는 1750년대 이후까지도 아동을 하나의 인간, 인격체로 인식하지 않았고 부모나 성인의 기호대로 양육되고 취급되었다. Rousseau는 당대 사회에 풍미하였던 합리주의 사조 때문에 신생아 시절부터 구속과 속박으로 양육하던 그릇된 관행을 시정하고, 아동을 인간으로 대접하며 그들 나름의 세계를 마련하고 또 보장해 줄 것을 역설하였다. 사실 Rousseau의 아동관이 현대적 아동관의 전형이 되고 있다.

Rousseau의 아동관과 아동에 대한 인간적 대접의 역설에도 불구하고 서구사회는 성인중심 사회, 가족중심 사회로 지속되었고 아동의 인간적 의미는 오히려 축소된 경향도 강하게 나타났다. 상류층 아이들은 유모에 의해 양육되었고 가정부, 하녀들의 손에 의해 자라게 되었다. 이는 출산과 모유에 의한 양육이 부모의 행복한 삶을 방해하고, 산모에 의한 수유는 여성(산모)의 미와 건강을 해친다는 그릇된 관념이 지배하게 되었기 때문이다. 이것은 당시 왜곡되고 편협한 합리주의 산물인 것이다.

18세기 후반 Pestalozzi를 비롯하여 Fröbel, Basedow, Owen 등의 교육사상가들에 의해 아동관 내지 아동교육관은 차츰 변모되기 시작했다. 보편화된 경향은 아니었지만 유아나 아동교육을 실시하면서 그들의 능력을 존중하고, 인격적 대우를 역설하였다. 하지만 출신성분에 따라 아동들도 교육적 차별주의로 말미암아 상이한 대우를 받기도 하였다. 즉, 출신성분이 낮은 일반 서민 자제는 모국어 학습을 비롯해서 오늘날의 초등교육과 같은 교육을 받는다면 귀족출신이나 사회적 지위가 높은 가문의 자제는 라틴어 학습을 비롯한 오늘날의 중학교 교육부터 수학하는 차별대우를 받기도 하였다. 서구의 복선제 학제는 이러한 교육적 차별주의의 산물인 것이다.

3) 현대의 유아관

동양사회가 아직도 전근대적 사회로 일관해 오고 있을 때 서구는 1870년대를 기점으로 새로운 아동교육운동이 일기 시작하였다. 소위 진보주의 교육운동이라고 일컫는 바, 아동의 인격을 중시하기 시작한 아동중심 교육사상이 선풍을 일으키게 되었다. 이것은 미국적 사회 여건의 발로이기도 하지만 남북 전쟁의 종결로 대내·외적 제반 문제가 해결된 상태에서 무한한 풍요와 행복의 가능성을 가득 안은 미국 교육계는 미래의 풍요로운 사회 주역이 될 아동의 성장·발달에 관심을 집중하게 되었다. 아동을 인격적으로 대우하려는 아동주의(child humanism)가 요원의 불길처럼 확산되기 시작했다.

그리하여 Rousseau의 아동관이나 Fröbel의 유아교육론이 활발히 연구되었고 그의 실천에 열중하게 되었다. 이와 같은 교육현상은 과거에는 없었던 것으로서 전통적 아동교육관에서 벗어난 진일보한 교육이라 하여 진보주의 교육운동으로 명명되었다. 진보주의는 아동의 인격을 소중하게 여기고 그들은 지능, 적성, 소질 등을 강조하였고, 교육의 출발이 바로 아동의 성장·발달수준에서 이루어져야 한다고 강조하였다.

아동의 성장과정 존중, 아동 세계의 보장, 아동의 성장시기도 중요한 인생의 한 과정이라는 인식의 전환 등이 설득력을 갖고 전 세계로 확산되기 시작하였다. 우리 사회가 1920년대부터 '인간으로서의 어린이'를 의식하게 된 것도 진보주의 운동과 밀접한 관계가 있다. 한 개인의 일생은 '유아기, 아동기, 청소년기, …' 등의 각 단계의 총화라는 인식에서 인생 초기의 과정이 단순히 미래의 삶의 준비나 수단으로 희생될 것이 아니라 독자적이고 특이하며 가치로운 삶이어야 한다는 '목적으로서의 아동관', '인간 복지적 아동관'이 차츰 확산되었다. 아동의 질적 삶은 그 자체로서 행복일 뿐만 아니라 현재의 양질의 삶이 내일의 양질의 삶의 창조와 밀접한 함수관계에 있다는 아동관 내지 인간관이 오늘의 현대교육에 있어 중심적인 관건이 되고 있다.

아동의 인격을 중시하고 아동기의 교육과정에서 교육의 주체로서 아동을 강조한 아동 존중사상의 흐름과 더불어 현대사회의 한 특징인 비인간화 경향에 대한 교육적 대처방안으로 인간교육의 중요성이 새롭게 인식되기 시작했다. 즉, 1960년대 후반부터 소위 인간주의 교육사상이 확산되면서 아동기부터 양질의 인간적 경험, 전인적 성장, 자아실현의 교육목적과 학습과정의 중요성이 강조되면서 유아교육에서 아동중심 교육사상이 새롭게 강조되고 있다. 이는 아동기에서 양질의 인간적 경험, 자기 자신과 인간 상호 간의 신뢰와 협동적 삶이 그 자체로서도 가치가 있을 뿐만 아니라 미래사회에서 인간성 회복을 상당히 담보할 수 있다고 믿기 때문인 것이다. 우리 사회도 이와 같은 아동관이 차츰 확산되어 가는 중이다.

4) 유아관의 변천에 따른 생활지도 방향

이와 같이 유아관이 전통적인 유아관에서 근대적 유아관, 현대의 유아관으로 발전하여 왔다. 특히 전통적인 유아관에서 유아의 인권과 인격이 무시되어 유아가 부모나 성인들의 소유물이나 생계수단 그리고 부모의 출세의 방편으로 이용됨으로써 유아가 인간적인 대우를 받지 못하였다. 그러나 근대의 유아관으로 진입하면서 Rousseau, Pestalozzi, Fröbel, Basedow, Owen 등의 교육사상가들에 의해 '아동의 발견'으로 유아관이 차츰 변모하기 시작하면서 유아의 능력을 존중하고 인격적 대우를 역설하면서 아동교육을 실시하였는데 그것도 출신성분에 따라 일반 서민 자제는 모국어학습, 초등교육을 받는다면 귀족출신이나 사회적 지위가 높은 가문의 자제들은 오늘날의 중학교 교육부터 수학하는 등 차별대우를 받게 된다. 그러나 1870년대 진보주의 교육운동의 영향으로 아동교육운동이 일어나면서 유아 인격의 존중, 지능, 적성, 소질의 강조, 아동성장과정의 존중, 아동세계의 보장, 아동성장시기를 중요한 인생의 한 과정으로서의 인식의 전환 등 '인간으로서의 어린이'로서 인식하는 등 현대적인 유아관이 정립되었는데 그것이 바로 유아중심교육관이다.

변모해가는 유아중심교육관에 따라 유아생활지도 또한 유아중심 생활지도로 전환되어야 한다. 유아중심의 생활지도란 교사중심의 생활지도가 지니고 있는 통제, 일방적 지시, 명령, 교사 주도성을 탈피하여 유아의 개별성, 특성, 여건, 요구가 중시되는 생활지도의 방법으로 Rousseau의 자연주의 교육사상이나 Gesell의 성숙이론에 근거하는 교육방법으로 유아중심의 생활지도는 유아교육에서 아무리 강조해도 부족하다. 유아중심의 생활지도에서 특히 강조되어야 하는 점은 다음과 같다.

첫째, 유아를 존중, 신뢰해야 한다.

유아를 귀중한 존재로 유아가 스스로 자기의 행동을 학습할 수 있는 능력이 있고 또한 유아 자신에게 의미 있는 행동을 선택할 수 있고 자기 의지대로 행동할 권리가 있는 존재로서 신뢰와 존경심이 있어야 한다. 그리하여 교사가 유아들 위에 군림하거나 가르치는 자가 된다면 유아는 수동적인 학습자가 될 수밖에 없다.

둘째, 생활학습의 주도권을 유아에게 주어야 한다.

유아는 행동의 주체이다. 교사가 유아에게 어떤 행동의 변화를 기대하고 생활학습을 진행시키지만 교사가 의도하는 방향으로 행동을 선택함은 전적으로 유아가 결정할 문제로서 교사의 의도적이며 적극적인 주도성을 배제하여야 한다.

셋째, 교사는 유아가 자신의 행동을 선택, 결정하는 데 필요한 정보와 자료 제공자의 역할을 해야 한다.

교사 자신은 어떤 행동이 바람직한 행동이며 또한 그러한 행동이 왜 바람직한 행동인가에 대하여 잘 알고 있다. 따라서 교사는 이 명백한 행동목표를 유아에게 주입하려 든다. 그러나 교사는 유아들에게 이런 행동목표를 주입하기 전에 이런 행동목표를 유아가 스스로 받아들일 수 있는 내적 동기와 내면화가 될 때까지 기다리면서 유아 자신이 선택 결정할 수 있는 정보와 자료를 계속적으로 제공해 주어야 한다.

넷째, 생활지도가 개별화되어야 한다.

생활지도가 개별화되어야 한다는 의미는 유아생활지도에서는 각 개인의 생활지도의 문제가 개인의 특성과 상황, 여건하에서 선정되어야 하며, 또한 지도방법도 개인의 특성, 상황, 여건에서 인출되는 생활지도 내용 및 방법 선정이 개별화되어야 한다. 생활지도에서 모든 유아에게 공통적으로 적용할 수 있는 방법은 없다.

다섯째, 생활지도의 윤리가 확립되어야 한다.

생활지도란 유아의 행동에 어떤 식으로든 영향을 미치는 활동이다. 생활지도뿐만 아니라 '교육'이라는 활동은 피 교육자에게 어떤 변화를 이루려는 목적에서 출발한다. 그러나 모든 변화가 바람직한 방향으로만 이루어지는 것은 아니며, 항상 유아의 성장 · 발달에 도움이 되는 것이 아니다. 이런 점에서 교사의 현명한 판단이 요구된다. 어떤 유아에 대한 지도의 목표가 과연 그 유아를 위한 것인지, 유아의 성장에 도움이 될 수 있는지, 전인적 발달이라는 측면에서 볼 때 저해요소는 없는지 등에 관해서 충분한 검토가 있어 생활지도의 윤리에 배치되어서는 안 된다.

여섯째, 모든 생활지도 계획을 수립하고 시행함에 있어서는 인간주의 교육사상에 기초하여 유아기부터 양질의 인간적 경험, 전인적 성장, 자아실현의 교육목적과 학습과정을 강조하면서 항상 유아중심성에 배치되는가를 생각하면서 시행해야 한다.

2. 아동권리존중

아동의 권리는 18세 미만 아동의 인권을 말한다. 즉, 아동권리란 아동이 가진 인권이며 아동에게 주어지는 특별한 보호와 관리에 대한 배려이다. 아동에 대한 권리는 모두 부모와의 관계를 유지할 수 있는 권리를 포함하며 국가가 돈을 내는 보편적인 교육을 받으며 적절한 형법의 적용을 받는다. 따라서 인권이란 인간이기 때문에 향유할 수 있는 기본적인 권리이다. 우리나라 「아동복지법」 제3조의 기본이념에서는 아동에 대한 차별금지, 안정된 가정환경, 아동이익 최우선의 원칙을 규정하여 아동의 권리를 최대한 보장하도록 하고 있다.

오늘날 국가나 사회, 부모는 아동들이 미약하고 성인의 보호를 받아야만 생존할 수 있는 지극히 미약하고 피동적인 존재로 인식하고 그들의 성장 · 발달을 지원하기 위한 교육 · 복지 등 각종 서비스를 제공하여 왔는데 이는 아동의 입장에서 보면 마땅히 누려야 할 권리로서 또한 부모나 사회, 국가는 아동들의 성장 · 발달을 위해 마땅히 지원해 주어야 하는 의무로서 영유아를 위한 관계법에서 규정하고 있다.

특히 1959년 10월 20일 국제연합총회 본회의에서 아동의 인권과 복지 향상을 도모하기 위해 채택된 선언은 전 세계 아동 안전보호를 위한 기본적인 선언으로서 이 선언을 기초로 하여 전 세계 각국에서 아동안전보호정책을 펼치고 있다.

따라서 아동권리존중에서는 아동권리존중의 기초가 되는 유엔 아동권리협약과 유엔 아동권리선언의 내용 그리고 천도교와 아동존중사상을 차례로 살펴보기로 한다.

1) 유엔 아동권리협약

(1) 개요

유엔 아동권리협약은 아동의 기본권을 담은 협약으로 1989년 국제연합총회에서 채택되었으며 한국은 1991년에 비준했다.

(2) 목적

유엔 아동권리협약은 인권 사각지대에 놓인 아동의 권리보장을 목적으로 한다. 역사적으로 아동은 성인의 시각에서 보호와 통제의 대상으로만 여겨졌으며, 의존성과 불완전한 의사소통능력 등으로 인해 권리침해에 관한 관심을 받기 어려웠다. 특히 산업혁명과 제1, 2차 세계대전을 거치면서 아동의 인권침해문제가 대두되었으며, 20세기 중반부터는 아동의 권리를 보장하고 인권침해를 방지해야 한다는 여론이 국제적으로 형성되었다. 그 결과 국제연합

(UN)이 아동권리협약을 채택하기에 이르렀다.

(3) 유엔 아동권리협약 채택의 역사

유엔 아동권리협약 채택의 역사를 정리하면 다음과 같다.

- 1920년대 초: 아동권리인식 시작(유럽)
- 1923년 : 어린이날 선언, '어린이선언문' 공포(방정환), 최초의 아동권리선언문 작성
- 1924년 : 아동권리에 관한 제네바선언
- 1945년 : 유엔헌장
- 1948년 : 세계인권선언
- 1959년 : UN권리선언문
- 1979년 : 세계아동의 해(10개 조항문 발표)
- 1989년 : 아동권리협약 채택
- 1990년 : 9월 권리협약 발표, '아동을 위한 세계정상회담' 개최
- 2002년 : 5월 UN 총회에서 유엔 아동권리협약의 2개 선택의정서 채택
  - 아동의 무력분쟁 참여에 관한 선택의정서
  - UN아동특별총회 개최

(4) 내용

유엔 아동권리협약은 만 18세 미만의 아동과 청소년의 기본권을 보장하며 아동을 단순한 보호대상이 아닌 권리를 가진 인간 주체로 규정한다. 유엔 아동권리협약은 전문과 54개 조항으로 구성되어 있으며 아동의 기본권과 협약당사자국의 의무, 관련절차 등이 주요 내용이다. 이를 표로 나타내면 〈표 I-5〉와 같다.

〈표 I-5〉 유엔 아동권리협약의 구성

유엔 아동권리협약은 전문과 총 54개 조문으로 구성되어 있으며 다음과 같이 분류되어 있다.	
제1부(제1~42조)	아동권리와 가입국의 아동보호의무규정
제2부(제43~45조)	협약의 국제적 여행조치규정
제3부(제46~54조)	부서(서명, 가입, 비준서기탁, 개정절차, 유보, 폐기, 원본규정)

(5) 한국의 참여

한국은 1991년 11월 20일에 유엔 아동권리협약을 비준했으며 한국 정부와 민간단체는 몇

년 단위로 협약에 관한 이행보고서를 작성해 국제연합소속의 인권기구인 '유엔 아동권리위원회(CRC)'에 제출하고 있다. 이행보고서는 유엔 아동권리위원회 지침에 따라 협약이행을 위한 일반조치와 가정환경 및 대안양육, 기초보건복지, 교육과 문화활동의 주제로 작성된다. 유엔 아동권리위원회는 이행보고서를 기반으로 이행상황을 평가한 뒤 권고사항을 한국 정부에 전달한다.

2004년 9월 24일 한국은 아동권리협약 선택의정서 중 '아동의 무력충돌 참여에 관한 아동권리협약 선택의정서'와 '아동의 매매 · 성매매 및 아동 음란물에 관한 아동권리협약 선택의정서' 2개를 비준했다. '아동청원권에 관한 제3선택의정서'는 미가입 상태이다.

(6) 선택의정서를 통한 아동권리협약의 보완

국제연합은 아동권리협약 채택 이후에도 아동에 대한 무력분쟁 참여와 성착취가 계속되자 선택의정서를 추가로 채택하여 아동권리협약을 보완 · 강화하였다. 2000년 '아동의 무력충돌 참여에 관한 아동권리협약 선택의정서(OPSC)'가 채택되었으며, 2007년에는 '아동청원권에 관한 제3선택의정서(OP3CRC)'가 채택되었다. '아동청원권에 관한 제3선택의정서'는 아동청원권을 인정하고 개인청원 절차를 확보한 선택의정서이다. 이에 따라 아동은 무력충돌 참여나 성착취 등 제1선택의정서와 제2선택의정서에서 명시한 권리를 침해한 사건에 대해 스스로 국제연합에 진정을 제기할 수 있다.

(7) 유엔 아동권리협약의 4대 기본원칙과 아동의 4대 기본권리가 침해당하고 있는 슬픈 현실

① 유엔 아동권리협약의 4대 기본원칙

㉠ 무차별의 원칙 ㉡ 아동이익최우선의 원칙
㉢ 아동생존보호발달의 원칙 ㉣ 아동의사존중의 원칙

② 아동의 4대 기본권리

㉠ 생존의 권리 ㉡ 발달의 권리
㉢ 보호의 권리 ㉣ 참여의 권리

① 아동권리협약의 4대 기본원칙

㉠ 무차별의 원칙

아동이 성별, 종교, 가정환경 등 어떠한 이유로도 차별 받지 않아야 한다는 원칙이다.

이는 너무나 당연한 이야기지만 현실에서는 다문화가정의 아동과 저소득층 아동을 바라보는 시선이 곱지 않은게 현실이다. 자신의 의지에 의해 부모를 선택할 수 없는 천륜을 세상의 일반적인 시각의 잣대로 평가하고 바라본다는 것은 아동에 대한 '보호권리', 즉 차별대우, 환경으로부터의 보호, 고아, 난민아동이 보호받을 권리가 침해되는 경우이다.

ㄴ 발달의 권리

아동에 관한 활동에 있어서 '가장 먼저 고려되어야 할 것은 아동의 이익'이라는 내용의 원칙이다. 요즘 사회적으로 화재가 되고 있는 누리과정이나 보육료 지원 등은 아동의 이익을 최우선 하는 정책인지 살펴보아야 한다. 17세기 근대교육의 아버지라고 불리는 Comenius는 어머니 무릎학교를 강조하면서 성장하는 아이들에게 있어 가장 필요한 양육자와 교사는 어머니(부모)임을 강조하였다. 하지만 보육료 지원 정책은 아동이 어린이집이나 유치원에 가는 것이 더 쉽도록 환경을 돕고 있다. 물론, 요즘 같은 물가와 내 아이를 좀 더 좋은 환경에서 키우고자 하는 현실적인 문제의 벽에 부딪히면 어쩔 수 없는 상황이지만 이 정책들은 어쩌면 사실은, 우리 아동을 위한 정책이기보다 워킹맘들의 이익과 편의를 더 고려한 것이 아닌지 생각해 보아야 한다. 자신의 의사를 잘 표현할 수 없는 아동의 입장에서 볼 때 아동의 이익이 최우선 침해된 사례이며 또한 이것은 아동이 자신의 의사를 표현할 자유에 대하여 말할 수 있는 참여의 권리가 침해된 사례이다.

ㄷ 아동의 생존 · 보호 · 발달 보장의 원칙

아동에게는 생존, 보호, 발달을 보장받을 권리가 있다는 원칙이다. 즉, 돈이 없어도 피부색이 달라도 부모가 어떤 사람이어도 아동은 이 모든 것을 보장받아야 한다. 하지만 사회에 이슈가 있는 사건들을 보면 아동의 의사와는 무관하게 계모에게 수년간 학대와 구타를 당하며 자라온 아이와 의붓아버지에게 수차례 성폭행을 당한 이야기, 그리고 어린이집 교사의 학대사건과 저소득층 가정이나 지적장애를 가진 부모에게서 자란 아동이 곰팡이로 가득 찬 식기도구로 유통기한이 지난 라면을 먹으면서 청결하지 못한 집안 환경으로 인해 피부병에 걸렸지만 병원도 가지 못한 채 방치되어 있는 모습을 뉴스와 기사를 통해 접해 보았다. 이러한 만행들은 아동의 생존 · 보호 · 발달의 보장원칙을 명백히 침해한 사례이며 아동의 생존의 권리, 보호의 권리, 발달의 권리, 참여의 권리가 모두 침해된 경우이다.

ㄹ 아동의사 존중의 원칙

아동에게도 목소리를 낼 권리가 있고 성인은 아동의 의사를 존중해 주어야 한다는 원칙이다. 물론 아동이 말하는 모든 것이 전부 수용되어야 한다는 뜻은 아니다. 아동은 아직 미성숙하고 성인의 보호를 받아야 하는 존재이기 때문에 성인의 개입이 필요한 건 사실이다. 하지만 혹시 아동의 말은 무조건 '잘 몰라서 괜히 하는 말'로 여기고 있지는 않은지 생각해 볼 문제이다.

아동의 의사가 당연히 존중되어야 할 0~6세까지의 시기에 자녀는 자신의 발달단계와 의사와는 전혀 상관없이 부모의 가치관과 결정에 의해 결정된 삶을 살아가는 것 같다. 그리고 주말에도 일을 해야 하는 맞벌이 부부의 가정에서 자라는 아동은 가족여행이나 여러 가지 여가놀이를 하기는커녕 오히려 방임되어 지낼 수밖에 없는 현실을 바라볼 때 정말 안타까울 뿐이다. 이는 적절한 생활수준을 누릴 권리인 생존권의 권리와 교육, 놀이, 여가, 정보를 누릴 수 있는 발달의 원리, 그리고 가족과의 인위적인 분리 및 방임에 대한 보호의 권리와 자신의 의사를 표현할 수 있는 참여의 권리가 모두 침해된 사례라 볼 수 있다(그림으로 보는 유엔 아동권리협약).

② 아동의 4대 기본권리

유엔 아동권리협약에 따르면 세 가지 기본원칙하에 아동의 기본권리를 4가지로 규정하고 있다. 먼저 기본원칙을 살펴보면 아동의 연령기준으로서 이 협약의 대상인 아동을 18세 이하의 자로 정의하고 있다. 유엔 아동권리협약 4개 원칙은 첫째, 무차별의 원칙, 둘째, 아동이익 최우선의 원칙, 셋째, 아동의 생존 · 보호 · 발달 보장의 원칙, 넷째, 아동의사 존중의 원칙 등이다.

이러한 기본원칙하에 아동은 생존할 권리, 보호받을 권리, 발달할 권리, 참여할 권리의 4가지 기본권리를 누려야 함을 규정하고 있다. 각각의 원리를 구체적으로 설명하기로 한다.

㉠ 생존할 권리

생명을 유지하기 위하여 영양가 있는 음식, 깨끗한 공기와 물을 섭취하며 안락한 주거지에서 적절한 생활수준을 누리고 최상의 건강을 지키며 의료혜택을 받을 권리. 위협요인들－굶주림과 영양실조, 신체적 학대를 포함한 성인에 의한 공격, 빈곤, 위험한 노동환경, 범죄에 개입되는 것, 다양한 종류의 질병. 피해아동들－15세 미만의 노동자 아동(「근로기준법」), 학대당하는 아동, 성적으로 착취당하는 아동, 부모에게 버려지는 아동(미혼모아동 포함), 장애아동 등 소수민족 아동, 난민아동, 인체면역바이러스(HIV) 양성반응아동, 보호시설의 아동, 거리의 아동(비행, 가출아동)

㉡ 보호받을 권리

각종 차별대우와 착취, 학대와 방임, 가족과의 인위적인 분리, 형법 등의 폐습으로부터 보호받을 권리. 위협요인들 – 경제적 착취, 신체, 정서, 성학대, 방임과 유기, 전쟁, 혹사, 차별대우. 피해아동들 – 위법행위를 한 아동, 돌봐주는 사람이 없는 아동(유기아), 학대당하는 아동, 성적 상품이 된 아동, 거리의 아동, 재난을 당한 아동(전쟁, 자연재해로 인한 난민아동)

ⓒ **발달할 권리**

신체적 · 정서적 · 도덕적 · 사회적 성장에 필요한 정규교육, 비정규교육을 포함한 모든 종류의 교육을 받고 놀이, 여가, 정보, 문화활동, 사상, 양심, 종교의 자유를 누릴 권리, 국민과 이름을 가질 권리 〈발달을 위한 필요조건〉 정보와 자료, 교육, 놀이와 오락활동, 문화활동의 참여, 사상, 양심 및 종교의 자유, 정체성(국적, 성명 등), 건강과 신체적 발달, 표현의 권리

ⓔ **참여할 권리**

자신의 의사를 표현할 자유와 자기생활에 영향을 주는 일에 대하여 말할 수 있는 권리, 책임감 있는 어른이 되기 위해 아동이 자신의 능력에 부응하여 적절한 사회활동에 참여할 수 있는 기회를 가질 권리(문화행사, 지역사회 활동에 참여할 권리, 사상, 양심, 종교의 자유를 누릴 권리, 아동의 의견을 신중하게 받아들여질 권리)

또한 아동의 권리가 보장받기 위해서는 다음과 같이 아동에 대한 성인의 의식전환이 이루어져야 한다.

- 아동은 자신의 감정과 의견을 신중하게 받아들일 수 있는 성장하는 존재임을 인식한다.
- 아동은 자신의 요구를 분명히 말하고 적절한 지원과 존중을 받을 수 있는 충분한 자격이 있으며 그것을 통해서 사려 깊고 책임 있는 결정을 내릴 수 있는 존재이다.
- 아동은 정직함, 신중함, 질문하기를 좋아하는 행동양식, 그리고 무한한 상상력을 가진 귀중한 존재이다. 자신의 견해를 형성할 능력이 있는 아동에 대하여 본인에게 영향을 미치는 모든 문제에 있어서 자신의 견해를 자유롭게 표현할 권리를 보장하여 아동의 견해에 대해서는 아동의 연령이나 성숙도에 따라 정당한 비중이 부여되어야 한다.
- 아동은 타인의 권리를 침해하지 않는 범위 내에서 정보를 얻을 권리와 자신의 견해를 표현할 권리, 집회의 자유와 결사의 자유를 가진다(출처: 대한불교조계종 지장기도도량 오봉산 영선사. 글쓴이: 솔내음. 발췌: 어린이재단복지연구실).

2) 유엔 아동권리선언

유엔 아동권리선언에서는 배경, 원칙, 권리선언 내용에 걸쳐 기술하기로 한다.

(1) 배경

이 선언은 아동의 권리와 자유를 보장하기 위한 목적으로 1959년에 선포된 선언으로서 1924년 국제연맹이 채택한 '제네바 아동권리선언'과 구별하여 '국제연합 아동권리선언'으로 불린다. 제2차 세계대전이 진행되는 과정에서 파시즘에 의해 심각하게 인권을 침해당한 후 인권은 국내 차원에 국한한 문제가 아니라 국제 차원에서 다루어질 문제로 대두되었다. 그러한 인식에 기초하여 국제연합은 인권 보편화작업의 일환으로서 '세계인권선언'을 작성하였고 그와 더불어 제네바 아동권리선언의 이념을 계승하여 아동인권에 관한 문서화를 진행하였다.

그 성과로 1955년 국제노동기구(ILO) 제27회 총회에서 아동과 청소년 보호에 관한 결의가 채택되었고 1956년에 국제연합교육과학문화기구(UNESCO)와 국제연합아동기금(UNICEF) 등 아동관련 국제기구가 발족되었다. 1950년 국제연합 사회위원회에서 아동권리선언안이 작성되었는데 '세계인권선언'의 보편성을 침해하지 않는지 한동안 논란을 빚다가 1959년 4월 20일 국제연합 제14차 총최에서 만장일치로 채택되었다. 그후 국제연합은 1979년을 세계 아동의 해로 지정하였고, 1989년 4월 20일 국제연합총회에서 아동권리에 관한 국제연합협약을 채택하였다. 우리나라는 1991년 11월 20일에 그 협약을 비준했다.

(2) 권리선언 10원칙

아동이 어린시절을 행복하게 지내면서 여기에 언급되는 권리와 자유를 누림으로써 자신뿐만 아니라 사회에 이바지할 수 있도록 보장하고자 하는 목적에서 이처럼 '아동권리선언'을 발표함과 동시에 이러한 권리를 인정하고 다음과 같은 원칙에 따라 발전적으로 마련된 법률적 조치를 포함한 모든 조치를 준수하기 위해 최선을 다할 것을 부모와 남녀 개개인과 자원봉사단체와 지방정부와 중앙정부에게 각각 요청한다.

〈원칙 1〉

모든 아동은 이 선언에서 언급되는 모든 권리를 누려야 한다. 아무런 예외 조건 없이 모든 아동에게 자신이나 가족이 속한 인종, 피부색, 성별, 언어, 종교, 정치적인 장이나 여타의 견해, 국적이나 사회적 출신, 재산, 출생이나 여타의 신분과 같은 모든 유형의 차별로부터 벗어나서 이러한 권리를 누릴 자격이 보장되어야 한다.

〈원칙 2〉

아동은 특별히 보호받아야 하고, 자유와 존엄성이 보장되는 조건 속에서 건전하고 정상적인 방식으로 신체적 · 정서적 · 윤리적 · 정신적 · 사회적 측면에서 성장할 수 있도록 법률을 포함한 모든 수단에 의해 모든 기회와 편의가 모든 아동에게 제공되어야 한다. 이러한 목적으로 법률을 제정하는 경우, 아동의 이익이 최대한 보장될 수 있는지 가장 우선적으로 고려해야 한다.

〈원칙 3〉

아동에게는 태어나면서부터 이름과 국적을 취득할 권리가 보장되어야 한다.

〈원칙 4〉

아동은 사회보장제도의 혜택을 누려야 한다. 아동에게는 건강하게 성장하고 발달할 권리가 보장되어야 한다. 이 목적을 실현하기 위해 아동과 어머니는 모두 다 출생 전후의 적절한 보살핌을 포함하여 특별한 보호와 관리를 받아야 한다. 아동에게는 적절한 영양섭취와 주거시설과 오락과 의료서비스를 제공받을 수 있는 권리가 보장되어야 한다.

〈원칙 5〉

신체적 장애, 정신적 장애, 사회적 장애를 지닌 아동은 그의 특정한 상태에 따라 특별한 처우와 교육과 보호를 받아야 한다.

〈원칙 6〉

아동의 인격이 완전하고도 조화롭게 발달될 수 있으려면 사랑과 이해가 필요하다. 아동은 가능한 한 부모의 책임하에 보호를 받으면서 사랑이 넘치고 정신적으로나 물질적으로 안정된 환경 속에서 성장해야 한다. 나이 어린 아동은 예외적 상황을 제외하고 그의 어머니와 격리되어서는 안 된다. 사회와 공공기관에게는 가족이 없는 아동과 적절한 생계수단이 없는 아동에게는 특별한 보호조치를 취해야 할 의무가 있다. 대가족에 속하는 아동의 생계비에 대해 정부보조금과 기타 형태의 지원금이 지급될 필요가 있다.

〈원칙 7〉

아동에게는 최소한 기초단계의 의무교육을 자유롭게 받을 권리가 있다. 아동은 일반교양을 강화하고 기회균등의 원칙에 입각하여 자신의 능력과 독자적인 판단력과 사회윤리적 책임의식을 함양하고 쓸모 있는 사회구성원으로 성장할 수 있는 교육을 받아야 한다. 아동의 이익을 최대한 보장하려면 교육과 학습지도를 책임질 수 있는 지침이 마련되어야 한다. 그 책임은 누구보다도 아동의 부모에게 있다.

〈원칙 8〉

아동은 모든 상황 속에서 가장 먼저 보호와 구조를 받아야 한다.

〈원칙 9〉

아동은 모든 형태의 무관심과 잔혹행위와 착취행위로부터 보호되어야 한다. 아동은 어떤 형태로든지 매매의 대상이 되어서는 안 된다. 아동은 최소적령기 이전에 고용이 허용되어서는 안 된다. 아동은 어떤 경우라도 건강이나 교육에 손해를 끼치거나 신체적 발달이나 정서적 발달이나 도덕적 발달을 가로막을 수 있는 어떤 직업이나 고용형태에 종사하도록 강요받거나 허용되어서는 안 된다.

〈원칙 10〉

아동은 인종차별이나 종교적 차별을 포함하여 모든 형태의 차별을 조장하는 행위로부터 보호받아야 한다. 아동은 자신의 마음속에 이해와 관용, 친절, 평화, 보편적 형제애가 충만하고 자신의 활동력과 재능을 자신의 동료를 돕는 데 쏟아부어야 한다는 점을 충분히 자각할 수 있도록 가르침을 받아야 한다.

(출처: 세계를 바꾼 연설과 선언, 엮어 옮긴이: 이종호)

(3) 권리선언 내용

유네스코 한국위원회(1999)에서 알기 쉽게 제정하여 제시한 권리선언 내용을 소개한다.

- 아동이란 누구인가? 국가마다 법률적으로나 관습상 아동을 연령 또는 가족이나 집단에서의 역할과 지위에 따라 규정하고 있다.
- 아동이 한 인간으로서 어떻게 보이는가는 중요하지 않다. 모든 아동은 각자의 기준에 따라 행복한 삶을 살아야 한다.
- 모든 사람은 무엇인가 결정해야 할 일이 있을 때 아동의 권익을 우선 배려해야 한다. 정부는 아동을 보호하기 위하여 필요한 법률을 정해야 한다.
- 정부는 아동을 보호하기 위하여 제정한 법률을 준수해야 한다.
- 부모는 자녀를 올바르게 양육하기 위하여 정부의 도움을 받을 필요가 있다.
- 모든 사람은 사람답게 살 권리가 있으며 정부는 아동이 건전하고 행복하게 살 수 있도록 도와줘야 한다.
- 태어날 때부터 이름과 국적을 가져야 한다.
- 정부는 아동에게 이름, 국적, 가족 등이 있음을 확실히 해야 한다.
- 아동이 부모 곁에서 편안함을 느낀다면 아동은 부모와 함께 살아야 한다. 만약 편안함

을 느끼지 못하는 경우에는 정부가 아동을 위하여 적합한 장소를 찾아주어야 한다.

- 어떤 사람이 오랫동안 조국을 떠나 있었다 하더라도 필요할 때 언제나 그곳에서 가족 및 친구들과 함께 살 권리가 있어야 한다.
- 정부는 아동을 유괴로부터 보호하기 위하여 필요한 조치를 취해야 한다.
- 아동은 언제나 자신의 관점을 표현할 권리가 있다.
- 아동은 자신의 의견을 가질 권리가 있으며 이 의견은 존중받아야 한다.
- 아동이 어느 신을 믿을 것인지는 아동 혼자서 결정해야 한다.
- 아동은 사생활에 대한 권리가 있다.
- 아동은 세상이 어떻게 돌아가고 있는지(텔레비전, 라디오, 신문 등의 매체를 통해) 알 권리가 있다.
- 부모가 아동의 교육에 관한 주요한 책임을 진다는 사실을 확실히 해야 한다.
- 아동이 학대받는 경우 정부는 필요한 조치를 취하고 아동을 도와야 한다.
- 정부는 교사들을 돌봐야 한다.
- 정부는 입양 시에 아동의 이익을 최대한 고려해야 한다.
- 정부는 난민 아동을 보호해야 한다.
- 장애아동은 정부로부터 가능한 한 최선의 도움과 자본을 받아야 한다.
- 아동은 건전하고 건강하게 살아야 하며, 필요한 경우 우선적으로 치료를 받아야 한다.
- 정부는 보호시설에 있는 아동들이 잘 지내고 있는지 감독해야 한다.
- 아동은 기분이 좋을 권리가 있다.
- 모든 아동은 매일 학교에 가야 하며 교칙은 아동의 입장에서 제정되어야 하고 인도적이어야 한다.
- 아동은 자신이 원하는 것을 믿을 권리가 있다.
- 아동은 여가시간이 필요하며 다양한 활동에 참여할 권리가 있다.
- 아동은 장시간 노동하면 안 된다. 아동은 일정 연령에 도달하기 전까지 노동할 수 없다. 아동은 너무 심한 운동을 하면 안 된다.
- 아동은 마약으로부터 보호받아야 한다.
- 아동은 성적 학대와 성희롱으로부터 보호받아야 한다.
- 아동을 거래의 대상으로 삼아서는 안 된다.
- 아동을 착취하면 안 된다.
- 아동을 고문해서는 안 된다. 수감될 경우에는 좋은 대우를 받아야 한다.
- 15세 미만의 아동은 전쟁에 참가할 수 없다.
- 정부는 고문당한 아동을 도와야 한다.

- 아동이 법을 위반한 경우 정부는 이들을 처벌하기보다는 도와야 한다.
- 지금까지의 지침보다는 법률로 정하는 것이 더 낫다.
- 정부는 모든 사람이 이러한 아동의 권리를 알게 해야 한다.

3) 천도교와 아동존중사상

천도교의 유아교육관은 성선설로부터 출발한다. 또한 어린이는 인간의 범주에서 더 나아가서 어린이가 성인보다 더 천인에 가까울 수 있다는 아동존중사상을 낳았다. 뿐만 아니라 어린이는 부패한 사회를 극복하여 새 사회를 재건하는 데 있어 가능성이 있는 새로운 인간으로 존중한다. 천도교가 형식적인 교육기관을 세웠다든지 교육실제에 직접적인 활동은 하지 않았지만 3·1운동 이후 사회교육적인 입장에서 〈개벽〉, 〈어린이〉, 〈신여성〉 등의 잡지를 발간하여 언론을 통한 사회계몽운동을 적극적으로 펴나가고 소년회를 조직하여 어린이 해방운동의 기치를 드높인 것에서 교육사적 의의를 갖는다. 특히, 천도교는 어린이를 끊임없는 자기 수도에 전념하여 자기완성을 이룰 수 있는 존재, 한울님이 될 수 있는 평등한 존재로 보았으므로 아동존중사상, 아동중심주의 사상을 실천하려고 하였다. 특히, 어린이 운동에 앞장섰던 소파 방정환(1899~1931)이 아동중심주의 사상에 근거하여 제시한 어린이 교육원리는 생활지도 방향을 시사해 주고 있다(안경식, 1994).

① 어린이는 천사다. 순진무구한 존재다.
② 어린이의 세계는 성인의 세계와 다르다. 어린이의 세계를 이해하여야 하며 모든 것을 그의 입장에서 생각하라.
③ 존댓말을 써라. 어린이는 독립된 한 인격체이다.
④ 기쁨 속에서 자라게 하라. 어린이는 기뻐할 때 몸과 생각과 기운이 자라나며 흥미가 싹튼다.
⑤ 자유롭게 활동하게 하라. 어른의 욕심을 채우기 위한 압박과 구속을 가하지 말라. 자유로운 활동은 어린이의 생명이요, 생활의 전부이다.
⑥ 동화를 많이 들려주어라. 어린이가 동화를 좋아하는 것은 본능적이고 자연적인 요구이다. 동화는 상상력을 키워주는 완전하고 훌륭한 예술이다.
⑦ 동요를 짓고 부르게 하라. 동요는 어린이의 심성을 곱고 부드럽게 한다.
⑧ 그림을 마음대로 그리게 하라. 어린이가 본대로 느낀대로 솔직하게 표현하게 하라. 어른의 기교는 못 쓸 것이다.
⑨ 건전한 소년단체활동을 하게 하라.

⑩ 우리 민족과 문화를 생각하게 하라. 우리 민족은 무수한 문화를 가진 민족이며 우리 문화는 어린이가 자랄 터전이 된다.

이상에서 시대변천에 따른 유아관과 천도교의 유아관에 대하여 차례로 살펴보고 이에 따른 생활지도의 방향에 대하여 알아보았다. 유아생활지도는 아동중심주의 사상에 기초한 현대적 유아관과 성선설에 기초한 천도교적 유아관에 입각한 생활지도가 이루어져야 한다.

3. 보육교사의 윤리강령

교직윤리는 보육교사가 보육전문가로 보육활동을 수행하면서 스스로 실천하기를 기대하는 내부적 규범이며 외부적으로 요구되는 윤리의식이다. 따라서 윤리의식은 보육교사가 보육활동을 전개하는 매일의 일상에서 수없이 일어나는 도덕적 딜레마에 직면할 때 스스로 올바른 판단을 하도록 도와준다. 본 절에서는 교직윤리의 개념, 성격, 제정의 역사, 필요성, 내용, 강화방안에 걸쳐 기술하기로 한다.

1) 개념

교직윤리의 개념을 밝히기 위하여 먼저 윤리, 도덕 그리고 직업윤리에 대하여 생각해 보기로 한다.

윤리란 법률과 비교하여 특성을 살펴보면, 법률이 사회질서를 유지하기 위한 공식적 통제체제라면 윤리는 바람직한 사회를 위한 당위적이고, 이상적인 내적 · 자율적 통제체제이다(윤종건 외, 1998). 또한 도덕은 한 조직체 내에서 조직 구성원들이 지닌 선과 올바름, 적합함, 의무 등에 대한 신념이며 행동규범으로(박은혜, 2009) 볼 때 윤리는 도덕성에 관한 비판적 숙고를 포함하고 있고 강제성이 없는 내적, 자율적 통제체제이다(권영례, 2015).

또한 직업윤리란 전문직과 관련된 윤리를 말한다. 모든 직업을 가진 사람은 직업의 특성에 따라 마땅히 지켜야 할 도덕적 행동규범을 가지는데 직업에 관련된 윤리를 직업윤리라고 말한다. 이렇게 본다면 교직윤리란 직업윤리의 하위개념으로 교직과 관련된 윤리라고 볼 수 있다. 다음에서 여러 학자가 제시한 교직윤리에 대하여 생각해 보기로 한다.

〈표 Ⅰ-6〉 교직윤리의 개념

학자명	개념
김순형 외(2015)	보육교사의 역할을 수행할 때 기대되는 행동규범으로써 스스로 실천하기를 기대하는 규범
김기태 외(2003)	교직자의 실천규범
권건일(2010)	교직자가 교육활동을 행함에 있어서 스스로 실천하기를 기대하는 내부적 규범과 외부적으로 요구되는 윤리의식
박은혜(2015)	교사들이 교직을 수행하면서 스스로 실천하기를 기대하는 규범
염지숙 외(2011)	교사가 그 직무수행과 관련하여 스스로 지켜야 할 것으로 기대되는 규범으로 강제를 수반하는 법률적 성격을 갖지는 않지만 교사가 교직생활에서 마땅히 지키고 실천해야 할 행동규범 또는 도덕적 의무

이상의 개념을 정리하면 교직윤리란 '교사가 교직생활을 영위하면서 직무수행에 관련하여 교육현장, 사회, 인간관계 속에서 마땅히 실천되기를 기대하는 자발적이며 능동적인 행동규범이나 도덕성'이라고 정의할 수 있다.

2) 제정절차

미국전국유아교육협회(National Association of Education for Young Children)는 유아교사에게 필요한 윤리강령(Code of Young Children)을 1989년에 제정(1997년 수정) 발표한 후 우리나라에서는 2005년 스승의 날에 모든 교직자에게 적용되는 '교직윤리헌장'을 제정하여 1954년에 한국문화협회에서 제정한 '사도강령'과 1982년 대한교육연합회가 제정한 '사도헌장'을 대신하여 공포하였다. 이어 우리나라는 2010년 유아교육선진화위원회를 비롯한 유아교육단체가 공동으로 '유치원교사헌장'과 '유치원교사강령'을 발표하였다.

더불어 어린이집 원장 및 보육교사 윤리강령은 한국보육시설연합회와 유아정책연구소가 개발 연구하여 2011년 전국 보육인 대회에서 보육교사윤리강령과 윤리선언문이 발표된 바 있다.

3) 성격

교원윤리는 다음과 같은 성격을 띠고 있다.

(1) 전체 구성은 미국처럼 4개 영역으로 구성되어 있다

1989년에 제정되어 1997년에 수정한데 이어 2011년에 다시 개정하여 교사와 원장이 완전

분리된 보육교사윤리강령은 영유아에 대한 윤리적 책임, 가족에 대한 윤리적 책임, 동료에 대한 윤리적 책임, 지역공동체 및 사회에 대한 윤리적 책임의 4개 영역으로 나누어져 있다. 또한 우리나라 어린이집 원장 및 보육교사 윤리강령도 영유아에 대한 윤리, 가정에 대한 윤리, 동료에 대한 윤리, 사회에 대한 윤리 등 4개 영역으로 구분되어 있으며, 각 영역별 내용도 거의 동일하다.

(2) 교원윤리강령은 영유아의 권리를 존중하는 방향으로 구성되어 있다

영유아도 성인처럼 권리를 가진 인격체로서 그들의 권리를 누릴 수 있어야 하며 교원윤리강령도 영유아의 권리를 존중하고 보장할 수 있도록 구성되어 있다. 영유아의 권리는 다음과 같다.

① 생존할 권리(survival right): 기본적인 삶을 누리는 데 필요한 권리
② 보호받을 권리(protection right): 유해한 것으로부터 보호받을 권리
③ 발달할 권리(development right): 잠재능력, 교육, 여가, 문화생활, 정보취득, 생각, 양심, 종교의 자유 등 자기성장 및 발달할 권리
④ 참여할 권리(participation right): 의견표현, 존중, 표현, 양심과 종교, 모임참여, 사생활보호, 유익한 정보를 얻을 권리

(3) 교직윤리는 강제성이 없다

법률은 사회질서를 유지하기 위해 존재하는 것으로 법을 지키지 않으면 법률이 정하는 바에 따라 벌을 받는 강제적인 규범임에 비하여 교직윤리는 법률과 같은 통제기능이 없다. 그러나 교직윤리를 준수하지 않으면 본인을 비롯하여 영유아, 학부모, 지역사회인에게 나쁜 영향을 끼치므로 강제성은 없으나 꼭 지키도록 많은 압력을 받는 행동규범이나 도덕성이다.

(4) 교직윤리는 내적 · 자율적 통제체제이다

법률이 외적 · 공식적 통제체제인 반면 교직윤리는 내적 · 자율적 통제체제로 개인의 자율적 판단에 의하여 행동으로 이어진다. 김기태 등(2003)은 교원의 행동과 윤리와의 관계를 다음과 같이 제시하고 있다.

〈표 I-7〉 교원의 행동과 윤리와의 관계

지도의 영역	교원의 실천행동	교직윤리의 내용
학생지도	1. 지도내용의 선정 2. 실제지도의 과정 3. 평가의 관리	1. 지도내용의 객관성 2. 최선의 방법 적용, 성실한 지도 3. 공정성, 객관성, 합리성

지도의 영역	교원의 실천행동	교직윤리의 내용
인간관계	1. 학생과의 관계 2. 동료와의 관계 3. 학부모, 지역사회와의 관계	1. 교육애, 인격존중, 정확한 이해 2. 상호존중, 상호협력 3. 교육홍보 및 의견수렴
공직생활	1. 전문성 관리 2. 준법생활 3. 공공생활	1. 연구, 근면, 성실 2. 질서존중, 솔선수범 3. 청렴, 봉사, 중립성

(5) 교직윤리는 교원의 모든 행위와 관련이 있다

교직윤리는 교육목적과 교육의 내용, 교수과정, 학생 및 학부모와의 관계 등 교사들의 모든 행위와 관련된다.

(6) 교직윤리는 교육의 질을 좌우한다

교사가 교직윤리가 결여되면 전문성을 계발하고 사랑과 정성을 다하여 유아를 보살피는 일에 소홀할 수도 있다.

4) 필요성

보육교사는 다양한 영유아보육활동을 수행하는 과정에서 수많은 딜레마에 직면하게 되고 이러한 딜레마를 해결하기 위해 적절한 의사결정을 내리게 되는데 그 기준이나 지침이 필요할 때 이러한 역할을 하는 것이 교직윤리이다. 또한 영유아보육에 직·간접적으로 관련이 있는 영유아, 학부모, 사회인은 모두 보육교사가 사회의 누구보다도 윤리적이며 도덕적이기를 기대한다. 보육교사에게 교직윤리가 왜 필요한가에 대하여 생각해 보기로 한다.

(1) 영유아의 인격을 존중하기 위해서이다

보육교사는 영유아의 인격을 존중해야 한다고 늘 생각한다. 그러나 영유아의 인격을 훼손시키는 상황이 발생한다. 잘못을 했을 때 꾸짖고, 나무라고, 야단치고, 윽박지르고, 무시하고, 때로는 체벌하기도 한다. 강력한 권력과 힘을 가진 교사에게 대항할 수 없는 영유아는 평생 지울 수 없는 상처를 남기고 더욱 위축되거나 적절한 가치관을 갖지 못하는 아이로 성장할 것이다. 이때 교직윤리는 해당교사에게 영유아의 인격을 존중하는 다짐을 하게 한다.

(2) 영유아와 부모와의 상충되는 요구를 적절히 조절하기 위해서이다

만일 부모의 요구와 영유아의 요구가 서로 상충된다면 보육교사는 어떻게 해야 하는가? 보육교사는 영유아보다 막강한 지위와 권력을 가지고 있기 때문에 영유아의 요구를 무시할 것인가? 보육교사는 부모의 요구를 물리치기 어려우니까 부모의 요구를 수용할 것인가? 이런 딜레마에 빠질 때 영유아에게 불이익이 가지 않게 현명한 판단을 내릴 수 있게 도와준다.

(3) 영유아의 교육 · 보육과정을 합리적으로 운영하기 위해서이다

초등학교의 교육과정은 사전에 치밀하게 계획되어 있어 계획대로 지도하면 되지만 영유아 교육, 보육과정은 영유아의 생활경험, 요구, 흥미 등에 따라 상황적으로 접근(situational approach)되어야 한다. 이와 같은 불확실한 상황에서 교사는 끊임없이 의사결정을 해야 하는데, 이때 교사의 가치나 주관에 치우치지 않고 교육, 보육과정의 본질에 맞게 의사결정하도록 도와준다.

(4) 학부모의 다양한 요구를 조절할 수 있게 한다

영유아의 부모는 다양한 교육관을 갖고 있기 때문에 보육교사에게 갖는 요구와 기대는 아주 다양하다. 이러한 학부모의 기대와 요구를 조화롭고 객관적으로 선별, 수용할 수 있는 기준이 된다.

(5) 교사 자신의 행동에 대한 자기통제력을 길러 준다

교사의 지위와 힘은 영유아에게 절대적인 것이어서 경우에 따라 감정적으로 힘을 행사하고 싶은 유혹에 빠질 수도 있다. 이러한 유혹을 거부할 수 있는 자기통제력을 길러준다.

(6) 사회인들로부터 존경받는 스승상을 정립시켜준다

사회인은 교사를 이 사회의 어떤 직종에 종사하는 사람들보다 고도로 윤리적이고 도덕적인 사람이 되길 기대한다. 교사는 영유아에게 바른 윤리와 도덕성을 본보기로 지도해야 한다. 비윤리적이고 비도덕적인 교사는 사회인들로부터 많은 질타와 비난을 받는다. 따라서 교사는 존경받는 스승상을 정립하기 위해 교직윤리를 준수하게 된다.

5) 내용

교직윤리의 내용은 유치원 교사의 교직윤리, 어린이집 교사의 교직윤리, 미국전국유아교육협회의 윤리강령의 전체적인 구조를 비교해 보고 보육교사 헌장과 강령, 유치원 교사 헌장과 강령을 차례로 소개하기로 한다.

〈표 I-8〉 교직윤리의 내용

어린이집 원장 및 교사 윤리강령	유치원 교사 윤리강령	미국 NAEYC 보육교직원 윤리강령
제1장 영유아에 대한 윤리 제2장 가정에 대한 윤리 제3장 동료에 대한 윤리 (어린이집 원장)(보육교사) 제4장 사회에 대한 윤리	1) 유치원교사와 유아 2) 유치원교사와 가정 3) 유치원교사와 사회 4) 유치원교사의 책무	1. 영유아에 대한 윤리적 책임 2. 가족에 대한 윤리적 책임 3. 동료에 대한 윤리적 책임(동료)(고용주) 4. 지역공동체 및 사회에 대한 윤리적 책임 (개인수준)(집단수준)

〈표 I-8〉에서 보는 바와 같이

첫째, 어린이집 원장 및 교사 윤리강령, 유치원 교사 윤리강령, 미국 보육교직원 윤리강령 등 3개 유아교육단체의 교직윤리의 명칭을 공히 윤리강령으로 제정되었다.

둘째, 3개 단체의 윤리강령이 영유아, 가정, 동료, 사회 등 4개 영역으로 구성되어 있다.

다음에서 어린이집 원장 및 교사 윤리강령을 제시한다.

(1) 어린이집 원장 및 교사 윤리강령

어린이집 원장 및 교사 윤리강령은 2010년에 한국보육시설연합회와 유아교육정책연구소가 함께 연구·개발하여 2011년 전국보육인 대회에서 공포되었다.

보육시설장·교사 윤리강령

보육은 영유아를 건강하게 양육하고, 안전하게 보호하며, 발달특성에 적합한 교육을 제공하는 복지서비스이며, 보육인은 사랑과 존중과 전문지식을 바탕으로 영유아의 전인적 성장에 영향을 미치는 전문 직업인이다. 그러므로 보육인은 윤리적 의식과 태도를 가지고 사회적 본분에 임해야 한다. 이에 보육시설장과 보육교사는 스스로 책무성을 발현하여 윤리강령을 제정함을 밝힌다. 본 강령을 직무수행의 규준으로 삼아 보육현장에서 발생하는 윤리적 갈등을 해결하고 생존권, 보호권, 발달권, 참여권 등 영유아의 권리를 보장함으로써 직무상의 윤리적 책임을 다하여 전문 직업인으로서의 위상을 공고히 하고자 한다. 더불어 영유아와 그 가정, 동료와 사회의 존엄성을 존중하는 보육의 실천으로 다각적인 신뢰를 구축하고, 영유아의 잠재력을 최대한 발휘시킴으로써 영유아가 긍정적인 자아개념을 형성하고 유능한 사회인으로 성장할 수 있도록 도와, 긍정적으로는 영유아와 그 가정, 동료와 사회의 통합적·이상적 복지실현에 기여하고자 한다.

제Ⅰ장 영유아에 대한 윤리

1. 영유아의 인격을 존중하고, 개인의 잠재력과 개성을 인정한다.
2. 영유아에게 고른 영양과 충분한 휴식을 제공하여, 몸과 마음을 건강한 사람으로 자라도록 돕는다.
3. 성별, 지역, 종교, 인종, 장애 등 어떤 이유에서도 영유아를 차별하지 않고 공평한 기회를 제공한다.
4. 영유아는 다치기 쉬운 존재임을 인식하여 항상 안전하게 보호한다.
5. 영유아에 대한 정서적 · 언어적 · 신체적 학대를 행하지 않는다.
6. 시설 내외에서의 영유아 학대나 방임을 민감하게 관찰하며, 필요한 경우 관련 기관("아동보호전문기관"등)에 보고하고 조치를 취한다.
7. 개별적 상호작용 속에서 영유아의 요구를 수용하기 위해 노력한다.
8. 영유아의 사회 · 정서 · 인지 · 신체 발달을 통합적으로 지원하는 보육프로그램을 실시한다.
9. 영유아가 특별한 도움을 필요로 하는 경우, 전문가와 협력하여 영유아의 입장에서 최선의 대안을 찾는다.
10. 보육활동을 계획, 실행, 평가하는 모든 과정에 영유아의 흥미와 의사를 반영한다.
11. 영유아의 개인적 기록과 정보에 대해 비밀을 보장한다.

제Ⅱ장 가정에 대한 윤리

1. 상호 신뢰를 바탕으로 영유아의 가정과 동반자적인 관계를 유지한다.
2. 각 가정의 양육 가치와 의사결정을 존중한다.
3. 경제적 수준, 가족 형태, 지역, 문화, 관습, 종교, 언어 등 어떤 것에 의해서도 영유아의 가정을 차별대우하지 않는다.
4. 보육활동 및 발달 상황에 관한 정보를 정확하게 제공하여 영유아에 대한 가정의 이해를 돕는다. 다문화, 심신장애 등으로 의사소통에 도움이 필요한 경우 문제를 해결할 최선의 방법을 도모한다.
5. 시설 운영에 관한 정보를 공개하여 영유아 가정의 알권리에 응한다.
6. 보육 프로그램 및 주요 의사결정에 영유아 가정이 참여하도록 안내한다.
7. 필요한 사회적 지원, 전문서비스 등 관련 정보를 제공하여 영유아 가정의 복리 증진을 돕는다.
8. 영유아 가정의 사생활을 보호하고 익명성을 보장한다.

제Ⅲ장 동료에 대한 윤리

[보육시설장]

1. 최상의 보육 서비스 제공에 필요한 인적 · 물적 환경의 조성 및 유지를 위해 노력한다.
2. 보육교사를 신뢰하고 존중하며 전문성과 자율성을 인정한다.
3. 성별, 학연, 지연, 인종, 종교 등에 따라 보육교사를 차별하지 않는다.
4. 업무 관련 의사결정이 필요한 경우, 보육교사의 의견 개진 기회를 보장한다.
5. 보육교사에게 지속적 재교육 등 전문적 역량제고의 기회를 부여한다.
6. 보육교사에게 적정 수준의 보상(보험, 급여 등)을 안정적으로 제공하며, 복지 증진에 힘쓴다.
7. 보육교사 개인의 기록과 정보에 대한 비밀을 보장한다.

[보육교사]

1. 존중과 신뢰를 바탕으로 협력하여 서로의 전문성과 자율성을 인정한다.
2. 상호 간 역량 계발과 복지 증진에 부합하는 근무환경이 되도록 힘쓴다.

3. 시설장 및 동료와 영유아 보육에 대한 신념을 공유한다.
4. 보육교사로서의 전문성 향상을 위해 스스로 노력한다.
5. 시설 내에서 영유아 및 보육교사의 인권과 복지를 위협하는 비윤리적 사태가 발생한 경우, 법률 규정이나 윤리 기준("한국보육시설연합회 윤리강령위원회"참조)에 따라 조치를 취한다.

제IV장 사회에 대한 윤리

1. 공교육에 대한 책임을 인식하고, 항상 질 좋은 보육서비스를 제공한다.
2. 영유아의 안전을 위협하는 환경이나 정책이 발견될 시, 관계기관과 협의하여 개선한다.
3. 공적 책임이 있는 시설로서 재정의 투명성을 유지하고, 부당한 방법으로 사적 이익을 취하지 않는다.
4. 영유아의 권익 보호를 위해 관련 정책 결정 및 법률 제정에 적극 참여하며, 사회적으로 이를 널리 알리는 데 앞장선다.
5. 지역사회 실정에 맞는 시설의 책임과 역할을 인지하고, 실천하고자 노력한다.

보육인 윤리 선언문

나는 영유아의 건강한 성장과 발달을 지원하는 보육인으로서 직무상의 윤리적 책임을 다하여 다음 사항들을 지킬 것을 다짐합니다.

1. 나는 내가 영유아에게 지대한 영향을 미치는 존재임을 잊지 않으며, 항상 스스로의 말과 행동에 신중을 기한다.
1. 나는 영유아의 인격과 권리를 존중하며, 어떠한 경우에도 영유아에게 해가 되는 일을 하지 않는다.
1. 나는 영유아 가정의 다양성을 이해하고 존중하며, 상호 신뢰하는 동반자적 관계를 유지한다.
1. 나는 동료를 존중하고 지지하며, 서로 협력하여 최상의 보육 서비스를 제공하기 위해 노력한다.
1. 나는 보육의 사회적 책임과 역할을 인식하고, 영유아의 권익과 복지를 위한 활동에 앞장선다.
1. 나는 '보육시설장 · 교사 윤리강령'을 직무 수행의 도덕적 규준으로 삼아 진심을 다하여 충실히 이행한다.

제 II 부

보육교사의 직무수행

보육교사양성대학에서 보육교사가 되기를 희망하는 예비 보육교사가 유아보육기관에 임용되어 보육교사로서 직무를 수행하는 데 있어서 절대적으로 필요한 자질과 능력을 함양시켜주거나 현직 보육교사가 당해 유아보육기관에서 설정한 보육목표 구현을 위해 보육교사로서 직무를 수행하는 데 있어 절대적으로 필요한 자질과 능력은 모두 동일하다. 따라서 제II부에서는 이러한 자질과 능력을 함양함에 있어 필수적으로 학습해야 할 내용으로

첫째, 보육교사, 원장, 원감의 자격기준과 취득 및 임용방법 그리고 복무, 직무, 업무분장, 보수 등,

둘째, 보육실 내에 흥미영역 설치요령, 비품 및 교재·교구, 시설설비 관리방법,

셋째, 하루일과 운영 그리고 연령별, 즉 영아반, 유아반의 하루일과 운영방법,

넷째, 영유아의 학습 또는 생활지도를 위해 정보와 자료수집을 위한 방법과 절차 그리고 부적응행동 지도방안,

다섯째, 보육실에서 일반적으로 일어나는 문제유형과 이에 대한 원인과 대책,

여섯째, 유아교육기관에서 의사소통을 저해하고 갈등을 유발하는 요인을 분석하여 이에 대한 대책,

일곱째, 보육교사와 학부모, 지역사회인들과의 상호협력방안, 지역과제의 보육과정화 방안 그리고 유아교육에서 지역사회자원의 효율적인 활용방안에 대하여 다룬다.

제 1 장

임용과 복무

유아보육기관 내에서는 교원으로는 원장, 원감, 교사 등 3개 직책이 있고, 또 3개 직책에 따라 그들의 직무가 달라지며 원장, 원감, 교사들이 각기 그들이 맡은 직무를 충실하게 수행할 때 당해 유아보육기관이 원활하게 운영되는 것이다. 그 중 보육교사가 보육교사로서의 직무를 원활히 수행할 수 있도록 하기 위해서는 보육교사로서의 직책에 알맞은 능력과 자질을 갖춘 교사를 선발 임용하고 또한 직무수행에 적절한 보수, 복무 등 여러 가지 여건을 잘 정비해 주는 일이 필요하다. 따라서 본 장에서는 보육교직원의 자격기준 및 취득, 임면, 복무면에서 직무, 교무분장, 복무, 보수 등에 걸쳐 기술한다.

1. 자격기준 및 취득

1985년 「유아교육진흥법」이 공표되면서 우리나라의 유아교육에 대한 사회적 인식의 보편화에 따른 유아교사의 양성이 이에 따르지 못하여 1980년대에는 유아교육기관에서 무자격 원장, 무자격 교사가 유아교육을 담당함으로써 유아교육에 많은 문제점이 야기되었으나 지금은 유자격 원장, 교사의 확보는 물론 유능한 원장이나 교사 확보를 위한 각종 국가 차원의 정책과 시책들이 강구, 적용되고 있다. 다음에서 이에 따른 어린이집 보육교사와 원장 그리고 유치원교사, 원감, 원장의 자격기준과 자격취득 방법에 대하여 알아본다.

1) 보육교사 자격취득 제도의 변화

(1) 인정자격제도

과거 보육교사 또는 원장의 자격기준은 보육 및 아동관련 학과 대학의 졸업증서나 보육교사교육원의 수료증서가 있으면 자동적으로 자격증을 대신하는 제도였으나 2005년 4월에 「영유아보육법」의 제정으로 '자격인정제'가 폐지되고 '국가자격인정제도'로 바뀌었다.

(2) 국가자격인정제도

어린이집 원장 및 보육교사 자격증은 자격기준에 해당되는 자가 제출한 관련 서류를 근거로 보건복지부장관이 자격을 검정하여 국가자격증을 교부하는 제도로서 보건복지부장관이 위탁한 '보육시설 종사자 자격검정위원회'에서 관장하게 되었다. 이렇게 개정한 이유는

첫째, 과거의 인정자격제도가 별도의 자격증이 없이 서류제출로 자격을 인정해온 바 자격제도로서 요건을 갖추지 못하였다.

둘째, 자격검정 및 자격증 발급체제를 구축하여 어린이집 원장과 보육교사를 국가적 차원에서 질적 수준을 제고시키고 효율적으로 관리하기 위함이었다.

셋째, 서류검정, 즉 무시험검정으로 이루어지며, 서류검정은 '보육시설 종사자 자격검정위원회'에서 주관함으로써 자격증 관리업무가 전문화되고 단일화되며 자격증의 존엄성을 제고시키기 위함이었다.

2) 보육교사의 자격기준

보육교사의 자격기준은 「영유아보육법 시행규칙」 제12조 제1항 관련 별표 4에 의한다. 보육교사 자격기준은 다음 표와 같다.

〈표 II-1〉 보육교사 자격기준

등급	자격기준
보육교사 1급	1. 보육교사 2급 자격을 취득한 후 3년 이상의 보육업무경력이 있는 사람으로서 보건복지부 장관이 정하는 승급교육을 받은 사람
	2. 보육교사 2급 자격을 취득한 후 보육관련대학원에서 석사학위 이상을 취득하고 1년 이상 보육업무경력이 있는 사람으로서 보건복지부 장관이 정하는 승급교육을 받은 사람

등급	자격기준
보육교사 2급	1. 전문대학 또는 이와 같은 수준 이상의 학교에서 보건복지부령으로 정하는 보육 관련 교과목과 학점을 이수하고 졸업한 사람
	2. 보육교사 3급 자격을 취득한 후 2년 이상의 보육업무경력이 있는 사람으로서 보건복지부 장관이 정하는 승급교육을 받은 사람
보육교사 3급	1. 고등학교 또는 이와 같은 수준 이상의 학교를 졸업한 사람으로서 보건복지부령으로 정하는 교육훈련시설에서 정해진 교육과정을 수료한 사람

〈표 II-1〉에서 보는 바와 같이 처음에 보육교사가 되기 위해서는 보건복지부령이 정하는 교육훈련시설수료(3급), 보육관련 전문대학 이상 졸업(2급)하면 보육교사자격을 취득할 수 있고 그 이후 일정기간 경력 또는 보육관련 대학원 석사학위 취득 후 일정기간 경력을 쌓은 후 보건복지부 장관이 정하는 승급교육을 받으면 상위급의 보육교사 자격증을 취득할 수 있다. 〈표 II-1〉의 내용을 쉽게 이해하기 위해 승급, 보육관련 대학원, 보육업무경력, 보육관련 교과목 및 학점에 대하여 자세히 설명하기로 한다.

(1) 승급

승급이란 상위자격을 취득하는 것으로 보육교사 3급에서 2급, 1급 순으로 승급할 수 있다. 승급자에 대한 자격검정은 80시간 이상 교육을 받고 평가시험에서 80점 이상 취득자를 합격으로 한다(「영유아보육법 시행규칙」 제20조).

(2) 보육관련대학원

① 학과(전공) 및 학위명에 '보육, (영)유아, 아동' 단어가 포함된 대학원

② ①의 경우가 해당되지 않을 경우, 보육관련 교과목 이수기준으로 인정(보육관련 교과목 최소 4과목 이상, 12학점 이수 여부를 확인하여 인정함)

(3) 보육관련 경력

① 어린이집에서 어린이집의 원장, 보육교사, 특수교사 또는 치료사로 근무하거나 보육정보센터에서 보육정보센터장, 보육전문요원 또는 특수교사로 근무한 경력

② 「유아교육법」에 따른 교육과정과 방과 후 과정을 운영하는 유치원에서 원장, 원감, 수석교사 또는 교사로 근무한 경력을 말함

(4) 보육관련 교과목과 학점

보육교사 2급 자격증을 취득하기 위해 대학교에서 이수해야 할 보육관련 교과목과 학점은 다음과 같다.

〈표 II-2〉 보육교사 2급 자격 취득을 위한 교과목 및 학점

영역	교과목	이수과목(학점)
보육필수	아동복지(론), 보육학개론, 영아발달, 유아발달, 보육과정, 보육교사론	6과목(18학점) 필수
발달 및 지도	인간행동과 사회환경, 아동관찰 및 행동연구, 아동생활지도, 아동상담(론), 특수아동이해, 장애아지도	1과목(3학점) 이상 선택
영유아교육	놀이지도, 언어지도, 아동문학, 아동음악, 아동동작, 아동미술, 아동수학지도, 아동과학지도, 영유아프로그램 개발과 평가, 영유아교수방법(론)	6과목(18학점) 이상 선택
건강 · 영양 및 안전	아동건강교육, 아동간호학, 아동안전관리, 아동영양학, 정신건강(론)	2과목(6학점) 이상 선택
가족 및 지역사회 협력 등	부모교육(론), 가족복지(론), 가족관계(론), 지역사회복지(론), 보육정책(론), 어린이집 운영과 관리	1과목(3학점) 이상 선택
보육실습	보육실습	1과목(3학점) 필수
전 체	17과목(51학점) 이상	

또한 보육교사양성 교육과정인 교육훈련시설(보육교사교육원)은 고졸 이상의 학력자를 대상으로 보육관련 교과목 22과목 이상 65학점 이상(보육실습 6주 240시간)을 이수하고 각 교과목당 70점 이상인 경우 수료로 인정한다. 보육교사교육원의 교육과정도 대학(교)과 동일한 영역으로 구성되어 있으며 대학(교)보다 많은 교과목과 학점을 이수하도록 되어 있다.

3) 보육교사 자격증 취득

2005년 4월「영유아보육법」개정으로 국가자격인정제도로 전환됨에 따라 어린이집 원장 및 보육교사의 자격검정은「영유아보육법 시행령」제21조(별표1)에 의한 자격기준을 갖추었는지 여부를 신청자가 제출한 서류를 심사하여 검정한다. 자격검정 및 자격증 발급(취득)과 관련된 중요한 사항은 보육교직원 자격검정위원회에서 심의 · 의결한다.

(1) 보육교사자격 교부(취득)절차

보육교사자격증 교부(취득)절차를 그림으로 나타내면 다음과 같다.

대학(교)졸업(예정)	⇒	**자격요건 구비**	⇐	**보육교사교육원수료(예정)**
		⇓		
◦ 인터넷 신청 접수 ◦ 단체접수 －7월 －12~1월	⇒	자격증 신청 한국보육진흥원 보육인력개발국	⇐	최종학교 졸업증명서 외 4종
		⇓		
「아동복지법」 제71조 제1항에 의거 처벌받은 자는 정지 또는 취소	⇒	자격증교부 · 심의 한국보육진흥원 보육인력개발국 보육교직원자격 검정위원회	⇐	「영유아보육법」 제47조, 제48조에 해당되는 자는 정지 또는 취소
		⇓		
방문수령	⇒	자격증 발급 등기발송 및 방문수령	⇐	등기발송

[그림 II-1] 보육교사자격증 교부(취득)절차

보육인력 국가자격증 홈페이지 접속
(http://chrd.childcare.go.kr)

홈페이지 회원가입

↓

자격증 신청 (인터넷 신청)	수수료 결재 (전자결재/가상 계좌입금)

↓

구비서류제출(등기우편)
◦ 구비서류: 홈페이지 자격기준 참조
◦ 보낼 곳: 서울특별시 용산구 청파로345
한국보육진흥원 보육인력 개발국(TEL: 1566-0233)

↓

어린이집원장, 보육교사 자격검정
보육시설 종사자 자격검정위원회

↓

자격증 발급
(등기발송 또는 방문수령)

[그림 II-2] 자격증 발급 신청 및 교부절차

[그림 II-1]에서 보육교사자격증 교부(취득) 절차를 보면 보육교사를 희망하는 사람은 자격요건을 구비하기 위하여 보육교사 양성대학이나 보육교사교육원에서 수학하여 자격요건을 갖추고 관련 자료를 구비하여 인터넷이나 단체로 한국보육진흥원, 보육인력개발국, 보육교직원자격검정위원회에 제출한다. 또한 관계서류를 접수한 보육교직원자격검정위원회에서는 관련 서류를 중심으로 심의한다. 이때 「영유아보육법」 제47조, 제48조, 「아동복지법」 제71조 제1항에 해당되는 자는 심의대상에서 제외되며 심의를 마친 자격증은 등기발송이나 한국보육진흥원 방문을 통해서 해당 예비교사에게 전달된다. 또한 인터넷을 통한 자격증 교부(취득) 절차를 그림으로 나타내면 [그림 II-2]와 같다.

(2) 자격검정

보육교사 자격검정은 무시험검정을 원칙으로 하며 서류심사에 의해 자격인정 여부를 결정한다. 대학을 졸업한 자는 교과목 17과목 51학점 이상을 취득한 자 그리고 교육훈련시설(보육교사교육원에서 교육과정을 수료한 자는 22과목 65학점 이상)을 취득하고 각 과목당 70점 이상 취득해야 합격이 가능하다(「영유아보육법」 제17조 제2항). 대학을 졸업한 자는 보육교사 2급, 보육교사교육원을 수료한 자는 보육교사 3급을 부여한다.

(3) 보육실습

2016년 1월 공포된 「영유아보육법 시행규칙」 개정으로 대학(교)의 보육관련 교과목 및 학점 등이 개정되면서 기존 6개 영역에서 3개 영역으로 조정하고 대면교과목을 정하여 사이버 교육기관에서의 보육교사 2급 자격을 취득할 경우 자격의 질을 높이고자 하였다.

보육실습은 반드시 성적증명서를 통해 확인이 가능하여야 하고, 이수학점은 3학점 이상, 평균점수 80점(B학점) 이상일 때 인정된다. 보육실습은 어린이집(정원 15인 이상) 평가인증을 유지하는 어린이집과 방과 후 과정 유치원으로 등록된 시설(교육청)에서 실습하여야 하며, 지도교사는 보육교사 1급 또는 유치원 정교사 1급 자격증 소지자라야 한다. 보육실습은(2018년 1월부터는 6주 240시간 이상 2회에 나누어 실시 가능) 이수해야 한다. 또한 자격검정 시에는 어린이집 지원시스템으로 등록한 보육실습 확인서를 첨부해야 한다.

4) 어린이집 원장의 자격기준 및 취득

(1) 자격기준

어린이집 원장은 시설장으로 불리다가 원장으로 바뀌면서 원장의 자격기준은 「영유아보호법 시행령」 제21조에 의거 자격기준에 해당하는 자로 보육교사와 같이 자격검정보육시설 종사자자격 검정위원회의 검정을 통해 보건복지부 장관이 수여하는 국가자격증을 받은 자이어야 한다.

어린이집 원장 자격별 세부기준은 다음과 같다.

〈표 II-3〉 어린이집 원장 자격기준

기준	자격기준
일반기준	• 보육교사 1급 자격을 취득한 후 3년 이상의 보육 등 아동복지업무 경력이 있는 사람 • 「유아교육법」에 의한 유치원 정교사 1급 자격을 취득한 후 3년 이상의 보육 등 아동복지업무 경력이 있는 사람 • 유치원 원장의 자격을 가진 사람 • 「초 · 중등교육법」에 의한 초등학교 정교사 자격을 취득한 후 5년 이상의 보육 등 아동복지 업무경력이 있는 사람 • 「사회복지사법」에 의한 사회복지사 1급 자격을 취득한 후 5년 이상의 보육 등 아동복지업무 경력이 있는 사람 • 「의료법」에 의한 간호사 면허를 취득한 후 7년 이상의 보육 등 아동복지업무 경력이 있는 사람 • 국가 또는 지방자치단체에서 7급 이상 공무원으로 보육 등 아동복지업무에 5년 이상의 근무한 경력이 있는 사람
가정어린이집	• 일반기준에서 정한 자격을 갖춘 사람 • 보육교사 1급 이상 자격을 취득한 후 1년 이상의 보육업무경력이 있는 사람
영아전담어린이집	• 일반기준에서 정한 자격을 갖춘 사람 • 간호사 면허를 취득한 후 5년 이상의 아동간호 업무경력이 있는 사람
장애아 전담 어린이집	• 일반기준에서 정한 자격을 갖춘 사람으로서 다음의 어느 하나에 해당하는 사람 - 대학(전문대 포함)에서 장애인 복지 및 재활 관련 학과 전공한 사람 - 장애아 보육시설에서 2년 이상의 보육업무경력이 있는 사람
대학 또는 교육훈련 시설이 운영하는 어린이집	• 일반기준에서 정한 자격을 갖춘 사람 • 어린이집을 운영하는 대학의 전임강사 또는 교육훈련시설의 전임교수 이상으로서 보육 관련 교과목에 대하여 3년 이상의 교육경력이 있는 사람

〈표 II-3〉의 어린이집 원장 자격기준에 따라 어린이집 유형별 원장의 자격기준에 대하여 간단히 기술하기로 한다.

① 20인 이하 어린이집 원장

일반기준에서 정한 자격을 갖추었거나 보육교사 1급 자격을 취득한 후 1년 이상 보육업무 경력 후에 원장 자격증을 취득 신청할 수 있다. 그리고 21인 이상 어린이집 원장자격을 취득하기 위해서는 원장으로서 1년 이상의 경력을 쌓아야 한다.

소지자격별 소요 경력연수를 표로 나타내면 〈표 II-4〉와 같다.

〈표 II-4〉 소지자격별 소요 경력연수

소지자격	소요경력연수(보육 등 아동복지업무)
• 보육교사 1급	3년 이상
• 유치원 1급 정교사	3년 이상
• 유치원 원장자격	경력 필요 없음
• 초등학교 1, 2급 정교사	5년 이상
• 사회복지사 1급	5년 이상
• 간호사 면허	7년 이상
• 7급 이상 공무원	6년 이상

② 만 3세 미만의 영아 20명 이상, 영아전담어린이집

일반기준자격에 간호사 자격을 취득한 후, 5년 이상 병원의 소아청소년과, 신생아실, 보건소 모자보건센터, 초등학교보건실 등에서 아동간호 업무경력 소지자에게 원장자격을 부여한다.

③ 장애영유아 20명 이상, 장애아전담어린이집

일반기준자격 외에 대학(전문대 포함)에서 장애인 복지 및 재활관련 학과를 전공하였거나 장애아 어린이집에서 2년 이상의 보육업무경력자에게 원장자격을 부여한다.

④ 대학, 대학교육 훈련시설이 운영하는 어린이집

대학의 전임강사 또는 교육훈련시설의 전임교수 이상으로서 보육관련 교과목을 3년 이상 강의 경력이 있는 사람에게 원장자격을 부여한다.

(2) 보육 및 아동복지업무경력

어린이집 원장자격기준에서 인정하는 보육 및 아동복지 업무경력은 다음과 같다.

① 어린이집에서 어린이집의 원장, 보육교사, 특수교사(「초·중등교육법」 제21조 제2항에 따라 특수학교의 정교사, 준교사 또는 실기교사(담당과목이 재활복지과목의 경우만 해당한다.)의 자격증을 가진 사람과 이에 준하는 사람으로 보건복지부 장관이 인정하는 사람을 말한다. 이하 같다.) 또는 치료사로 근무하거나 보육정보센터에서 보육정보센터의 장, 보육전문요원 또는 특수교사로 근무한 경력

② 「유아교육법」에 따른 유치원에서 원장, 원감, 교사로 근무한 경력

③ 「아동복지법」에 따른 아동복지시설에서 시설장, 총무, 보육사, 생활복지사, 상담지도원 또는 자립지원전담요원으로 근무한 경력

④「장애인복지법」에 따른 장애 영유아생활시설에서 장애아동과 관련된 업무에 종사한 경력

⑤「유아교육법」 및「초 · 중등 교육법」에 따른 특수학교(유치원과정)에서 특수학교 교원으로 근무한 경력

⑥ 법률 제7120호「유아교육법」 제정으로 폐기되기 전「유아교육진흥법」에 따른 새마을 유아원에서 근무한 경력

⑦ '①'항부터 '⑥'항까지의 아동복지업무를 수행하는 시설 등에서 간호사로 근무한 경력

⑧ 국가 또는 지방자치단체에서 7급 이상의 공무원으로 보육 등 아동복지에 관한 행정업무에 종사한 경력 등이다.

(3) 자격검정 및 자격증 발급

어린이집 원장의 자격검정은 2005년 1월 29일 이전까지는 종전 규정인「영유아보육법 시행규칙」 제18조 제1항에 의한 원장 자격기준을 갖춘 자는 종전규정에 따라 검정하고, 2005년 1월 29일부터는 현행규정에 따라 원장자격을 검정하며 원장자격증 발급절차는 보육교사 발급신청절차와 동일하다. 2014년 3월 1일 이후 원장 자격증을 신청하는 자는 원장자질 및 전문성 향상을 위한 어린이집 원장 사전직무교육을 반드시 이수해야 한다.

2. 임면

보육교사의 임면이란 보육교사를 임용하고 상황에 따라 면직하여 보육교사직을 수행할 수 없도록 하는 일이다. 임용과 면직의 과정은 어린이집이나 시 · 군 · 구청장이 이와 같이 처리해야 할 과정으로 본 서에서도 같이 다룬다.

1) 보육교사의 임용

보육교사의 임용은 일정자격(「영유아보육법 시행령」 제21조)을 갖춘 예비교사 중에서 보육교사로서의 자질과 능력이 적합한 예비교사를 선발하여 당해 어린이집의 보육교사직을 수행하도록 맡기는 과정이다. 보육교사의 임용은 보육교사 채용공고 후 예비교사의 채용이 결정된 후 시 · 군 · 구청장의 적격성 확인, 신용조회, 경력관리시스템 입력관리를 거쳐 종료되는데 이 과정을 표로 나타내면 〈표 II-5〉와 같다.

〈표 II-5〉 보육교사 임용절차

주관처	절차, 과정	내용
어린이집	보육교직원 채용공고	• 보육교직원 채용공고: 채용조건, 제출서류, 면접 일정 등
어린이집	보육교직원 채용	• 채용주체: 어린이집 설치자 • 채용조건: 어린이집에서 제시하는 자격기준을 갖춘 자
어린이집	보육교직원 임면 보고	• 임용 보고절차: 어린이집 → 시 · 군 · 구청장 • 임용 보고 시 구비서류: 인사기록카드 외
시 · 군 · 구청장	보육교직원자격의 적격성 확인	• 확인주체: 시 · 군 · 구청장 • 확인대상: 어린이집 원장, 보육교사 외 • 확인방법: 각 자격별 자격 증명서류 및 보육통합 정보시스템
시 · 군 · 구청장	보육교직원 신원조회	• 신원조회주체: 시 · 군 · 구청장 • 내용: 교직원결격사유(「영유아보육법」 제20조)
시 · 군 · 구청장	경력관리시스템 입력관리	• 교직원 임면사항을 경력관리시스템에 입력관리

출처: 보건복지부(2013). 보육사업 안내.

〈표 II-5〉의 보육교사 임용절차에 따라 간단히 설명하기로 한다.

(1) 보육교직원 채용공고

보육교사의 채용은 공개경쟁을 원칙으로 한다. 따라서 보육교직원을 채용하기 위해서 어린이집에서 제일 먼저 해야 할 일은 보육교직원 채용공고를 하여야 한다. 채용공고는 임면권자인 어린이집 원장이 채용에 관한 구체적인 내용을 예비보육교사를 양성하는 대학이나 보육교사 양성교육원 및 보육정보센터 등에 공고함으로써 시작된다. 채용공고문에는

① 서류접수: 접수기간, 접수방법, 제출서류

② 전형방법: 1차 서류심사, 2차 면접 및 실기수업(1차 합격자에게 개별 통보)

③ 응시자격 및 제출서류 등에 대하여 구체적으로 안내한다.

(2) 보육교직원 채용절차

어린이집에서는 채용공고를 낸 후 공고를 접한 예비교사는 필요한 서류를 제출하고 면접을 거치는 등 공정하고 객관적인 채용과정을 밟는다.

① 서류심사

서류심사에서는 이력서, 졸업증명서, 성적증명서, 자기소개서 등을 검토한다.

② 면접

면접은 인터뷰나 포트폴리오 등을 활용할 수 있다. 면접을 통하여 지원자의 성품이나 자질, 직무수행능력, 직무에 대한 흥미나 만족도, 전문직상의 목표를 파악하고 예비교사와의 생각과 느낌에 대한 교류도 동시에 이루어져야 한다.

③ 근로계약

서류심사와 면접의 과정을 통해 채용이 확정되면 임면권자와 채용예정 예비교사 간에 근로계약을 체결해야 하는데 근로계약 내에는 계약 당사자, 급료, 근무시간, 근로조건 등이 명시되어야 하나 부당한 내용, 예를 들면, 결혼, 출산, 육아휴직 등으로 인한 퇴직요구 등이 포함되지 않도록 한다.

④ 구비서류 요구

임면권자는 보육교사 채용 시에는 인사기록카드, 주민등록등본, 채용신체검사서, 국가자격증 사본을 제출받아 적격성을 검토한 후 보관해 둔다. 또한 성범죄 경력 조회를 관할경찰서에 요청하여 그 결과를 통보받아 문제가 있으면 채용을 유보한다.

⑤ 보육교직원 임면 보고

어린이집 원장은 보육교사 채용이 종료되면 임용 상황을 보육통합종합정보시스템에 등록하고 또한 14일 이내에 시 · 군 · 구청장에게 채용할 보육교사의 임용사항을 구비서류를 갖추어 보고하여야 한다. 임용 보고 시 구비서류는 인사기록카드, 채용신체검사서, 자격증사본, 성범죄경력조회결과서 등이며 자격증사본은 일정자격이 필요한 자, 즉 간호사, 영양사 등에 한하며 원장 및 보육교사는 보육통합정보시스템으로 확인 가능한 경우는 제외한다.

⑥ 보육교직원 자격의 적격성 확인

시 · 군 · 구청장은 어린이집에서 임용대상 예비교사에 대한 채용 보고 시 접수된 관련 자료들을 통하여 보육교직원자격의 적격성을 확인한다. 확인방법은 각 자격별 자격증명서류와 보육통합정보시스템을 통하여 확인한다. 보육교직원 자격의 적격성 확인대상은 어린이집 원장, 보육교사, 치료사, 영양사, 간호사 등 모두 해당된다.

⑦ 보육교직원신원조회

시 · 군 · 구청장은 관련 자료와 보육통합정보시스템을 통해 확인하고 최종적으로 교직원 결격사유(「영유아보육법」 제20조)를 확인하기 위해 관련 기관에 신원조회를 의뢰한다. 또한 시 · 군 · 구청장은 조회기관으로부터 회보가 송달된 경우, 반드시 관련 대장에 기록, 관리하고 다음과 같은 결격사유가 해당되는 자가 있을 경우, 반드시 해당 어린이집 원장에게 통보하여 채용을 취소하도록 한다.

㉠ 법 제16조 각호의1에 해당하는 자(어린이집을 설치, 운영할 수 없는 자)

㉡ 법 제46조 및 제47조의 규정에 의하여 자격이 정지 중인 자

㉢ 법 제48조 제1항에 따라 자격이 취소된 후 자격 재교부 기간이 경과하지 아니한 자 등이다.

⑧ **경력관리시스템 입력**

시 · 군 · 구청장은 교직원 임면사항을 경력관리시스템에 입력 · 관리한다.

2) 보육교사의 면직

면직이란 사전적 의미로는 '일정한 직위나 직무에서 물러나게 함'을 말한다. 면직에는 그 유형은 다양하다.

(1) 면직의 유형

① **의원면직**

본인의 청원에 의하여 직위나 직무를 해임하는 것이다. 이 경우는 본인이 직무를 정상적으로 수행하기가 어려울 때 이루어지는데 일반적으로 본인이 직접 '사표' 또는 '사직서'를 제출함으로써 이루어진다.

② **직권면직**

보육교사 자신의 의사와는 상관없이 기관장이 일반적인 의사에 따라 보육교사의 직위나 직무에서 물러나게 하는 경우인데, 이때는 신체나 정신에 이상이 있을 경우, 근무성적이 아주 나쁠 경우, 직제나 정원의 개폐 또는 성추행 등에 연루되었을 때 이루어진다.

③ **당연퇴직**

「근로기본법」 제23조 제1항에 해당되는 자로서 형사유죄판결 시 당연히 퇴직이 이루어져야 한다.

④ **해임**

보육교사가 직무수행 중 잘못을 저질렀을 때 교사를 강제로 퇴직시키는 중징계를 말한다.

⑤ 파면

보육교사가 잘못을 저질렀을 때 직무나 직업을 그만두게 하는 중징계를 말하는 것으로 해임과 파면의 다른 점은 파면은 '임명의 철회'를, 해임은 '보직의 철회'를 말한다.

(2) 보육교사의 면직사유

보육교사가 면직, 즉 의원면직을 제외한 직권면직, 당연퇴직, 해임, 파면 등의 처분을 받게 되는데, 면직사유는 일반적으로 다음과 같은 경우이다.

① 대리감독자로서의 책임소홀

영유아가 보육기관에 머무르는 동안은 보육교사가 법정감독의무자인 부모를 대리하게 되므로 보육기관의 기관장과 교사가 안전사고에 대한 책임을 져야 한다(「민법」 제755조 제2항). 또한 보육교사는 시간적으로 볼 때 어린이집에 도착하여 귀가할 때까지 보호감독이 있다. 따라서 일일교육활동, 즉 수업시간뿐만 아니라 수업시간 이전이나 이후, 점심시간, 휴식시간, 놀이시간, 등·하원시간 등 일일 일과활동 시간에 일어나는 모든 사고에 대하여 전적으로 책임져야 하므로 사안의 정도에 따라 면직사유가 된다.

② 고의, 과실로 불법행위자로서의 책임소홀

보육교사는 영유아가 보육기관에 머무르면서 보육활동을 전개하는 동안 보육교사의 고의 또는 과실로 인해 안전사고가 발생하거나 피해를 당했다면 보육교사는 모든 사고에 대하여 전적으로 책임져야 하므로 사안의 정도에 따라 면직사유가 된다.

③ 보육교사의 자격이 정지되거나 취소되었을 때

보육교사가 자격이 정지되거나 취소가 될 만한 사유가 발생하여 시·군·구청장으로부터 보육교사 자격이 정지되거나 취소된다면 자동적으로 해당교사는 무자격교사로 당연 퇴직될 수밖에 없다. 그런데 공립유치원, 초·중·고등학교 교사의 경우에는 직권면직, 당연퇴직, 해임, 파면이 되더라도 해당 교사자격증이 정지 또는 취소되지 않는 것이 어린이집의 보육교사 자격증과 다르다.

㉠ **보육교사의 자격정지(「영유아보육법」 제47조)**

보육교사에 대한 자격정지처분은 다음과 같은 보건복지부령에 의거 보건복지부장관이 자격정지처분을 내릴 수 있다.

〈표 II-6〉 보육교사의 자격정지 세부기준

위반행위	근거 협조문	처분기준		
		1차 위반	2차 위반	3차 위반
가. 보육교사가 업무수행 중 그 자격과 관련하여 고의나 중대한 과실로 손해를 입힌 경우	제47조 제1호			
1) 영유아에게 중대한 생명 · 신체 또는 정신적 손해를 입힌 경우		자격정지 1년	자격정지 1년	자격정지 1년
2) 비위생적인 급식을 제공하거나 영유아안전보호를 태만히 하여 영유아에게 생명 · 신체 또는 정신적 손해를 입힌 경우		자격정지 6개월	자격정지 1년	자격정지 1년
3) 그 밖의 경우		자격정지 2개월	자격정지 4개월	자격정지 6개월
나. 법 제23조의2에 따른 보수교육을 연속하여 3회 이상 받지 아니한 경우	제47조 제2호	자격정지 1개월	자격정지 3개월	자격정지 6개월

출처: 보건복지부(2013). 보육사업안내.

㉡ 보육교사의 자격취소(「영유아보육법」 제48조)

보건복지부장관은 다음의 사유에 해당하는 경우, 자격을 취소할 수 있다.

- 거짓 또는 그 밖의 부정한 방법으로 자격증을 취득한 경우
- 자격취득자가 업무수행 중 당해 자격과 관련하여 고의 또는 중대한 과실로 손해를 가하고 금고 이상의 형의 선고를 받은 경우
- 「아동복지법」 제3조제7호의2에 따른 아동학대관련범죄로 처벌을 받은 경우
- 다른 사람에게 자기의 성명이나 어린이집의 명칭을 사용하여 어린이집 원장 또는 보육교사의 업무를 수행하게 하거나 자격증을 대여한 경우(법 제22조 제2항 위반)
- 자격정지처분기간 종료 후 3년 이내에 자격정지처분에 해당하는 행위를 한 경우
- 자격정지처분을 받고도 동 기간 이내에 자격증을 사용하여 자격 관련 업무를 행한 경우
- 자격정지처분을 3회 이상 받은 경우
- 거짓이나 그 밖의 부정한 방법으로 보조금을 교부받거나 보조금을 유용하여 금고 이상의 형을 받은 경우

㉢ 보육교사자격 정지 및 취소를 위한 청문회 및 절차

㉮ 청문회

청문회는 당사자들이 직접 주재자 앞에서 의견이나 자료들을 제출할 수 있는 기회를 주어 공권력을 행사하기 전에 이해관계인에게 사안을 알려 이해관계인으로 하여금 그

권한에 대하여 주장할 수 있는 기회를 주는 절차이다. 따라서 보육교사의 자격정지 또는 자격취소처분권자인 시장, 군수, 구청장은 자격정지 또는 취소를 위해서는 반드시 청문을 실시해야 하며 청문결과를 바탕으로 시, 군, 구청장은 보육교사의 자격정지기간을 정하며 다음 사항이 고려되어야 한다(이순형 외, 2015).

- 청문대상자가 정당한 사유 없이 이에 응하지 아니하거나 청문이 사실상 불가능한 경우에는 그러하지 아니한다.
- 위반행위의 횟수에 따른 자격정지기준은 그 위반행위가 있는 날 이전 3년간 같은 위반행위로 자격정지처분을 받은 경우에 적용한다.
- 위반행위가 둘 이상인 경우에는 그 중 무거운 처분기준의 2분의 1까지 늘릴 수 있되, 이 경우 각 처분기준을 합산한 기간이나 1년을 초과할 수 없다.
- 시장, 군수, 구청장은 위반행위의 동기, 내용 및 횟수 등을 고려하여 자격정지기간을 2분의 1의 범위에서 가중하거나 감경할 수 있다. 단, 가중하는 경우에도 자격정지의 총기간이 1년을 초과할 수 없다.

㉯ 청문회 자격 정지 및 취소 절차

보육교사 자격정지, 취소에 따른 절차는 [그림 Ⅱ-3]과 같다.

자격정지	자격취소
자격정지 사유발생	
⇓	
행정처분 여부의 결정	자격취소 사유발생
⇓	⇓
청문의 통지	사실 여부 확인(시, 군, 구)
⇓	⇓
청문 실시	청문통지 및 일시(시, 군, 구)
⇓	⇓
자격정지기간의 설정	자격취소처분(시, 군, 구)
⇓	⇓
자격정지처분	자격취소처분 통지 및 사후조치(시, 군, 구)
⇓	
사후조치	

[그림 Ⅱ-3] 청문회, 자격정지·취소 절차

3. 직무

보육교사가 맡은 바 직무를 원활히 수행하도록 하기 위해서는 이에 관련된 내용으로 보육교사의 직무와 업무분장과의 관계, 직무의 개념 및 내용에 대하여 알아보기로 하자.

1) 보육교사 직무와 업무분장과의 관계

보육교사는 유아보육기관 내에서 당해 학급에서 보육교사가 담당한 영유아를 대상으로 유아보육활동을 지도하면서 또한 유아보육기관이 원활한 운영에 따른 한 영역의 업무를 맡아서 처리하게 되는데, 이것이 업무분장에 따른 업무수행이다. 보육교사가 당해 학급에서 영유아 지도를 소홀히 한다면 영유아의 바람직한 성장 발달에 영향을 줌에 반해 교사가 기관 내에서 담당한 업무분장에 따른 담당업무를 소홀히 수행한다면 기관의 원활한 운영을 저해함은 물론 영유아의 정상적인 보육활동 지도에 나쁜 영향을 주기 마련이다. 그리고 보육교사가 학급에서 영유아를 대상으로 하여 보육활동을 지도하는 일이나 업무분장에 의한 업무를 수행하는 일은 보유교사가 마땅히 해야 하는 일로서 이런 업무를 보육교사의 직무라고 한다.

2) 직무의 개념

직무의 개념을 밝히기 전에 직무와 혼용하여 사용하는 용어에 대한 개념에 대하여 생각해 보기로 하자.

(1) 사무: 맡은 직무와 관련된 문제를 행정적으로 처리하여 문서를 정리하는 일
(2) 업무: 직업상 맡아서 하는 일
(3) 직업: 개인이 사회에서 생활을 영위하여 수익을 얻을 목적으로 한 가지 일에 종사하는 지속적인 사회활동

반면에 직무란 '직책이나 직업상 맡은 임무'로서 사무, 업무, 직업보다 훨씬 뒤에 상용한 어휘이다. 직무와 다른 유사용어와의 관계나 차이점을 알아보면 다음과 같다.

(1) 사무란 문서를 정리하는 이로서 직무는 문서정리뿐 아니라 계획, 활동 등 비문서적인 것이 더 많아 직무는 사무를 포괄하는 상위개념이다.
(2) 업무와 직무의 관계에서 업무는 날마다 계속해서 하는 일, 직무는 업무 중에서 비교적 직책에 따른 전문성을 띤 업무를 말하는 것으로 업무가 직무를 포괄하는 개념이다.
(3) 직업과 직무의 관계를 보면 직업은 직무를 포함하는 개념이다. 유아교직이라는 직업

속에는 원장, 원감, 보육교사 등이 있는데 원장, 원감, 보육교사의 직무가 서로 다르다. 이는 직무는 원장, 원감, 보육교사의 직책별로 주어지기 때문이다.

이상의 내용을 종합적으로 정리하면 직무란
첫째, 직책에 따른 업무이다.
둘째, 직무는 의무로서 꼭 이행해야 하는 업무이다.
셋째, 직무는 직업에 따른 일반 업무 중에서 해당 직책에 상응하는 전문화된 업무이다.

3) 직무의 중요성과 직책별 직무내용

유아교육기관에서 직무가 왜 중요한가? 그리고 직책별로 고유의 직무가 무엇인가에 대하여 알아보자. 유아교육기관은 다양한 자격증을 가지고 있는 구성원으로 조직되어 있다. 이들은 각자가 소유하고 있는 자격증에 따라 거기에 맞는 직책을 부여받고 또한 직책에 따른 직무를 부여받아 각자 자기가 맡은 직무를 원활히 수행함으로써 유아교육기관이 정상적으로 운영된다.

즉, 1 · 2급 교사 자격증을 가진 보육교사, 원감자격증을 가진 원감, 원장자격증을 가진 원장이 각각 그들의 직책에 따른 직무를 부여받아 충실히 직무를 수행해야 한다. 만약 1 · 2급 교사 자격증을 소지한 보육교사가 보육교사 고유의 직무수행에 소홀하고 원감의 직무를 수행하려 들고, 반대로 원감자격증을 가진 원감이 원감의 직무수행을 소홀히 하고 보육교사의 직무수행에 몰두한다면 당해 유아교육기관이 정상적으로 운영될 수 없음은 당연한 일이다. 다음에서 원장, 원감, 보육교사 각 직책별 직무내용을 제시하기로 한다.

(1) 법령으로 본 직책별 직무

① 어린이집

어린이집에서는 「영유아보육법」(시행 2017.9.15)(법률 제14597호, 2017.3.14. 일부개정) 제18조에 보육교직원의 직무를 다음과 같이 제시하고 있다.

제18조(보육교직원의 직무)

① 어린이집의 원장은 어린이집을 총괄하고 보육교사와 그 밖의 직원을 지도 · 감독하며 영유아를 교육한다. (개정 2011.6.7)

② 보육교사는 영유아를 보육하고 어린이집의 원장이 불가피한 사유로 직무를 수행할 수 없을 때에는 그 직무를 대행한다. (개정 2011.6.7)

(전문개정 2007.10.17) (제목개정 2011.6.7)

② 유치원

유치원에서는 「유아교육법」(시행 2018.2.9)(법률 제14597호. 2017.2.8. 일부개정) 제21조(교직원의 임무)에 교직원의 직무를 다음과 같이 제시하고 있다.

> **제21조(교직원의 임무)**
> ① 원장은 원무를 총괄하고 소속 교직원을 지도·감독하며 해당 유치원의 유아를 교육한다. (개정 2010.3.24)
> ② 원감은 원장을 보좌하여 원무를 관리하며 해당 유치원의 유아를 교육하며 원장이 부득이한 사유로 직무를 수행할 수 없을 때에는 직무를 수행한다. 다만, 원감을 두지 아니하는 유치원은 원장이 미리 지명한 교사(수석교사를 포함한다)가 그 직무를 수행한다. (개정 2010.3.24, 2011.7.25)
> ③ 수석교사는 교사의 교수·연구활동을 지원하며, 유아를 교육한다. (개정 2010.3.4, 2011.7.25)
> ④ 교사는 법령에서 정하는 바에 따라 해당 유치원의 유아를 교육한다. (개정 2010.3.4, 2011.7.25)
> ⑤ 행정직원 등 직원은 법령이 정하는 바에 따라 유치원의 행정사무와 그 밖의 사무를 담당한다. (개정 2011.7.25, 2012.1.26)

(2) 국가직업능력표준에 따른 보육교사의 직무

국가직업능력표준에 따른 보육교사의 직무내용은 다음과 같다.

① 어린이집 운영방침 수집

② 어린이집 환경구성

③ 영유아 건강 안전, 영양지도

④ 영유아놀이지도

⑤ 영유아발달지원

⑥ 가정 지역사회와 협력

⑦ 보육운영위원회 운영

⑧ 언어, 수, 과학 활동지도

⑨ 보육연구 등

(3) 보육교사의 역할로 본 직무

유아교육기관 내 활동실에서 이루어지는 보육교사의 역할로 본 직무내용은 다음과 같다.

① 영유아와의 관계에서의 역할

㉠ 보호자 및 양육자 역할

보육교사는 영유아가 안전하고 건강하게 성장할 수 있도록 한다.

㉡ 훈육자의 역할

교사가 일상생활 속에서 일정한 질서와 규칙에 대한 모델링을 제시하고 문제상황을 예방하는 역할을 한다.

㉢ 보육과정 계획 및 운영자 역할

영유아발달 특성에 적합한 보육과정을 계획해야 한다. 개별적으로 흥미와 욕구가 다양한 영유아의 특성을 고려한다.

㉣ 교수 및 촉진자의 역할

개별적인 발달수준과 흥미 및 욕구를 정확히 분석하여 각 수준에 적절한 교육적 경험과 활동이 되도록 한다.

㉤ 의사결정자의 역할

영유아의 개별적인 특성을 고려해야 하며 보육과정 계획 및 실생활에 적극적으로 반영할 뿐만 아니라 영유아와의 상호작용에 반영해야 한다.

② 부모 및 가족관계에서의 역할

㉠ 교류 및 정보제공자의 역할

영유아의 성장과 특성에 대한 정보를 부모에게 제공함으로써 부모 및 가족과 조화롭게 협력해야 한다.

㉡ 상담 및 정서지원자의 역할

영유아발달 및 보육에 대한 정보를 부모들에게 전문적인 지식을 토대로 부모 및 가족이 영유아를 건강하게 양육할 수 있도록 도와주어야 한다. 부모들에게 전문적인 지식을 토대로 건강한 양육지침을 제공하거나 정서적 지지를 해 줌으로써 건강한 부모-자녀관계를 도울 수 있다.

③ 보육교직원과의 관계에서의 역할

㉠ 상호협력자의 역할

자신의 직무를 수행하려면 보육교직원과 밀접한 관계를 형성하고 협력해야만 한다.

㉡ 연구자로서의 역할

전문적이고 효과적인 보육을 제공하기 위해 연구하고 이를 일상생활에 실천하도록 노력해야 한다. 세미나 및 외부 교육 등을 통해 연구해야 한다.

④ 지역사회와의 관계에서의 역할

㉠ **지역사회와의 교류자 역할**

지역사회의 다양한 프로그램이나 사회적 자원을 파악해야 한다. 지역사회의 프로그램 및 사회적 자원을 파악해야 한다. 지역사회의 다양한 프로그램 및 사회적 자원을 효과적으로 연계해야 하기 때문이다.

㉡ **보육서비스 전문가 역할**

㉮ 모성적 역할

영유아는 부모와 분리되어 어린이집에서 오랫동안 교사와 지내게 된다. 영유아와 교사와의 애착을 살펴보는 연구에 의하면 교사와 영유아 간의 애착이 영유아의 성장과정에 지대한 영향을 미치고 있다고 보고되고 있다.

㉯ 치료적 역할

영유아가 자신의 감정을 표현하도록 돕고 긴장을 풀어주고 내적 갈등을 해결하도록 돕는 데 중점을 두는 역할이다. 영유아가 놀이를 통해 자신의 부정적인 감정을 발산한다.

㉰ 교수적 역할

지식과 정보를 전달하고 영유아가 기술을 발달시키도록 하는 역할이다.

(블로그/당근토끼)

(4) 운영면에서의 직책에 따른 직무

앞서 밝힌 바와 같이 「영유아보육법」(어린이집), 「유아교육법」(유치원)에 각 유아교육기관의 직책별로 고유 직무에 대하여 규정하고 있으나 이상에서 밝힌 관계 법률에 근거하여 현장에서 수행하고 있는 직무내용을 제시하면 다음과 같다.

① **원장의 직무**

원장은 원무를 총괄하고 소속직원을 지도 · 감독하여 기관 내의 전반적인 운영을 지도한다.

㉠ 원업무의 전체적인 총괄
㉡ 전반적인 운영계획 수립 및 운영관리지도
㉢ 교육목표 설정 및 구현계획 수립 및 운영지도
㉣ 소속직원의 지도감독
㉤ 교직원의 인사관리(채용, 면직, 평가, 승진, 전보, 포상)

ⓑ 원아관리(모집, 홍보, 졸업)

ⓢ 재정관리

ⓞ 시설 · 설비, 비품, 교재 · 교구 구입 및 관리

ⓙ 행정당국, 지역사회 내의 기관, 단체, 학부모들과의 관계 유지

② 원감의 직무

원장을 보좌하여 원무를 관리하고 원내 전반적인 유아교육활동을 지휘 · 통제한다.

㉠ 원장을 보좌하여 전체적인 원무관리 지도

㉡ 원장 유고 시 원장 대행

㉢ 원내 유아교육활동 전반에 관한 지휘, 통제, 지도

㉣ 원장과 교사, 학부모, 지역사회인 간의 중재적 역할

㉤ 원장 고유업무에 대한 의견 제시

㉥ 보육교사의 보육활동에 대한 지도 감독

유치원에는 원감을 두나 어린이집에는 원감을 두지 않는다. 또한 유치원에서도 원감을 두지 않는 경우가 있는데, 이때는 원장이 지명한 보육교사(유치원에는 수석교사)가 원장의 역할을 대행한다.

③ 교사의 직무

원장, 원감의 지도를 받아 유아를 교육한다. 교사의 직무를 보육과정 편성, 보육과정 운영 및 평가, 보육과정 운영지원, 보육교사 자기계발의 4개 분야 15개 영역으로 생각할 수 있다. 4개 분야에 대한 내용은 다음과 같다.

〈표 II-7〉 교사직무 4개 분야

분야	분야별 주요내용	영역수
1. 보육과정 편성	당해 유아교육기관의 운영목표 구현을 위한 모든 계획과 평가계획	
2. 보육과정 운영 및 평가	편성된 보육과정을 운영하고 운영결과를 평가하는 내용	
3. 보육과정 운영지원	편성된 보육과정 운영의 효율화를 위해 지원하는 내용	
4. 보육교사 자기계발	보육교사의 자기성장과 권익보호를 위한 자기 노력하는 내용	

교사의 직무를 4개 분야 15개 영역으로 구분하여 표로 제시하면 〈표 II-8〉과 같다.

〈표 Ⅱ-8〉 교사의 직무내용

분야	영역	분야별 주요내용
1. 보육과정 편성	1) 기초조사	(1) 각종 실태조사 (2) 보육목표 설정 (3) 보육과정의 지역화 (4) 보육과정 편성지침 작성
	2) 보육과정 편성	(1) 연간 보육과정안 작성 (2) 월간 보육과정안 작성 (3) 주간 보육과정안 작성 (4) 보육과정 평가계획안 작성
2. 보육과정 운영	1) 교수 · 학습지도	(1) 6개 생활영역(표준보육과정) 5개 생활영역(누리과정) 지도 (2) 주제성격에 따른 교수 · 학습방법 구안 적용 지도 (3) 자유선택놀이지도 (4) 현장학습 지도 (5) 대 · 중 · 소 집단활동 지도
	2) 생활지도	(1) 기본생활습관 지도 (2) 부적응행동 지도 • 기본생활 부적응행동 • 사회적 부적응행동 • 도덕적 부적응행동 • 정서적 부적응행동 • 신체적 부적응행동 • 언어 · 인지적 부적응행동 • 특별한 요국를 가진 부적응행동 (3) 교우관계 지도
	3) 건강 안전 생활지도	(1) 아동학대예방지도 (2) 안전지도 (3) 급식지도 (4) 건강지도 (5) 위생지도
	4) 행사지도	(1) 입학식 (2) 수료식 (3) 체육대회 (4) 학예발표회
	5) 보율활동 평가	(1) 수업과정 평가 • 진단평가 • 형성평가 • 총괄평가 (2) 성취도 평가 • 유아성취도평가

분야	영역	분야별 주요내용
		• 5대 영역별 성취도 평가 (3) 기관 평가 • 기관운영 종합평가 • 평가인증
3. 보육과정 운영지원	1) 실내환경 구성	(1) 실내 흥미영역 설치 및 관리 (2) 실내공간 환경구성 (3) 다양한 관찰용 동식물 사육재배
	2) 실외환경 구성	(1) 실외 흥미영역 설치 및 관리 (2) 다양한 관찰용 동식물 사육재배 (3) 실외놀이기구의 안전점검, 보수
	3) 교재 · 교구의 확보 활용	(1) 교재 · 교구 확보 연차계획 수립 (2) 교재 · 교구 자료실 자료확보 및 관리 (3) 교재 · 교구 제작, 구입, 보수 (4) 교재 · 교구 관리
	4) 학부모, 지역사회 관리	(1) 학부모 관리 • 부모교육 • 부모수업참여 • 교재 · 교구 제작 • 각종 행사에 부모참여 (2) 지역사회 관리 • 지역사회 자원파악 및 활동계획 수립 • 지역사회 자원 활용학습 • 지역인사 초빙학습 • 지역과제해결(학습지도에 반영)
	5) 기관부담업무추진	(1) 담당업무추진 계획 수립 (2) 담당업무의 지속적인 추진 (3) 담당업무처리 실적의 누가적인 기록 (4) 담당업무 실적 분석 및 인년도 계획 수립
	6) 보육관계장부기록 및 활용	(1) 학급경영부 기록 활용 (2) 생활기록부 기록 활용 (3) 건강기록부 기록 활용 (4) 부적응행동 지도 기록 활용 (5) 성적통지부 기록 활용
4. 보육교사 자기계발	1) 교사전문성 개발	(1) 개인주도 연수 • 자가수업평가 • 동료교사 수업평가 • 멘토링 시스템 • 동료코칭 • 전문도서 읽고 토론하기 • 독서노트 정리

분야	영역	분야별 주요내용
		• 교사 포트폴리오 • 연구회 참관 • 학급주제연구 • 선진지 참관견학 • 저술 저널쓰기 (2) 기관주도 연수 • 연구수업과 수업연구 • 원내 자체연수 • 외부기관 참여연수 • 보육정보센터의 교직원연수 • 기관운영의 특성화연수 • 공공 어린이집의 자율공부모임 (3) 정부주도 연수 • 승급교육 • 직무교육
	2) 교사권익보호활동	(1) 각종 교원단체 가입 • 한국교원단체총연합회(유치원교사) • 한국교직원노동조합(유치원교사) • 한국교원노동조합(유치원교사) • 한국 국공립유치원 교원연합회(유치원교사) • 한국유치원총연합회(사립유치원교사) • 한국어린이집총연합회(보육교사) • 전국공공서비스노동조합보육분과(보육교사) • 유아교육위원회(유치원교사)

4. 교무분장(교무 또는 업무분담)

1) 개념

유아교육기관이 취하는 교육목표를 구현하기 위한 구체적인 활동은 첫째로 교사가 유아를 대상으로 직접적으로 지도하는 교수 · 학습활동이고 또 하나는 교수 · 학습활동의 효율화를 위해 지원해 주는 경영업무이다. 따라서 효율적인 교수 · 학습활동 전개에 못지않게 이를 지원해 주는 경영업무 또한 중요하다. 그런데 이 경영업무는 어떤 특정 교사만이 담당하는 것이 아니라 소속직원이 균등하게 업무를 분담하여 추진하게 되는데, 이것을 교무분장이라고 한다.

2) 교무분장(교무 또는 업무분담)

업무분담 시 고려할 점은 다음과 같다.

① 직원 수와 업무내용을 고려하여 일부 교사에게 업무가 편중되지 않도록 전 직원에게 공평하게 부여해야 한다.

② 업무를 분담하기 전에 교사들로부터 1희망부터 5희망까지 써 내도록 하여 가급적이면 교사의 희망이 고려되도록 한다.

③ 업무분담은 교사의 희망을 중시하되 전 교사가 타 업무를 한 번씩 전담하여 유치원 운영의 전반을 이해함으로써 유치원 관리자가 되었을 때 업무의 조정, 통제, 지휘가 원활해지도록 한다.

④ 업무분담에서 특수한 영역은 교사의 특기나 전문성을 고려하여 원장이 해당 교사의 동의를 얻어 희망을 무시하고 분담할 수도 있다.

⑤ 업무를 분담하기 전에 업무분담원칙을 교사들에게 주지시킨 후 업무를 분담함으로써 업무분담에 의한 교사들의 불만을 최소화시킬 수 있다.

업무분담의 한 예를 들면 〈표 II-9〉와 같다.

〈표 II-9〉 교무분장(업무분담)표

담당자	반	업무명	업무내용	비고
원장	·	통할		
원감	·	관리	• 인사업무 • 포상 • 성과 상여금 • 공문 배부	
	조약돌반	교무	• 각종 행사 계획(현장체험학습) • 학사문서 관리 및 법정 장부 관리 • 원아 입 · 퇴학 관리 • 원아 모집, 신입생 오리엔테이션 • 결손 수업 관리 • 각종 시상 관리 • 주간 업무계획 • 교원평가	
	물건반	연구	• 교육계획 수립 및 추진 • 연수 및 장학업무 • 원내자율장착 추진 및 평가 관리 • 시범유치원 운영	

담당자	반	업무명	업무내용	비고
			• 유치원 평가 • 교육실습생 관리	
	모래반	부모 교육	• 부모교육계획, 부모면담계획 • 부모회 운영 • 학부모 모니터링제 운영 • 자원봉사자 활동계획 및 추진 • 노력중점계획 및 추진	5세반 주임
	샘물반	정보 홍보	• 정보 관련 업무 • 유치원 홍보 및 문자 알림 업무 • 홈페이지 관리 • 방송시설 관리 • 교원단체 관련 업무 • 가족사랑 행복 페스티벌	4세반 주임
원감	옹달샘반	치료 도서	• 교수－학습자료 구입 및 자료실 관리 • 도서, 간행물, 장학자료 관리 • 평가자료 수집 및 통제 • 독서 프로그램 운영(독서교실 운영, 독서도우미 관리, 도서실 관리)	
	호수반	생활 안전	• 기본생활습관 통합지도(애국조회(월 2회) 시 지도) • 기초체력 다지기 계획 및 추진 • 교통안전 지도 계획 • 특수교육 업무 • 실내 및 실외 놀이터 안전점검부 관리 • 꿈꾸러기 잔치 추진	
	강물반	보건	• 보건업무(보건위생지도, 식단표) • 체질, 체격, 구강검사 계획 및 추진 • 성교육 계획 및 추진 • 가족 참여수업 녹색장터	통합 학급
	등대반	환경	• 환경구성 계획 및 추진(복도 환경 및 게시판 관리, 현관, 신발장 및 실외 환경 관리) • 유치원 행사 사진 및 앨범 관리 • 자료 및 소모품 구입 관리 • 녹색사업 계획 및 추진 • 바다 잔치	종일반 주임

3) 교문분장에 의한 업무 처리요령

교사들은 교무분장(업무분담)이 이루어지면 다음과 같은 요령으로 업무를 처리한다.

① 해당 업무에 대하여 전년도에 이루어진 계획, 처리요령, 실적을 전년도 관계장부나 전

년도 담당교사로부터 의견을 청취하여 해당 업무 처리요령을 터득한다.
② 해당 업무 처리를 위한 연간, 월간계획을 세워 원장, 원감의 결재를 받아 놓는다.
③ 해당 업무 처리를 위한 계획과 실적을 누가적으로 기록해 나갈 수 있는 장부를 제작한다.
④ 필요에 따라 업무 처리를 위한 제반 계획을 전 직원에게 숙지시키고 업무 처리에 대한 협조를 얻어야 한다. 보다 상세한 내용은 제IV부 업무관리를 참고하기 바란다.

5. 복무

보육교사가 유아보육기관에서 원활하게 근무하기 위해서는 당해 기관의 복무규정을 확실히 이해하고 이행해야 한다.

1) 복무와 복무규정의 개념

복무란 사전적 의미로는 '어떤 직무, 임무에 힘씀', '몸 바쳐 이바지함'으로서 보육교사의 복무란 '당해 어린이집에서 부여받은 보육업무에 몸 바쳐 이바지하여 보육의 효율성을 도모하는 일'이라고 볼 수 있다. 또한 복무규정이란 '어린이집의 업무운영에 관련하여 지켜야 할 사항을 정한 규칙'이다.

2) 복무규정의 기본양식자료

복무규정은 다수의 인원으로 조직되어 공동의 목표를 추구하는 모든 기관이나 조직에서 업무의 효율성을 제고시키기 위하여 소속직원의 복무규정을 제정하여 준수하도록 하고 있다. 각 기관이나 집단의 복무규정을 제정할 때 일반적으로 들어가야 하는 기본양식자료는 다음과 같은 내용들, 즉 목적, 적용범위, 책임완수, 성실의무, 직무이탈의 금지, 청렴결백, 신고, 손해배상, 겸직금지, 질서유지, 기관의 이익을 저해하는 행위 등의 금지, 인격도야 및 인화친절, 품행, 언행, 전화예절, 복장, 두발 등, 근무시간 및 휴게시간, 출근, 휴일, 휴일근무, 휴가, 월차휴가, 연차휴가, 공가, 병가, 공상휴가, 청원휴가, 생리휴가, 포상휴가, 연월차보상수당, 휴가의 승인과 출근명령, 당직, 당직근무, 출장명령 · 출장자의 의무, 출장복명, 취임, 사무인계 등이 각 기관의 업무의 성격이나 특성에 맞게 포함시킨다.

3) 복무규정의 제정

당해 어린이집에서는 보육교사 복무규정을 제정하여 활용해야 하는데 복무규정은 「영유아보호법」, 「근로기준법」, 공무원복무규정과 전 항에서 밝힌 복무규정의 기본양식자료를 근간으로 하여 제정한다. 다음은 '꼬꼬마어린이집'의 복무규정을 예로 들어 소개한다.

보육교사 복무규정

꼬꼬마어린이집

이 복무규정은 근무 시 지켜야 할 복무기준에 관한 제반사항을 규정하여 질서를 유지하고 성실한 자세로 효과적인 보육을 달성함을 목적으로 한다.

1. 보수 및 보험

가. 보수는 매월 말일에 지급한다. 단 지급일이 공휴일일 경우에는 그 전일에 지급한다.
나. 1년 이상 근무하고 퇴직할 때는 퇴직금을 지급한다.
다. 모든 종사자는 4대 보험에 가입하며, 보험료부담은 법정부담비율에 의한다.

2. 휴가

가. 휴가, 휴일, 휴식 등 근로시간과 관련 있는 사항에 대해서는 「근로기준법」의 규정을 준용한다.
나. 고용, 산전 후 휴가, 육아휴직 등과 관련이 있는 사항에 대해서는 「남녀고용평등법」의 규정을 준용한다.
다. 휴가(월차포함)는 보육공백을 최소화할 수 있도록 순번제로 실시하고 보수교육, 출산휴가 등으로 공백이 생기는 경우에는 대체교사를 배치할 수 있다.
라. 연차휴가는 「근로기준법」과 보육사업 지침상의 기준일을 준수하되 어린이집 운영에 지장을 주지 않는 범위 안에서 여름과 겨울 일정 기간을 정하여 집중적으로 사용하는 것을 원칙으로 한다.
마. 종사자나 직계존속의 결혼, 사망 등 경조사에 대한 휴가는 원장과 협의하여 따른다.
바. 근로자의 날(5.1)은 보육에 지장을 주지 않는 범위 내에서 교사 배치를 조정하여 운영하되 근무자의 날 근무자에 대하여 관련 법에 의거하여 휴일 근로수당을 지급한다.

3. 근무시간

가. 보육교사 및 기타 종사자의 근무시간은 1일 8시간을 원칙으로 하고, 보육시설의 운영시간(07:30~15:30)을 고려하여 출퇴근 시간을 탄력적으로 운영할 수 있다.
※ 근무시간: 평일 09:00~18:00, 토요일 09:00~15:00
나. 휴게시간: 근무시간 중 1시간
다. 기준시간을 초과하여 근무하는 경우에는 「근로기준법」 등 관련 법령 규정에 의해 시간외 수당을 지급한다.
라. 종사자가 퇴직코자 할 때는 최소 1개월 전에 통보하여 후임자 채용에 차질이 생기지 않도록 하여야 하며 징계나 원의 운영사정상 부득이 해고될 시에도 1개월 전에 통보받는 것으로 간주한다.

4. 종사자의 겸임제한

가. 보육시설종사자는 전임이어야 하므로 다른 시설의 업무를 겸임할 수 없다.
나. 보육교사는 휴일, 휴가 등으로 근무를 하지 않는 날을 제외하고는 근무시간 동안 보육시설에 상주하며 상시 해당직무에 종사하여야 한다. 특별한 사유(회의 참석 등)로 외출한 경우에는 근무상황부에 기록, 관리하여야 한다.

다음에서 보육교사 복무규정 내에서 중요한 내용에 대하여 간추려 설명하기로 한다.

(1) 근무시간

근무시간에 관한 관련 법령규정(근로기준법)은 다음과 같다.

> 第50조(근로시간) ① 1주간의 근로시간은 휴게시간을 제외하고 40시간을 초과할 수 없다.
> ② 1일의 근로시간은 휴게시간을 제외하고 8시간을 초과할 수 없다.
> 第54조(휴게) ① 사용자는 근로시간이 4시간인 경우에는 30분 이상, 8시간인 경우에는 1시간 이상의 휴게시간을 근로시간 도중에 주어야 한다.
> ② 휴게시간은 근로자가 자유롭게 이용할 수 있다.

보육교사의 근무시간은 「영유아보육법 시행규칙」 제10조와 「근로기준법」 제50조에 1일 근로시간은 휴게시간을 제외하고 평일 8시간을 원칙으로 하고 「근로기준법」 제54조에는 1일 8시간 이상 근로자에게는 휴게시간을 근로시간 중에 근로자가 자유스럽게 이용할 수 있도록 규정하고 있고, 기준시간을 초과하여 근무하는 경우에는 초과 근무수당을 지급하도록 되어 있다. 그러나 실제 운영현황을 보면 법규와 실제상황이 달라 보육교사는 법 규정에 의한 보호를 받지 못하고 있고 또한 근무시간을 일률적으로 설명하기 어렵다.

① 「영유아보육법 시행규칙」 제23조에 의하면 어린이집은 주 6일 이상, 하루에 12시간 이상 운영을 원칙으로 하고 있으나 직장어린이집의 경우, 근로자의 출퇴근시간 및 근무여건에 따라 조정하여 이루어지고 있다.

② 설립주체, 즉 국 · 공립사회복지법인, 법인 · 단체, 직장, 가정, 부모협동, 민간어린이집에 따라 근무시간이 다를 수 있다.

③ 연령이나 대상에 따라 구분되는 영아전담, 장애전문, 장애통합 어린이집 등의 특성에 따라 근무시간이 다를 수 있다.

④ 시간연장형 어린이집(24시간 어린이집, 휴일어린이집, 시간 연장 어린이집) 일시보육 등의 특성에 따라 근무시간이 다르다.

최근자료인 육아정책연구(2013) '표준보육료산출연구' 보고서에 의하면 국 · 공립어린이집 1일평균 근무시간은 9.8시간, 법인어린이집은 10.3시간, 민간어린이집은 9.8시간, 가정어린이집은 9.8시간으로 나타나 법정근로시간을 초과하고 있는 실정으로, 이를 해결하는 방안으로 원장이나 대체 보육교사 투입과 초과근무수당 지급방안 등이 강구되어야 한다.

〈표 II-10〉 어린이집 유형별 보육교사의 1일 근무시간

구분	어린이집 유형				
	국·공립	법인	민간	가정	계
1일 근무시간 (어린이집 제외)	9.5 (745)	10.3 (439)	9.8 (445)	9.8 (342)	9.9 (1971)

(2) 휴가(연가, 병가, 공가)

보육교사의 휴가는 연가, 병가, 공가의 세 종류가 있다. 이에 대하여 다음에서 간단히 설명하기로 한다.

① 연가

연가란 법률적인 용어로는 연차유급휴가로서 쉬는 시간에도 통상임금이 지급된다. 연차유급휴가(「근로기준법」 제60조)에 대하여 설명하기로 한다.

㉠ 제60조 제1항: 1년에 80% 이상 출근한 보육교사에게는 15일의 유급휴가를 주어야 한다.

㉡ 제60조 제2항: 근로기간이 1년 미만 또는 1년간 80% 미만 출근한 보육교사에게는 1개월 개근 시 1일의 유급휴가를 주어야 한다.

㉢ 제60조 제4항: 3년 이상 계속하여 근무한 보육교사에게는 제1항에 따른 휴가에 최초 1년을 초과하는 계속근로연수 매2년에 대하여 1일을 가산한 유급휴가를 주되 가산휴가를 포함한 총 휴가일수는 25일을 초과해서는 안 된다.

㉣ 제60조 제5항: 유치원 원장은 보육교사가 청구한 시기에 주어야 하고 그 기간에 대하여 통상임금 또는 평균 임금을 지급하여야 하며 보육교사가 신청기간이 어린이집 운영에 막대한 영향을 주는 경우에는 그 시기를 변경할 수 있다.

㉤ 제60조 제6항: 다음과 같은 경우에는 출근한 것으로 본다.

- 보육교사가 업무상의 부상 또는 질병으로 휴업한 기간
- 임신 중의 여성이 제74조(임산부의 보호) 제1항부터 제3항의 규정에 따른 휴가로 휴업한 기간 등이다.
- 제61조(연차유급휴가의 사용촉진) 규정에서는 어린이집 원장이 6개월 전을 기준으로 10일 이내에 보육교사별로 사용하지 않은 휴가일수를 알려주고 교사가 그 사용 시기를 정하여 어린이집 원장에게 통보하도록 연차유급휴가의 사용을 촉진시키고 있으나 이 조항은 현실적으로 적용되지 않고 있다. 그러나 일반적으로 유치원, 초·중·고 교사, 보육교사들은 여름방학과 겨울방학 기간을 활용하여 연가를 사용하도록 하고 있

고 개인사정으로 인해 사용하지 못한 연가일수는 해당연도가 지나면 자연 소멸된다.

② 병가

병가는 정신적 · 육체적 질병으로 인하여 일정한 기간을 쉴 수 있도록 하는 휴가를 말하며 공무원의 병가에는 일반병가와 공무상병가의 2종류가 있다. 「근로기준법」상에는 병가에 관한 규정이 따로 없어 어린이집에서는 자체적으로 제정하여 활용하고 있는데, 「공무원복무규정」으로 제정된 병가규정을 적용하는 것이 일반적이다.

③ 공가

보육교사에게 허용되는 공가는 투표에 참가할 때, 천재지변, 교통차단, 전염병 전염 등으로 출근이 불가능할 때 허용된다.

(3) 특별휴가(경조사휴가, 여성보건휴가), 육아휴직

특별휴가에는 경조사 휴가와 여성보건휴가의 두 종류가 있고 육아휴직도 할 수 있다. 다음에서 이에 대하여 간략하게 설명한다.

① 경조사 휴가

경조사 휴가란 결혼, 출산, 입양, 사망 등 가정에서 일반적으로 일어나는 경조사에 대한 휴가로서 「근로기준법」에는 제시된 규정이 없어 각 어린이집에서는 자체적으로 제정하여 시행하는데, 일반적으로 「국가공무원 복무규정」 제20조 제1항 관련 별표2를 따르고 있다. 경조사별 휴가일수는 〈표 II-11〉과 같다.

〈표 II-11〉 경조사별 휴가일수표

구분 / 경조사별	대상	일수
결혼	본인	5
	자녀	1
출산	배우자	5
입양	본인	20
사망	배우자, 본인 및 배우자의 부모	5
	본인 및 배우자의 조부모 · 외조부모	2
	자녀 및 그 자녀의 배우자	2
	본인 및 배우자의 형제자매	1

입양은 「입양촉진 및 절차에 관한 특례법」에 따른 입양으로 한정하며, 입양 외의 경조사 휴가를 실시할 때 원격지일 경우에는 실제 왕복에 필요한 일수를 더할 수 있다.

② 여성 보건휴가

여성 보건휴가는 여성만이 겪고 있는 특수한 어려움, 즉 생리, 출산, 태아검진, 육아시간에 대한 보호를 위한 휴가로서 「근로기준법」에 규정된 내용은 다음과 같다.

㉠ 제73조(생리휴가): 보육교사가 신청하면 월 1일의 생리휴가를 줄 수 있다.

㉡ 제74조(임산부의 보호): 출산 전후로 사용할 수 있는 휴가이다.

- 제74조 제1항: 임신 중 보육교사는 출산 전과 출산 후를 통하여 90일의 출산 전후 휴가를 주어야 하고 출산 후에 45일 이상이 배정되게 한다.
- 제74조 제2항: 보육교사가 유산의 경험 등의 사유로 출산 전 휴가를 청구할 수 있으며 이때 출산 후의 휴가기간은 연속하여 45일 이상이 되어야 한다.
- 제74조 제3항: 보육교사가 유산 · 사산의 경우, 보육교사는 유산 · 사산 휴가를 신청할 수 있다.
- 제74조 제4항: 전 항에 따른 휴가 중 최초 60일은 유급으로 한다.
- 제74조 제5항: 임신 중인 보육교사에게 시간 외 근로를 하게 해서는 안 된다.
- 제74조 제6항: 보육교사의 출산 전후 휴가 종료 후에는 휴가 전과 동일한 업무, 임금을 지급한다.
- 제74조 제7항: 어린이집 원장은 임신 중 보육교사가 1일 2시간의 근로시간 단축을 신청할 수 있다.

㉢ 제74조의2(태아검진 시간의 허용 등): 임신교사는 정기건강진단을 받는 데 필요한 시간을 청구할 수 있으며 이에 따른 임금을 삭감하지 않는다.

㉣ 제75조(육아시간): 보육교사는 1일 2회 각각 30분 이상의 유급 수유시간을 신청할 수 있다.

③ 육아휴직

어린이집 보육교사는 「남녀고용평등과 일 · 가정 양립 지원에 관한 법률」 제19조에 의거 만 8세 이하 또는 초등학교 2학년 이하의 자녀(입양한 자녀포함)을 양육하기 위해 1년 이내의 육아휴직을 신청할 수 있다. 육아휴직은 근속시간에 포함되며, 육아휴직을 마친 후에는 휴직 전과 같은 업무 또는 같은 수준의 임금이 지급되는 직무에 복귀할 수 있다.

6. 보수

1) 보수의 개념

보수란 일반적으로 급여, 급료, 봉급, 임금 등의 개념으로 통용된다. 「국가공무원법」 제46~49조, 지방공무원법 제44~46조에서는 '보수'로 표현하여 '보수'란 '국가공무원 및 지방공무원의 근무의 대가'로 「근로기준법」 제2조 제1항 제5호에서는 '임금'으로 표현하여 '임금'이란 '사용자가 근로의 대가로 근로자에게 임금, 봉급 그 밖의 어떠한 명칭으로든지 지급하는 일체의 금품'으로 통화(通貨)나 물품(物品)을 지급한다고 정의하고 있다.

2) 보수의 성격

보수가 노동의 대가로 얻어진 것이라 할지라도 그가 영유아를 위해 봉사하는 데에 대한 대가이며 생계유지를 위해 지급하는 생활급부의 성격을 갖는다. 보수를 올린다고 해서 직무의욕이 반드시 높아지고 조직의 생산성이 반드시 증대되는 것은 아니지만 보수는 기관 구성원의 근무의욕을 고취시키고 구성원의 행동을 동기화시키는 강력한 힘을 가지고 생산성을 제고시키기 위한 가장 중요한 요소로서 보육교사들은 보육업무에 상응할 만한 적절한 보수를 받아야 함에도 현실은 그렇지 못한 실정이다.

3) 보수체계

임금은 「공무원 보수규정」 제4조, 「근로기준법」 제43조에 의거 기본급여와 수당(부가급여)으로 대별된다.

(1) 기본급여

기본급여란 직무의 곤란성 및 책임의 정도와 재직기간에 따라 직종별, 호봉별로 지급되는 급여이다. 기본급여를 개략적으로 정리하면 다음과 같다.

① 현행보육교직원의 보수는 사회복지시설 종사자의 봉급표를 기준으로 호봉별 기본급을 결정제시하고 있다.

② 보육교사의 초임호봉은 1호봉으로 하되 호봉승급에 필요한 기간은 1년으로 한다.

③ 보육교사의 호봉적용은 학력이나 자격급수에 상관없이 1호봉으로 시작한다. 이것을 기산호봉이라 한다.

④ 보건복지부에서 제시한 보수기준은 국고보조어린이집(정부인건비 지원 어린이집, 직장어린이집)에 근무하는 보육교사에게는 적용되지만, 그 외 어린이집에서는 어린이집의 재정형편에 따라 원장과 보육교사가 근로계약서 체결 시 보수를 협의 · 결정한다.

⑤ 호봉재획정 시 인정되는 호봉인정 근무경력은 다음과 같다.

호봉재획정이란 다음과 같이 호봉재산정의 요인이 발생했을 때 호봉을 다시 환산하는 것을 말한다.

㉠ 「영유아보육법」 제정 전 새마을 유아원, 탁아시설에 근무한 경력

㉡ 어린이집 보육교직원으로 근무한 경력

㉢ 육아종합 지원센터에서 근무한 경력(대체교사 경력 포함)

㉣ 2005년 1월 30일 이후 보육교사 자격을 가지고 방과 후 과정을 운영하는 유치원에 근무한 경력

㉤ 「병역법」 제18조에 따른 해당 현역병 의무복무기간 등이다. 특히 교육 · 보육관련기관이 다양하므로 호봉재획정 시 반영되는 경력보유 보육교사가 많다. 보육교사와 유치원교사의 호봉표는 다음과 같다.

〈표 II-12〉 보육교사 호봉표(2015)

호봉	월지급액	호봉	월지급액	호봉	월지급액
1	1,434,050	11	2,009,180	21	2,561,140
2	1,475,580	12	2,069,680	22	2,610,300
3	1,521,090	13	2,122,630	23	2,653,810
4	1,568,870	14	2,169,880	24	2,702,950
5	1,617,060	15	2,217,160	25	2,748,350
6	1,728,180	16	2,283,910	26	2,793,680
7	1,801,420	17	2,333,070	27	2,833,380
8	1,834,370	18	2,382,240	28	2,876,860
9	1,884,460	19	2,431,390	29	2,924,120
10	1,938,730	20	2,480,540	30	2,965,720

〈표 II-13〉 유치원교사 호봉표(2015)

호봉	봉급액	호봉	봉급액	호봉	봉급액	호봉	봉급액
1	1,337,200	11	1,754,000	21	2,548,500	31	3,518,900
2	1,377,800	12	1,799,000	22	2,642,600	32	3,620,700

호봉	봉급액	호봉	봉급액	호봉	봉급액	호봉	봉급액
3	1,418,900	13	1,811,100	23	2,736,000	33	3,724,308
4	1,459,800	14	1,963,300	24	2,829,500	34	3,827,500
5	1,501,100	15	2,045,500	25	2,923,000	35	3,931,000
6	1,542,300	16	2,127,700	26	3,016,800	36	4,033,900
7	1,582,800	17	2,209,200	27	3,114,500	37	4,123,600
8	1,623,600	18	2,294,400	28	3,212,300	38	4,213,400
9	1,664,900	19	2,379,300	29	3,314,300	39	4,303,300
10	1,709,800	20	2,463,900	30	3,416,800	40	4,392,600

(2) 수당(부수급여)

수당은 부수급여로서 정해진 봉급 이외에 직무여건 및 생활여건에 따라 지급되는 임금이다. 일반적으로 보수는 재직기간에 따른 호봉에 따라 지급되는 것이 원칙인 반면, 수당은 자기가 맡고 있는 업무의 성격에 따라 달리 지급된다. 현행보육교사에게 지급되는 수당의 종류는 다음과 같다.

〈표 II-14〉 수당지급내역

구분	수당종별	금액	지급조건	재원	비고
영아 담당교사	영아전담 수당	5만원	실제 영아반을 담당하는 인건비 미지원 어린이집의 보육교사 중 특별직무교육(영아보육) 이수자	시구비지원	지자체에 따라 수당 유무 차이 있음
	근무환경 개선비	12만원	반을 맡고 있는 담임교사로서 월 15일 이상(주당근로시간 30시간이상) 근무한 자	국비지원	
	처우개선비	12만원	실제 반을 담당하는 인건비 미지원 어린이집의 보육교사	시구비지원	
유아 담당교사	누리과정 처우개선비	20~30만원	3~5세 누리과정 연수 수료자	국비지원	
공동	농어촌수당	10~20만원	농어촌지역 어린이집의 보육교사	시구비지원	
	근속수당	2~3만원	동일어린이집 3년 이상 근무교사	시구비지원	
	명절휴가비	10만원	인건비 미지원 어린이집의 보육교사	시구비지원	지자체에 따라 수당 유무 차이 있음
	근로자의 날 당직근무수당	5만원	근로자의 날 당직 근무하는 보육교사	시구비지원	

제 2 장

보육실 운영관리

유아교육기관에서 대부분의 유아교육활동은 보육실(활동실)에서 이루어진다. 보육실은 유아들의 생활장이요, 놀이장이요, 학습활동장이요, 생활지도장이요, 여가선용의 장이요, 취미 · 특기신장의 장이요, 더 나아가서는 미래의 소망스럽고 찬란한 꿈을 실현하기 위한 장소이며 공간이다. 따라서 다양한 역할과 기능을 실현하기 위한 보육실(활동실)은 그러한 역할과 기능을 충분히 실현시켜 줄 수 있는 제반 시설과 설비가 갖추어져야 한다. 따라서 이상에서 밝힌 다양한 기능을 가지고 있는 보육실(활동실)을 구성하기 위해서는 그 중 가장 기본적이며 필수적인 흥미영역 구성, 교재 · 교구 및 비품관리, 시설 · 설비 관리에 대하여 기술하기로 한다.

1. 흥미영역 구성 및 운영

환경이란 "개인에게 교육적으로 긍정적인 영향을 미치는 외적 조건 및 자극의 개별적 또는 총합적인 구조의 작용"(정원식, 1989)으로 윤형모(1997)는 "학습활동 또는 행동이 행해지는 환경"으로, Bloom(1989)은 '개인에게 부딪히는 조건, 힘 및 외적 자극'으로 정의한다. 이것을 종합하면, "환경구성이란 인간에게 어떤 행동을 유발하게 하며 인간의 여러 특성을 형성하게 하는 힘을 가지고 다양한 기능을 수행하게 하는 교육적 여건을 조성하는 활동"으로 여기에는 공간구성은 물론 교재 · 교구까지 포함된다. 그리고 환경구성은 일반적으로 어린이집의 보육실과 이에 인접해 있는 공간의 구성으로 제한하여 쓰는 용어이다. 어린이집의 환경구성 내용에는 실내 · 외 흥미영역 설치, 실내공간구성, 교재 · 교구 배치 등이 주로 이루어진다. 다음에서 실내 · 외 흥미영역 설치에 대하여 기술하기로 한다.

1) 영아반(0~2세) 실내 · 외 흥미영역 설치

쾌적한 보육공간과 적절한 놀잇감이 갖추어진 보육실을 정비하는 것은 어린이집의 보육의 질을 가름한다고 보아야 한다. 이와 같은 영아의 욕구를 충족시켜주기 위하여 보육실에는 흥미영역을 설치하게 된다. 제3차 어린이집 표준보육과정 교사용 지침서를 중심으로 흥미영역 설치방안을 기술하기로 한다(제3차 어린이집 표준교육과정 교사용 지도서, 2014).

(1) 0~1세 영아를 위한 흥미영역 설치

0~1세 영아를 위한 흥미영역은 실내에는 일상생활영역과 실내 흥미영역을, 실외에는 실외 흥미영역을 구성한다.

① 일상생활영역

일상생활 영역별	구성방향	놀잇감 및 교재 · 교구	유의점
1. 개인 사물함	• 영아의 겉옷, 여벌복, 기저귀 가방, 개인소지품이나 일과 중 만든 물건을 정리 보관 • 가능한 한 보육실 내 또는 입구 가까운 곳에 수첩 비치: 교사와 부모의 의사소통	• 서랍장이나 사물함 • 영아 개인의 사진이 부착된 이름표 • 수첩 및 통신문	• 영아의 이름과 사진을 부착 • 선반으로 대체할 수 있음 • 아래쪽에 바구니 설비
2. 휴식 영역	• 조용한 곳에 아늑함과 부드러움을 느낄 수 있는 공간 • 교사가 관찰하기 쉬운 곳 • 영아가 자유롭게 이용할 수 있는 휴식공간 설비 • 인형이나 애착물을 비치 • 모빌을 설치하거나 음악을 제공할 수 있는 카세트 비치	• 부드러운 느낌이 나는 베개와 담요 • 폭신한 의자나 가구, 바닥깔개, 드리우는 천(캐노피) • 헝겊그림책, 인형	• 놀이공간 중 의사소통을 위한 영역을 이용할 수 있음 • 너무 폭신한 바닥깔개나 침구류 사용금지 • 낮잠 자는 시간 차이에 따른 개별지도
3. 수유 영역	• 0~1세 영아의 발달 특성을 고려하여 위생적이며 편안한 수유 및 식사를 위한 공간 확보 예) 성인에게 안기어 수유하는 상태에서 우유병 혼자 잡고 마시기 • 소독된 우유병과 젖꼭지를 충분히 확보 • 영아의 이유식과 식사를 위한 보육실에 낮은 책상 비치	• 냉장고, 수유준비 테이블, 우유병과 젖꼭지 소독을 위한 도구 • 폭신한 의자나 베개 • 낮은 책상이나 영아용 식사 테이블	• 우유는 냉장고에, 분유는 건조하고 서늘한 곳에 보관 • 식탁에 앉아 혼자 먹기 가능한 경우에는 낮은 책상에서 소집단으로 식사하기 지도

일상생활 영역별	구성방향	놀잇감 및 교재·교구	유의점
4. 기저귀 갈이 영역	• 영아의 언어발달을 촉진하기 위한 교사와의 언어적 상호작용 기회의 확대 • 영아의 휴식공간 가까이에 따뜻한 공간으로 설비 • 영아 눕히기에 적당한 크기, 청소하기 쉬운 마감재를 사용한 매트 사용 • 폐기용 비닐과 휴지통 준비 • 수납장이나 선반을 비치 • 영아를 위한 화장실을 안전하게 구성, 수건, 물비누 비치 • 변기의 청결 유지, 배변훈련	• 매트, 기저귀, 물휴지, 파우더, 일회용 장갑, 폐기용 비닐, 휴지통 • 수납장이나 선반 • 거울, 모빌 • 영아용 변기(영아용 변기 뚜껑) 또는 이동식 변기, 개수대 • 휴지, 물비누, 수건(종이수건)	• 음식 준비하는 곳에서 떨어진 곳에 배치 • 기저귀 가는 동안 영아가 탐색할 수 있도록 거울이나 모빌 설비 • 화장실, 청소용품, 소독제 보관의 안정성 고려

② 놀이영역

놀이영역 구분	구성방향	놀잇감 및 교재·교구	유의점
1. 신체 영역	• 일상생활을 통해 자연스럽게 다양한 대근육 활동을 할 수 있는 환경으로 구성 • 영아의 움직임 발달을 고려한 안전하면서도 도전적인 환경 제공 • 오르고, 내리고, 타고, 밀고, 뛰고, 길 수 있는 시설과 설비	• 잡고 걸을 수 있도록 벽을 따라 설치된 봉 • 잡고, 서로 밀고 걸을 수 있는 바퀴 달린 장난감 • 실내의 미끄럼틀, 그네, 흔들말, 세발자전거나 붕붕차 • 낮은 계단과 경사로 건너뛰거나 통과하는 장애물 • 영아용 침대에서 사용 가능한 놀이기구 • 스펀지 블록, 공 등	• 공간구성에서 안정성 배려
2. 언어 영역	• 출입구, 화장실, 피아노 등과 떨어진 곳: 조용하고 밝은 곳 • 교사와 언어적 상호작용이 가능한 곳 • 교사와 함께 책을 읽을 만한 공간 확보 • 감각책, 그림책, 인형, 그림, 사진 자료 비치: 언어적 상호작용 • 영아와 교사에게 편안한 느낌을 경험하는 아늑한 분위기를 느끼는 공간으로 구성	• 낮은 소파나 폭신한 등받이 쿠션, 방석, 책상이나 상자 • 단순한 그림책, 감각적 그림책, 스펀지 책, 헝겊책 등 영아용 그림책 • 손 인형, 그림이나 사진, 끄적거릴 도구 • 모형 전화기나 카세트	• 책꽂이는 책의 앞면을 볼 수 있도록 정리 • 책이나 자료 사용 후 영아가 정리하는 습관 갖기 지도 • 자연 조명이 잘되는 밝은 곳, 아늑한 분위기를 위해 적절한 조명

놀이영역 구분	구성방향	놀잇감 및 교재·교구	유의점
3. 감각 및 탐색 영역	• 풍성한 감각적 경험을 형성할 수 있도록 다양한 재질과 형태의 놀잇감을 제공 • 영아의 발달에 맞추어 놀잇감의 종류를 선별 제공 • 누워 있는 영아 – 모빌, 딸랑이 비치 • 앉거나 이동하는 영아 – 쌓기상자, 통 안에 모양 맞추어 넣기, 작동에 따라 소리 나는 놀잇감 비치 • 손과 눈의 협응과 소근육 발달 – 소근육 조작 경험을 시킬 수 있는 기구비치	• 모빌, 딸랑이, 손에 쥘 수 있는 놀잇감, 오뚝이 • 건드리면 다양한 소리가 나는 장난감, 앙자바 블록, 누르면 작동하는 놀잇감 • 다양한 질감의 인형, 여러 가지 재질과 크기의 공 • 모양 블록, 모양 끼우기 통, 고무나 플라스틱 재질의 고리끼우기 등	• 밝은 색상, 대비가 분명한 것, 단순한 디자인, 두드러지는 특징이 있는 것, 사람 얼굴 모양을 갖춘 놀잇감 비치 • 모든 자료의 청결성, 안정성 고려 • 삼킬 수 있는 작은 기구나 자료 제거
4. 역할 및 쌓기 영역	• 초보적 수준의 역할놀이를 통한 자기표현 기회 제공 • 가상놀이나 역할놀이를 할 수 있는 놀잇감 제공 • 영아의 창의적 표현을 북돋울 수 있는 공간 준비 • 다양한 재질과 크기의 쌓기 놀잇감 준비	• 다양한 인형(인형놀이를 위한 인형, 봉제인형) • 밀고 당기는 놀잇감(쇼핑용 손수레, 유모차, 자동차) • 부엌용품, 청소용품 등의 역할 놀잇감 • 다양한 크기, 색, 모양의 쌓기 놀잇감 • 쌓기놀이에 함께 할 수 있는 모형 자동차 및 인형	• 영아가 삼킬 수 있는 작은 자료 제거 • 제공하는 자료의 청결성, 안정성 고려

언어영역

탐색영역

쌓기영역

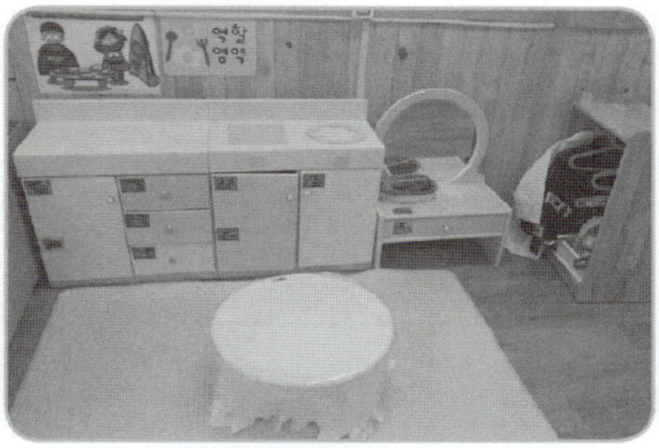

역할영역

음률영역

미술영역

[그림 II-4] 놀이영역(만 1세)

③ 실외 흥미영역

0~1세 영아는 신체조절능력이 미숙하여 다른 연령에 비해 바깥놀이가 자유롭지 못하다. 그러나 바깥놀이터는 영아가 날씨의 변화와 자연현상을 감각적으로 경험할 수 있는 공간이며, 0~1세 영아가 직접 참여하지 않더라도 다른 연령의 영유아의 놀이를 관찰할 수 있는 흥미로운 공간이다.

실외환경은 동적인 영역과 정적인 영역을 구분하여 배치한다. 동적인 영역에서는 걷기 전 영아를 위한 유모차나 걷기 시작한 경우에는 붕붕차 등 영아의 발달수준에 맞추어 바깥놀이를 위한 놀잇감도 준비한다. 영아는 교사와 함께 미끄럼틀과 그네, 시소 등의 놀잇감을 경험할 수 있다. 정적인 영역에서는 휴식하기나 물놀이, 모래놀이 등을 할 수 있도록 실외 흥미영역을 구성한다.

(2) 2세 영아를 위한 흥미영역 설치

2세 영아를 위한 흥미영역은 실내의 일상생활영역과 흥미영역을, 실외의 흥미영역을 구성한다.

① 일상생활영역

일상생활 영역별	구성방향	놀잇감 및 교재·교구	유의점
1. 개인 사물함	• 영아의 여벌옷, 비품 등 개인용품을 보관, 정리하기 위하여 설치 • 보육실 내 또는 입구 가까운 곳에 설비하여 물품, 정리가 용이하게 함 • 사물함이나 개인서랍에 영아의 이름과 사진 부착 • 부모와의 의사소통을 위한 수첩 비치	• 서랍장이나 사물함 • 영아 개인의 사진이 부착된 이름표 • 영아 부모와의 소통을 위한 수첩 및 통신문	• 영아 스스로 옷을 입고 벗고 정리할 수 있도록 지도 • 자기 것에 대한 소유감을 갖도록 지도 • 영아가 쉽게 이용할 수 있도록 설비
2. 휴식 영역	• 조용한 곳에 아늑함과 부드러움을 느낄 수 있도록 구성 • 다른 활동영역과는 분리된 조용하고 편안한 휴식공간으로 구성 • 교사가 쉽게 영아를 늘 관찰할 수 있는 곳에 설치 • 영아가 선호하는 인형이나 애착물 비치	• 부드러운 느낌의 베개 및 담요 • 푹신한 의자나 가구, 바닥깔개, 드리우는 천(캐노피) • 헝겊 그림책, 인형	• 휴식공간을 별도로 마련하기 힘든 경우에는 의사소통을 위한 영역을 이용하여 휴식을 취함
3. 간식 및 식사 영역	• 간식 및 식사시간 – 교사와 또래 간의 의사소통, 상호작용의 기회 제공 • 안전하고 쉽게 닦을 수 있는 재질의 바닥과 도구를 준비 • 보육실 내 낮은 책상 배치 – 영아의 식사와 간식 • 간식과 식사를 위한 책상은 놀이공간에서 떨어진 곳에 배치 • 간식 전후에는 물휴지나 행주로 책상을 닦음	• 낮은 책상 • 물휴지 • 행주	• 또래 영아가 소집단으로 함께 식사할 수 있는 식사 공간 확보 • 낮은 조리대와 급식대 배치 – 자율배식
4. 화장실	• 영아를 위한 화장실은 안전하게 구성 • 바닥에 미끄럼 방지처리 • 수건, 물비누 비치 – 손씻기 • 화장실에서 변기 사용하는 방법, 세면대에서 손 씻는 순서와 방법들을 사진이나 그림으로 안내 – 자조기술 배양 • 유아용 변기 비치, 아동용 변기 • 성인용 변기의 경우, 유아용 변기 뚜껑 올려놓기	• 영아용 변기(영아용 변기 뚜껑) 또는 이동식 변기, 개수대 • 휴지, 물비누, 수건(종이수건), 휴지통 • 변기사용 방법, 손 씻는 순서와 방법 등에 대한 사진이나 그림	• 영아가 접근하기 쉽게 구성 • 집과 같은 느낌 – 조명, 큰 거울 비치 • 냄새 제거를 위한 환기 시설 – 대·소변의 실수 대비 • 청소용품, 소독제는 영아에 대한 안전성 고려

② 실내 흥미영역

놀이영역 구분	구성방향	놀잇감 및 교재·교구	유의점
1. 신체 영역	• 움직임에 대한 욕구가 강한 시기 • 대근육 활동영역 설치－신체의 움직임이 민첩함, 신체활동을 즐김 • 오르고, 내리고, 타고, 밀고, 뛰고, 길 수 있는 시설 설비 • 보육실 내에 다른 활동에 방해되지 않게 대근육 활동 기구 비치	• 실내 미끄럼틀, 종합놀이대 • 이동식 목마, 자동차, 끌차 • 공, 후프, 볼풀 놀이대 • 낮은 계단과 경사로, 건너뛰거나 통과하는 장애물	• 바깥놀이가 어려운 날에는 실내에서 대근육 활동을 포함한 신체활동을 할 수 있도록 보육실 공간 이용
2. 언어 영역	• 말하고, 듣고, 읽고, 쓰는 의사소통의 기회를 충분히 경험할 수 있도록 공간과 놀잇감 배치 • 교사, 또래와의 언어적 상호작용 경험 제공 • 교사가 책을 읽어줄 수 있는 공간 확보 • 그림책, 사진책, 포스터, 동시판, 노래판, 팸플릿, 전단지, 메뉴판을 준비하여 문자와 친해질 수 있도록 돕기 • 벽면에 칠판을 걸고 전지를 붙여 주고 분필, 크레파스, 색연필, 사인펜을 비치하여 끄적거리기 활동 격려 • 카세트와 녹음기, 마이크 설비하여 말하기와 듣기 경험 확장	• 낮은 소파나 폭신한 등받이 쿠션, 방석, 책장 • 다양한 주제의 그림책, 사진책 • 포스터, 동시판, 노래판, 팸플릿, 전단지, 메뉴판 • 칠판이나 전지 및 끄적거릴 도구(분필, 크레파스, 색연필, 사인펜 등) • 녹음기, 마이크, 카세트	• 책꽂이는 책의 앞면을 볼 수 있도록 정리 • 책이나 자료 사용 후 제자리에 정돈하도록 시설 비치 • 자연 조명이 잘되는 곳, 적절한 조명할 수 있는 곳에 설치 • 언어영역을 잘 꾸며 휴식영역으로 사용할 수 있음
3. 감각 및 탐색 영역	• 손의 소근육 발달이 정교해지는 시기－다양한 조작놀이 제공 • 자연물, 소형 블록, 구슬 꿰기 등 영아가 정교하게 손을 이용할 수 있는 경험 제공 • 퍼즐이나 분류활동을 돕는 자료 제공 • 낮은 교구대에 바구니나 쟁반에 놀이기구를 담아둠 • 실내에서 기를 수 있는 동물(거북이, 달팽이, 토끼 등)이나 식물, 주변의 다양한 자연물을 관찰할 수 있는 공간 확보	• 여러 가지 조작 놀잇감(소형 블록, 구슬 꿰기 놀잇감, 레고 등) • 퍼즐 및 분류 놀잇감 • 실내에서 키울 수 있는 동식물, 돋보기 • 교구대와 바구니, 쟁반	• 놀잇감은 영아의 눈높이에 맞추어 비치 • 영아가 삼킬 우려가 있는 작은 놀잇감 사용 금지 • 자료를 보관하는 교구대 바닥에 놀잇감의 사진 부착－유아가 정리하기가 편리함

일상생활 영역별	구성방향	놀잇감 및 교재 · 교구	유의점
4. 역할 및 쌓기 영역	• 가족과 관련된 역할놀이 선호 – 가족놀이, 아기놀이를 위한 놀잇감 제공 • 친구 배려, 놀잇감 공유 능력 부족 – 분쟁의 소지 사전 예방 – 충분한 양의 쌓기 놀잇감 준비	• 다양한 인형(인형놀이를 위한 인형, 봉제인형) • 밀고 당기는 놀잇감(쇼핑용 손수레, 유모차, 자동차) • 부엌용품, 청소용품의 역할 놀잇감 • 크기가 너무 작지 않은 다양한 재질과 크기의 블록 • 동물, 자동차, 사람 등의 소품	
5. 미술 영역	• 세면대나 출입구가 가까운 곳에 배치 – 활동적이며 물이 필요 • 끄적거리고, 찢고, 오리고, 자르고, 붙이기 활동 격려 – 탐색능력, 대근육 및 소근육 조절능력, 협응력 배양 • 표현활동 격려 – 평면적 조형 활동(그리기, 찍기), 입체적 조형 활동(꾸미기, 붙이기, 판화) • 명화나 아름다움을 감상할 수 있는 공간 확보, 사진은 영아 눈높이에 맞춰 게시	• 다양한 크기와 모양의 종이, 색종이, 그릴 수 있는 재료 • 끄적거릴 수 있는 도구(크레파스, 색연필 등) • 물감, 붓 • 사진이 많은 잡지책, 모루, 수수깡, 빈 과자상자나 봉투 • 안전가위, 풀, 접착용 테이프 • 명화, 아름다운 그림이나 사진 • 밀가루 반죽, 풀 물감, 찍기 놀이 도장, 스티커	• 삼킬 염려가 있는 작은 자료 비치 금지 • 책상 위나 바닥에 비닐 등의 깔개 깔기 • 제공 자료의 위생, 안전성 고려 • 미끄러지지 않게 준비 – 물, 물감에 의한 미끄러움
6. 음률 영역	• 영아는 자신의 요구에 따라 악기를 이용하여 소리를 내보며 음악을 통해 자신의 감정을 표현하는 경험을 갖게 함 • 여러 가지 음악을 들으면서 그 속에 담긴 감정을 느껴 볼 수 있게 함	• 카세트나 녹음기 • 리듬, 악기(북, 트라이앵글, 마라카스, 탬버린, 캐스터네츠 등)	• 예술적인 경험을 할 수 있도록 여러 가지 매개체(악기, 음악테이프, 리본, 스카프, 의상 등)을 준비 • 벽에 큰 거울 비치 – 움직임 관찰

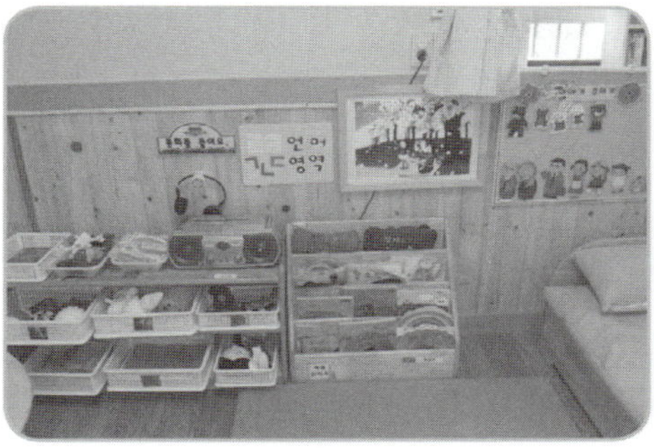

언어영역

탐색영역

쌓기영역

역할영역

음률영역

미술영역

[그림 Ⅱ-5] 실내 흥미영역(만 2세)

③ 실외 흥미영역

바깥놀이터는 영아가 날씨의 변화와 자연현상을 감각적으로 경험할 수 있는 공간이다. 영아를 위한 실외환경은 영아의 신체 크기에 적합한 공간을 확보하고, 발달단계에 따른 지각력과 개별 활동을 고려하여 구성한다. 영아가 다양한 바닥 소재와 흥미로운 시야, 소리, 냄새 등을 경험할 수 있도록 배려한다.

실외환경은 동적인 영역과 정적인 영역을 구분하여 배치한다.

동적인 영역에서는 바퀴달린 놀잇감이나 세발자전거 등을 이용하기 위한 단단한 바닥재 공간이 필요하며 미끄럼틀과 그네, 시소 등의 놀잇감을 배치해도 좋다.

정적인 영역에서는 휴식을 위한 공간과 더불어 영아가 만지고 탐구할 수 있도록 잔디, 모래, 돌, 흙, 물 등의 탐색공간을 포함하여 환경을 구성할 수 있다. 놀잇감 보관을 위한 보관창고가 필요할 수도 있다. 외부 차량이나 사람들로부터 영아를 보호할 수 있도록 배려하고, 안전을 위해 놀이 상황을 교사가 한눈에 파악하고 필요시에 도울 수 있도록 공간을 구성한다.

2) 유아반(3~5세) 실내 · 외 흥미영역 설치

보건복지부는 어린이집에서 어떠한 유형의 보육과정을 운영하든 흥미영역을 설치 운영하도록 하고 있다. 다시 말해 어린이집의 보육활동은 흥미영역을 중심으로 이루어짐으로써 영유아교육의 질은 흥미영역 설치 · 운영 여하에 달려 있다 해도 과언이 아니다.

어린이집의 보육실은 영유아가 하루 생활 중 대부분의 시간을 보내는 공간이다. 단순히 물리적인 존재가 아니라 영유아의 신체 및 정서 발달에 영향을 주기 때문에 안정감을 느낄 수 있도록 가정과 같이 아늑하게 꾸며야 한다.

3~5세 유아 보육실 구성은 흥미영역 설치, 실내공간 구성, 교재 · 교구 자료실 설치 등이 주 내용인데, 그 중 실내 · 외 흥미영역 구성에 대하여 기술하기로 한다.

(1) 실내 흥미영역 설치

본 절에서는 흥미영역별 교재 · 교구기준, 흥미영역 설치방침, 흥미영역 설치요령, 흥미영역별 교재 · 교구 평가기준의 순서로 기술한다.

① 흥미영역별 교재 · 교구기준

흥미영역을 설치하기 위해서는 흥미영역별 교재 · 교구기준을 이해해야 한다. 흥미영역별 교재 · 교구기준은 다음과 같다.

〈표 II-15〉 흥미영역별 교재 · 교구기준

영역	교재 · 교구 종목	규격	소요기준	비고	
				필수	권장
1. 쌓기	① 유닛 블록 (Unit Block)		급당 1	○	
	② 공간 블록 (Hollow Block)		급당 1	○	
	③ 쌓기 블록	2종(우레탄블록, 종이벽돌, 탑블록, 헝겊블록 등) 1조	급당 1		○

영역	교재 · 교구 종목	규격	소요 기준	비고	
				필수	권장
	④ 쌓기놀이용 소품	5종(교통신호표지, 주유소, 사람, 동물, 모형, 수레, 지게, 미니카, 끌차, 운전대 등) 1조	급당 1	○	
	⑤ 조작놀이용 블록	5종(소형 끼우기 블록류) 1조	급당 1		○
2. 역할	① 의상	5종(우리나라 전통의상, 경찰, 군인, 간호사, 요리사, 각 나라의 전통의상, 소방관 등) 1조	원당 2	○	
	② 놀이에 필요한 소품	5종(민속소품, 소방호스, 마이크, 카메라, 가발, 옷장, 화장대, 다리미, 식탁 등) 1조, 병원놀이 세트, 인형, 유모차 등	원당 2	○	
	③ 일상 주방용품 모형	3종(가스레인지, 믹서, 싱크대, 냉장고, 저울, 전통찻잔, 장기판, 각종 그릇 등) 1조	급당 1	○	
3. 조형	① 이젤	유아용	급당 1		○
	② 그리기 자료	5종(물감, 먹물, 파스텔, 유성매직, 마블링, 붓, 사인펜 등) 1조	급당 1	○	
	③ 만들기와 꾸미기 자료	만들기에 필요한 다양한 재료 (빈용기, 핑킹가위, 구멍 뚫는 도구, 펀치, 스테이플러, 여러 종류의 종이, 헝겊, 스카치테이프, 풀, 색모래, 찰흙 등)	급당 1	○	
4. 언어	① 테이프(녹음테이프, 비디오테이프)	10종(자연의 소리, 민요, 전래동요, 효과음, 동시, 동화, 동물소리 등) 1조	원당 1	○	
	② 융판과 융판자료		급당 1	○	
	③ 인형류	2종(손가락인형, 손인형, 테이블인형, 막대인형 등) 1조	급당 1	○	
	④ 인형극틀		원당 1		○
	⑤ 동화책	3질 이상(질)	급당 1	○	
	⑥ 그림 백과사전	동식물(질)	원당 1		○
	⑦ 카드 세트	10종 이상	급당 1		○
	⑧ 게임자료	세트	급당 10	○	
	⑨ 퍼즐	세트	급당 10	○	
5. 수학	① 퍼즐	종	급당 10	○	
	② 게임자료	세트(분류 · 비교 · 서열 · 공간 개념 형성자료)	급당 10	○	
	③ 수놀이자료	종(수 개념 형성자료)	급당 10	○	

영역	교재·교구 종목	규격	소요 기준	비고	
				필수	권장
6. 과학	① 실험 및 관찰 도구	세트	원당 2	○	
	② 측정도구	세트(무게, 질량, 부피, 크기 등)	급당 1	○	
	③ 요리도구	가열기구, 조리기구, 주방기구 등	원당 1	○	
	④ 감각상자	2종(무게, 소리, 촉감, 후각상자 등)	급당 1	○	
	⑤ 동식물 표본	1종 이상	원당 1		○
	⑥ 동물사육	사육용 기구 포함	원당 1		○
	⑦ 식물재배	재배용 기구 포함	원당 1		○
7. 음률	① 전통악기	5종(소고, 장고, 북, 꽹과리, 징, 피리 등)	원당 1	○	
	② 리듬악기	5종(탬버린, 캐스터네츠, 마라카스, 리듬막대, 트라이앵글, 우드블록, 방울 등)	급당 1	○	
	③ 가락악기	2종(실로폰, 멜로디언, 리코더, 크로마하프, 기타 등)	급당 1	○	
	④ 피아노	오르간이나 전자피아노 대체 가능	급당 1	○	
	⑤ 신체표현 소품	리본, 스카프, 줄 등	원당 20	○	
8. 물놀이	① 물놀이도구	5종(양동이, 물뿌리개, 호스, 투명용기, 깔때기, 인형 등) 1조	원당 1	○	
9. 모래 놀이	① 모래놀이도구	5종(트럭, 삽, 체, 계량컵, 밀대, 여러 가지 모양틀 등) 1조	원당 1	○	
10. 목공 놀이	① 목공놀이도구	세트(망치, 톱, 자키, 나사, 못 등) 1조	원당 1	○	
	② 테이블		원당 1	○	
11. 대근육	① 유니바	10개 1조	원당 1	○	
	② 매트		원당 2		○
	③ 평균대		원당 1	○	
	④ 놀이기구	5종(공, 줄넘기, 후프, 굴렁쇠, 줄 등) 1조	원당 1	○	
	⑤ 대근육게임 자료	생활주제와 관련	원당 5	○	
	⑥ 전통놀이 자료	5종(윷, 연, 투호, 팽이, 제기, 샅바, 자치기 등) 1조	원당 1	○	
12. 교통	① 유아용 자동차	• 위험성이 없는 것	원당 3		○
	② 유아용 자전거	• 실내, 실외용	원당 3	○	
	③ 모형신호등		원당 1	○	
	④ 교통표지판		원당 1	○	

② 실내 흥미영역의 설치요령

실내 흥미영역별 설치요령은 〈표 II-16〉과 같다.

〈표 II-16〉 실내 흥미영역별 설치요령

실내 흥미 영역별	설치요령
1. 언어활동 영역	1) 책읽기, 이야기 듣기, 말하기, 글씨 쓰기 등을 할 수 있게 시설과 자료를 설비함 2) 햇볕이 잘 들어 밝고 소음이 없는 곳에 설치함 3) 카펫을 깔아 주고 쿠션을 만들어 책을 볼 수 있는 아늑한 분위기를 조성함 4) 주제에 맞게 책꽂이의 책을 수시로 교체함 5) 손인형, 손가락인형, 막대인형, 그림자인형으로 인형극을 하고, 녹음테이프를 넣어 헤드폰을 쓴 채 동화를 들을 수 있게 설비함 6) 고무자석, 그림자료를 붙여가며 이야기를 꾸밀 수 있게 설비함 7) 듣기책상에는 카세트와 조작 순서도, CD와 테이프를 함께 제시함
2. 수학활동 영역	1) 수의 기초개념, 시・공간개념, 그래프활동, 무게재기, 길이재기, 비교, 분류, 서열화 등의 수학적 활동에 전념할 수 있는 조용한 공간에 설비함
3. 과학활동 영역	1) 관찰, 실험, 측정도구 및 기타 과학 교구 위주로 설비함 2) 동물, 식물재배가 가능한 햇빛이 잘 들고 물 공급이 원활한 공간에 설치함 3) 여러 가지 꽃씨나 채소류, 농작물의 싹을 틔우고 물을 주고 재배하면서 관찰할 수 있는 시설・기구 설비 4) 과학적 정보 습득을 위한 도서 정비함 5) 주제에 따라 과학 실험을 할 수 있는 다양한 자료 준비함 6) 수학활동지, 관찰일지, 과학활동 기록지를 모을 수 있는 수・과학 파일 비치함 7) 동물사육, 곤충사육 시설은 실내에 최대한 설비하고 어려운 경우, 실외 흥미영역에 설비함 8) 화분에 다양한 식물을 재배할 수 있도록 창쪽에 시설을 설비함
4. 쌓기활동 영역	1) 교실 중앙에 설비하여 다른 영역과 연계가 잘 이루어지도록 함 2) 교실의 구조에 따라 블록에 의한 소음을 피하기 위해 교실 코너나 출입문 옆에 설치할 수 있음 3) 여러 가지 블록들을 이용하여 구성물을 만들 때 소음을 제거하기 위해 카펫이나 매트 깔기 4) 주제에 따라 함께 사용할 수 있는 소품도 그때그때 제시함 5) 유아가 제작한 작품을 전시할 수 있는 공간을 확보함 6) 주제에 따라 교사가 만든 소품을 제시할 수 있는 공간을 확보함
5. 역할활동 영역	1) 조형영역, 블록영역과 이웃되게 배치하나 과학, 수학, 조작 영역과는 멀리 떨어져야 함 2) 일상생활 역할놀이이기 때문에 유아에게 알맞은 크기의 가구, 싱크대, 테이블, 의자, 거울을 비치하고 주제에 따라 필요한 소품을 낮은 선반에 비치함 3) 안락한 분위기가 조성될 수 있도록 천장에 캐노피를 달아 주고 침대나 침대 대용의 쿠션, 이불, 베개를 배치함 4) 다양한 역할놀이를 할 수 있는 충분한 공간을 확보함
6. 조작활동 영역	1) 조용한 놀이가 이루어지는 정적 영역이므로 과학영역에 인접하여 설치함 2) 바닥에 카펫을 깔아 낮은 책상에 앉아서 활동하도록 함 3) 플라스틱 바구니를 준비하여 조작놀이자료를 구분하여 담아 놓고 바구니가 교구장에 넉넉히 들어갈 수 있을 만큼 커야 함

실내 흥미 영역별	설치요령
7. 음률활동 영역	1) 유아가 편안하게 생각에 따라 움직일 수 있는 공간 확보 2) 소음을 줄일 수 있게 바닥에 카펫 깔기 3) 조용한 활동이 이루어지는 영역을 옆에 설치(쌓기영역) 4) 다양한 악기를 정비하되 일시에 전부 제시하지 않고 필요에 따라 하나씩 더 첨가함 5) 입으로 부는 악기는 알코올로 소독함 6) 카세트 조작기술은 안내문으로 제시함 7) 감상 후 느낌을 기록할 수 있는 그리기, 쓰기, 도구를 정비함 8) 신체를 표현할 수 있는 도구나 소품을 비치함
8. 조형활동 영역	1) 물이 있는 세면대 근처에 설치하고 역할영역과 인접해도 좋음 2) 작업용 책상과 의자, 이젤 등을 설치해 두어야 함 3) 밀가루 반죽, 손가락 그림을 그릴 수 있게 책상용 비닐 커버, 유아용 작업복을 준비함 4) 입체작품, 평면작품, 종이접기 작품을 전시 혹은 게시할 수 있는 공간을 확보함 5) 재료수납용 재료상을 준비함 6) 색종이접기 책상은 별도로 준비함 7) 작품 미완성 시 보관할 바구니를 준비함 8) 작품 전시 후 느낌을 쓰거나 그릴 수 있는 필기용구를 준비함

언어영역

수활동영역

과학활동영역

쌓기활동영역

역할활동영역

조작활동영역

음률활동영역

조형활동영역

[그림 II-6] 실내 흥미영역

(2) 실외 흥미영역 설치운영

실외 흥미영역은 놀이터, 실외 놀이터, 운동장, 실외 놀이장 등 여러 가지 명칭으로 불리고 있으나, 일반적으로 실외 놀이터라는 용어가 가장 많이 사용되고 있다. 어린이집은 흥미영역 설치를 의무화하고 있기 때문에 실내에 설치할 수 없는 흥미영역은 실외에 설치하여 영유아교육의 효율성을 제고시킬 수 있도록 실외 흥미영역 설치에도 관심을 가져야 한다.

① 실외 흥미영역의 설치

〈표 II-17〉 실외 흥미영역 설치요령 및 시설 · 기구

실외 흥미영역별	설치요령	설치시설 및 기구
1. 개방영역	1) 아무것도 없는 넓은 공간 한쪽에 모래놀이 기구, 잔디밭을 설치함 2) 전 공간을 사토 후 모래놀이영역, 잔디밭을 조성함	① 잔디밭 ② 모래장 ③ 기타

실외 흥미영역별	설치요령	설치시설 및 기구
2. 그늘영역	1) 다양한 크기의 관목 및 포도덩굴 등의 휴식공간, 동화 듣기, 극화놀이를 할 수 있는 모래, 물놀이 시설을 설치함 2) 관목·포도덩굴, 등나무 묘목을 심어 가꿈	① 관목, 포도덩굴 재배 ② 모래놀이 기구 ③ 물놀이 기구 ④ 극화놀이 기구 ⑤ 기타
3. 지붕영역	1) 비 오는 날에는 사용 가능한 목공놀이대, 그림 그리기, 과학실험, 소꿉놀이, 구성 놀이대를 설치함 2) 건물에 연결통로를 만들고 실외 활동과 연결된 영역별 활동을 실외에서 자유롭게 할 수 있게 함	① 정자 ② 움집 ③ 커다란 나무 ④ 목공놀이대 ⑤ 기타
4. 흙영역	1) 진흙놀이나 땅따먹기놀이, 다양한 흙놀이를 할 수 있도록 설치함 2) 땅을 팔 수 있는 작은 삽이나 곡갱이를 비치함	① 작은 삽 ② 곡갱이 ③ 깔개 ④ 기타
5. 모래놀이영역	1) 여러 가지 모래놀이 도구를 비치함 2) 1년에 한 번씩 모래를 소독하고 다양한 놀이기구를 비치함	① 모래밭 ② 모래놀이 도구(체류, 삽류, 땅파기 도구, 모양 만들기 도구, 측량기기, 물뿌리개), 모형 보조자료(손수레, 자동차류, 동물류, 사람류 등) ③ 기타
6. 물놀이영역	1) 물놀이 도구를 비치함 2) 바닥은 딱딱하고 물기가 빨리 마르게 설치하고 놀이기구를 비치함	① 물놀이 시설 ② 물놀이 도구(양동이, 호스, 물 뿌리개, 주전자, 물레방아 등) ③ 물놀이 정리함 ④ 연못 ⑤ 기타
7. 자연생태영역	1) 식물재배장, 샘, 울타리, 화단, 덤불, 정원을 설치함 2) 텃밭에서 식물재배를 할 수 있도록 설치함	① 식물 재배장(수경재배, 화분, 식물재배 등) ② 기타
8. 동물사육영역	1) 식물·동물 사육, 울타리, 화단이 정비된 정원을 설치함	① 동물 사육장(토끼장, 새장, 닭장 등)
9. 목공놀이영역	1) 목공놀이 소도구를 설치함 2) 나무와 연장을 사용하는 데 편리하도록 공간을 넓게 구성하고 놀이 소도구를 구입 비치함	① 목공놀이대 ② 목공놀이 정리함 ③ 목공놀이 도구(톱, 나사, 자, 망치, 못, 판자, 거친 모래종이, 조임쇠, 드라이버, 스티로폼, 코르크, 꺾쇠, 못 그릇 등) ④ 기타

실외 흥미영역별	설치요령	설치시설 및 기구
10. 대근육운동 영역	1) 대근육에 필요한 고정놀이 기구를 설치함 2) 눈에 띄기 쉽고 감독이 용이한 장소에 시소, 그네, 평균 오름대를 설치함	① 미끄럼틀 ② 그네 ③ 구름다리 ④ 터널 ⑤ 흔들 사다리 ⑥ 망 오름대 ⑦ 정글짐 ⑧ 밧줄타기 ⑨ 기타
11. 창작 놀이기구 보관 영역	1) 이동식 놀이기구 및 놀이기구 부대시설의 안전한 관리	① 이동식 놀이기구 및 놀이기구 부대시설을 보관할 창고 ② 놀이기구 수리기구 및 훼손방지를 위한 각종 화학약품

② 실외 흥미영역 시설 · 기구 설비 및 설치상의 유의점

㉠ 시설·기구 설비 및 설치 면

㉮ 놀이시설 · 기구는 활용하는 영유아의 연령에 따라 놀이를 자극하기에 적절한가?

㉯ 놀이시설 · 기구는 다양성이 높아서 영유아는 다양한 신체적 활동을 할 수 있는가?

㉰ 영유아가 창의적으로 활용할 수 있는 시설 · 기구인가?

㉱ 영유아가 다목적 놀이를 할 수 있는 융통성이 있는 시설 · 기구인가?

㉲ 영유아의 공간관계 개념을 증진시킬 수 있는 시설 · 기구인가?

㉳ 여러 가지 나무나 꽃을 재배할 수 있도록 흥미영역의 시설 · 기구가 적절히 설비 · 비치되었는가?

㉴ 흥미영역의 놀이시설 · 기구를 자유롭게 선택할 수 있도록 배치되었는가?

㉡ 안전 건강 면

㉮ 놀이시설 · 기구는 튼튼한가?

㉯ 추락 위험이 있는 곳은 모래와 같은 탄력성 있는 자료로 바닥을 처리하였는가?

㉰ 그네의 발판은 부드러운 재질로 되어 있는가?

㉱ 그네는 영유아가 뛰어다니고 바퀴 달린 놀잇감을 타는 길에서 충분히 떨어져 있는가?

㉲ 높은 놀이시설 · 기구에는 영유아의 추락 사고를 방지하기 위한 난간이 설비되어 있는가?

㉶ 놀이시설 · 기구는 안전하게 잘 관리되고 있는가?

㉷ 놀이영역은 매일 점검하고 시설 · 기구가 계속적으로 보완 · 유지되고 있는가?

개방영역

그늘영역

지붕영역

흙영역

모래놀이영역

물놀이영역

자연생태영역

목공놀이영역

동물사육영역

대근육운동영역

창작 놀이기구 보관 영역

[그림 II-7] 실외 흥미영역

2. 비품 및 교재·교구 관리

비품과 교재·교구는 유아교육기관에서 교육활동을 직·간접적으로 돕는 역할을 한다. 따라서 비품과 교재·교수의 자원 없이는 유아교육이 거의 불가능하다. 비품, 교재·교구가 없는 교육은 운동장 한가운데서 교사가 유아들에게 공룡의 생김새를 말로만 설명하는 형식으로 학습의 성과를 기대하기 어려워 유아교육에서 비품 및 교재·교구의 활용은 필수적이다. 다음에서 이들에 대한 개념, 중요성, 선정기준, 배치기준, 활용 및 관리방안 등에 걸쳐 기술하기로 한다.

1) 비품, 교재·교구의 개념

비품, 교재·교구에 대한 개념을 밝히기란 그리 쉽지 않아 유아교육현장에서는 이들을 효용하여 쓰기도 하는데 다음에서 이들 개념에 대하여 생각해 보기로 한다.

(1) 비품

비품이란 유아교육기관의 활동실 내에 늘 일정하게 갖추어 두고 쓰는 물품 또는 필요할 때 쓰기 위하여 준비해 둔 물품을 말한다. 혹자는 교구 비품이라는 용어를 쓰기도 한다. 결론적으로 비품이란 '교육활동을 위하여 활동실에 늘 일정하게 비치 또는 준비된 물품'으로 예를 들면, 책상, 의자, 교구장, 사물함, 심지어 쓰레기통, 빗자루 등이 있으며, 이들은 교육활동을 간접적으로 돕는다.

(2) 교재

교재와 교구의 구분은 어렵기 때문에 교재를 교구로, 교구를 교재로 효용하여 사용하기도 한다. 교재란 '학문이나 기예 따위를 가르치거나 배우는 데 필요한 여러 가지 재료'를 말한다. 초·중·고등학교에서는 당해 교육기관의 교육목표를 실현하기 위하여 교과서를 가지고 지도한다. 이 교과서가 바로 교재이다. 따라서 교재란 '교육목표 구현을 위하여 가르쳐야 할 내용을 학습대상의 수준에 맞게 체계화한 교육소재로서 교과서, 프로그램 지도계획 및 자료, 동화책, 그림 영상물, 녹음자료, 활자인쇄물 등'을 말한다. 교재는 교육목표 구현에 직접적인 영향을 준다.

(3) 교구

교구란 '교육활동에 사용되는 보조적인 자료나 도구'를 말한다. 교재가 교수·학습과정을 성립시키는 직접적인 매개물인데 반해 교구는 간접적인 매개물이다. 교재는 그 자체 안에 교육적 가치를 지니고 있으나 교구는 교재와 같이 활용될 때 교육적 가치를 발휘한다. 교구를 '놀잇감'이라고도 하며 흥미영역에 진열된 각종 자료를 비롯하여 투영기기, 방송기기, 게시판, 칠판, 융판, 인형극 등 아주 다양하다. 교재 · 교구와 같이 합성어로도 쓰인다.

2) 비품 및 교재 · 교구의 교육적 가치

(1) 교육목표 구현을 위한 내용과 방법의 상세화

당해 유아교육기관에서 개발한 다양한 교재, 자료, 계획 및 프로그램 등은 당해 유아교육기관에서 설정한 교육목표 구현을 위하여 제작, 계획된 것으로 교육목표 구현을 위한 교육내용과 교육방법을 상세하게 안내해 준다.

(2) 유아교육기관에서의 유아 생활의 편익성 도모

유아교육기관에 설비된 비품이나 기구들은 유아들이 활동실에 머무는 동안 그들의 신체 · 건강생활을 도모하고 그들의 생활을 편안하고 안락하고 안전하게 도모해 준다.

(3) 학습내용의 직관화, 구체화

유아들은 사물에 대해 분석적 사고를 통해 이해하기보다 감성적인 지각에 의해 사물의 전체를 직접적으로 파악하고 또한 사물에 대한 구체적인 지식을 얻는다. 이렇게 되기 위해서는 학습내용을 직관화 또는 구체화시켜주어야 하는데 비품 및 교재 · 교구는 이러한 기능을 가지고 있다.

(4) 선택적이며 주체적인 활동도모

활동실내에 다양한 교재 · 교구들 중에서 유아들 스스로가 자신의 취향과 의지에 따라 선택하여 활동함으로써 유아들의 주체적인 활동을 도모하여 자립심과 더 나아가 선택과 책임을 기르는 민주시민 의식을 배양시킨다.

(5) 호기심, 흥미유발, 학습의욕 고취

학습활동이 활발하게 이루어지게 하기 위해서는 우선적으로 유아들이 학습내용에 대하여 호기심을 가지고 접근시킨 후 유아들 스스로가 학습활동에 흥미를 가지도록 유도하면 자연스럽게 학습의욕이 고취됨으로써 학습의 효율성을 도모할 수 있는데 비품 및 교재 · 교구는 호기심과 흥미유발의 기능을 가지고 있다.

(6) 교수부담의 경감

교사가 본시 학습목표를 실현하기 위하여 다양한 학습활동을 전개하는 과정에서 시종일관 언어에만 의존한다면 추상적 사고력이 부족한 유아들은 교사의 언어를 이해하지 못하여 교사가 의도하는 학습목표를 도달시킬 수 없을 것이다. 이때 교수 · 학습활동에서 다양한 교재 · 교구를 활용한다면 학습활동이 구체화되어 직관적으로 이해시킴으로써 학습의 효율성을 도모하여 결과적으로 교사의 교수부담이 경감될 것이다.

3) 비품, 교재 · 교구 확보

전 절에서 밝힌 바와 같이 비품, 교재 · 교구의 가치가 매우 높음에 비해 이를 확보하는데 많은 경비가 소요되므로 어려움이 많다. 그리고 유아교육에 최적한 비품, 교재 · 교구 그리고 유아의 연령발달단계를 고려한 비품, 교재 · 교구가 무엇인가를 잘 이해하고 있어야 비품, 교재 · 교구를 유아학습에 효율적으로 활용할 수 있다.

(1) 설비기준

유치원은 교육부에서 또한 어린이집에는 보건복지부에서 각 기관에서 설비해야 할 비품, 교재 · 교구에 대한 설비기준을 제시하고 있다. 설비기준에서는 교구별로 종류와 소요수량을 제시하는 것으로 설비기준을 제시하는 목적은

첫째, 교재나 교구 자체가 특유의 교육적 가치, 목적, 내용을 내포하고 있으므로 일선 유아교육기관에서 비품, 교재 · 교구 활용을 유도하여 국가수준의 교육이나 보육의 질을 관리하기 위함이다.

둘째, 다양한 검토과정을 거쳐서 선별된 교재 · 교구를 제시해 줌으로써 일선 유아교육기관에서 선정의 어려움을 최소화하고 예산의 범위 내에서 연차적인 확보계획 수립이나 시행에 편리하다.

셋째, 설비기준이 세분화되고 명료화되어 불필요한 교재 · 교구 과다수량 구입으로 예산낭비를 예방할 수 있다.

(2) 선정기준

유아교육은 교사와 유아 간, 유아와 유아 간, 유아와 교구 간의 상호작용으로 이루어진다. 그 중 유아와 교구 간의 상호작용은 활동실내 · 외에 어떠한 비품이나 교재 · 교구를 설비해 놓고 어떻게 활용하느냐에 따라 상호작용의 질이 달라진다. 전 항에서 밝힌 바와 같이 교육부나 보건복지부에서 각 기관에 최적한 비품이나 교재 · 교구의 품목을 설비기준으로 제시

하면 각 유아교육기관의 특성과 성격에 따라 일정한 선정기준을 설정하고 선정기준에 따라 비품이나 교재·교구를 선정·구입해야 되는데, 이때 구입의 준거로 삼아야 할 선정기준은 다음과 같은 사항이 고려되어야 한다.

① 유아교육기관의 입장에서

㉠ 예산에의 적합성

당해 유아교육기관에서 책정된 예산의 범위 내에서 구입해야 한다. 아무리 좋은 교재·교구라 할지라도 예산이 없으면 구입할 수 없다. 구입하려는 교재·교구를 선정하고 구입에 따른 소요예산을 확보해야 한다.

㉡ 구입절차의 합리성

구입절차가 합리적이어야 한다. 담당교사가 임의로 교재·교구를 선정하고 구입해서는 안 된다. 필요한 교구·교재의 목록을 작성하고 작성된 교재·교구 가운데 구입의 우선순위를 결정하고 소요예산을 확보하는 등 일련의 과정이 합리적이어야 한다.

㉢ 보관장소의 적절성

아무리 좋은 교구·교재라 할지라도 당해 유아교육기관 내에서 보관할 수 있는 공간이 없다면 구입해서는 안 된다. 따라서 교구·교재를 구입할 때는 편리하게 보관하고 활용할 수 있는 비품을 먼저 구비해야 한다.

② 교육적 기능면에서

㉠ 교육목표 구현의 적합성

유아교육기관에서는 국가수준의 교육과정을 지역설정을 고려하여 설정된 교육목표에 따라 유아교육기관의 교육과정 운영계획이나 프로그램을 편성·지도하여 당해 유아교육기관의 교육목표를 구현하게 되므로 모든 교재·교구는 당해 유아교육기관의 교육목표를 구현하는 데 필수적인 품목을 우선적으로 선정해야 한다.

㉡ 유아발달단계의 적합성

비품, 교재·교구는 유아의 발달수준이나 요구·흥미 등을 고려하여 선정하여야 한다. 유아의 발달수준에 맞지 않아 너무 단조롭거나 너무 활용방법이 어려운 경우, 유아의 선택을 받지 못하여 결국 사장되고 만다.

㉢ 호기심·심미감

교재·교구는 유아들에게 호기심이 있어야 유아들의 선택을 받을 수 있어 학습에 적극적으로 활용될 수 있다. 또한, 교재·교구는 심미적인 즐거움을 줄 수 있도록 모양이나 색깔이 미적이어야 한다.

③ 교재 · 교구의 제작면에서

㉠ 생산업체의 신뢰성

교재 · 교구는 관계기관에 등록된 업체로서 교재 · 교구 제작 경험과 시장도가 높은 업체로서 품목에 따라 계속적으로 A/S가 가능한 업체이어야 한다.

㉡ 내구성 · 경제성

교재 · 교구는 언제, 누구, 어느 때나, 어떠한 장소에서, 어떻게, 활용하든 간에 모형이 틀어지거나 마모, 멸실되지 않고 활용될 수 있어야 한다. 이렇게 한번 구입해서 오래 사용할 수 있으면 자연히 경제성이 높다.

㉢ 안전성

교재 · 교구 자체에 위험요소가 없는지 확인해야 한다. 활용도중 유아들을 다치게 하거나 제작재료의 유독성이 없어야 한다.

(3) 연령별 소요 교재 · 교구

① 1세 영아를 위한 놀잇감 및 교재 · 교구

㉠ 일상생활영역

〈표 II-18〉 일상생활영역별 놀잇감 및 교재 · 교구

일상생활 영역별	놀잇감 및 교재 · 교구
1. 개인사물함	• 서랍장이나 사물함 • 영아 개인의 사진이 부착된 이름표 • 수첩 및 통신문
2. 휴식영역	• 부드러운 느낌이 나는 베개와 담요 • 푹신한 의자나 가구, 바닥깔깨, 드리우는 천(캐노피) • 헝겊그림책, 인형
3. 수유영역	• 냉장고, 수유준비 테이블, 우유병과 젖꼭지 소독을 위한 도구 • 푹신한 의자나 베개 • 낮은 책상이나 영아용 식사 테이블
4. 기저귀 갈이영역	• 매트, 기저귀, 물휴지, 파우더, 일회용 장갑, 폐기용 비닐, 휴지통 • 수납장이나 선반 • 거울, 모빌 • 영아용 변기(영아용 변기 뚜껑) 또는 이동식 변기, 개수대 • 휴지, 물비누, 수건(종이수건)

㉡ 놀이영역

〈표 Ⅱ-19〉 놀이영역별 놀잇감 및 교재 · 교구

놀이영역 구분	놀잇감 및 교재 · 교구
1. 신체영역	• 잡고 걸을 수 있도록 벽을 따라 설치된 봉 • 잡고, 서로 밀고 걸을 수 있는 바퀴 달린 장난감 • 실내의 미끄럼틀, 그네, 흔들말, 세발자전거나 붕붕차 • 낮은 계단과 경사로 건너뛰거나 통과하는 장애물 • 영아용 침대에서 사용 가능한 놀이기구 • 스펀지 블록, 공 등
2. 언어영역	• 낮은 소파나 푹신한 등받이 쿠션, 방석, 책상이나 상자 • 단순한 그림책, 감각적 그림책, 스펀지 책, 헝겊책 등 영아용 그림책 • 손 인형, 그림이나 사진, 끄적거릴 도구 • 모형 전화기나 카세트
3. 감각 및 탐색 영역	• 모빌, 딸랑이, 손에 쥘 수 있는 놀잇감, 오뚝이 • 건드리면 다양한 소리가 나는 장난감, 앙자바 블록, 누르면 작동하는 놀잇감 • 다양한 질감의 인형, 여러 가지 질감과 크기의 공 • 모양 블록, 모양 끼우기 통, 고무나 플라스틱 재질의 고리 끼우기 등
4. 역할 및 쌓기 영역	• 다양한 인형(인형놀이를 위한 인형, 봉제인형) • 밀고 당기는 놀잇감(쇼핑용 손수레, 유모차, 자동차) • 부엌용품, 청소용품 등의 역할 놀잇감 • 다양한 크기, 색, 모양의 쌓기 놀잇감 • 쌓기놀이에 함께 할 수 있는 모형 자동차 및 인형

② 2세 영아를 위한 놀잇감 및 교재 · 교구

㉠ 일상생활영역

〈표 Ⅱ-20〉 일상생활영역별 놀잇감 및 교재 · 교구

일상생활 영역별	놀잇감 및 교재 · 교구
1. 개인사물함	• 서랍장이나 사물함 • 영아 개인의 사진이 부착된 이름표 • 영아 부모와의 소통을 위한 수첩 및 통신문
2. 휴식영역	• 부드러운 느낌이 나는 베개와 담요 • 푹신한 의자나 가구, 바닥깔깨, 드리우는 천(캐노피) • 헝겊그림책, 인형
3. 간식 및 식사 영역	• 낮은 책상 • 물휴지 • 행주

일상생활 영역별	놀잇감 및 교재·교구
4. 화장실	• 영아용 변기(영아용 변기 뚜껑) 또는 이동식 변기, 개수대 • 휴지, 물비누, 수건(종이수건), 휴지통 • 변기사용 방법, 손 씻는 순서와 방법에 대한 사진이나 그림

㉡ 실내 흥미영역

〈표 Ⅱ-21〉 놀이영역별 놀잇감 및 교재·교구

놀이영역 구분	놀잇감 및 교재·교구
1. 신체영역	• 실내 미끄럼틀, 종합놀이대 • 이동식 목마, 자동차, 끌차 • 공, 후프, 볼풀 놀이대 • 낮은 계단과 경사로, 건너뛰거나 통과하는 장애물
2. 언어영역	• 낮은 소파나 푹신한 등받이 쿠션, 방석, 책장 • 다양한 주제의 그림책, 사진책 • 포스터, 동시판, 노래판, 팸플릿, 전단지, 메뉴판 • 칠판이나 전자 및 끄적거릴 도구(분필, 크레파스, 색연필, 사인펜 등) • 녹음기, 마이크, 카세트
3. 감각 및 탐색 영역	• 여러 가지 조직 놀잇감(소형 블록, 구슬 꿰기 놀잇감, 레고 등) • 퍼즐 및 분류 놀잇감 • 실내에서 키울 수 있는 동식물, 돋보기 • 교구대와 바구니, 쟁반
4. 역할 및 쌓기 영역	• 다양한 인형(인형놀이를 위한 인형, 봉제인형) • 밀고 당기는 놀잇감(쇼핑용 손수레, 유모차, 자동차) • 부엌용품, 청소용품의 역할 놀잇감 • 크기가 너무 작지 않은 다양한 재질과 크기의 블록 • 동물, 자동차, 사람 등의 소품
5. 미술영역	• 다양한 크기와 모양의 종이, 색종이, 그릴 수 있는 재료 • 끄적거릴 수 있는 도구(크레파스, 색연필 등) • 물감, 붓 • 사진이 많은 잡지책, 모루, 수수깡, 빈 과자상자나 봉투 • 안전가위, 풀, 접착용 테이프 • 명화, 아름다운 그림이나 사진 • 밀가루 반죽, 풀 물감, 찍기놀이 도장, 스티커
6. 음률영역	• 카세트나 녹음기 • 리듬악기(북, 트라이앵글, 마라카스, 탬버린, 캐스터네츠 등)

③ 3~5세 유아를 위한 교재 · 교구

3~5세 유아를 위한 흥미영역별 교재 · 교구는 2) 유아반(3~5세) 실내 · 외 흥미영역 설치 내의 흥미영역별 교재 · 교구기준을 참고하기 바란다.

(4) 교재 · 교구의 확보방법

교재 · 교구를 확보하기 위해서는 먼저 교재 · 교구별로 기준량에 따른 현 보유량을 파악하고, 부족 시에는 〈표 II-22〉와 같은 요령으로 교재 · 교구 현황 및 확보계획을 세워야 한다.

〈표 II-22〉 흥미영역별 교재 · 교구

영역	교구품목	소요기준	기준량	현 보유량	확보량 유무	부족량 확보시기
1. 시청각 기기	① 카세트녹음기	학급당 1	7	7	○	
	② VTR	원당 1	1	1	○	
	③ 사진기	원당 1	1	1	○	
	④ 슬라이드 환등기	원당 1	1	0	×	2017년
	⑤ 컴퓨터	원당 1	1	7	○	
2. 블록(쌓기)	① 유닛 블록 세트	학급당 1	7	7	○	
	② 끼우기 블록 세트	학급당 2	3	3	×	2018년
	③ 쌓기 블록 세트	학급당 2	7	7	×	2018년
	④ 블록 세트 소품	학급당 3	4	4	×	2018년

각 유아교육기관에서는 〈표 II-22〉와 같이 전 흥미영역별로 교재 · 교구 현황 및 확보 계획을 세워 구입, 수집, 제작하여야 한다.

4) 비품, 교재 · 교구 보관 · 관리

비품이나 교재 · 교구가 확보되면 유아활동에 활용의 효율성을 제고시키고 활용 연한을 극대화시킬 수 있도록 적절히 배치하고 사용 후에도 체계적으로 관리해야 한다.

(1) 교재 · 교구 자료실 설치운영

배치란 확보된 교재 · 교구에 대하여 교사나 유아가 활용의 효율성을 극대화하고 활용연한을 극대화하기 위해 교재 · 교구를 체계적으로 보관 · 배열 · 전시하는 일체의 활동을 말한다. 이런 배치를 효율적으로 하기 위해서는 교재 · 교구 자료실을 설치 · 운영해야 한다.

① 교재 · 교구 자료실 설치의 필요성

㉠ 흥미영역별 활동자료를 체계적으로 분류 · 보관함으로써 교재 · 교구의 파손, 이동, 활용의 효율성을 높이기 위함이다.

㉡ 주제학습에 당장 활용하지 않는 교재 · 교구 및 자료는 교재 · 교구 자료실에 보관하고 지금 주제학습에 관련된 교재 · 교구 및 자료만 흥미영역에 진열하면 학습활동주제에 따라 교재 · 교구 및 자료가 수시로 바뀌어 신비감을 갖게 한다.

㉢ 유아교육기관에는 교사가 제작한 교재 · 교구가 많다. 이를 소홀히 취급하면 훼손의 우려가 많아 교재 · 교구 자료실에 안전하게 보관한다.

② 교재 · 교구 자료실 설치

㉠ 교재 · 교구 자료실은 활동실에서 떨어진 별도 공간에 앵글이나 목재로 자료상자를 넣을 수 있는 공간을 [그림 II-8]과 같이 40~50개 정도 제작한다.

쌓기	쌓기	쌓기	언어	언어	언어
조작	조작	조작	역할놀이	역할놀이	역할놀이

[그림 II-8] 교재 · 교구 자료대

㉡ 각 공간은 앞이나 뒤에서 자유자재로 자료 상자를 넣고 뺄 수 있도록 개방식으로 제작한다.

㉢ 자료상자는 교재 · 교구 자료실에 설비된 공간의 크기를 고려하여 가벼운 플라스틱 제품으로 공간 수만큼 준비한다.

㉣ 흥미영역별 교재 · 교구 및 자료의 양을 고려하여 전 공간을 다음 영역으로 분류하여 스티커를 부착해 둔다(13개 영역). 13개 영역 분류는 다음과 같다.

• 시청각 기기 • 블록(쌓기) • 언어 • 조작 • 역할놀이 • 수 • 과학
• 음률 • 대근육 • 조형(미술) • 모래놀이 • 물놀이 • 목공놀이 등

③ **교재 · 교구 자료실 활용요령**

㉠ 블록(쌓기) 교재 · 교구 및 자료의 경우, 4개의 바구니에 유닛 블록, 끼우기 블록, 쌓기 블록, 블록 세트 소품으로 구분하여 담아 교재 · 교구 자료대에 넣는다. 이런 요령으로 위에서 제시한 13개 영역에 걸쳐 모두 분류 · 보관한다.

㉡ 주제에 관련된 교재 · 교구 및 자료를 갖고 각 흥미 영역에 배치하여 일정 기간 활동을 전개한 후 주제가 바뀌면 관련 교재 · 교구 및 자료를 다시 재배치하고 기 활용한 교재 · 교구 및 자료는 교재 · 교구 자료실에 보관한다.

㉢ 교재 · 교구대에 들어갈 수 없는 비교적 중 · 대형의 교재 · 교구는 다른 공간에 별도 진열한다.

㉣ 파일 형식으로 제작된 자료는 별도 파일 자료대를 제작하여 보관한다.

(2) 흥미영역에 배치

활동실 내에 여러 개의 실내 흥미영역을 설치하고 학습활동 주제와 관련하여 각 영역별로 관련 교재나 교구를 배치해 놓고 유아들이 자유선택놀이 활동을 하도록 한다. 학습활동 주제가 바뀔 때마다 관련 교재 · 교구로 대체한다. 교체하는 교재 · 교구는 전 항 교재 · 교구 자료실에 보관한다.

(3) 기타 배치방법

교재 · 교구 수납장, 교재 · 교구 보관장, 선반, 진열대를 설치하여 배열하는 방법 등이 있다.

(4) 보관 관리

비품, 교재 · 교구는 새로 구입하거나 사용한 후에는 훼손이나 파괴되지 않도록 보관 관리하여 사용연한을 극대화해야 한다. 보관 관리란 '교재 · 교구를 사용한 후 또는 새로 구입한 교재 · 교구에 대한 활용의 효율성을 도모하고 활용연한을 극대화하기 위하여 훼손, 파괴의 예방, 방지, 수선, 보충을 시행하고 누가적인 장부기록을 통하여 활용의 간편성을 유지하기 위한 일체의 활동'이다.

교재 · 교구의 보관 관리에서 특히 유의할 사항은 다음과 같다.

① 교재 · 교구 및 자료 관리대장을 작성하여 교재 · 교구와 자료를 종별로 언제 얼마에 구입하여, 현재 그 수량이 얼마나 되는가를 일목요연하게 이해하기 쉽게 구입한 교재 · 교구 및 자료를 누가적으로 기록해 나갈 수 있도록 〈표 II-23〉과 같이 관리대장을 작성하여 활용한다.

〈표 II-23〉 교재·교구 및 자료 관리 대장

고유번호	품목명	구분		수량	가격	구입처	배치영역	비고
		교구	비품					

② 교재·교구 및 자료 관리대장을 작성하여 교재·교구 및 자료를 교사들이 대여해 가는 경우에는 반드시 관리대장에 기록하고 반환 후에는 반환 여부를 기록하여 교재·교구 및 자료의 행방을 늘 확인할 수 있도록 한다.

〈표 II-24〉 교재·교구 및 자료 관리 대장

영역	품목명	수량	차용			반환			비고
			차용일	차용자	확인	반환일	반환자	확인	

③ 교재·교구 및 자료에 대하여 주기적으로 점검하여 도색하고 파손된 부분은 수선해 두어야 한다.

④ 교재·교구 및 자료를 관리할 때는 열, 빛, 습도 등을 고려하여 보관해야 한다.

⑤ 교재·교구 및 자료는 학습의 효율성을 극대화할 수 있도록 적절한 장소나 공간에 비치하여야 한다.

⑥ 유아들에게도 교재·교구 및 자료의 관리방안에 대하여 지도해야 한다.

⑦ 파손되기 쉬운 교재·교구는 유아들의 통행이 빈번한 곳은 피하고 손이 닿지 않는 곳에 둔다. 또한 사고예방을 위한 개방공간을 둔다.

⑧ 교재·교구는 유아수를 고려하여 충분한 양을 확보한다. 그렇지 않으면 특정 교재·교구에 대하여 경쟁적으로 활용하려는 데서 파괴되기 쉽다.

⑨ 유아들에게 교재·교구사용법을 철저히 이해시켜 파손을 줄이고 파손 시에는 즉시 보수한다.

3. 시설 · 설비관리

유아보육기관의 시설 · 설비는 대체적으로 실내 시설 · 설비와 실외 시설 · 설비의 두 유형으로 구분된다. 실내 시설 · 설비는 주로 활동실을 비롯한 건물 내부에 설치된 것으로 유아교육활동에 직접적으로 활용되고 실외 시설 · 설비는 실내 시설 · 설비로서는 성취할 수 없는 교육적 성과를 거양하기 위하여 실외에 설치하며 이런 실외 시설 · 설비는 실내 시설 · 설비와 연계적이며 연속적으로 설치된다. 따라서 본 절에서는 실내 기본시설 · 설비에 국한하여 기술하기로 한다.

실내 기본시설 · 설비란 어떠한 유형의 유아보육기관이든 간에 필수적으로 설치해야 하는 시설 · 설비로서 다음에서 유아용 시설 · 설비와 성인용 시설 · 설비로 구분하여 기술하기로 한다. 유아용과 성인용으로 구분하는 기준은 당초 시설 · 설비를 할 때 유아와 성인 중 주로 누구를 위해 설비하고 현재 누가 더 많이 활용하느냐에 따른 것이다.

1) 유아용 시설 · 설비

유아용 시설에서는 출입구 및 현관, 활동실(보통교실), 유희실, 교사실, 낮잠 또는 휴식을 위한 방, 양호실, 화장실, 주방(조리실), 자료실(교구실) 등에 걸쳐 기술하기로 한다.

(1) 출입구 및 현관

① 현관은 처음에 기관을 방문하는 방문객에게 기관에 대한 개략적 이해를 도울 수 있도록 기관의 연혁, 교육방침, 주요행사 등을 안내할 수 있도록 기관 현황판을 설치한다.

② 학부모나 유아들에게 교육활동진행에 따른 안내사항을 게시한다.

③ 교사가 유아들의 건강을 확인하고 학부모로부터 유아에 대한 정보를 입수할 수 있는 학부모와의 간단한 상담 장소가 되어야 한다.

④ 현관에는 신발장과 실내화, 우천 시 우산꽂이를 설비한다.

⑤ 많은 사람이 동시에 출입하므로 문과 바닥은 안전관리에 유념한다(투명하고 단단한 유리, 잘 미끄러지지 않는 바닥).

⑥ 활동실과 가까우며 현관에서 활동실과 실외가 보여야 한다.

⑦ 신체장애아도 출입이 가능하도록 계단이 없는 경사로여야 한다.

(2) 활동실(보육실)

활동실(보육실)은 유아보육기관에서 유아들의 학습과 생활의 공간으로 하루 생활의 대부분을 보내는 장소로 가장 핵심이 되는 중요공간이다.

① 면적

면적은 유치원의 경우 「고등학교 이하 각급학교 설립운영 규정」 제3조 제2항 관련 별표1에 규정된 바 있으나 일반적으로 유아 1인당 3.5㎡(1평) 정도 확보해야 한다.

② 창문

유아들의 시력을 보호하기 위하여 커튼이나 블라인드를 설치하여 채광의 강도를 조절한다.

③ 방위

활동실의 방향은 서쪽보다는 남쪽이나 동쪽이 좋다. 북쪽은 냉방시설이 되어 있지 않은 더운 나라에서 선호한다.

④ 소음방지

소음은 학습이나 생활에서 저해로운 요소이다. 커튼, 깔개, 방음벽, 천장의 재료, 이중창, 칸막이, 이동 비품이나 가구에 대한 고무끼우기 등으로 소음을 최소화시킨다.

⑤ 바닥

㉠ 위생적이고 청소하기 용이하고 소음을 줄여주고 따뜻한 느낌을 주는 재료로 설비한다.

㉡ 활동하기 편리하고 안전사고를 예방할 수 있도록 습기가 없고 탄력성이 있는 재료를 사용한다.

㉢ 질감이 좋은 나무나 양탄자, 탄력성이 있는 비닐이나 리놀륨 혹은 고무나 플라스틱 타일을 깔기도 한다.

⑥ 천정

천정은 소음을 줄여주고 높이에 따라 여러 가지 비품을 배열할 수 있어 심미적 즐거움을 주어야 한다.

㉠ 활동실의 천장은 그 범위 내에서 부분에 따라 높이를 다르게 한다. 천정의 높이에 따라 여러 가지 비품이나 기구를 배열하고 구성하는 데 좋다.

㉡ 천정의 높이가 너무 낮으면 교사의 귀가 너무 크게 보여 유아들에게 위압감을 주고

너무 높으면 허전하고 서늘한 느낌을 준다.

⑦ **벽면**

벽면은 소음제거 그리고 다양한 자료의 게시 · 전시를 통해 정서적 심미감과 학습 · 생활지도의 효율성을 제고시키는 역할을 한다.

㉠ 벽면이 많으면 소음을 줄여주는 장점이 있으나 벽면 구성의 다양성을 제한하는 단점이 있어 가급적 고정된 내 · 외 벽면은 적은 것이 좋다.

㉡ 실내의 벽면은 소음을 줄이기 위하여 벽면에 방음 재료를 사용하고 외부 벽면에는 실내의 통풍, 환기, 난방, 채광, 소음 등을 고려해야 한다.

㉢ 벽면의 색상을 다양하게 하여 심미감과 안정감을 도모한다.

⑧ **문**

문은 실외에서 이루어지는 활동을 관찰하고 실내의 조명을 조절할 수 있고 또 출입문은 실내와 실외를 연결해 준다.

㉠ 창문은 유아들이 밖을 내다 볼 수 있게 충분히 낮아야 하고 직사광선이나 명암을 조절할 수 있게 불투명한 유리로 한다.

㉡ 출입문은 쉽게 여닫을 수 있게 가볍고 안전해야 한다.

㉢ 출입문은 밖으로 열리게 해야 하며 자동으로 잠기거나 안팎으로 열리도록 하는 것을 피한다.

(3) 유희실

유희실은 동적인 놀이나 대집단 활동에 그리고 눈이 오거나 우천 시 유원장을 대신하여 활용되는 공간이다.

① 눈이 오거나 비가 올 때 유원장의 역할을 하므로 다양한 체육기구를 설비한다.

② 유희실 가까운 곳에 화장실, 손 씻는 곳, 물 마시는 곳 및 놀이기구를 수납할 수 있는 공간이 있어야 한다.

③ 유희실 바닥은 탄력성이 좋고 소음이 없으며 청소하기 쉬운 재질로 꾸민다.

④ 많은 유아보육기관에서 바닥에 카펫을 까는 경우가 많은데 세균이 번식할 우려가 있으니 설치하지 않거나 설치하는 경우, 병균이 발생하지 않도록 소독과 청소를 자주 한다.

(4) 낮잠 또는 휴식을 위한 방

낮잠 또는 휴식은 유아 건강을 위해 필수적인 활동이다. 특히 종일반 운영이 보편화됨에 따라 이런 공간을 반드시 확보해야 한다.

① 낮잠을 잘 수 있는 별도의 공간을 확보하는 것이 좋다. 여기에는 매트나 담요 등이 한 곳에 준비되어 교사의 번거로운 노력을 줄일 수 있고 가정과 같은 안락감을 줄 수 있다.
② 낮잠을 위한 별도의 공간 확보가 어려운 경우에는 활동실에 낮잠을 위한 공간을 함께 마련하거나 바로 옆 반 일반 활동실을 낮잠실로 이용할 수도 있다.
③ 낮잠실은 커튼을 설치하여 햇볕을 차단하거나 조명의 밝기, 수면에 알맞은 온도를 조절할 수 있다.
④ 어린 영아들이 낮잠을 잘 때 수면 중 질식, 침대에서 떨어지는 사고를 예방해야 한다.
⑤ 낮잠에서 깬 유아는 옆 활동실에서 자기 활동을 하도록 지도한다.

(5) 화장실

화장실은 유아들이 배변과 씻기를 하는 공간으로 배변습관과 청결습관을 동시에 배울 수 있는 공간이다.

① 화장실은 모든 활동실에서 접근이 편리한 곳에 두어 유아 혼자서 출입이 가능하도록 한다.
② 화장실 바닥은 청결, 보건위생에 주력하고 미끄럼방지 시설을 하거나 출입문의 문턱을 없애서 안전관리에 유념한다.
③ 화장실 창문은 환기시설을 하여 통풍과 채광이 잘되도록 하고 남아용, 여아용으로 구분할 필요가 없다.
④ 화장실은 낮은 칸막이를 설치하고 안에서 문이 잠기지 않도록 장치해야 한다.
⑤ 변기의 수는 유아 8~10명에 1개꼴로 하며 크기는 유아용이어야 한다.
⑥ 세면대의 수는 유아 8~10명에 1개꼴로 하며 그 높이는 유아의 키에 맞아야 한다.
⑦ 세면대 물은 더운물과 찬물을 사용할 수 있게 하고 적당한 높이에 거울과 수건을 걸어 둔다.

(6) 주방(조리실)

다양한 영양식을 급식하여 유아들의 신체·건강관리에 주력해야 한다.

① 주방은 밝고 통풍이 잘되고 청결하며 환기가 잘 되어야 하고 유아의 놀이영역과 떨어져 있어야 한다.
② 주방에는 전열기, 냉장고, 냉·온수시설, 싱크대, 조리대, 식자재 보관시설, 조리기구, 식기류 등을 준비한다.
③ 조리사들은 위생복이나 앞치마, 모자를 착용하여 요리, 배식 시 청결을 유지한다.

(7) 양호실

유아들이 예기치 않은 발병의 경우, 안정시키고 휴식을 하여 간단한 처방을 위한 시설이다.

① 양호실에는 몇 개의 침대와 간단한 구급약품, 유아놀이기구를 준비한다.
② 양호실은 활동실에 인접하여 완전히 격리되지 않으며 조용하고 아늑한 분위기를 주어야 한다.
③ 양호실에는 별도의 화장실을 설비한다.

(8) 자료실(교구실)

유아는 교구와의 상호작용을 통하여 학습이 이루어진다. 교구 없이 언어에만 의존하는 유아학습은 생각할 수 없다. 따라서 유아교육활동에 필요한 교재·교구를 비롯한 여러 가지 자료들을 체계적으로 보관하고 활용해야 한다.

① 자료를 보관할 때는 주제별, 영역별, 날짜별, 사용빈도별로 체계적으로 분류하여 보관한다.
② 교구대장과 교구활용대장을 비치하여 활용한다.
③ 교구나 학습자료를 보관하는 보관장은 이동이 가능하도록 바퀴가 달린 것이 좋다.

2) 성인용 시설·설비

성인용 시설·설비에는 사무실, 부모대기실, 휴게실, 교사실, 관찰실 등이 있다. 이에 대하여 다음에서 자세히 기술하도록 한다.

(1) 사무실

사무실은 시설운영에 필요한 행정사무를 처리하는 곳이다.

① 공간이 좁은 경우에는 사물실과 교사실을 병용하기도 한다.
② 사무실에는 사무처리에 필요한 책상, 서류상, 컴퓨터, 복사기, 기타 사무용 비품 등을 설비한다.
③ 사무실에는 자녀들의 업무관계로 학부모들이 많이 찾게 되므로 좌석 및 음료수를 늘 준비시킨다.

(2) 교사실

교사실은 활동실 다음으로 교사들이 많이 머물면서 유아지도에 따른 모든 업무를 처리하는 공간이다.

① 교사실은 유아지도를 위한 수업계획, 교구제작, 교사회의 및 연수를 하는 공간으로 이를 위한 컴퓨터, 서류장, 책상, 의자, 사무용 비품, 작업대, 회의용 탁자를 늘 비치한다.
② 장금장치가 있는 교사 개인소지품 보관함, 사물함, 옷장, 옷걸이 등을 설비한다.
③ 교사 휴식을 위한 편안한 소파와 음료수를 마시는 데 필요한 기구와 재료를 준비한다.

(3) 부모대기실

유아보육기관에는 학부모들을 비롯하여 유아보육기관에 다양한 용무가 있어 오는 방문객이 많다. 이들이 업무를 보기 전에 편안히 안전하게 대기할 수 있는 공간으로 교사와 학부모 사이에 이루어지는 유아지도에 관한 이야기를 자연스럽게 청취할 수 있어 청취한 정보를 자기자녀 지도를 위한 상담 자료로 사용할 수 있어 더욱 좋다.

① 학부모나 방문객이 간단한 차나 음료수를 마실 수 있도록 개수대, 소파, 전화를 설치해 둔다.
② 기관 홍보용 자료나 유아교육에 관련된 도서를 비치해 두고 벽에는 유아활동자료 등을 게시해 주어 기관과 유아 이해를 돕도록 한다.
③ 독립된 하나의 공간으로 유아들이 놀이공간으로 들어가는 통로상에 설치한다.
④ 기관의 진입부나 사무실, 교사실과 연결되도록 하고 모든 부모가 쉽게 이용할 수 있도록 한다.

(4) 유아관찰실

학부모들이 유아들의 실내 · 외 활동 상황을 관찰하여 자녀의 성장 · 발달을 확인하고 지도 계획을 수립하는 데 필요한 다양한 정보를 얻을 수 있다.

① 유아들의 학습활동을 관찰하고 기록할 수 있도록 일방경(oneway glass)과 책상, 걸상을 비치한다.
② 유아관찰실은 아늑하고 조용하며 교사와 상담, 부모접대실로도 사용할 수 있다.
③ 유아의 작품과 부모교육자료를 비치해 둔다.
④ 실내 · 외 활동을 모두 관찰할 수 있는 장소에 설치한다.

(5) 휴게실

휴게실은 교직원의 휴식과 부모 상담을 위해 설치된다. 따라서 성인들이 편안히 쉴 수 있는 안락의자, 방석, 탁자, 간단한 음료를 접대할 수 있는 설비를 한다.

제 3 장

하루일과운영

하루일과활동이란 각 유아교육기관에서 설정한 보육목표를 실현하기 위하여 매일같이 일상적으로 반복적이며 계속적으로 이루어지는 모든 일상생활활동과 교육활동으로 이루어진 1일 교육과정 또는 1일 프로그램의 총체이다.

하루일과활동은 통상적으로 등원해서부터 하원까지 이루어지는 일상생활활동과 교육활동으로 이루어진다. 영유아들이 유아교육기관생활에 잘 적응한다는 의미는 당해 유아교육기관에서 설정한 보육목표 구현을 위해 편성된 1일 교육과정이나 1일 프로그램을 잘 소화하여 즐거운 유아교육기관의 생활을 영위하고 아울러 보육목표를 자연스럽게 구현한다는 의미로서 모든 유아교육기관에서 합리적인 하루일과를 편성하고 운영하는 일은 각 유아교육기관에서 최우선적으로 고려해야 할 업무이다. 따라서 다음에서 하루일과운영의 이해로서 하루일과운영의 목적, 하루일과운영의 원리 그리고 영·유아반 하루일과 운영방안에 대하여 기술하기로 한다.

1. 하루일과운영의 이해

1) 하루일과운영의 목표

(1) 당해 유아보육기관의 보육목표를 구현

당해 유아보육기관에서 설정된 보육목표를 구현하기 위해서는 보육과정을 편성하고 보육과정은 다시 월간보육과정, 주간보육과정, 일간보육과정을 편성하여 운영하는 데 하루일과활동은 일간보육과정에 해당된다. 따라서 일간보육과정 운영을 통하여 주간보육과정 운영,

월간보육과정 운영이 자연스럽게 이루어져 종국적으로는 당해 보육기관의 보육목표를 구현하게 된다.

(2) 유아들의 전인적 성장·발달을 도모

하루일과활동은 배변, 식사, 휴식 등 일상생활활동, 이야기 나누기, 자유선택활동, 동화듣기 등 대·소집단 교육활동 등 다양한 일상생활활동과 교육활동 등이 통합적으로 이루어져 영유아들의 신체, 언어, 인지, 정서, 탐구 등 전인적인 성장·발달을 도모한다.

(3) 일상생활의 적응력과 학습력 배양

영유아의 일상생활의 적응능력과 바람직한 학습태도와 방법을 체득시켜 학습력을 길러준다.

배변, 식사, 휴식 등의 일상생활활동은 일상생활의 적응능력을 이야기 나누기, 자유선택활동, 동화듣기 등의 교육활동은 학습하는 방법과 태도 등 학습력을 배양시켜준다.

2) 하루일과 편성 및 운영의 원리

하루일과 내용을 어떻게 편성·운영하느냐에 따라 당해 유아교육기관의 보육목표 구현과 유아들의 유아보육기관에서의 원활한 적응 상황을 결정해 줌으로써 하루일과 편성과 운영에서는 다음의 원리가 고려되어야 한다.

(1) 영유아의 연령과 발달상황 고려

영유아기는 연령이나 월령에 따른 발달·성장이 급진적으로 이루어져 영유아의 신체적인 조건, 요구와 기대, 활동시간, 집중시간 등에 많은 차이가 있어 영유아의 발달상황에 적합한 일과가 편성되어야 한다. 예를 들면 나이 어린 영아에게는 그들의 요구에 따른 개별적 활동을, 그리고 나이가 많은 유아에게는 의도적이며 계획적인 집단위주의 활동을 편성·운영할 수 있다.

(2) 일관성과 반복성 그리고 계속성

영유아들에게 급작스러운 일과의 변동은 혼란과 당혹감을 주어 일과활동에 쉽게 적응하지 못한다. 하루 일과는 영유아들로 하여금 언제, 어디서, 무슨 활동이 어떻게 이루어질 것이라고 예상할 수 있게 일관성과 반복성 그리고 계속성이 있어야 한다. 그래야 영유아들이 자신들의 행동을 조절하며 능동적으로 참여할 수 있다.

(3) 균형적이고 통합적인 편성·운영

하루일과는 동적 활동과 정적 활동, 실내활동과 실외활동, 개별활동과 대·소집단활동, 교사주도활동과 영유아주도활동, 일상생활활동과 교육활동이 균형적으로 편성되고 또한 일상생활활동과 교육활동이 다양하게 통합적으로 편성되어 영유아들에게 하루일과에 변화와 흥미를 주어 즐거운 하루생활이 이루어지도록 가능한 한 유도한다.

(4) 유아교육기관의 제반 실정을 고려

각 유아교육기관의 시설과 공간, 원아수, 교재·교구 구비상황 등을 고려하여 하루일과를 편성하여 운영한다.

아무리 하루일과가 유아중심적이며 흥미롭고 영유아들에게 유익하고 적절한 하루일과로 편성되었다 할지라도 하루일과를 운영하는 데 적절한 여건이 조성되지 않으면 원활한 하루일과운영은 불가능한 일이다. 따라서 유아교육기관의 제반 실정을 고려하여 이에 합당한 하루일과가 편성·운영되어야 한다.

(5) 융통성

융통성이란 상황적 운영을 의미한다. 모든 계획은 상황의 변화나 돌발상황에 따라 변경되거나 수정·보완·축소 운영될 수 있어야 한다. 예를 들면, 화창한 날씨를 예상하고 실외놀이를 계획했는데 갑자기 비가 오는 경우에는 당초계획을 변경하여 운영하는 등 상황에 따른 적절한 운영이 이루어져야 한다. 이러한 변화와 돌발사태에 민첩하게 대응하기 위해서는 사전에 이에 따른 보완계획을 수립해 놓는 등 하루일과 계획 수립에 융통성이 부여되어야 한다.

2. 영아반 하루일과운영

영아반의 하루일과는 유아반의 하루일과에 비하면 모든 영아가 동시에 같이 하는 일과 내용은 현실적으로 불가능하므로 여러 가지 일과계획을 동시에 수립하여 영아들의 요구에 따라 개별적으로 운영해야 한다. 따라서 0~2세까지의 영아는 성인의 보호와 배려를 통해서만이 이루어지는 피동적인 존재로서 교사의 각별한 관심과 지도가 뒤따르기 마련이다. 다음에서 하루일과의 연령별 내용, 하루일과계획, 하루일과지도방법에 걸쳐 기술하기로 한다.

1) 영아반 연령별 하루일과내용

영아반 연령별 하루일과내용을 표로 나타내면 〈표 II-25〉와 같다.

〈표 II-25〉 영아 연령별 하루일과내용

구분 / 연령	일상생활활동										교육활동		
	등원	수유 및 이유	간식	점심	휴식 및 낮잠	기저귀 갈이	배변	이닦기	손씻기	하원	실내 놀이	자유 선택 놀이	대소 집단 활동
0세	○	○			○	○				○			
1세	○		○	○	○	○	○	○	○	○	○	○	
2세	○		○	○	○		○	○	○	○	○	○	

※ 대소집단활동은 이야기 나누기, 동화, 게임, 노래 부르기 등을 말함

〈표 II-25〉에서 보는 바와 같이 놀이방에서 이루어질 수 있는 일상생활활동으로는 등원 외 9종으로 특히, 0세 영아에게 적용할 수 있는 일상생활활동은 5종으로 대부분이 교사에 의해 보호적 측면에서 피동적으로 이루어지는 활동들이다. 또한 교육활동은 영아의 신체발달상 거의 이루어지기 힘들다. 그리고 1세, 2세 영아에게는 일상생활활동과 교육 활동면에서 볼 때 거의 비슷한 활동이 이루어지나 기저귀 갈이 만이 1세 영아의 상반기에 이루어진다.

2) 영아반 하루일과운영계획

앞에서 제시한 바와 같이 영아연령별 하루일과내용이 선정되면 하루 중 언제 어떤 내용을, 어떤 방법으로 진행할 것인가? 에 대해 시간대별 일과 운영계획을 세워야 한다. 그 한 '예'를 들면 다음과 같다.

〈표 II-26〉 2세 영아 하루일과운영의 '예'

시간	주요일과
07:30 ~ 09:00	등원 및 실내활동
09:00 ~ 09:20	화장실 가기 및 손 씻기
09:20 ~ 09:50	오전간식
09:50 ~ 10:45	오전 실내 자유놀이 활동
10:45 ~ 11:00	정리정돈 및 전이활동
11:00 ~ 11:40	실내자유놀이활동

시간	주요일과
11:40 ~ 12:30	점심
12:30 ~ 12:50	이 닦기, 화장실 가기
12:50 ~ 15:00	낮잠
15:00 ~ 15:30	낮잠깨기, 정리정돈, 화장실 가기
15:30 ~ 16:00	손씻기, 오후간식
16:00 ~ 18:00	오후 실내외 자유놀이활동
18:00 ~ 19:30	하원준비, 조용한 놀이, 귀가

3) 영아 일상생활 지도방법

영아 일상생활 지도내용으로는 등원, 수유 및 이유, 간식, 점심, 휴식 및 낮잠, 기저귀 갈이, 배변, 하원 등이 있는데 다음에는 일상생활 내용별로 지도방법에 대하여 기술한다.

(1) 등원 지도

유아교육기관의 일과는 등원하면서 시작되며 하원하면서 끝난다. 일반적으로 유아교육기관의 등원시간은 따로 정해놓고는 있으나 대체적으로 부모의 출근시간이나 버스시간에 맞춰져 있다. 특히, 0~2세 영아의 등원은 보호자가 영아의 등원을 돕고 있어 비교적 안전하게 이루어진다.

① **지도목표**

㉠ 유아교육기관에서 하루일과를 시작하기 위한 준비과정이다.

㉡ 학부모로부터 영아지도에 필요한 다양한 정보를 제공받아 영아보육지도의 효율성을 도모한다.

② **지도주안점**

㉠ 영아 등원 시에는 반드시 보호자의 협조를 받아야 하며 영아의 유아교육기관에 대한 인수인계를 확실히 하고 가족과 헤어질 때 충분한 시간을 준다.

㉡ 교사는 등원하는 영아에 대하여 반갑게 대화하는 등 다양한 방법을 활용하여 영아와의 레포(Rapport) 형성에 주력한다.

㉢ 교사는 영아에 대한 건강상태, 심리상태, 신체이상 여부 등을 꼼꼼히 파악한다.

㉣ 가정에서 가지고 온 물건(예: 담요, 놀잇감)을 완전수용하여 유아로 하여금 가정과 같

은 안정감을 갖게 한다.

ⓜ 영아의 눈높이에 가족사진을 걸어 두어 유아교육기관과 가정이 서로 연계되어 있음을 느끼게 한다.

ⓗ 교사는 영아를 유아교육기관에 안내한 보호자로부터 전날 하원 이후 가정에서 생활한 내용, 건강상태, 심리상태, 투약상황 등에 대한 정보를 입수하여 보육활동에 활용한다.

ⓢ 교사는 영아보호자로 하여금 영아보육에 대하여 신뢰감을 갖을 수 있도록 언행과 태도에 각별히 주의한다.

ⓞ 일찍 등원한 영아에 대한 대책을 강구한다. 보호자는 교사와 상담이 어려운 경우 영아지도에 필요한 사항을 구체적으로 기록하여 활동실 출입문에 설치된 보관함에 넣도록 한다.

③ **평가주안점**

㉠ 영아 개인별 동태 확인방법의 적절성

㉡ 보호자에 대한 예절상황

㉢ 보호자로부터 정보입수 방법의 적절성

(2) 수유 및 이유

수유는 대개 0~1세까지 계속되기도 하는데 부모나 가족으로부터 수유와 이유를 공급받던 영아를 보육교사가 수유나 이유를 지도해야 하므로 수유나 이유를 실시하기 전에 부모로부터 해당 영아에 대한 수유나 이유상 필요한 정보를 얻어 꼼꼼하게 정리해 두었다가 실행에 옮겨야 한다. 수유나 이유는 영아의 건강에 직접적인 영향을 주기 때문에 신경을 써야 한다.

① **지도목표**

㉠ 수유와 이유과정을 통한 교사와의 친밀감을 도모한다.

㉡ 적절한 시기와 방법으로 수유과정에서 이유과정으로 자연스럽게 이행한다.

㉢ 적절한 영양공급으로 영아의 건강을 관리한다.

② **지도주안점**

㉠ 0세 영아의 개인적 특성이나 요구에 따라 수유하다가 1세 이후에는 동료영아들과 같이 함께 먹도록 한다.

㉡ 수유과정에서 점차 이유과정으로 변화시키며 이유과정에서도 유동식 음식에서 고형

식 음식으로 자연스럽게 전환시킨다.

㉢ 수유나 이유장소는 기저귀 갈기나 화장실에서 멀리 떨어져 있어야 한다.

㉣ 수유와 이유에 필요한 기구와 설비는 지정된 선반이나 냉장고에 보관하고 청결유지에 주력한다.

㉤ 영아 개인별 이유식이나 분유, 젖병 등은 영아 개인별로 구분하여 소유 영아명을 기록해 두고 위생적으로 관리한다.

③ **평가주안점**

㉠ 기저귀 갈기 시설 · 기구 정비의 적절성

㉡ 각종 수유 · 이유를 위한 시설 · 기구의 위생적 처리 상황의 적절성

㉢ 기저귀 갈기 시 동료영아에 대한 조치 방법의 적절성

(3) 기저귀 갈기

기저귀 갈기는 대개 1세까지 이루어지는 배변활동이다.

영아는 첫돌이 지나면 소변을 지각할 수 있게 되고 또 교사가 하는 소변에 관한 말과 행동과의 관계를 이해할 수 있게 된다. 기저귀를 갈아 채우거나 배변을 시킬 때는 "시이"라든가 "응가"라고 말을 해 말과 배변행위가 결부되도록 지도한다.

① **지도목표**

㉠ 기저귀 갈기를 통하여 교사와 영아 간의 상호작용으로 강한 친밀감을 형성시키고 즐거운 하루생활이 되도록 돕는다.

㉡ 영아의 안전하고 즐거운 위생생활을 도모하고 소변의 의사를 언어로 교사에게 알려주도록 가르친다.

② **지도주안점**

㉠ 영아와 교사 간에 일대일 상호작용과 스킨십으로 영아와 교사 간에 친밀감과 강한 유대감이 형성되도록 지도한다.

㉡ 기저귀 갈기 영역은 수유, 이유 장소나 간식영역으로부터 멀리 떨어진 곳에 설치한다.

㉢ 기저귀 갈기에 소요되는 물품은 쉽게 사용할 수 있는 곳에 비치하고 안전하고 위생적으로 관리한다.

㉣ 교사는 정해진 시간에 기저귀 갈기를 실천하고 냄새가 나면 즉시, 기저귀 갈이를 실시한다.

ⓜ 기저귀 갈기 하는 동안 동료영아들의 동태를 세밀하게 관찰할 수 있도록 기저귀 갈기 영역을 정한다.

ⓑ 가끔 기저귀를 떼어서 소변을 예고할 수 있게 시험해 보고 기저귀로부터 해방시켜 영아가 즐겁게 한다.

ⓢ 교사는 기저귀 갈기 후에는 반드시 비누로 손을 씻어 병균이 발생하지 않도록 한다.

③ 평가주안점

ⓖ 기저귀 갈기 시설 · 기구설비의 적절성

ⓝ 기저귀 갈기 시설 · 기구 보관 및 활용 시 위생적 처리상황

ⓓ 기저귀 갈기 시간에 동료영아의 안전보호책의 적절성

(4) 배변지도

배변지도는 1세 이후부터 가능하며 일반적으로 대변은 13~15개월, 소변은 20개월 정도 지나야 통제가 가능하다. 영아에 대한 배변지도는 하루일과 중 아주 중요한 활동으로, 특히 영아는 배변의 욕구 징후를 교사가 알아차리지 못하는 경우가 많다. 또한 영아가 놀이에 몰두하다보면 배변의 기회를 수시로 놓친다. 배변기회를 놓치는 경우, 겨울철에는 감기가 걸리거나 잠시 동안이지만 비위생적인 환경에서 세균 발생이 우려된다.

① 지도목표

ⓖ 대소변의 의사를 언어로 교사에게 알려주고 혼자 배변해 보려는 의욕을 갖게 한다.

ⓝ 영아의 개인차를 고려한 배변지도를 통하여 올바른 배변습관을 정착시킨다.

ⓓ 주기적이며 자율적인 배변을 통해 영아의 정서를 조절하고 즐거운 하루생활이 되도록 돕는다.

② 지도주안점

ⓖ 화장실에 가고 싶으면 교사에게 알려 도움을 받게 한다.

ⓝ 팬티, 옷벗기에 흥미를 갖게 하고 영아에 따라 교사가 도와준다.

ⓓ 교사는 영아가 배변할 의사를 알리는 신호에 민감해야 한다.

ⓡ 영아 개개인의 배변시간을 예상해서 타이밍을 맞춘다.

ⓜ 영아가 놀이에 몰두하여 배변을 실수할 경우가 자주 있으니 교사와 안정된 관계를 맺어 배변의사를 표현하게 한다.

ⓑ 배변시간을 예상하여 변기에 앉힌다. 그러나 누지 않으면 내려놓아야 한다.

ⓢ 식사, 낮잠, 실외놀이, 산책에 앞서서 교사의 권유로 화장실에 가는 것을 훈련시킨다.

ⓞ 영아의 개별적 특성과 요구에 따라 배변지도를 한다. 영아 배변의 준비가 되지 않은 경우, 강제로 지도하려 들지 않는다.

ⓩ 화장실에는 영아에게 알맞은 변기와 세면대를 설치하여 위생적 관리를 하며 아름답고 밝게 하여 영아들이 즐거움을 느끼게 한다.

ⓒ 배변훈련은 생후 1세 6개월경부터 가능하므로 부모와 상의하여 부모, 교사가 연계적으로 지도한다.

③ **평가주안점**

㉠ 개인차를 고려한 배변실시 방법의 적절성

㉡ 배변시설, 기구설비 및 위생적 관리 상황

㉢ 영아개인별 특성이나 요구에 따른 배변지도 방법의 적절성

(5) 휴식 및 낮잠 지도

영아들에게 휴식과 낮잠은 일상생활에서 필수적인 활동이다. 영아는 깨어 있는 시간에는 무슨 물건이든지 호기심을 가지고 만지기 위해 움직이고 다양한 운동을 하면서 심신의 피로를 느낀다. 이러한 피로를 느낄 때마다 휴식과 낮잠을 통하여 피로와 긴장을 적절히 풀어주지 않는다면 피로와 긴장이 누적되어 건강을 해칠 우려가 있다.

특히 영아들의 휴식과 낮잠은 영아들의 특성과 요구에 따라 개별화되어야 한다.

① **지도목표**

㉠ 영아들의 피로와 긴장을 풀어주어 활기찬 일상생활을 영위하도록 한다.

㉡ 영아들의 특성과 개별적 요구에 따른 휴식과 낮잠을 제공하여 영아의 건강생활을 유지시킨다.

② **지도주안점**

㉠ 영아들의 연령과 월령을 고려하여 수면시간을 정하여 실시한다. 특히 0세 영아는 그들이 요구하는 시간에 그리고 1세 이상 영아에게는 거의 같은 시간에 낮잠이나 휴식을 갖도록 지도한다.

㉡ 낮잠이나 휴식 중에는 조용한 음악을 들려주고 조명도 너무 밝지 않게 조절하며 실내가 춥거나 더울 때는 적절한 온도조절에 유의한다.

㉢ 영아의 낮잠시간은 영아들의 개인적 특성에 따라 다를 수 있으므로 자는 영아를 깨우는 일이 없도록 하고 영아들의 잠자는 패턴을 존중한다.

㉣ 영아에 따라 각 가정에서 사용하는 낮잠 기구 사용을 부모가 원하는 경우, 그들의

요구를 존중해 준다.

ⓜ 낮잠에서 깬 경우, 낮잠을 원하지 않는 영아에 대하여 그들이 원하는 놀이활동에 참여할 수 있도록 자료나 기구를 제공해 주되 동료영아의 낮잠에 방해가 되지 않게 한다.

ⓑ 0~1세 영아의 낮잠 자는 자세를 유심히 관찰하여 엎어져서 자지 않게 한다.

ⓢ 낮잠을 잘 잘 수 있도록 하루일과내용을 조정한다.

ⓞ 가급적이면 매일 같은 장소에서 낮잠을 잘 수 있도록 환경을 정비해 둔다.

ⓙ 적당한 운동과 함께 규칙적인 낮잠이나 휴식이 이루어지도록 하여, 특히 1세 미만의 영아에게는 오전-오후 2차례의 낮잠이나 휴식시간을 갖도록 한다.

③ 평가주안점

㉠ 영아 개개인의 특성과 요구를 고려한 낮잠시행 여부

㉡ 낮잠시설 · 기구의 설비상황

㉢ 낮잠을 원치 않는 영아에 대한 조치방법

(6) 점심

영아는 활동량이 많아 충분한 열량과 영양을 공급해 주어야 한다. 특히, 영아기에 교사나 부모의 식사지도방법에 따라 음식과 영양에 대한 긍정적인 태도가 형성되므로 편식과 올바른 식사습관을 갖도록 지도한다. 1세 전후해서 이유식에서 점차 유아식으로 바뀌는 시기로서 음식의 종류와 영양가에 대해 신경을 써야 한다.

① 지도목표

㉠ 양질의 영양공급을 통한 영아의 신체적 · 정서적 · 사회적 · 정신적 성장 · 발달을 도모한다.

㉡ 이유식에서 유아식으로의 전환에 따른 바람직한 적응을 도모한다.

㉢ 영아 상호 간, 교사와 영아 간의 친밀성을 도모한다.

② 지도주안점

㉠ 음식 먹는 것을 즐거워해서 자신의 건강을 유지하고 식사법을 체계적으로 지도한다.

㉡ 영아에게는 소화가 잘되고 영양가가 높은 다양한 음식을 제공한다.

㉢ 가급적 혼자 먹고 마시는 방법을 가르쳐주며 식사방법이 서투르더라도 계속 격려하며 식사시간을 충분히 제공한다.

㉣ 식사가 끝나면 그릇을 스스로 치우기, 손 씻거나 손닦기를 생활화시킨다.

ⓜ 새로운 음식을 먹이는 경우에는 음식에 대한 냄새, 맛, 색깔 등에 대해 이야기하면서 해당 음식에 대해 긍정적인 생각을 갖고 먹게 함으로써 편식을 예방할 수 있다.

ⓑ 이유식에서 유아식으로 전환시키는 시기로서 전환기에 큰 저항이 없도록 각별히 주의한다.

ⓢ 1세 미만의 영아에게는 개별적 요구에 따라 수유하도록 한다. 그리고 이유의 단계에 접어들면 영양적으로 균형 있는 이유식을 제공한다.

③ 평가의 주안점

ⓖ 식사 후의 뒤처리 상황

ⓝ 혼자 식사하는 습관을 정착시키기 위한 방법의 적절성

ⓓ 식사시간의 적절성

(7) 간식

영아들에게는 많은 활동량에 비해 열량과 영양이 필요하므로 이를 적절히 공급해 주기 위한 간식이 12시경 점심 전후로 두 차례에 걸쳐 간식을 제공한다. 특히 영아들은 한번에 많은 양의 음식을 섭취하지 못하기 때문에 간식은 더욱 절실하다.

① 지도목표

ⓖ 부족영양공급을 통한 영아의 건강생활을 도모한다.

ⓝ 간식을 통하여 교사와 영아, 영아 상호 간의 강한 유대감을 형성시킨다.

② 지도주안점

ⓖ 영아는 왕성한 활동량에 비해 음식을 한꺼번에 먹는 양이 적기 때문에 12시 점심시간을 기준으로 오전, 오후 2회에 걸쳐 간식을 제공한다.

ⓝ 1세 이하 영아의 경우에는 자유간식으로 운영하고 1세 이상 영아에게는 일정시간에 함께 집단 간식을 제공한다.

ⓓ 만 1세가 넘으면 동료영아와 같이 간식을 제공하고 바른 식습관을 형성시키는 데도 관심을 갖고 지도한다.

ⓡ 생후 5개월이 되면 좋아하는 음식과 싫어하는 음식의 구분이 생겨 편식할 우려가 있다. 따라서 영아기부터 편식을 하지 않도록 지도한다.

ⓜ 1~1.5세부터 영아가 숟가락을 이용하여 간식을 먹을 수 있도록 지도해야 한다.

ⓑ 즐겁게 간식을 먹을 수 있도록 조용한 음악을 틀어주는 등 즐거운 분위기를 조성해 준다.

㉦ 영아는 동료영아들과 간식을 함께 먹는 즐거움을 나누고 식사에 대한 올바른 이해와 습관을 갖게 한다.

㉧ 간식은 낮은 책상을 이용하여 앉아서 동료영아 여러 명이 대화하면서 간식을 먹도록 지도한다.

③ **평가주안점**

㉠ 간식시간의 적절성

㉡ 영아들 간의 상호작용적 관계

㉢ 체계적인 식습관지도

(8) 하원 지도

유아교육기관에서 하루의 일과가 끝나면 교사는 영아들에 대한 그날의 활동을 되돌아보고 영아들을 안전한 귀가지도를 함으로써 하루일과활동을 종료한다. 하원은 하루의 일상생활활동에 대한 총체적인 평가와 더불어 다음날 이어질 보육활동에 대한 안내로 영아의 보육활동의 단절이 없이 연계적으로 이루어지도록 돕는다.

① **지도목표**

㉠ 영아들의 안전한 하원 지도를 통하여 영아들의 바람직한 성장발달을 돕는다.

㉡ 부모들에게 영아 하루 생활상의 특이 사항을 전달해 줌으로써 유아교육기관과 가정과의 연계지도를 실시한다.

㉢ 영아들의 하원 시에 자기 소유의 물품이나 가정연락사항을 정리하는 습관의 기초를 체계적으로 지도한다.

② **지도주안점**

㉠ 교사는 영아의 하루일과활동에서 잘 지도한 점과 고쳐야 할 점을 생각해 본다.

㉡ 하원할 때 영아들이 안전하원을 위해 지켜야 할 내용에 대하여 상세하게 당부한다.

㉢ 영아들은 가방, 도시락, 작품, 가정통신문 등을 빠짐없이 스스로 챙기도록 지도하고 최종적으로 교사가 점검 · 확인한다.

㉣ 다음날 이어질 하루일과활동에 대한 예고를 통하여 유아교육기관의 일과활동이 단절되지 않고 연계적으로 이루어지도록 하며 또한 부모들이 유아교육기관에서 이루어지는 하루일과활동에 대하여 철저히 이해하도록 한다.

㉤ 하루일과활동 중 특이사항, 즉 기저귀 갈기나 대소변의 횟수, 수유 및 이유, 간식, 점심식사 상황, 낮잠, 투약 여부 등을 부모에게 철저하게 전달하여 가정에서 연계적인

지도가 이루어지도록 한다.

③ **평가주안점**

㉠ 부모와의 정보교환방법의 적절성

㉡ 안전하원을 위한 제반계획 및 조치상황

3. 유아반 하루일과운영

유아반 하루일과운영은 영아반 하루일과운영에 비해 유아주도적으로 이루어지기는 하나 아직도 유아교육기관에서는 교사의 의도적인 지도가 동반되어야 한다. 또한 영아기에 이루어지는 몇 가지 하루일과활동이 유아기에 접어들면서 없어지는데, 그 대표적인 일과활동이 수유 및 이유, 기저귀 갈이, 배변 등이며 그 외의 활동에서도 영아에 비해서는 다소 적극적이며 유아주도적으로 이루어지는데 이것은 유아들의 자연적인 발달과정에 따른 적응과정이다. 다음에서 3~5세 유아들의 유아반 연령별 하루일과 내용, 유아반 하루일과운영계획, 하루일과 내용별 지도에 대하여 기술한다.

1) 유아반 연령별 하루일과 내용

유아반 연령별 하루일과 내용은 유아 연령별로는 별다른 차별성이 없다. 다만 일상생활활동에 대한 유아들의 자연스러운 적응을 위해서는 유아의 연령이나 월령에 따라 발달수준에 따른 능력의 차이가 있기 때문에 교사의 개입수준이 다를 뿐이다.

유아반 연령별 일과내용을 일상생활활동과 교육활동으로 구분하여 표로 제시하면 〈표 II-27〉과 같다.

〈표 II-27〉 유아반 연령별 하루일과내용

구분 연령	일상생활활동												교육활동		
	등원	휴식 및 낮잠	점심	간식	점심전 손씻기 이닦기	정리 정돈	화장실 가기	주의 집중	전이	평가	대기 유아 지도	하원 지도	실내 놀이	자유 선택 놀이	대소 집단 활동
3세	○	○	○	○	○	○	○	○	○	○	○	○	○	○	○
4세	○	○	○	○	○	○	○	○	○	○	○	○	○	○	○
5세	○	○	○	○	○	○	○	○	○	○	○	○	○	○	○

〈표 Ⅱ-27〉에서 보는 바와 같이 3~5세 유아의 전연령에 걸쳐 일상생활활동과 교육활동내용이 동일하다. 다만 유아의 연령이나 월령에 따라 발달과 기능에 차이가 있어 교사의 지도 개입에 차이가 있을 뿐이다.

2) 유아반 하루일과운영계획

앞서 제시한 바와 같이 유아 연령별 하루일과 내용이 선정되면 하루 중 언제, 어떤 내용을 어떤 방법으로 진행할 것인가? 에 대해 시간대별로 하루일과 운영계획을 세워야 한다. 그 한 '예'를 들면 다음과 같다.

〈표 Ⅱ-28〉 5세 유아 일과운영의 '예'

시간	주요일과
~ 9:00	등원 및 유아 맞이하기
09:30 ~ 10:30	실내 자유선택활동
10:30 ~ 10:45	정리정돈 및 전이활동
10:45 ~ 11:10	대소집단활동(이야기 나누기, 동화, 게임, 노래 부르기 등)
11:10 ~ 11:30	간식 및 휴식
11:30 ~ 12:00	신체표현
12:00 ~ 13:30	점심 및 이닦이(손 씻기, 점심먹기, 이닦이)
13:30 ~ 14:30	휴식 및 낮잠
14:30 ~ 16:30	실내자유선택활동 및 오후간식
16:30 ~ 16:50	정리정돈 및 화장실가기
16:50 ~ 18:00	실내외 자유선택활동
18:00 ~	통합보육 및 귀가

3) 하루일과 내용별 지도방법

하루일과활동내용에 따른 지도방법을 지도목표, 지도주안점, 평가요소로 구분하여 기술하기로 한다.

(1) 등원

유아교육기관의 하루일과는 유아들이 등원하면서부터 시작된다. 대부분 유아교육기관에서 등원시간을 일정하게 정해 놓고는 있으나 부모의 출근시간, 도보 또는 버스 이용 등의 상황에 따라 등원시간이 달라 먼저 등원한 유아에 대한 교육활동 지도, 아침에 유아들을 맞는 교사의 태도나 언행, 유아건강상태확인 등 해야 할 내용이 많다. 특히 등원 시 유아를 맞는 교사의 태도에 따라 유아들의 하루일과활동의 성공 여부가 결정된다. 등원 시의 지도목표, 지도주안점과 평가요소를 제시하면 다음과 같다.

① **지도목표**

㉠ 하루일과를 효율적으로 운영하기 위한 준비를 한다.
㉡ 학부모로부터 유아 지도에 필요한 정보 및 자료확보에 주력한다.
㉢ 바른 생활습관 정착을 위한 실천적 기회를 제공한다.

② **지도주안점**

㉠ 등원 시 유아의 동태(건강상태, 심리상태, 신체이상 유무)를 파악한다.
㉡ 하루일과계획표를 현관에 게시하여 학부모와 유아들이 하루일과를 자세히 이해할 수 있도록 한다.
㉢ 교사, 동료유아들을 대하는 예법을 알고 실천하도록 한다.
㉣ 등원하는 유아의 마음을 즐겁게 하는 방법을 연구하여 적용한다.
㉤ 일찍 등원한 유아들에게 제공할 활동내용에 따른 놀이기구를 정비한다.
㉥ 사물함, 신발장 정리정돈 상황을 확인하고 지도한다.
㉦ 유아를 안내한 학부모에 대해 예의를 갖추고 공지사항을 전달한다.
㉧ 유아지도에 필요한 사항을 기록하여 활동실 출입문 옆에 설비된 보관함에 넣어둔다.

③ **평가주안점**

㉠ 등원 시 유아를 맞이하는 교사의 태도와 역할의 적절성
㉡ 학부모를 통한 유아 정보수집방법의 적절성
㉢ 부모에 대한 예절방법의 적절성

(2) 휴식, 낮잠

휴식과 낮잠은 유아들이 다양한 활동에 참여하는 동안 누적된 피로와 긴장을 풀어 다음 활동의 효율성을 높이기 위한 준비활동으로 대단히 중요한 교육적 가치가 있다. 유아는 어떤 활동에 재미있어 몰두하다 보면 휴식시간을 잊는 경우가 많다.

① **지도목표**

㉠ 유아들의 피로를 풀어주어 활기찬 일상생활을 도모한다.

㉡ 유아들에게 새로운 활력을 불어 넣어주어 학습의 효율성을 도모한다.

㉢ 피로회복을 통한 유아들의 건강생활을 도모한다.

② 지도주안점

㉠ 동적인 활동과 정적인 활동을 균형적으로 배정하여 유아들의 피로가 자연스럽게 이완되도록 지도하는 방법을 고려한다.

㉡ 휴식시간에 잠이 든 유아는 깨우지 말고 잠을 그대로 지속하도록 한다.

㉢ 휴식과 낮잠은 정해진 시간에 이루어지도록 한다. 그리고 실외놀이 후에는 휴식을 꼭 갖도록 지도한다.

㉣ 영아의 낮잠은 개인별로 잠자는 패턴이 있으므로 유아의 개별적인 잠자는 패턴을 존중해 준다.

㉤ 낮잠이나 휴식시간에 조용한 음악을 틀어주고 조명도 너무 밝지 않게 한다.

㉥ 낮잠을 자기 전에 화장실에 다녀오도록 하고 교사는 유아가 낮잠 잘 때 오랜시간 자리를 비워서는 안 된다.

㉦ 온도가 덥거나 추울 때는 적절히 온도를 조절해 준다.

㉧ 낮잠을 자지 않는 유아에게는 강제로 재우려하지 말고 다른 활동을 제공하여 낮잠 자는 동료유아에게 방해가 되지 않게 한다.

㉨ 교실 한 영역에 쿠션이나 담요를 비치하여 개인적으로 낮잠이나 휴식을 취할 수 있도록 지도할 수도 있다.

㉩ 종일제를 운영하는 유아교육기관에서는 요와 이불을 준비하여 낮잠을 통해 충분히 휴식되게 하며 오후에 1~2시간의 낮잠을 자게 한다.

③ 평가주안점

㉠ 유아 개개인의 특성과 요구를 고려한 낮잠방법의 개별화 지도상황

㉡ 낮잠 시설 · 기구의 정비상황

㉢ 낮잠을 원치 않는 동료유아에 대한 조치방법

(3) 점심

점심은 유아들에게 필요한 양과 질의 영양을 제공함으로써 유아들의 신체적 · 정서적인 성장 · 발달을 도모하기 위한 활동으로 유아교육기관에서는 가장 신경을 쓰는 일과활동이다. 또한 유아건강관리를 위해 식재료의 위생검열을 주기적으로 실시하는 등 국가적인 차원에서 관리 · 감독을 하고 있다.

① **지도목표**

㉠ 양질의 영양공급을 통한 유아의 신체적 · 정서적 · 사회적 · 정신적 성장발달을 도모한다.

㉡ 올바른 식생활 방법과 식사예절을 습관화시켜 즐거운 식생활이 이루어지게 한다.

② **지도주안점**

㉠ 3~5세 유아들은 반드시 동료유아들과 함께 점심을 먹을 수 있도록 지도하고 연령이 증가함에 따라 바른 식생활 습관과 식사예절 계획을 세워 체계적으로 지도한다.

㉡ 점심시간은 20~30분 정도 소요되나 음식의 종류에 따라 조절한다.

㉢ 어린이집의 경우, 유아의 도착시간에 따라 아침을 제공하기도 한다.

㉣ 식사시간을 통하여 교사와 유아, 동료유아 상호 간에 긍정적인 상호관계를 유지하게 하여 친밀감을 형성시켜준다.

㉤ 음식을 강제로 주지 않고 식사환경을 즐겁게 만든다.

㉥ 유아들에게 영양식을 제공하여 건강생활을 유지하게 한다.

㉦ 식단을 치밀하게 계획하고 식재료 및 조리과정의 위생적 처리를 도모한다.

㉧ 식사에 이르기까지 참여하는 모든 분에게 감사하는 마음을 갖게 한다.

㉨ 유아가 싫어하는 음식은 조리법을 바꾸어 제공한다.

③ **평가주안점**

㉠ 식사지도의 개별화

㉡ 식사 후 처리상황

(4) 간식

유아들은 왕성한 활동을 함으로써 많은 영양소가 필요함에 반해 한꺼번에 먹을 수 있는 음식량이 적기 때문에 하루에도 3~4시간의 반일제 프로그램에서는 1회, 연장제 프로그램에서는 1회의 점심과 1회의 간식을, 종일제 프로그램에서는 1회의 점심과 2회의 간식이 주어진다. 또한 간식을 제공하는 데 있어서도 많은 고려사항이 뒤따른다.

① **지도목표**

㉠ 식사로 인한 부족 영양소의 보충으로 유아건강을 증진시킨다.

㉡ 간식을 통한 동료유아 간, 교사 · 유아 간의 원활한 상호작용을 통한 친밀감을 형성시킨다.

㉢ 간식과정을 통한 올바른 식습관을 정착시킨다.

② **지도주안점**

㉠ 영아들의 경우에는 자유간식으로 운영하고, 나이든 유아의 경우에는 일정한 시간에 집단간식을 하도록 지도한다.

㉡ 간식의 종류와 양은 다음 식사에 지장을 주지 않도록 실시하고 소요시간은 1회에 15~20분 정도로 하며 하루일과 속에서 융통성 있게 운영한다.

㉢ 유아의 간식은 집단간식을 원칙으로 하되 유아 개인적인 특수성에 따라 개별간식도 할 수 있다.

㉣ 5세 유아의 집단간식에는 간식당번을 정하여 운영함으로써 봉사의 정신을 함양시킨다.

㉤ 간식지도를 통하여 동료유아들 간 그리고 유아와 교사 간에 상호작용을 통하여 친밀감을 갖도록 지도한다.

㉥ 숟가락 사용법, 식기정리 하기 등 식사방법을 연령에 따라 체계적으로 지도한다.

㉦ 간식 전에는 손 씻기, 음식을 먹으면서 말하지 않기, 간식시간에 돌아다니지 않기 등 식사예절을 연령에 따라 체계적으로 지도한다.

③ **평가주안점**

㉠ 간식시간의 적절성

㉡ 유아특성을 고려한 간식지도

㉢ 유아 상호 간의 친밀감 도모

㉣ 체계적인 식사예절 지도방법의 적절성

(5) 점심식사 전 손 씻기 · 이닦기

모든 음식물에는 세균의 접근이 용이하여 음식물 섭취 과정에서 발병이나 세균감염을 미연에 방지할 수 있도록 위생관리에 주력하여 지도해야 한다.

① **지도목표**

위생 습관의 생활화를 통하여 질병예방력을 배양하여 유아의 건강생활을 도모한다.

② **지도주안점**

㉠ 식사 전에 손 씻기를 생활화한다.

㉡ 손 씻기가 용이하지 않은 경우, 물수건을 이용하도록 한다.

㉢ 이닦기에서 교사가 시범을 보이며 3세 이후에는 치약을 사용하되 칫솔질 후에는 꼭 뱉도록 지도한다.

㉣ 식사 전 손 씻기, 식사 후 이닦기를 한 유아를 격려해 준다.

㉤ 음식물을 손으로 집어 먹지 않도록 한다.

③ **평가주안점**

㉠ 식사 전 · 후 손 씻기, 이닦기 이행상황

㉡ 음식물에 의한 세균감염 방지책의 적절성

(6) 정리정돈

가정생활이나 유아교육기관에서 정리정돈을 해야 할 기회가 무수히 많다. 어떤 교구나 자료를 활용하여 활동한 후는 물론 심지어는 의자에 앉아 교사의 이야기를 듣고 난 후에도 자기가 앉은 의자를 바로 놓아야 하는 등 하루의 일과활동 중에서 정리정돈을 해야 할 상황이 빈번히 일어난다.

① **지도목표**

㉠ 정리정돈의 필요성을 이해하고 활동 후에는 정리정돈할 내용을 찾아 실천하도록 지도한다.

㉡ 정리정돈의 방법과 절차를 익혀 한정된 시간 내에 효율적으로 처리하는 능력을 기른다.

② **지도주안점**

㉠ 정리정돈을 해야 하는 이유, 정리정돈을 한 후의 느낌을 이해시킨다.

㉡ 정리정돈 시간은 10~15분 정도로 주어 너무 서두르거나 정리정돈을 한 후 기다리는 시간을 많이 주지 않는다.

㉢ 하루일과활동별, 일과 장소별로 정리정돈의 방법을 알고 실천한다.

㉣ 정리정돈에서 결과보다 과정을 더 중시한다.

㉤ 개별정리정돈과 집단정리정돈에 따른 정리정돈의 시기, 방법과 절차를 이해시킨다.

㉥ 정리정돈을 쉽게 할 수 있도록 교재, 교구가 있어야 할 위치를 그림이나 색깔로 표시해 준다.

㉦ 완성하지 못한 작품은 한데 모아 두었다가 다음날 완성하도록 한다.

③ **평가주안점**

㉠ 개별정리정돈방법의 적합성

㉡ 집단정리정돈방법의 적합성

㉢ 정리·정돈 신호의 적합성

(7) 화장실 가기

유아들이 대소변을 보는 것은 유아교육기관의 하루일과활동 중에서 점심, 간식에 이어 유아들의 건강생활 유지에 직접적인 영향을 주는 일과활동내용이다.

유아반에 갓 들어온 유아는 영아반과는 또 다른 화장실구조문제로 많은 애로를 느낀다.

① **지도목표**

㉠ 생리적 욕구를 충족시키고 더불어 심리적으로 편안함을 느끼게 한다.

㉡ 올바른 배변생활습관을 정착시켜 건강생활을 도모한다.

② **지도주안점**

㉠ 화장실에서의 지켜야 할 기본생활습관을 지도하여 생활화시킨다.

• 절약하기 • 질서 지키기 • 용기사용법 • 청결유지방법

㉡ 화장실에서의 대소변을 보는 과정을 통해 자연스럽게 성교육을 지도한다.

㉢ 화장실 내에 설치되어 있는 다양한 기구나 용품의 위생적 관리 및 사용법을 이해시킨다.

• 화장실 내부는 밝고 친근감이 가는 색채를 이용하여 구성한다.

• 화장실 내부는 유아의 안전성을 최우선적으로 고려한다.

㉣ 화장실에 수돗물 사용하기, 휴지 사용하기 등 생활지도를 위한 환경물을 그림이나 도해물을 게시한다.

㉤ 대소변을 실수한 유아가 친구들로부터 놀림을 받지 않게 배려한다.

㉥ 일정한 간격을 두고 규칙적으로 화장실을 갈 수 있도록 주의를 환기시킨다.

③ **평가주안점**

㉠ 화장실 사용예절 실천상황의 적절성

㉡ 화장실 시설·설비의 적절성

㉢ 화장실 사용방법 지도의 적절성

(8) 주의집중

주의집중이란 하나 이상의 자극에 대해 선택적으로 초점을 맞추는 활동을 말한다. 교수·학습활동에서 교사의 행동을 관찰하고 교사처럼 행동하는 데는 유아가 교사의 행동에 주의를 기울이느냐 기울이지 않느냐의 주의집중 과정이 중요한 변수이다. 즉, 주의집중은 교수·학습활동에서 유아들의 생각을 한군데로 집중시켜 학습목표나 학습활동에 초점화시키는 주의와 환기 작용으로 유아의 교육지도나 생활지도에서는 절대적으로 필요한 일과활동이다.

① 지도목표

㉠ 학습목표나 학습활동에 초점화시켜 학습의 효율성을 도모한다.

㉡ 유아들 주변에서 필요한 자극과 불필요한 자극을 식별하고 필요한 자극을 취하는 방법을 지도한다.

② 지도주안점

㉠ 교수·학습 자료의 제시기법을 그림이나 도표, 영상, 녹음자료 등으로 다양하게 제시한다.

㉡ 추상적인 것보다 실물, 사례, 일화, 실험 등 구체적인 예시자료를 제시하여 지도한다.

㉢ 특이한 자극 및 갈등상황이나 실제적인 문제 사태를 제시한다.

㉣ 다양한 주의집중기법을 이해시킨다(수수께끼, 손유희, 게임 등).

㉤ 유아생활주변에서 필요한 자극을 취하고 불필요한 자극을 버리는 방법을 이해시킨다.

㉥ 주의집중을 강제로 유도하기보다 흥미롭게 이끌어가야 한다.

㉦ 주의집중이 되면 바로 끝낸다. 주의집중시간이 길면 본활동을 방해한다.

㉧ 주의집중을 너무 서두르면 유아들이 당황하게 되고 또한 주의집중 시간이 길면 다음 활동을 방해한다.

③ 평가주안점

㉠ 주의집중시기의 적합성

㉡ 주의집중방법의 적절성

(9) 전이

전이란 하루의 일과가 진행되는 동안 한 가지 활동에서 다른 활동으로 시작되기까지 이어지는 시간 동안에 이루어지는 활동을 말한다.

전이활동은 뚜렷한 목표의식 없이 이루어지는 활동을 최소화시키는 활동으로, 예를 들면

'기대라는 시간'이 있다.

효율적인 전이활동은 소모적이며 불필요한 활동시간을 최소화시키는 것이다. 학습의 효율성을 제고시키기 위해서는 전이활동을 적절히 활용해야 한다.

① **지도목표**

㉠ 유아학습활동이 단절이 없이 연속적으로 이루어지게 한다.

㉡ 유아학습활동에서 소모적이고 불필요한 시간을 최소화시켜 학습의 효율성을 도모한다.

② **지도내용**

㉠ 활동상황에 따른 전이기법을 다양하게 적용하는 방법을 이해한다.

㉡ 전이활동에 따른 교사의 역할을 충분히 이해하고 실천한다.

㉢ 일찍 다음활동을 준비한 유아에 대한 대책도 강구하여 지도한다.

㉣ 전이활동을 최소화시키는 방안을 이해시킨다.

㉤ 전이시간과 정리정돈활동이 동시에 이루어지게 계획한다.

㉥ 전이과정이 빠르고 효율적으로 이루어지도록 지도한다.

㉦ 전이활동 내용은 다음에 이루어지는 활동내용과 깊은 관련이 있을수록 좋다.

③ **평가주안점**

㉠ 전이기법적용의 적시성

㉡ 전이기법적용의 적합성

(10) 평가

하루의 모든 보육활동이 종료되면 평가활동이 뒤따르게 된다. 하루일과활동에서는 두 가지 유형의 평가가 시행될 수 있다. 그 중 하나는 당일 하루일과활동 전반에 관한 평가이고 또 다른 평가유형은 하루일과활동에 편성된 하나하나의 일과활동이 종료된 직후에 이루어지는 단위일과별 평가로서 이에 대한 평가내용은 전 항에서 일과유형별로 구체적으로 기술되었다.

그러나 하원 직전에 이루어지는 하루일과활동 전반에 관한 평가는 당일 이루어진 일과활동 중에서 핵심적이며 재미있게 다루어진 하루일과활동에 대하여 중점적으로 평가가 이루어져야 한다.

① **지도목표**

㉠ 하루일과활동에 대한 종합적인 평가를 통해 하루일과활동에 대한 문제점과 이에 대

한 해결방안을 모색한다.

㉡ 하루일과활동별로 평가를 통하여 바람직한 하루일과활동방향을 정립한다.

② **지도주안점**

㉠ 하루일과활동 전반에 관하여 총체적으로 이야기 나누기를 한다.

㉡ 단위일과활동에 대한 느낌에 대하여 이야기 나누기를 한다.

㉢ 이야기 나누기는 즐거웠던 일, 새로 터득한 사실 등을 중점적으로 이끌어 간다.

㉣ 교사는 이야기 나누기를 통하여 교사가 다음에는 어떻게 지도할 것인가를 궁리한다.

③ **평가주안점**

㉠ 하루일과활동 평가방법의 적절성

㉡ 하루일과활동별 평가 결과의 정리 및 활용방법의 적절성

(11) 하원 지도

유아교육기관에서는 하루일과가 끝나면 교사는 일상적으로 그 날의 일과를 되돌아보고 유아들을 안전하게 귀가시켜야 한다.

따라서 교사는 하원 전에 그날의 일과활동에 대하여 개인별로 회상시키고 다음날 활동에 대한 개략적 이해를 통하여 오늘과 내일 일과 간에 연계적 활동이 이루어지도록 지도해야 한다. 또한 하원을 돕는 학부모들과 개별적인 상담이 이루어져야 한다. 이를 위해 교사는 해당 유아에 대한 학습활동 중에 특별히 발견된 행동 특성을 중심으로 상담을 통하여 가정에서 유아활동 지도 시 고려하도록 한다.

① **지도목표**

㉠ 유아들의 안전한 귀가를 위하여 제반계획을 치밀하게 수립하는 능력을 배양한다.

㉡ 귀가 시 자기 소지품이나 작품, 가정연락사항 등을 잘 정리하는 습관을 정착시킨다.

② **지도주안점**

㉠ 유아들이 귀가 시에 지참해야 할 물건을 잘 챙기도록 지도한다(소지품, 가정통신문, 제작 작품 등). 반드시 교사는 유아의 지참상황을 지도하고 최종적으로 확인한다.

㉡ 귀가 전에는 5~10분 동안 교사와 유아들이 만나는 시간을 갖는다.

㉢ 교사는 하루일과 중 특정일과 내용을 중심으로 유아들과 이야기 나누기를 할 수도 있다.

㉣ 학부모들에게 특별히 알릴사항, 공지사항 등을 미리 준비하여 전달하고 필요에 따라 특정 유아에 대한 유아상담을 효율적으로 진행할 수도 있다.

㉤ 학부모로 하여금 유아지도에 필요한 다양한 정보와 자료를 입수한다. 상담시간이 부족할 경우에는 기록하여 보관함에 넣어두도록 한다.

㉥ 주말에는 가정통신문을 작성하여 가정에서 유아지도에 활용하도록 한다.

㉦ 유아, 학부모들에게 다음날 이루어질 학습내용에 대하여 자세히 안내하여 준비하도록 한다.

㉧ 귀가는 부모가 데리러 오는 유아, 걸어서 귀가하는 유아, 버스로 귀가하는 유아 등 다양하므로 유아의 입장에 따라 적절한 귀가방법을 적용하여 귀가시킨다.

㉨ 특수한 상황에 놓인 유아의 귀가상황을 확인해야 한다.

③ 평가주안점

㉠ 유아의 특성에 따른 귀가계획 수립상황

㉡ 귀가 시 필요한 물건정리 상황

㉢ 부모를 통한 교육적 정보 교환방법의 적절성

(12) 대기유아의 귀가지도

등원 시보다 하원 시 유아안전사고율이 더욱 많다. 하원은 교사의 입장에서는 동시에 많은 유아를 대상으로 이루어지고 등원 시보다 하원 시에는 학부모의 협조를 받을 수 없기 때문이다. 부모의 요구나 특수성에 따라 유아들의 하원이 동시에 일제히 이루어지지 않는 경우, 특히 일정시간 동안 유아교육기관에 잔류해야 되는 유아에 대한 귀가지도에는 특별히 신경을 써야 한다.

① 지도목표

학부모들의 특수사정에 따른 유아교육기관 잔류(대기) 유아에 대한 추후지도를 실시한다.

② 지도내용

㉠ 통합보육공간을 확보하고 대기유아를 위한 시설과 기구를 준비한다.

㉡ 대기시간 중 유아 개별활동 프로그램을 다양하게 구안하여 지도한다.

㉢ 대기 유아가 자율적으로 활동하도록 다양한 방법으로 유도한다.

③ 평가주안점

㉠ 통합보육공간 확보상황

㉡ 통합보육프로그램의 적절성

제 4 장

영유아 이해 및 지도

바람직한 교육이나 생활지도가 이루어지게 하기 위해서는 일반적으로 ① 학생조사활동(학생분석활동), ② 정보활동(정보제공활동), ③ 상담활동(대화, 협의활동), ④ 정치활동(배치활동), ⑤ 추후활동(추수활동)의 5단계를 거치는데, 본 절에서 다루려는 내용은 ① 학생조사활동(학생분석활동)에 해당된다. 학생조사활동(학생분석활동)은 교육이나 생활지도에서 가장 먼저 진행시키는 기초단계로서 유아들의 현재 상황에 대하여 정확하게 이해하는 데 필요한 각종 정보, 자료를 확보하기 위해서 유아행동에 관련된 각종 상황과 실태를 평가·분석하는 일이다.

그리고 제2절에서는 독특한 특성을 가진 영유아 지도로서 기본생활습관 부적응행동, 사회적 부적응행동, 도덕적 부적응행동, 정서적 부적응행동에 대한 지도의 '예'를 제시한다.

1. 영유아의 이해

1) 영유아 이해의 내용

영유아 이해의 내용은 무엇인가에 대한 관심으로 여기에는 가정환경, 교우관계, 취원 전 경험, 양육방식, 학부모의 유아관, 교육관, 지능, 적성, 흥미, 성격, 건강, 장래희망, 현재적응·부적응행동유형 등 유아의 행동에 영향을 주며 유아에 관련된 모든 내용이 해당된다.

2) 영유아 이해의 조사방법

영유아 이해의 조사방법에는 형식적 방법과 비형식적 방법의 두 유형이다.

(1) 형식적 방법

심리검사(표준화검사법, 투사법)

(2) 비형식적 방법

관찰법, 포트폴리오법, 교사자작검사법, 평정법, 질문지법, 면접법, 사례연구법, 사회성 측정법 등이 있다.

3) 영유아 이해 시 고려할 점

영유아 이해는 결국 영유아 평가를 통하여 이루어진다. 따라서 영유아 평가 시 교사가 고려할 사항은 다음과 같다.

① 전 영유아를 대상으로 실시하되 부적응아, 특수아동에 대해서는 또 다른 평가방법을 적용할 수도 있다.

② 평가는 영유아의 윤리성을 고려해야 하며 영유아 개개인의 존엄성과 개성을 존중하는 방향으로 시행되어야 한다.

③ 평가는 다양한 방법을 활용하여 평가한 후 평가결과를 종합한다.

④ 평가결과 분석 시 교사 자신의 주관적인 판단이나 어떤 편견도 개입되어서는 안 된다.

⑤ 평가는 원인 분석 시, 지도 시, 지도 후 등 시기에 따라 지속적이며 계속적으로 평가가 이루어져야 한다.

2. 영유아 이해 방법 적용의 실제

영유아 이해 방법에서는 관찰법, 포트폴리오법에 국한하여 간략하게 기술한다.

1) 관찰법

(1) 관찰법의 이해

① 개념

관찰법은 유아의 행동을 보다 더 잘 이해하기 위하여 유아가 보여주는 자연스러운 여러 가지 상황이나 활동을 과학적인 방법으로 자세히 관찰하고 분석, 기록함으로써 유아의 인지적 · 사회적 · 정서적 · 신체적 발달 및 행동에 대한 정보와 자료를 확보할 수 있는 평가방법이다.

② 관찰의 단계

관찰법을 활용하여 유아를 관찰할 때 그 절차에 있어서 대체로 3단계의 과정을 밟는다.

㉠ 기록단계

관찰한 내용을 기록하는 단계이다. 기록은 관찰자 앞에서 일어나고 있는 장면을 가능한 한 자세하고 객관적으로 기록한다.

㉡ 해석단계

해석은 눈앞에 보이는 것뿐만 아니라 행동의 원인, 행동할 때의 감정 등을 추측해 보고 기록된 자료의 의미를 찾아보는 과정이다. 추측이 적을수록 관찰의 신뢰도는 높다. 많은 추측이 필요한 경우에는 행동의 의미를 잘 파악하고 있어야 하며 사전에 많은 훈련이 필요하다.

㉢ 평가단계

축적된 관찰자료를 바탕으로 관찰된 내용에 대한 가치판단을 하는 단계이다. 어떤 행동이 바람직한가 혹은 바람직하지 않은가, 긍정적인가 아니면 부정적인가, 정상적인 발달을 하고 있는가 아니면 비정상적인 발달을 하고 있는가를 판단한다.

③ 관찰법 활용 시 고려할 점

㉠ 관찰의 방법과 절차를 사전에 치밀하게 계획한다(관찰대상, 관찰내용, 관찰시기, 관찰방법 등).

㉡ 가능하면 유아 1명씩 관찰한다.

㉢ 관찰내용의 중요도를 선별하여 중요한 내용에 치중하여 관찰한다.

㉣ 지속적으로 관찰하고 관찰시간을 최대한 확보한다.

㉤ 교사의 주관성을 탈피하여 객관적으로 평가한다.

㉥ 관찰은 다양한 기구를 활용하고 다양한 방법으로 상황에 맞게 기록한다(녹음기, 촬영기, 메모지 등).

㉦ 가능하면 관찰이 끝나는 즉시, 기록해 두어야 한다.

(2) 관찰의 실제

관찰법에는 표본기록, 일화기록, 사건표집법, 시간표집법, 체크리스트법, 평정척도법에 한해 다음에서 기술한다.

① 표본식 기술

㉠ 개념

표본식 기술은 평가자가 관찰대상, 장소, 관찰시간 등을 미리 선정한 후 그 장면에서 유아가 한 말과 행동을 객관적이고 상세하게 일어난 순서대로 기술하는 방식이다. 따라서 정해진 시간 동안에 발생하는 관찰대상 유아의 모든 행동을 비디오를 찍듯이 충실하게 기록한다. 표본식 기술은 상황이나 행동을 자세히 묘사하기 때문에 유아를 지도하는 교사들에게 유용한 자료를 제공해 준다. 따라서 표본식 기술은 행동일화를 가장 자세하고 완전하게 기술할 수 있다.

㉡ 장점

표본식 기술의 장점은 다음과 같다.

- 모든 상황을 아주 자세하게 기록하기 때문에 유아에 대한 자세한 정보를 얻을 수 있으며 이 정보를 활용하여 모든 교육활동 계획수립에 활용할 수 있다.
- 표본식 기술은 특별한 관찰이나 기록기술이 필요 없으며 관찰된 행동이나 사건이 어떠한 맥락에서 일어났는지, 전후 관계를 파악할 수 있다. 따라서 어떤 유아가 가지고 있는 문제행동을 해결하거나 학기 초에 유아를 이해하는 데 도움이 된다.

㉢ 관찰기록의 실제

㉮ 관찰기록지에 날짜, 시간, 대상 유아명, 생년월일, 성별 등을 기입한다.

㉯ 관찰시간은 1회 10분 내외로 관찰하는 것이 적당하며 30분 이내로 한다.

㉰ 관찰유아의 행동이 관찰된 장소 및 상황을 기록한다. 상황을 자세히 기록하고 대상 유아가 수행한 모든 행동을 전체적으로 기록한다. 관찰유아의 행동과 그러한 행동에 영향을 미치는 상황적 요인이 있으면 무엇이든 자세히 기록한다.

㉱ 관찰대상의 말과 행동을 가능한 한 일상적인 용어를 사용하여 그대로 기록한다. 즉, 객관적인 사실만 기록하며 관찰자의 해석이나 주관적인 판단 혹은 추론을 포함시키지 않도록 한다. 만일, 필요하다면 기록지의 오른쪽 면에 여백을 남겨 관찰자의 해석을 별도로 적어서 상황을 이해하는 데 도움이 되게 한다.

㉲ 사건이 일어나고 있는 현장에서 적은 것이므로 현재형으로 적고 직접화법을 이용한다.

㉳ 관찰대상의 행동을 긍정적으로 기술한다. 이를테면, '무엇이 일어나지 않았다'라고 기술하는 것보다 '어떤 일이 일어났다'고 긍정적으로 기술하도록 한다.

㉴ 표본식 기술 마지막에 발달영역별로 간단하게 요약을 해 놓는다.

㉣ 표본식 기술 관찰기록지 양식

표본식 기술 관찰기록지 양식은 〈표 II-29〉와 같다.

〈표 II-29〉 표본식 기술 관찰기록지 양식의 '예'

관찰 유아명 : 성별 :
생년월일 : 관찰일 :
관찰 장면 :

시간	기록	추론 및 해석
요약		

② 일화기록법

㉠ 개념

일화기록법은 개인의 특성을 이해하기 위하여 개인이 나타낸 어떤 짧은 내용의 사건이나 행동을 될 수 있는 대로 상세하게 기록하는 방법이다. 사건이나 행동을 서술함에 있어서 마치 사진을 보는 것과 같은 사실적인 기록이다. 따라서 일화기록을 '글로 묘사된 사건(word picture)'이라고 표현하기도 한다.

㉡ 일화기록법의 장 · 단점

㉮ 장점

- 일화기록법은 아주 간결한 형태로 기록되므로 시간을 많이 필요하지 않다.
- 일화기록법은 유아의 언어나 행동에 관찰의 초점을 두고 있어서 좀 더 명확하고 분명하게 보고 들은 것을 기록한다.
- 여러 번에 걸쳐 관찰된 일화기록은 다른 관찰기록들과 비교될 수 있으며 교사가 유아의 독특한 발달의 패턴, 행동의 변화, 흥미, 유아의 능력, 필요로 하는 것 등을 정확하게 이해할 수 있다.

㉯ 단점

- 정확하고 객관적인 관찰기록이 아닐 경우, 유아에 대한 그릇된 인상을 심어줄 우려가 있다.

- 일화기록법은 체크리스트나 평정척도법에 비해 기록하는 데 시간이 더 많이 소요된다.
- 유아의 전체 행동 중 일부만을 기록하기 때문에 해석 시 오류를 범할 우려가 있다.
- 표본식 기술에 비해 상황 묘사가 적다.
- 메모 후 시간이 지난 후에 상세하게 기록하는 경우에 관찰자의 편견이 들어가거나 그때의 상황을 잊어버리는 경우가 생길 수도 있다.

㉢ 일화기록의 실제

㉮ 일화기록은 어떤 일화가 발생한 후 될 수 있는 한 즉시 기록해야 한다. 따라서 기록할 필기도구와 메모지를 준비해 둔다.

㉯ 일화기록지에 날짜, 시간, 장소, 장면, 관찰 유아의 성명, 생년월일 등을 기록한다.

㉰ 일화가 일어난 순서대로 기록한다. 즉 일화의 시작, 중간, 끝의 내용이 있어야 한다.

㉱ 관찰대상 유아가 한 행동을 기술할 때 동일한 용어로 일관성 있게 기록한다.

㉲ 대상 유아의 특정적인 언행과 그 상황에서 있었던 다른 유아들의 반응을 그대로 기록한다.

㉳ 발달상의 중요한 포인트를 기록해야 한다.

㉴ 객관적이고 사실적이며 완전한 기록이어야 한다.

㉣ 일화기록법의 관찰기록양식

일화기록법의 관찰기록용지는 〈표 II-30〉과 같다.

〈표 II-30〉 일화기록법 관찰기록양식의 '예'

관찰 유아명 :	성별 :
생년월일 :	관찰일 :
장면 :	
기록 :	

③ 시간표집법

㉠ 개념

시간표집법은 평가자가 관찰행동을 미리 선정하여 정해진 시간 동안 일정한 시간 간격을 두고 반복적으로 관찰하여 그 결과를 기록하는 방법이다. 즉, 시간표집법은 정해진 관찰시간 동안 계속 관찰하는 것이 아니라 일정한 간격으로 잠시 행동을 관찰하여 그 결과를 기록하는 방법이다. 관찰자는 일정한 시간 간격을 두고 특정한 행동들이 나타나는지를 관찰, 기록해야 하므로 그 행동은 빈번하게 발생하는 행동이어야 한다. 시간표집법은 일정한 기간 동안에 어떤 특정한 행동특성이 얼마나 발생했는가를 양적으로 알아볼 수 있기 때문에 통계처리가 편리하고 객관적이다. 또한 시간표집법을 활용하면 비교적 짧은 시간 내에 다양한 상황 속에서 여러 대상을 관찰할 수 있다.

ⓛ 시간표집법의 절차

시간표집법을 활용하려면 1. 관찰하고자 하는 목표행동을 명확히 규정하고, 2. 관찰의 시간단위와 시간단위 간의 간격, 관찰횟수를 결정하고, 3. 관찰결과의 기록방식 결정의 절차를 밟는다(김병선 외, 1998).

㉮ 목표행동의 정의 및 범주화

평가자가 목표행동을 정의할 때 두 가지 점을 고려해야 한다. 첫째는 관찰하려는 목표행동을 분명하고 관찰 가능한 방식으로 세밀하게 기술하는 것이다. 따라서 목표행동에 대한 조작적 정의가 먼저 이루어져야 한다. 조작적 정의는 관찰할 수 있는 행동적 용어로 진술하는 것이다. 예를 들면, '울음'은 '격렬하게 또는 흥분되어 소리를 내면서 눈물을 흘리는 행동'으로 정의할 수 있다. 또 하나는 관찰하려는 행동의 단위를 하위행동으로 범주화하는 문제이다. 예를 들면, 어린이집의 자유놀이시간에 관찰대상 유아의 친구들과의 관계를 알아보기 위해 관찰을 실시한다면 '혼자서 논다', '다른 아이들과 같이 논다', '다른 아이들과 같이 있으나 상호작용이 없다' 등의 세 가지 범주로 나눌 수 있다.

㉯ 관찰의 시간단위와 시간단위 간의 간격 결정

시간표집법으로 관찰할 때 전체 관찰시간과 1회의 관찰시간을 결정해야 한다. 다시 말해서 목표행동의 포착시점을 얼마나 길게 그리고 얼마의 간격으로 잡을 것인가를 결정해야 한다. 이러한 결정에는 관찰대상의 수, 행동의 지속시간, 기록양식의 난이도 및 복잡성, 관찰자의 피로, 기록의 상세한 정도 등을 고려해야 한다.

㉰ 관찰결과의 기록

시간표집법에서 관찰기록 방법은 3가지 유형이 있다.

ⓐ 행동의 출현 유무를 표시하는 것인데 일정한 단위시간 내에 단 한 번이라도 출현하면 출현으로 표시하는 방법이다.

ⓑ 행동이 출현하는 빈도수를 표시하는 것인데 일정한 단위시간 내에 행동이 출현할 때마다 세기 표(/)로 표시하는 방법이다.

ⓒ 행동의 지속시간을 추가하여 표시하는데 이는 일정한 행동이 출현했을 때 세기 표(/)로 체크하고 지속시간을 기록하여 일시적인 행동인지 지속적인 행동인지

알 수 있도록 한다.

㉢ 시간표집법의 장 · 단점

㉮ 장점

- 관찰하고자 하는 행동에 대한 정의가 분명하고 관찰하고자 하는 시간이 정해져 있기 때문에 어떤 관찰유형보다 신뢰성과 객관성이 높다.
- 서술적인 관찰방법에 비하여 시간과 노력이 덜 든다.
- 수량화가 용이하다.
- 행동이나 사건의 발생빈도를 파악함으로써 행동수정 프로그램을 작성하거나 평정척도 같은 측정도구를 만드는 데 기초 자료를 제공할 수 있다.

㉯ 단점

- 어떤 행동이든지 최소 15분에 한 번은 나타나야 적용할 수 있다는 제한점이 있다.
- 유아 내면의 감정이나 사고 등은 시간표집법으로 평가가 부적절하다.
- 특정한 행동관찰에 초점을 맞추기 때문에 행동과 행동 간의 관계를 알 수 없다.
- 행동이 '어떻게?', 즉 어떤 질적 수준인가를 알 수 없다.
- 연구자는 나타나는 현상을 그대로 기술하기보다 관찰범주에 적합한 행동을 무의식중에 찾으려는 경향을 보일 수도 있다.

㉣ 시간표집법의 관찰양식

시간표집법의 관찰양식의 '예'는 〈표 II-31〉과 같다.

〈표 II-31〉 시간표집법의 관찰양식의 '예'

관찰 유아명 : 성별 :
생년월일 : 관찰일 :
장면 :
기록 :

- 관찰행동 : 다른 유아들과 같이 놀이를 한다.
- 관찰시간 : 10 : 00~12 : 00(15분 간격으로 120분)
- 표시방법 : 출현(/) 비 출현( )

15 / 1	30	45 / 1	60
75 / 1	90 / 1	105 / 1	120

※ 15분 동안 동일한 행동이 여러 번 나타나도 한 번만 표시한다.

④ 사건표집법

㉠ 개념

사건표집법은 하나의 특정한 행동이나 사건이 발생하기를 기다렸다가 관찰자가 관심을 갖고 있는 행동이나 사건이 나타나면 일정한 형식에 따라 기록하는 방법이다. 시간표집법이 행동의 발생유무에만 관심을 둔다면 사건표집법은 특정한 활동이나 사건이 발생되는 순서를 자세하게 기술한다. 따라서 사건표집법으로 관찰하면 사건이 일어난 전후 맥락을 상세히 알 수 있다. 사건표집법은 관찰의 기준이 시간 간격이 아니라 어떤 행동이나 사건 그 자체이다. 따라서 관찰자가 특정행동이 나타날 때까지 기다렸다가 일단 그 행동이 발생하면 관찰하고 기록함으로써 언제 꼭 관찰해야 한다는 시간적 제약이 없다. 또한 행동이나 사건의 존재유무보다도 사건의 특성을 탐색하는 데 더 관심을 둔다.

㉡ 사건표집법의 절차

사건표집법에 의해 유아의 행동을 관찰하려는 평가자는 먼저 관찰대상 행동이나 사건을 결정하고 그것을 주의 깊게 정의해 세분화한다. 관찰대상 행동에 대한 정의가 이루어지면 그 행동이나 사건이 발생할 가능성이 높은 장소나 상황을 선정하고 관찰결과를 기록하는 절차를 고려해야 한다. 사건표집법은 행동관찰의 정의 및 범주화, 관찰상황의 선정, 관찰결과 기록의 순서를 밟는다(김병선 외, 1998).

㉮ 관찰행동의 정의 및 범주화

평가자는 관찰하고자 하는 행동 또는 시간을 결정하고 조작적으로 정의한다. 그리고 목표행동을 하위행동으로 범주화한다.

㉯ 관찰상황의 선정

관찰하고자 하는 행동이나 사건에 대해 연구자가 충분히 이해하고 있어야 하며 이러한 지식을 토대로 관찰하고자 하는 행동이나 사건이 가장 잘 출현할 수 있는 장소나 시간을 결정한다.

㉰ 관찰결과의 기록

행동특성을 자세히 기록해야 하므로 녹음기나 비디오 등의 영상기록 매체를 많이 사용한다. 평가자는 미리 정해진 행동범주에 대한 정의를 분명히 이해한 후, 어떤 항목에 대해 서술할 것인지를 미리 관찰기록 용지에 계획해 둔다.

㉢ 사건표집의 실제

㉮ ABC서술식 사건표집법

ABC서술식 사건표집법은 어떤 행동의 원인을 알려고 할 때 가장 적합하게 사용할 수 있는 방법이다. 유아의 어떤 문제행동에 대한 원인을 알게 되면 그에 맞추어 적절한 행동 지도를 할 수 있다. ABC서술식 사건표집법의 기록양식의 '예'는 〈표 II-32〉와 같다.

〈표 II-32〉 ABC서술식 사건표집법의 관찰양식의 '예'

관찰 유아명 : 생년월일 :
관찰자 : 성별 :
관찰일 :
관찰행동 :

시간	기록	추론 및 해석	추론 및 해석

요약	

㉯ 빈도사건표집법

빈도사건표집법은 교사가 어떤 선별된 행동이나 사건이 얼마나 자주 일어나는지를 알아보고자 할 때 가장 유용하게 활용하는 방법이다. 빈도사건표집법에 의해서 수집된 자료를 토대로 수업활동을 계획하거나 교수전략을 세울 수 있다. 빈도사건표집 양식의 '예'는 〈표 II-33〉과 같다.

〈표 II-33〉 빈도사건표집법 양식의 '예'

관찰 유아명 :
생년월일 :
관찰자 :
관찰대상자 :
연령 :
관찰행동 :

분류	동일성		유사성		재분류	
성공/실수 영역						

요약	

〈지침〉
① 유아가 위의 활동영역에서 분류행동을 보였을 때 행동하는 난에 V자로 표시한다.
② 영역을 더 줄이거나 늘리거나 관찰하고 싶은 영역을 선택하여 선택적으로 관찰할 수 있다.

㉣ 사건표집법의 장 · 단점

㉮ 장점

- 행동과 그 행동이 일어난 상황 사이에 관계를 연구할 수 있으며 행동의 계속성이 그대로 유지되는 이점이 있다.
- 자주 발생하지 않는 행동도 연구할 수 있다.
- 특정시간에 발생할 때만 주의를 요하므로 관찰자의 시간을 절약할 수 있다.

㉯ 단점

- 시간표집법보다는 사건의 전체를 알 수 있으나 표본식 기술에 비하여 사건이 일어난 전후의 연속성이 결여되어 있다.
- 수량화할 수 없는 자료일 경우, 신뢰도를 측정하기가 어렵기 때문에 신뢰도 면에서 의문이 제기될 수도 있다.

⑤ 평정척도법

㉠ 개념

평정척도법은 관찰에서 얻은 인상 또는 지각을 수량화된 점수로 평정척도상의 일정한 위치에 점수를 부과하는 방법이다. 평정척도는 연속성이 있는 어떤 행동의 차원 또는 영역에 대하여 연구대상의 행동을 관찰한 후 일정한 위치에 평정하도록, 즉 수량화된 점수를 부과하도록 작성된다. 유아관찰에서는 유아의 행동을 일정기간 동안 계속적으로 관찰하고 난 후에 선정된 준거에 따라 행동의 특성을 판단하기 위해 평정척도를 이용할 수 있다.

㉡ 평정척도법의 종류

㉮ 기술평정척도

기술평정척도는 행동의 한 차원을 연속성 있는 몇 개의 범주로 나누어 기술하고 관찰자로 하여금 대상의 행동을 가장 잘 나타내는 진술문을 선택하게 하는 방법이다. 기술평정척도의 관찰양식의 '예'를 제시하면 〈표 II-34〉와 같다.

〈표 II-34〉 기술평정척도 관찰양식의 '예'

유아명 : 생년월일 : (남, 여)
관찰자 : 관찰일 :

※ 각 문항에서 유아의 행동이 가장 잘 나타낸 항목에 V표시를 하고 관찰일시를 적는다.
※ 만일 진술문 중 어느 것도 유아의 행동을 설명하지 못하거나 덧붙일 사항이 있으면 기타란에 적는다.

- 놀잇감 정하기
  1) 교사가 지시해도 놀잇감을 정리하지 않는다. (관찰일시 : 월 일 시)
  2) 교사가 지시할 때만 놀잇감을 정리한다.
  3) 스스로 놀잇감을 정리한다.
  4) 스스로 놀잇감과 함께 주변을 깨끗이 정리한다.
  5) 기타
- 옷 바르게 입기
  1) 혼자서 옷을 입지 못한다. (관찰일시 : 월 일 시)
  2) 성인이 조금만 도와주면 혼자 옷을 입는다.
  3) 도와주지 않아도 혼자 옷을 입으나 제대로 입지 못한다.
  4) 도와주지 않아도 혼자 옷을 제대로 입는다.
  5) 기타

㉯ 숫자평정척도

숫자평정척도는 각 척도치에 숫자를 부여함으로써 이루어지며 숫자는 일종의 점수로서 평정된 자료를 수량화하고 통계적 분석을 가능하게 하는 방법이다. 숫자를 배정하는 일반적인 규칙은 가장 긍정적인 척도치에 높은 점수를 주는 것이다. 숫자평정척도 양식의 '예'를 제시하면 〈표 II-35〉와 같다.

〈표 II-35〉 유아 자조성 평가척도의 '예'

유아명 : 만 연령 : 세(남, 여)
학급명 : 관찰자 :
관찰기간 :

〈관찰시점〉
유아의 자조성에 대하여 다음과 같이 1~5로 평가하여 해당 숫자에 ○표를 하시오.

	아주 못함	못함	잘함	아주 잘함
• 옷입기	1	2	3	4
• 손 씻기	1	2	3	4
• 간식 먹는 책상 치우기	1	2	3	4
• 화장실 가기	1	2	3	4
• 장난감 치우기	1	2	3	4
• 활동을 스스로 선택하기	1	2	3	4

㉰ 도식평정척도

도식평정척도는 관찰자의 판단을 돕기 위해 기술적인 유목에 선을 첨가시킨 형태이다. 이때 선은 척도치에 따라 몇 개의 같은 간격으로 나뉘며, 일반적으로 횡적인 직선을 많이 사용한다. 또한 선의 형태도 동간으로 나누어진 선 또는 나누어지지 않은 선 그리고 연속선 또는 점선 등 다양하게 나눠진다. 도식평정척도 양식의 '예'를 제시하면 〈표 II-36〉과 같다.

〈표 II-36〉 도식평정척도 양식의 '예'

도식평정척도를 이용한 유아의 사회 · 인지적 놀이 관찰

• 관찰유아 :	• 생년월일 :
• 관찰자 :	• 관찰일 :
• 유아의 연령 :	

〈지시〉
다음 각 항목의 가장 적합한 곳에 평점을 부여한다.

1. 놀이형태 : 혼자서 논다.	친구와 함께 논다.
2. 놀이방법 : 단순한 기능(연습)놀이를 한다.	친구와 역할놀이를 한다.
3. 놀이시간 : 학교에서 오래 놀이하지 못한다.	다양한 대화나 놀이방법으로 오랫동안 놀이를 지속한다.

㉱ 표준평정척도

표준평정척도는 관찰자에게 평정의 대상을 다른 일반대상과 비교할 수 있도록 구체적 준거를 제시하는 방법이다. 이 유형은 기술평정에서의 각 범주를 보다 객관적인 유목으로 기술한 형태라고 할 수 있으며, 일반적으로 숫자평정이나 도식평정과 같이 사용한다. 표준평정척도 양식의 '예'를 제시하면 〈표 II-37〉과 같다.

〈표 II-37〉 표준평정척도 관찰양식의 '예'

표준평정척도를 이용한 유아의 언어 · 인지능력관찰

• 관찰유아 :	• 생년월일 :
• 성별 :	• 관찰일 :
• 관찰자 :	
• 유아연령 :	

〈지시〉
다음 각 항목의 가장 적합한 곳에 평점을 부여한다.
1. 읽기능력
2. 수세기능력

3. 의사소통능력
4. 언어이해능력
(하위50%에 속함) (하위20%에 속함) (중간20%에 속함) (상위20%에 속함) (상위5%에 속함)

㉢ 장 · 단점

㉮ 장점

- 평정척도법은 사용하기가 편리하고 작성하기가 비교적 용이하며 수량화하기가 편리하다.
- 다양한 범위의 행동연구에 적용할 수 있을 뿐 아니라 짧은 시간 안에 많은 발달영역을 한꺼번에 평가할 수 있다.
- 행동의 질을 평가할 수 있으므로 유아교육현장에서 매우 유용하게 쓰일 수 있으며 반복해서 사용할 경우, 시간의 흐름에 따라 변화하는 유아의 행동이나 발달에 대한 정보를 얻을 수 있다.

㉯ 단점

- 평정척도는 각 행동이 관찰되는 상황에 대한 설명 없이 행동의 수준만을 기록하게 되기 때문에 행동에 대한 원인이나 전후 사정을 설명해 주지 못한다.
- 관찰내용을 직접 현장에서 기록하는 것이 아니라 이후에 기록하고 판단해야 하므로 관찰자의 기억이나 지각적 속성의 영향을 많이 받아 개인적 편견이나 오류의 개입 가능성을 배제하기가 어렵다.
- 평정척도법은 이미 개발된 척도를 사용하는 것이 매우 쉬우나 척도를 새로 만드는 것은 어렵다.

⑥ 행동목록법

㉠ 개념

행동목록법은 평가자가 관심을 가진 영역의 행동들의 목록을 사전에 준비하고 그 목록에 포함된 각 행동들이 나타나는지를 관찰하여 체크로 표기하는 방법이다. 관찰 시 사용되는 기록양식을 행동목록 또는 행동목록표라고 한다. 관찰하려는 대상이 인간의 행동이 아닌 자료나 환경 등일 때 일반적으로 행동목록이라기보다는 체크리스트라고 부른다.

㉡ 행동목록법 관찰 '양식'

행동목록법 관찰양식의 '예'를 제시하면 〈표 II-38〉과 같다.

〈표 II-38〉 행동목록법 관찰양식의 '예'

유아의 쓰기준비도

• 관찰유아 :	• 생년월일 : (남, 여)
• 성별 :	• 관찰일 :
• 관찰자 :	
• 유아연령 :	

〈관찰지침〉
다음의 행동이 관찰되면 '예', 관찰되지 않으면 '아니오'로 표시하시오.

	예	아니오
• 손목과 손가락을 자기 원하는 대로 움직일 수 있다.	__	__
• 눈과 손의 협응이 가능하다.	__	__
• 필기도구를 바로 잡고 쓸 수 있다.	__	__
• 글자의 기본적인 획을 그을 수 있다.	__	__

ⓒ 장 · 단점

행동목록법의 장 · 단점은 다음과 같다.

㉮ 장점

- 유아의 여러 가지 행동을 가장 빠르고 효과적으로 기록할 수 있다.
- 행동목록을 계속적으로 또는 누가적으로 작성함으로써 행동발달의 단계 및 유아 개개인의 단계적인 발달상황을 기록하고 관찰할 수 있다.
- 유아의 행동뿐만 아니라 자료, 상호작용의 패턴, 행동의 순서 등 다른 종류의 대상에 대한 관찰에도 사용할 수 있다.

㉯ 단점

- 행동목록표를 통해 행동의 출현 여부는 알게 되지만 행동의 질적 수준에 대한 정보는 얻을 수 없다.
- 행동목록표는 사용하기에는 용이하나 이를 작성하기 위해서는 시간과 노력이 많이 소요되고 관찰자의 연구경험에 따라 그 유용성이 달라질 수도 있다.

2) 포트폴리오 평가

(1) 개념

수행평가방법의 한 유형으로 포트폴리오 평가가 있다. 포트폴리오라는 용어는 최근에 새롭게 생긴 용어가 아니라 여러 분야에서 오래전부터 사용되어오던 용어이다. 포트폴리오는 한 개인의 기술, 아이디어, 흥미 및 성과물들을 담아두는 용어로서 'folio'에서 나온 말이다. 예컨대 미술가, 사진작가, 건축가, 음악가들이 자신의 작품을 보관 · 기록하고 보여주기 위하여 포트폴리오를 사용하여 왔다. 그러나 현재 통용되고 있는 포트폴리오의 개념은 오래곤의 포틀랜드에 있는 북미지역 교육연구소에서 미국 전체 학교의 교육목적 구현을 위하여 개발되었다. 이들의 정의에 따르면 '포트폴리오는 하나 혹은 여러 영역에서 학생들의 노력 또는 발전, 성과를 보여주는 특별한 목적을 위해 모아진 학생들의 성과물의 모음집이다'라고 하였다(Arter, 1990).

그리고 자신이 쓰거나 만든 작품을 지속적이면서도 체계적으로 모아둔 개인별 작품집 혹은 서류철을 이용한 평가방법(Jongsma, 1989) 그리고 '하나 혹은 그 이상의 영역에서 학생들의 노력, 진보, 성취를 보여주는 학생과제의 수집물이다. 수집물은 내용선택에서 학생의 참여상에 대한 판단의 준거, 학생의 자기반성 증거를 포함한다'(Paulson, Paulson & Meyen, 1991)라고 정의라고 이들의 정의에서 공통적인 특성은

첫째, 학생들이 직접 생산하거나 활동한 성과물이나 결과물이다.

둘째, 일시적인 것이 아니고 누적 그리고 계속적으로 생산된 산물이다.

셋째, 가시적이면서 증명의 가치가 있는 자료들이다.

넷째, 해당 유아의 노력, 발전, 성과를 보여준다는 특성을 가지고 있다.

따라서 이상의 포트폴리오의 개념을 통하여 포트폴리오의 평가를 정의한다면 장기간에 걸쳐서 수집한 유아들의 학습활동에 대한 체계적인 관찰기록과 결과물이나 성과물을 정해진 준거에 따라 교사와 유아 그리고 학부모가 협력하여 평가하는 방법이다라고 정의할 수 있다.

(2) 목적

유아교육현장에서 포트폴리오 평가는 다음과 같은 목적으로 시행한다(황해익 외, 2001).

① 유아의 진보 및 발전상황의 확인

유아의 능력이 진보되어가는 과정을 볼 수 있도록 해 주면 일 년 동안 유아가 경험한 것에 대한 풍부한 정보를 제공해 준다.

② 교수계획의 도구

교사는 포트폴리오에 포함된 유아의 작품을 검토하고, 유아의 행동을 관찰하면서 현재 유아의 발달상태를 파악하고, 자신의 교수활동이 개별유아의 수준에 적절한지 살펴볼 수 있다.

③ 가족 및 행정가와의 의사소통

유아가 산출한 자료와 교사가 수집한 자료가 포트폴리오 평가 속에 포함됨으로써 교사는 부모나 동료교사, 행정가, 기타 사람들에게 더욱 구체적이고 의미 있는 정보를 제시할 수 있다. 부모와의 면담을 할 때 유용하게 활용할 수 있다.

④ 유아의 학습동기 증진 및 자율성 향상

포트폴리오는 유아 스스로의 활동이며, 자신의 목표가 성취되었는가에 대하여 유아와 교사가 함께 평가해 보아야 의미가 있다. 이 과정을 통하여 유아는 학습에 대한 동기와 책임을 증진시키고 자율성을 향상시킨다.

⑤ 연계성 있는 교육을 위한 정보제공

포트폴리오 평가는 학년이 바뀌거나 담임교사가 바뀔 때 새로운 담임교사에게 유아에 대한 다양한 정보를 제공해 주어 연계성 있는 교육을 제공할 수 있다.

(3) 포트폴리오 평가의 특성

포트폴리오 평가는 전 항에서 기술한 관찰법, 표준화검사법, 교사자각검사법에 비하여 다음과 같은 특성이 있다.

① 과정중심의 평가

포트폴리오 평가는 어떠한 교육활동을 전개한 후 교육성과를 확인해 보려는 결과중심의 평가가 아니고 과거부터 현재까지 이루어지는 전 과정에 관한 평가이며 또한 미래에까지 연계되는 평가이다.

따라서 현재상황의 이해가 목적이 아니다. 지금까지 이루어진 전체 과정에 따른 이해를 목적으로 한 평가이다.

② 협동평가방식

포트폴리오 평가는 교사, 유아, 또래유아, 부모나 가족 등의 참여를 중시하는 협동평가방식을 취한다. 유아교육의 효율성을 재고시키기 위해서는 가정과의 연계는 필수적이다.

가정에는 유아지도를 위한 다양한 정보와 자료를 가지고 있으므로 가정으로부터 다양한 자료와 정보를 수집함은 물론, 유아들이 제작한 결과물이니 성과물에 대하여 부모들이 해석하고 의견을 제시하는 등 가정에서도 포트폴리오 평가의 전 과정에 직접적으로 참여하는 등 교사, 유아, 동료유아, 부모와 가족들, 공동으로 참여하는 협동평가형식을 취한다.

③ 높은 활용성

포트폴리오 평가는 유아지도를 위한 가장 객관적이며 신뢰로운 정보나 자료를 얻을 수 있어 유아교육지도에 활용성이 아주 높다.

전 항에서 기술한 관찰법, 표준화검사법, 교사자작검사법 등이 나름대로의 장점도 가지고 있지만 단점 또한 적지 않다. 특히 전통적인 평가방식이 유아 스스로의 의지에 반한 반응, 일시적인 행동표출, 교사의 해석판단상의 오류, 지극히 편협된 한 단면만의 평가 등 많은 평가상의 오류를 범할 수도 있으나 포트폴리오 평가는 유아 스스로의 생생하고 사실적인 성과나 결과이며 또한 교사, 학부모, 유아가 평가에 공동으로 참여함으로써 시공간을 초월한 다면적 평가가 이루어져 평가결과가 대단히 신뢰롭다.

④ 학습성과 거양

포트폴리오 평가결과는 학습과정 속에서 즉각적으로 투입하여 학습의 성과를 거양할 수 있다. 성과물이나 결과물들이 계속적이며 반복적으로 생산됨으로써 그때그때 분석 결과를 일관성 있게 학습과정에 즉시 투입이 가능하여 학습의 성과 거양이 용이하다.

⑤ 개인별 교육 및 행동 지도

포트폴리오 평가는 유아개인별지도를 위한 정보나 자료수집이 가능하다. 포트폴리오는 유아개인별로 이루어지므로 유아 스스로 자료와 정보수집이 가능하며 또한 수집된 정보와 자료는 개인별 교육 및 행동 지도에 활용될 수 있다.

⑥ 높은 효용성

포트폴리오 평가는 모든 영역의 평가가 가능하다. 신체운동, 건강, 사회관계, 언어표현, 예술표현, 자연탐구 등 유아발달의 전 영역에 걸쳐 시행이 가능하여 효용성이 아주 높다.

(4) 포트폴리오의 유형

포트폴리오의 유형은 포트폴리오 평가를 실시하는 목적, 운영하는 형태나 조직, 전시유무 및 형식에 따라 학자들 간에도 다양하게 제시하고 있으니 유아교육기관에서 실시할 수 있는 평가의 유형은 일반적으로 다음과 같은 3가지 유형이다.

① 전시포트폴리오

전시포트폴리오는 유아들이 생산한 결과물이나 실적물의 전시를 통하여 자신의 성장 발달과정을 소개하고 상호비교를 통하여 자신의 보다 더 낳은 성장·발달을 위한 정보와 자료를 얻는 데 목적이 있다. 전시포트폴리오는 유아의 의견을 최대한 반영하여 전시물을 선정하고 전시되어야 한다.

② **과정포트폴리오**

과정포트폴리오는 유아의 활동과정에서 생산된 작품을 체계적으로 변화과정과 발전과정을 일목요연하게 확인하기 위한 목적으로 시행된 포트폴리오이다. 과정포트폴리오에서는 학기 초부터 학기 말까지 생산한 작품을 중심으로 정리하며 진행과정에 따른 기록도 첨부한다.

③ **총평포트폴리오**

총평포트폴리오는 유아에 대한 총체적이며 종합적인 변화와 발전과정을 평가하기 위해 유아의 학습과정에서 생산된 다양한 기록물, 작품은 물론, 표견화된 검사결과, 교사의 관찰자료, 가족으로부터 얻은 정보 등 유아에 관한 모든 정보자료를 포함하는 포트폴리오이다.

(5) 포트폴리오 평가의 구성요소

포트폴리오 평가에서는 일정한 형식과 내용을 제시하기란 지극히 불가능하다. 즉 포트폴리오를 통하여 무엇을 평가할 것인가? 포트폴리오 안에 무엇을 담을 것인가? 포트폴리오를 어떻게 조직할 것인가? 포트폴리오를 어떻게 활용할 것인가? 포트폴리오에 누구누구를 참여시킬가? 등에 따라 포트폴리오 평가의 구성요소는 달라지는 등 포트폴리오의 유형과 방법, 절차는 아주 다양하다. 이와 같이 포트폴리오가 정형화되어 있지 않다는 것은 모든 유아의 특성이다. 요구, 흥미에 따라 다양하게 포트폴리오를 구성하여 다양하게 유아의 발전과 변화과정을 평가할 수 있다는 포트폴리오의 장점이기도 하다. 그러나 포트폴리오 평가에서 일반적으로 구비해야 하는 요소에는 작업표본, 날짜, 자기반영, 조언, 내용목차, 관찰기록 등이 있다.

① **작업표본**

작업표본이란 포트폴리오 평가를 위한 유아들이 직접 생산한 작품이나 기록물 등 자료이며 포트폴리오의 핵심으로 대부분 유아의 활동 결과물을 의미한다. 작업표본은 포트폴리오의 목적과 유형에 따라 결정된다. 즉, 유아들의 어떤 영역에서 계속적인 진보과정을 알아볼 것인지 혹은 현재의 발전된 진보의 모습을 알아볼 것인지에 따라 작업표본이 달라진다. 그러나 일반적으로 유아교육기관에서 유아들을 대상으로 하여 이루어지는 포트폴리오는 시간의 흐름에 따른 유아의 성장이나 발전과정을 확인하기 위한 목적으로 이루어진다. 따라서 작업표본에는 유아가 쓴 글, 그림, 읽은 책의 목록, 수학활동자료, 과학활동자료, 유아가 이야기한 것을 받아 적은 것, 친구들과 협동작업한 것, 유아들의 노래나 이야기를 녹음한 것

등이 작업표본이 될 수 있다. 다시 말하면 평가할 유아에 관한 사실적이며 생생한 근거자료이다.

② 날짜

유아의 포트폴리오 평가는 해당 유아의 학습이나 행동영역에 대한 일정기간 동안의 유아의 선장, 발달, 변화과정을 살펴보기 위한 평가이기 때문에 작업표본이 제작된 날짜를 반드시 기입해야 한다. 유아가 직접 날짜를 기입하는 것을 원칙으로 하되 숫자표기가 어려운 유아에게는 교사가 대신 기입해 주거나 날짜 도장을 찍어둔다. 날짜가 기입되지 않으면 변화나 발전과정을 이해할 수 없다.

③ 자기평가

특정의 작업표본은 해당 유아의 제작품이나 기록물로서 이들에 대한 유아, 또래유아, 교사, 학부모 등의 평가가 반드시 곁들여져야 하는데, 포트폴리오 평가의 당사자인 유아 스스로의 평가가 제일 중요하다. 자기 평가에서는 자신의 작품이나 활동에 관해 목표에 비추어 반성하거나 느낀 점, 새로 알게 된 점 등을 유아 스스로 정리하는 일로써 포트폴리오 평가에서는 가장 핵심적인 활동이다. 평가는 활동목표에 근거하여 현재의 상황을 이해하고 다음에 이어지는 활동의 방향을 설정하는 데 목적을 두어야 한다.

그러나 교사가 유아에게 막연하게 자신의 작업표본에 대하여 자기평가를 요구할 때 어떻게 정리할지를 모르기 때문에 작업표본의 성격에 따라 반성적 자기평가문항을 제시하고 제시된 문항별로 유아 자신의 의견이나 생각을 솔직하게 정리하도록 한다. 반성적 자기평가질문의 한 예를 들면 다음과 같다(홍해익 외, 2003).

- 제목은 무엇이라고 지었니?
- 어떤 재료들로 만들었니?
- 어떻게 만들었는지 이야기해 줄 수 있겠니?
- 어떤 점을 자랑(칭찬)하고 싶니?
- 어떤 점을 바꾸고 싶니? 다음에 새로 한다면 바꾸고 싶은 부분은 어디니?
- 어떻게 하면 다르게 할 수 있을까?
- 다음에는 무엇을 만들고 싶니?
- 이것을 만들면서 힘든(쉬운) 점은 무엇이었니?
- 힘들 때 어떻게 해결했니?
- 처음에 쓰기(만들기, 그리기) 전에 네가 생각했던 대로 되었니?

- 계획한 대로가 아니라면 달라진 점이 무엇이니?
- 왜 그렇게 되었니?
- 이것을 쓰는(만드는, 하는) 동안 어떤 기분(느낌)일 들었니?
- 이것을 만들면서 새롭게 알게 된 점이나 친구들에게 가르쳐주고 싶은 점은 무엇이니?

④ **조언, 의견, 논평**

포트폴리오 평가 특징 중 하나가 당사자, 동료유아, 교사, 학부모나 가족들의 협동 평가로 이루어진다는 점이다. 협동평가는 다각적인 관점과 측면에서 평가가 이루어짐으로써 유아 자신이나 교사에 국한된 평가의 편협성에서 오는 우려를 불식시킨다는 점에서 가치가 있다. 따라서 교사 동료유아, 부모나 가족들의 조언, 의견, 논평 등이 유아 스스로의 자기평가 결과와 종합될 때 보다 합리적이고 신뢰로울 수 있다.

교사, 동료유아, 부모나 가족들의 조언, 의견, 논평 등의 구어적으로 이루어지기도 하고 작품 한켠 또는 별지에 문장으로 남길 수도 있다.

⑤ **내용목차**(요약표)

학기 초부터 수집된 작품이나 기록물들의 성격에 따라 내용목차를 작성하여 작품이나 기록물 맨 앞에 붙여두고 날짜별로 누가적으로 기록하고 작품이나 기록물을 누가적으로 합철해 나가면 작품이나 기록물의 변화과정을 쉽게 누가적으로 파악할 수 있다.

⑥ **관찰기록**

포트폴리오 평가 특징의 하나가 유아들이 제작 또는 활동한 생생하고 사실적인 증거물(작품, 활동기록 등)에 의한 평가라는 점이다. 그러나 유아들이 증거물(작품, 활동기록 등)을 직접 제작하거나 활동하는 태도나 상황 등은 증거물 속에 나타나지 않는다. 따라서 교사는 이에 관련된 상황들을 면밀히 관찰하여 기록해 두었다가 증거물을 평가할 때 참고적으로 활용한다.

그리고 유아포트폴리오 평가에 직접적으로 관련이 없는 평상시의 유아행동상황을 관찰기록하여 보관해 두었다가 포트폴리오 평가에도 활용할 수 있다.

(6) 포트폴리오 평가 진행과정

포트폴리오 평가는 유아 개별적으로 이루어지며 또한 포트폴리오의 답은 작업표본(예: 작품, 결과물, 완성품, 누기기록부 등)의 유형 등에 따라 진행과정이 다르므로 모든 유아에게 그리고 모든 평가영역에 공통적으로 적용될 수 있는 정형화된 진행모형을 제시하기란 지극히 어려운 일로서 다음에서 일반적으로 적용할 수 있는 진행과정을 제시하기로 한다.

〈표 II-39〉 포트폴리오 평가 진행과정

단계	과정	방법 및 절차
1. 계획 단계	1) 평가지침작성	(1) 평가지침작성 평가지침(평가계획)을 작성해야 하는데 평가지침에 들어가야 할 내용은 다음과 같다. ① 무엇을 평가할 것인가? 예: 유아가 예술을 통해 느낌이나 이야기를 표현해 보려는 노력 ② 포트폴리오에 담을 내용은 무엇인가? 예: 유아 스스로 느낌을 나타낸 작품 ③ 언제 수집할 것인가? 예: 1년에 10회(매월 1회) ④ 평가자는 누구인가? 예: 유아교사, 동료유아, 학부모 ⑤ 평가는 언제할 것인가? 예: 수시, 연말, 서술식으로 정리 ⑥ 기타 계획 예: 전시회 개최, 연수포트폴리오
	2) 평가 참여자 연수	(2) 평가 참여자 연수 평가 참여자(교사, 유아, 동료유아, 부모)에 대한 연수를 통하여 포트폴리오 평가에 적극 참여하도록 한다. ① 포트폴리오 목적 ② 포트폴리오 진행요령 ③ 포트폴리오 조언, 의견, 비평 방법 ④ 포트폴리오 평가결과 서술하기
	3) 보관함 준비	(3) 보관함 준비 보관함을 준비한다. 수입하려는 결과물의 유형에 따라 보관함 장소, 보관함을 선정하여 준비한다. ① 보관함 비치 장소 ② 보관함의 유형: 구공바인더, 아코디언파일, 서류봉투, 스크랩북, 뚜껑이 있는 상자 등에서 하나 선정 배치함
2. 진행 단계	1) 작품수집	(1) 작품수집 작품수집은 계획단계의 평가지침(평가계획)에 의거 계획대로 수집하여 보관함에 정리해 나간다.
	2) 평가자료 수집 보관	(2) 평가자료 수집보관 유아, 교사, 동료유아, 학부모의 평가자료를 계획단계에서 수집한 지침에 의거 평가자료를 수집하여 보관함이나 별도 장소에 정리보관한다. 평가자료의 내용은 다음과 같다. ① 유아: 자기평가결과 ② 동료유아: 의견자료 ③ 학부모: 조언자료, 강평자료 ④ 교사: 조언자료, 강평자료, 관찰기록자료

단계	과정	방법 및 절차
	3) 내용목차 정리	(3) 내용목차 정리 수집된 작품에 대하여 아래 내용이 포함되는 내용 목차를 정리하여 작품의 맨 앞이나 일정한 장소에 비치하여 활용이 간편하도록 한다. ① 작품수집일 ② 작품에 대한 평가결과
	4) 학습일지 정리	(4) 학습일지는 학습활동 이후에 학습과정이나 결과, 소감, 계획 등을 기록한 것으로 현재의 학습상황에 대한 반영과 함께 미래에 대한 계획을 포함하여 정리한다.
3. 평가 및 활용 단계	1) 포트폴리오 요약서 정리	(1) 포트폴리오 요약서 정리 한 학기 혹은 한 해 동안 수집한 평가영역과 평가내용에 따른 실적이나 기록 또는 작품에 대하여 평가준거에 따라 평가한 결과를 요약한다.
	2) 포트폴리오 협의회 실시	(2) 포트폴리오 협의회 실시 평가결과를 공유화하기 위하여 유아, 교사, 학부모 협의회를 개최하여 유아의 장점, 단점, 기타 정보를 공유화한다.
	3) 인수 포트폴리오 준비	(3) 인수 포트폴리오 준비 교사, 유아, 부모가 협의하여 포트폴리오 요약서 및 기타 평가기록을 다음 담임교사에게 전달하기 위한 계획을 세운다.

3) 적용의 실제

이상에서 밝힌 절차와 방법에 따라 관찰법과 포트폴리오 적용의 실제에 대하여 기술하기로 한다.

(1) 관찰법 적용의 실제

부적응행동 지도를 위해서는 먼저 부적응행동 지도계획을 수립해야 한다. 부적응행동 지도계획 수립을 위해서는 다음과 같은 과정을 밟는다.

1. 원아행동 전수관찰 조사

⇓

2. 원아행동 전수관찰 조사 결과 분석

⇓

3. 원아 부적응행동 유형별 유아 파악

⇓

4. 원아 부적응행동 유형별 요인분석 결과 종합

⇓

5. 원아 부적응행동 유형별 지도계획 수립

[그림 II-9] 부적응행동 지도계획 수립과정

[그림 Ⅱ-9]에서 보는 바와 같이 부적응행동 지도계획을 수립하기 위해서는 5개의 과정을 밟는데 다음에서 과정별 추진방법에 대하여 간략하게 설명하기로 한다.

① 원아행동 전수관찰

유아교사가 학기 초에 유아학급을 담당하면 전 유아를 대상으로 3~4주 동안에 걸쳐 유아 행동을 관찰하여 유아 개인별 행동특성과 부적응행동 유형별 유아수를 파악해야 한다. 이것을 원아행동 전수관찰 조사라고 한다.

원아행동 전수관찰의 개요는 다음과 같다.

① 목적: 유아 개인별 행동특성 파악
② 대상: 학급 내 전 유아
③ 내용: 유아의 개인별 행동특성, 부적응행동 유형 파악
④ 조사방법: 관찰
⑤ 조사기간: 학기 초 3~4주간

위와 같은 요령으로 학급 내 전 유아를 대상으로 실태조사를 실시하는데, 실태조사는 다음의 요령으로 3~4주 동안 전 유아들의 행동발달 상황을 관찰기록한다.

〈표 Ⅱ-40〉 유아행동관찰기록부

월 일	대상유아	행동관찰내용	특기사항
3/8(화) 10 : 00~ 10 : 05	이수영	화장실을 다녀오도록 지시한 후 화장실 앞에 가서 관찰해 보니 수영이가 오더니 대열 중간 형욱이 앞에 끼어 선다. 형욱이 안 된다고 하면서 수영이 앞으로 다시 가서 서니까 이번에는 형욱이를 발로 차고 다시 수영이 앞에 선다. 수영이는 결국 자기순서를 양보한다.	공격성 행동 1회 발견
10 : 10~ 10 : 12	이수영	화장실을 다녀온 뒤 활동실 안으로 뛰어온다. 뛰어오면서 소꿉놀이 영역에서 영아 인형 한 개를 집더니 한번 들여다보고는 소꿉놀이 영역 중간부분에 던져버린다.	공격성 행동 2회 발견
10 : 13~ 10 : 18	강민구	명수가 화장실에서 나와 보켓트에 손을 넣었다 빼는 순간 종이가 활동실에 떨어지는 것을 보고 민구가 재빨리 주워서 휴지통에 버리고 양손바닥을 서로 비빈다.	봉사

행동관찰기록 시 고려할 사항은 다음과 같다.

㉠ 부적응행동을 하는 유아뿐만 아니라 전 유아를 대상으로 관찰하여 전 유아들의 행

동특성을 알아보기 위해 전 유아 전수 관찰조사를 실시한다.

㉡ 관찰기록을 하기 전에 가정조사서, 학부모 면담결과, 전 담임의 의견 등을 청취하는 등 각 유아에 대한 사전 정보를 입수한 후 관찰결과를 기록하면 더욱 효과적이다.

㉢ 학기 초 3~4주 동안 한 유아도 빠짐없이 관찰하여 기록한다.

㉣ 부적응행동뿐만 아니라 바람직한 행동도 기록한다.

㉤ 관찰사항은 유아들이 알지 못하도록 하고 관찰 직후에 바로 기록하도록 한다.

② 원아행동 전수관찰 조사 결과 분석

전 항 원아행동 전수관찰 조사를 통하여 교사가 3~4주 동안 누가적으로 작성한 유아행동 관찰기록부를 분석하여 다음과 같은 요령으로 정리한다.

㉠ 유아행동관찰기록부의 관찰내용을 〈표 II-41〉과 같이 분석한다.

〈표 II-41〉 유아행동관찰내용 분석표

월일	대상유아	행동관찰 분류
3.8	이수영	폭력적, 공격적 행동(발로 차기)
	이수영	폭력적, 공격적 행동(던지기)
	강민구	봉사
	은재돈	협동
	이연구	친사회적 행동
	문일수	고집을 부리는 행동
	이문영	친사회적 행동(휴지 줍기)
3.9	김일기	봉사
	문일수	장난감을 빼앗는 행동
	이문영	친사회적 행동
	이수영	소리 지르기

교사가 3~4주 동안 유아행동관찰기록부에 관찰하여 기재한 내용을 행동유형별로 분석한다.

㉡ 전 항의 분석내용을 가지고 유아행동 관찰내용 분석결과를 〈표 II-42〉와 같이 종합한다.

〈표 II-42〉 유아행동 관찰내용 분석결과 종합

행동 유형 / 유아별	부정적인 행동													긍정적인 행동	
	공격적 행동			반항행동				정서적 행동					계	바람직한행동	계
	장난감을 빼앗는 행동	친구를 때리고 밀고 꼬집는 행동	놀잇감을 던지는 행동	소리 지르기	자기 마음대로 안 되면 떼쓰기	장소이동 시 가지 않으려는 행동	놀잇감 나누기를 거부하기	칭얼대는 행동	어머니와 헤어질 때 우는 행동	손가락을 빠는 행동	낯선 사람을 두려워 하는 행동	평상시 애착물을 가지고 다니는 행동			
이수영		3	1										4		
김일기														2	2
은재돈															
이연구														1	1
이문영															

〈표 II-42〉에서 보면 이수영 유아는 공격적 행동이 4회 관찰되었으나 나머지 유아는 바람직한 행동이 나타나고 있어 해당 바람직한 행동을 강화해 주어야 할 상황이다.

③ 부적응행동 유형별 유아수 파악

부적응행동 유형별로 유아수를 파악하여 유아 개인별 지도계획 수립 자료로 활용한다.

〈표 II-43〉 유아 부적응행동 유형별 유아수 파악

(2016. 3. 3~2016. 3. 31)

유아 명	부정적 행동	행동유형	횟수	계	비고
이수영	친구를 때리고 밀고 하는 행동	공격적 행동	3	5	
	놀잇감을 던지는 행동	공격적 행동	1		
	소리 지르기	반항행동	1		
원명렬	자기 마음대로 안 되면 떼쓰기	반항행동	2	3	
	소리 지르기	반항행동	1		

④ 부적응아별 부적응행동 요인분석

부적응아에 대한 부적응행동 요인을 전담임, 학부모, 교사의 입장에서 알아보고 이를 종합하여 부적응행동 요인을 정리하여야 한다.

부적응아별 부적응행동 요인분석의 '예'를 들면 〈표 II-44〉와 같다.

〈표 II-44〉 부적응아별 부적응행동 요인분석자료

<table>
<tr><th colspan="5">유아현황</th><th>가족현황</th><th colspan="2">가정의 특수성</th></tr>
<tr><td colspan="2">연령</td><td>5</td><td>성별</td><td>남</td><td rowspan="5">할머니 : 가사 조력
아버지 : 회사원
어머니 : 회사원
※어머니는 늦은 시간까지 근무</td><td colspan="2" rowspan="5">• 할머니로부터 총애를 받음
• 유치원 등 · 하원 : 할머니
• 양부모는 직장 출근 관계로 유아의 교육은 전적으로 할머니의 책임하에 이루어짐</td></tr>
<tr><td colspan="2">유치원경험</td><td colspan="3">3년</td></tr>
<tr><td colspan="2">지능</td><td colspan="3">정상</td></tr>
<tr><td colspan="2">친구</td><td colspan="3">없음</td></tr>
<tr><td colspan="2">즐기는 활동</td><td colspan="3">실외놀이</td></tr>
<tr><td colspan="2">행동특성</td><td colspan="4">• 친구들을 때리거나 밀치는 행동
• 물건을 집었다가 던지는 행동
• 가끔 큰 소리를 지르며 뛰어다니는 행동</td><td>행동유형</td><td>공격적, 반항적 행동</td></tr>
<tr><td rowspan="3">부적응요인</td><td>전담임의 의견</td><td colspan="6">• 공격적 · 반항적 행동이 다소 있어 수시로 지도를 받은 바 있으나 그 정도는 심하지 않음
• 친하게 노는 친구가 1명 있었는데 다른 지역으로 이사를 갔음
• 친구들과 잘 어울리는 편이 아님
• 할머니가 등 · 하원시키며 총애를 받고 있음</td></tr>
<tr><td>학부모의 의견</td><td colspan="6">• 유치원에서 공격적인 행동으로 다른 동료유아들을 괴롭히는 사실을 모르고 있음
• 유아의 인지능력이 뛰어나다고 생각함
• 유치원에서 꾸중을 듣고 와도 꾸중받았다고 말하지 않음
• 유아의 요구는 전부 수용해 주는 편임
• 유치원에서 하원하면 대부분 시간을 집에서 보냄</td></tr>
<tr><td>교사의 의견</td><td colspan="6">• 친하게 노는 친구가 없으나 놀이하는 친구들 속에서 잘 노는 편임
• 그림책을 보거나 게임을 할 때 오래 집중하지 못함
• 친구들과의 놀이에서 거부당하면 소리를 지르면서 공격적인 행동을 함
• 다른 친구들로부터 공격당하거나 요구가 좌절되면 울고 소리 지르면서 교사에게 곧 잘 호소함</td></tr>
<tr><td colspan="2">종합의견</td><td colspan="6">• 가정에서 외동으로서 유아의 요구를 모두 수용해 줌으로써 자기중심적으로 성장하고 있으며 부모들은 유치원에서의 생활모습에 대하여 잘 이해하지 못하고 있음
• 성격이 급하고 즉흥적이며 자기조절력이 부족한 편임
• 마음이 통하고 이해해 줄 친구가 없고 친구들 또한 공격적인 성향이 있어 친구들이 잘 수용해 주지 않고 있음. 가정에서도 친한 친구가 없음</td></tr>
</table>

부적응아행동 요인분석 시 고려할 사항은 다음과 같다.

첫째, 〈표 II-44〉에서 보는 바와 같이 전담임, 학부모, 교사 의견만을 근거로 하여 종합의견을 진술하고 있으나 동료친구들의 의견, 본인의 의견, 그리고 각종 전문화된 표준화검사 결과 등을 활용하면 더욱 신뢰로운 부적응행동 유발요인을 발견할 수 있다.

둘째, 전담임, 학부모의 의견 중에는 많은 편견이 있을 수 있음도 감안해야 한다.

셋째, 지금까지 유아기관에 보관된 해당 유아에 대한 각종 지도자료, 성장과정에 관련된 자료들을 분석하여 참고할 수도 있다.

⑤ 부적응아별 지도계획 수립

이상에서 밝혀진 부적응아별 부적응행동 요인을 근거로 하여 부적응아 지도계획을 부적응아별로 수립한다. 그 예를 들면 다음과 같다.

〈표 II-45〉 부적응아 지도계획

부적응행동	대책	지도계획
공격적·반항적 행동 1. 친구들을 때리거나 밀침 2. 아무 이유 없이 물건을 집어서 놓을 때 던짐 3. 크게 소리지르며 뛰어다님	1) 가정과 연계 교육	① 유치원에서 일어난 일을 학부모에게 수시로 전화연락 특히 공격적·반항적 행동은 반드시 구체적으로 통보함 ② 유아가 무엇을 해달라고 요구 시 일정한 약속을 하고 약속 이행 시 요구를 들어주도록 함 ③ 할머니가 가끔 활동실에서 유아의 활동모습을 관찰하도록 함
	2) 친구들과의 친교관계형성	① 친하고 싶은 동료유아 확인 : 상담 ② 친하고 싶은 동료유아와 친교 맺기 지도 ㄱ. 공동작업 시키기 ㄴ. 야외관찰 학습 시 손잡고 가기 ㄷ. 옆에 앉히기 ㄹ. 같이 친하게 지내도록 격려하기
	3) 자기조절력, 자기통제력 배양	① 작업제시 후 끝까지 완성한 경우에는 반드시 칭찬하기

부적응아 지도계획 수립 시에는 다음과 같은 사항을 고려한다.

㉠ 대책이나 지도계획 수립 시에 동료교사의 조언을 구한다.

㉡ 지도계획을 수립할 때 관련 연구 보고서, 관련 문헌, 관련 실천 자료를 수집하여 다양한 정보를 입수하여 활용한다.

㉢ 모든 계획은 정상적인 유아교육활동과정에서 투입할 수 있는 지도계획으로 정상적인 유아교육활동 진행에 지장을 주지 않는 계획이어야 한다. 특히, 동료유아의 행동을 제약하거나 나쁜 영향을 주어서는 안 된다.

⑥ **부적응아 지도**

부적응아 지도계획이 수립되면 부적응아 지도에 들어간다.

㉠ **부적응아 지도 시 고려할 점**

㉮ 해당 부적응 유아의 부적응행동 교정으로 다른 동료유아들의 교육 활동 지도에 지장을 주어서는 안 된다.

㉯ 지도계획은 일시에 투입하는 것이 아니라 일정한 간격을 두고 투입하며 성과가 나타나면 다른 지도내용의 투입은 중단한다.

㉰ 가정과의 연계지도를 위한 다양한 방법을 연구 적용한다.

㉱ 부적응아에 대한 그릇된 편견을 지양하고 여타 동료유아들과 동일하게 대한다.

㉡ **부적응아 지도 누가 기록부 활용**

〈표 II-46〉과 같이 부적응아 지도 누가 기록부를 작성 활용한다.

〈표 II-46〉 부적응아 지도 누가 기록부

월일	지도내용	행동관찰결과	특기사항

부적응아 지도계획에 의거 계획된 지도내용의 투입상황에 따라 해당 유아의 행동이 어떻게 변화하는지 자세히 관찰하여 그 결과를 기록하고 변화과정에 따른 지도계획을 수정·보완할 수 있다.

부적응아 지도계획은 주별, 일별로 계획을 구체화하여 시행하면 더욱 효과적이다.

(2) 포트폴리오 평가 적용의 실제

① **포트폴리오 평가**

포트폴리오란 하나 또는 여러 영역에서 유아들의 노력·발전 또는 성과를 보여주는 특별한 목적을 위해 모아진 유아들의 학습활동에 대한 체계적인 관찰기록과 학습활동의 결과물을 정해진 준거에 따라서 교사와 유아가 협력하여 평가하는 방법이다.

㉠ **평가영역**

신체운동·건강, 의사소통, 사회관계, 예술표현, 자연탐구 등 전 영역의 평가가 가능하다.

㉡ 평가절차

포트폴리오 평가는 개별화된 방법이므로 모든 유아교육기관과 유아에게 동일하게 적용할 수 있는 정형화된 평가절차를 제시하기는 어려우나 일반적으로 다음과 같은 절차를 밟아 시행할 수 있다.

㉮ 기준의 설정

제1단계로 할 일은 포트폴리오를 만드는 목적이 무엇인지를 분명하게 결정하고 그 목적이 달성되었는지의 여부를 알 수 있는 기준을 설정한다. 그 예를 다음에서 제시한다.

〈표 Ⅱ-47〉 연령별 기준의 '예'

<table>
<tr><th rowspan="2">영역</th><th rowspan="2">구분</th><th colspan="2">기준내용</th></tr>
<tr><th>4세</th><th>5세</th></tr>
<tr><td rowspan="2">신체운동·건강</td><td>대근육 발달</td><td>• 발은 번갈아가며 계단을 내려올 수 있다.
• 30cm의 높이에서 뛰어내릴 수 있다.
• 상대방에게 공을 던지고 받을 수 있다.</td><td>• 음악리듬에 맞추어 몸을 움직일 수 있다.
• 50cm의 높이에서 뛰어 내릴 수 있다.
• 공을 던지고, 잡고, 치는 행동을 능숙하게 할 수 있다.
• 미끄럼타기, 그네타기 등을 능숙하게 할 수 있다.</td></tr>
<tr><td>소근육 발달</td><td>• 단순한 형태를 잘라서 풀로 붙일 수 있다.
• 주어진 글자나 숫자 꼴을 본뜰 수 있다.
• 가위로 직선과 곡선을 자를 수 있다.
• 블록이나 레고를 갖고 간단한 모형을 만들 수 있다.</td><td>• 색종이로 비행기나 배 모양을 접으려고 한다.
• 숫자, 글자를 보고 따라 쓸 수 있다.
• 잡지에서 자신이 원하는 그림을 자를 수 있다.
• 마분지의 구멍을 통과하여 털실을 꿸 수 있다.</td></tr>
</table>

기준 설정요령은 다음과 같다.

- 내용은 누리과정 5대 영역별 지도내용에서 선정한다.
- 기준을 설정할 때는 유아의 발달수준을 충분히 고려한다.

㉯ 작업표본 수집

작업표본은 포트폴리오의 핵심으로 활동의 결과물로 유아가 쓴 글, 그림, 읽은 책의 목록, 수학활동자료, 과학활동자료, 사진, 유아들이 이야기한 것을 받아 적은 것, 친구들과 협동작업한 것, 유아들의 노래나 이야기를 녹음한 것 등을 들 수 있다. 포트폴리오 자료를 수집할 때는 유아의 성취도를 확인할 수 있는 핵심평가항목과 유아의 개성을 알 수 있는 개별화 항목으로 나누어 수집한다.

〈표 II-48〉 핵심평가항목 선정의 '예'

영역	핵심평가항목의 예	수집활동의 예
신체운동 · 건강	① 대 · 소근육활동에 대한 기록 ② 기본적인 생활습관에 대한 기록	• 실외활동 관찰기록 • 소근육활동 결과물 • 생활습관 관찰기록
사회관계	① 그림이나 대화를 통해 자신, 가족, 지역, 사회의 특징이나 역할을 인식한 기록 ② 사회적 성숙도를 나타내 주는 자료	• 역할놀이 사진자료 • 가족과 이웃에 관한 활동자료 • 자유선택활동 기록지
언어표현	① 자신의 생각을 나타내는 쓰기 견본 ② 이야기를 듣고 이해하며 표현해 본 기록	• 도서계획표 • 글자가 2에 가까운 모양으로 나타낸 자료 • 유아의 이야기 녹음자료
예술표현	① 예술을 통해 느낌이나 이야기를 표현해 보려는 노력 ② 다른 사람들과 예술을 공유하는 노력	• 동작으로 표현하기의 자료 • 자신의 느낌을 나타낸 작품이나 활동자료 • 재료나 작품에 대한 유아의 생각에 관한 자료
자연탐구	① 수학적 문제해결을 위한 전략 사용하기 ② 과학적 세계에 대한 질문이나 생각에 대한 기록	• 수학활동한 자료나 사진 • 관찰기록표 • 요리활동 결과표 • 자료의 수집 · 분석에 사용한 차트나 그래프

작업표본 수집요령은 다음과 같다

- 1년에 3회 정도로 나누어 수집계획을 세운다.
- 자료를 정기적으로 점검하고 수집한다.
- 작업이 행해질 때의 배경과 맥락을 적도록 한다.
- 유아와의 토론을 거치는 과정이 있으면 더욱 좋다.
- 작업표본 외에 유아의 학습일지 기록, 교사의 관찰자료 및 논평자료도 포함시킨다.
- 자료보관함을 개인별로 준비하고 시간에 따른 개별 유아에 대한 다양한 평가자료를 수집한다.
- 각 어린이집에서는 학기 말에 신학년도의 유아평가를 위하여 포트폴리오 수집계획은 세워두어야 한다.

5대 영역별 평가를 위한 작업표본 수집계획의 '예'를 제시한다.

〈표 Ⅱ-49〉 포트폴리오 수집 연간 계획의 '예' (3세)

영역	신체운동·건강	사회관계	예술경험	의사소통	자연탐구
내용	• 교통안전 규칙 지키기 • 기본 운동하기	• 나와 다른 사람의 감정 알고 조절하기 • 친구와 사이좋게 지내기	• 움직임과 춤으로 표현하기 • 다양한 예술 감상하기	• 느낌, 생각, 경험, 말하기 • 쓰기에 관심 가지기	• 자연현상 알아보기 • 수와 연산의 기초 개념 알아보기
3월			자유화 그리기		간식 수 세어보기
4월	신호등의 의미를 알기			주말 지낸 이야기 발표하기	
5월		놀이 관찰		내 이름 찾기	
6월	지시어에 맞게 움직이기				희망텃밭 관찰하기
7월			자유화 그리기		
9월	신호등 안전하게 건너기			주말 지낸 이야기 발표하기	간식 수 세어보기
10월		놀이 관찰		내 이름에 들어간 글자 찾기	
11월	자유롭게 움직이기		자유화 그리기		
12월					희망텃밭 관찰하기

㉰ 조직

전 항을 통해 수집된 자료를 평가하기 위해 조직하는 과정이다. 조직할 때는 다음과 같은 요령으로 한다.

- 조직의 기준을 정한다.
- 모든 자료에 날짜를 적어 놓는다.
- 작품 자체보다 그 작품이 나온 사회적 맥락이나 작업의 진행과정, 평가 대상자의 의도 및 판단 등을 간략하게 기록한다.
- 내용물을 놓을 장소를 준비하며 늘 조직하여 보관한다.
- 평가목적인 자료는 매일의 학급활동에 정규적인 일과가 되어야 한다.

㉱ 평가

평가에서 고려할 사항은

- 포트폴리오에 포함된 양이 너무 많기 때문에 유아에 대한 평가에 앞서 자료를 편집하고 요약하는 과정이 필요하다.
- 포트폴리오 요약은 한 학기 혹은 한 해 동안 포트폴리오에 수집된 많은 정보를 요

약하여 서술문으로 작성한다.

- 포트폴리오 요약을 통해 유아교사는 포트폴리오 내용을 체계적으로 살펴보게 되고 유아들의 성취와 발달을 기준에 비추어 보면서 방대한 포트폴리오를 평가한다.
- 특히 유아가 가지고 있는 독특한 특성이 보이는지, 도움을 필요로 하는 부분이 있는지, 그리고 발달단계에 비추어 지나치게 뒤떨어진 부분이 있는지 등을 차례로 평가한다.

㉤ 요약서 정리

평가결과를 다음 요약서처럼 요약 · 정리한다.

포트폴리오 요약서
유아 이름 :
• 전체 발달에 대한 의견
• 5대 영역별 발달에 대한 의견 1. 신체운동 · 건강 영역 2. 의사소통 영역 3. 사회관계 영역 4. 예술경험 영역 5. 자연탐구 영역

3. 부적응행동 지도

전 절에서는 부적응행동 지도를 위해 부적응행동을 하는 유아를 선별하고 부적응행동요인을 찾아내기 위해 유아이해방법으로 관찰법, 포트폴리오 평가방법의 과정과 절차에 대하여 기술하였으나 본 절에서는 부적응행동 지도방법에 대하여 알아보기로 한다. 따라서 본 절에서는 부적응행동의 개념, 부적응행동의 영역, 부적응행도지도의 실제의 순으로 기술하기로 한다.

1) 부적응행동의 이해

(1) 부적응행동의 개념

흔히 부적응아를 문제를 가진 유아로서 교사나 부모를 괴롭히거나 골치 아픈 유아, 유아교육기관에서 공부를 못하면서도 동료유아를 괴롭히는 유아가 갖고 있는 행동특성으로 바람직하지 못하여 사회적으로 지탄을 받는 유아 등 모두가 부정적인 선입견으로 보는 경향이 있다.

그러나 일반적으로 부적응행동이란 '유아들이 실패의 경험, 목적이나 행동적응이 저지되었을 때 이에 방어 기제나 비정상적인 방법으로 적응하려는 행동으로 다른 사람이나 본인에게 위험이나 악영향을 줌을 물론, 개인이나 사회생활을 저해하며 유아생활의 전영역에서 표출되는 일탈된 바람직하지 못한 행동으로 대개의 경우, 정상적인 유아의 범주와 다른 특성의 행동양식'을 말한다.

(2) 부적응행동의 특성

부적응행동의 특성은 다음과 같다.

① 유아 행동의 전 영역에 걸쳐 이루어진다.
② 학교에서 실패를 경험하거나 목적행동이 저지되거나 행동의 적응이 저지되었을 때 일어난다.
③ 행동에 관한 적응과정이 일반적인 기준에서 일탈하여 비정상적인 방법으로 적응시키고 있다.
④ 사회적인 발전을 저해하고 자신의 발전에도 바람직하지 않다.
⑤ 본인과 다른 사람에게 위험을 가하거나 악영향을 준다.
⑥ 개인의 사회생활과 인간관계를 맺는 데 나쁜 영향을 준다.
⑦ 퇴행, 공격, 도피 등의 방어기재를 사용하는 등 다양한 성격을 지니고 있다.

(3) 부적응행동에 대한 그릇된 오류

현장교사들은 부적응행동에 대하여 그릇된 오류를 가지고 있다.

① 부적응행동을 비적응행동으로 오인한다.
② 부적응아를 문제아로 생각하는 경향이 있다. 부적응아에게서 부적응행동 요인만 제거하면 정상아가 된다. 문제아가 아니다.
③ 부적응행동을 교사의 기준으로 판단하려든다. 다양한 검사를 통해 종합적으로 판단해야 한다.

④ 교사나 학부모는 현재 진행 중인 유아의 부적응행동을 유아발달상의 한 과정으로 보지 않고 현재의 부적응행동으로 속단한다. 발달과정상 나타나는 자연스러운 현상일 수도 있다.

⑤ 교사나 부모는 유아발달의 개인차를 무시하고 보편성을 지나치게 강조하는 경향이 있다. 개인에 따라서 현재의 부적응행동이 지극히 자연적인 발달과정일 수도 있다.

⑥ 교사나 부모는 유아의 부적응행동을 당해 유아의 미래 성공 가능성에까지 연결시켜 속단하는 경우도 있다. '잘될 나무는 떡잎부터 알아본다'는 말이 꼭 옳지 않다.

⑦ 교사는 활동실의 안정적인 분위기 조성을 위해서 부적응행동만 지도하면 된다고 오판한다. 대부분 유아의 바람직한 적응행동에 대한 칭찬, 격려도 동시에 이루어져야 한다.

2) 부적응행동 지도의 실제의 '예'

부적응행동 지도는 같은 유형의 부적응행동이라 할지라도 유아 개개인이 처한 가정상황, 유아의 발달상황 등 각기 다른 영향요인에 의해 형성된 것으로 지도전략이나 처방이 각기 다를 수밖에 없다. 따라서 본 장에서는 부적응행동 유형에 따른 일반적인 지도방안에 대하여 기술하기로 한다. 또한 부적응행동 유형, 즉 기본생활습관 부적응행동, 사회적 부적응행동, 도덕적 부적응행동, 정서적 부적응행동, 신체적 부적응행동, 언어 · 인지적 부적응행동, 특별한 요구를 지닌 부적응행동 지도방안을 중심으로 기술하기로 한다.

(1) 기본생활습관 부적응행동 지도

기본생활습관이란 '관습과 전통의 형태로 내려온 사회적 문화, 규범의 원리로써 다양한 환경과 삶의 양식에서 행동 그리고 사고방식, 정서유형으로 표현하며 일상생활에 잘 적응하고 대처하는 종합적인 행동양식 또는 자조기술'을 의미하는 것으로 정의하였다. 세 살 버릇 여든까지 간다는 말은 유아기의 기본생활습관 형성의 중요성을 강조하는 매우 의미 있는 말로 어렸을 때의 습관은 한 개인의 일생을 좌우한다. 기본생활습관 영역에서는 예절습관, 수면습관, 배변습관, 안전생활습관 등 4개 영역에 걸쳐 그 중 잘 이행되지 않는 부적응행동 2개씩 제시하고 이에 따른 지도방안을 제시한다.

① 예절습관

예절은 나 아닌 다른 사람과의 관계에서 비롯된 것으로 다른 사람에 대한 이해와 존경심이 바탕이 되어야 한다. 유아들은 자기중심적인 면이 많아서 다른 사람의 생각이나 입장, 또는 감정을 고려하지 않고 행동함으로써 예절습관을 무시하기도 한다. 특히, 바른 예절교육은 원만한 인간관계를 유지하기 위해 필요하다. 그리고 유아기에 바른 예절습관을 배우고 실천하는 것은 이후 일생의 생활태도를 결정짓는 기초가 되기 때문에 더욱 중요하다. 예절습관 지도를 통해 유아들이 상대를 분별하여 알맞은 언어행동을 취하고 예절에 맞는 행동이 몸에 내면화되도록 지도해야 한다. 예절습관에서는 '일반예절을 지키지 않는 유아'의 지도방법에 국한하여 기술하기로 한다.

㉠ 일반예절을 잘 지키지 않는 유아

예절은 일반적으로 일상생활에서의 모든 예의와 절차를 의미하는 것으로 일반적으로 언어나 몸가짐, 행동의 총체, 그리고 도리에 맞는 모든 질서와 절차로서 예절의 일반적인 덕목으로서는 인사하기, 부모님 잘 섬기기, 어른 공경하기, 바르고 고운 말 쓰기가 그 대표적인 행동특성이다.

㉮ 행동특성

예절이 바른 유아의 일반적인 행동특성으로는

첫째, 부모님이나 웃어른에게 상황에 맞게 적절한 인사말과 자세를 갖추어 인사를 잘 한다.

둘째, 부모님이나 다른 어른들의 말을 고분고분하게 듣고 순종하며 말대꾸를 하거나 반항하지 않는다.

셋째, 부모님이나 다른 어른들의 의견을 존중하고 유아들을 잘 보살펴 줌에 대하여 고맙게 생각하고 보답하려고 노력한다.

넷째, 부모님이나 다른 어른들과 대화할 때 상대의 말을 끝까지 경청하고 자기의 의견을 조용하게 논리적으로 이야기할 줄 알며 상대의 질문에 대하여 정중하게 대답할 줄 알고 항상 표준말을 사용하고 큰소리를 내지 않는다.

㉯ 원인 및 지도방법

ⓐ 원인

- 대부분의 가정에서는 모든 교육, 특히 예절교육은 유아교육기관에서 지도하는 것으로 생각한다.
- 성격은 어떻든 간에 '서울대학만 합격해라' 하면서 그릇된 예절을 바로 잡기보다 학습태도를 바로 잡는 데 심혈을 기울인다.
- 사회생활 속에서 예절생활의 태도나 습관화에 대한 강화가 후속적으로 이루어지지 않는다. 웃어른에게 인사를 잘하는 유아를 보고 사회인들은 '너 참 인사를 잘 하는구나' 하고 칭찬하는 경우는 있으나 인사를 하지 않는 유아에 대한

지도가 전혀 이루어지지도 않고 관심조차 없다.

- 바른 예절에 대한 역할모델이 없다.
  유아들은 교사, 부모, 사회인들이 시키는 대로는 하지 않아도 하는 대로는 한다. 그러나 부모나 성인들은 바른 예절의 역할모델이 되지 못하고 있다.
- 예절교육이 효율적으로 이루어지기 위해서는 유아교육기관에서는 유아들의 예절상황을 관찰·분석하고 분석된 결과를 중심으로 유아들이 잘 지키지 않는 예절내용과 그에 대한 대책을 강구하여 지도한 후, 사회, 가정, 유아교육기관에서 어떻게 적용되는지를 관찰·분석하여 잘 지켜지지 않는다면 그 원인과 이유를 찾아 다시 유아교육기관에서 또다시 지도하는 등 예절교육의 순환적 반복 지도에 주력해야 한다.

ⓑ 지도방법

- 예절교육의 행동적 목표를 설정하고 유아들이 실천해야 되는 핵심적이며 명시적인 행동목표가 제시되어야 한다. 예를 들면 인사 잘하기, 친구들과 사이좋게 지내기, 대상과 상황에 맞게 바르게 말하기, 고운말 쓰기, 존경어(높임말) 쓰기, 형제 간에 우애 있게 지내기, 부모님 도와드리기 등과 같이 유아들에게 지도해야 할 행동목표를 핵심적이고 명시적으로 초점화시켜야 한다.
- 유아교육기관이나 가정에서 예절교육을 실시하는 데도 잘 지켜지지 않는 이유는 기본행동 덕목이 내면화되지 않았기 때문이다. 예절행동이 내면화되지 못하면 교사나 웃어른이 보는 앞에서는 잘 지키나 교사나 웃어른이 없는 곳에서는 잘 이행하지 않는다.
- 예절은 한두 번의 지도로는 습관화시킬 수 없다. 지속적으로 그리고 일관성 있게 예절습관이 유아들의 생활 속에 습관화될 때까지 지속적으로 지도되어야 한다.
- 가정에서는 부모가 유아교육기관에서는 교사가 예절행동에 대하여 행동모델이 되어야 한다. 특히, 가정에서 유아들의 예절생활이 내면화되지 못하는 이유는 부모들이 예절생활의 절실성에 대한 이해 부족은 물론, 부모들이 솔선수범하여 예절생활을 이행하지 않는 데도 그 영향이 크다.
- 모든 교육이 그러하듯이 유아들의 예절 지도에서는 강요나 지시보다는 유아 스스로 실천할 수 있는 분위기를 조성하여 주고 잘 이행할 때는 적절한 칭찬과 격려를 해 주어야 예절습관이 바르게 정착될 수 있다.
- 예절을 잘 지키지 못하는 유아에 대해서는 부모상담을 통하여 유아교육기관과 가정과의 일관성 있는 지도를 위하여 연계교육을 실시해야 한다.

② 수면습관

수면은 낮에 많은 활동을 통해 사용했던 뇌에 있는 신경세포들을 다시 정리하게 하여 다음에 다시 활용할 수 있는 기반을 마련해 주며 또한 육체적 · 정신적 피로를 회복하고 건강한 생활을 유지하기 위해 꼭 필요하다.

㉠ 악몽과 야경증

㉮ 행동특성

악몽은 주로 불안해서 무의식 반응으로 일으키는 착시현상이다. 또한 악몽은 강하고도 부정적인 반응을 일으킬 수 있는 기분 나쁜 꿈을 가리키며 공포뿐만 아니라 슬픔, 분노를 동반하기도 한다. 또한 야경증은 수면 중에 갑작스러운 공포감과 불안감을 느끼면서 깨는 경우로서 이때는 겁에 질려 비명을 지르거나 우는 경우도 있다. 악몽은 꿈의 내용의 일부를 기억하나 야경증은 아침에 일어나서 그 내용을 기억하지 못하는 경우가 많다.

㉯ 원인 및 치료

악몽은 유아가 상상력이 풍부하고 환경에 민감하여 일상생활에서 일어나는 현상들이 불안을 자아내며 불안이 심할 때 또는 마음이 극도로 어떤 일에 쏠려 있거나 아니면 불안 감정이 계속될 때, 또는 양기가 부족하여 두려움이 생기는 경우, 극도로 불안해서 그리고 두뇌에 문제가 생겨 과잉 반응을 일으키는 경우에 불안한 꿈을 꾸는 것이다. 불안이 심하면 놀라 깨거나 흥분하며 두려워하는데 주로 새벽에 깨어난다. 다시 잠들고 아침에 일어나 이러한 꿈을 기억하는 수가 많다. 이런 일이 자주 일어나면 평소에 유아가 상당히 불안이 심함을 의미하므로 전문가에게 진단을 받아야 한다. 또한 야경증은 열, 수면 부족, 감정적인 긴장이나 스트레스가 주원인이 된다. 그리고 대개의 경우, 뇌의 발달이 약간 미숙한 유아에게서 일어난다.

야경증은 잠들고 난 뒤 30분 내지 3시간 정도 이내에 나타난다. 갑자기 소리를 지르며 일어나 심한 불안 속에 어쩔 줄 모르며 무엇을 집으려는 행동이나 특정한 행동을 되풀이 하면서 얼굴은 무서움과 공포 속에 떨고 눈은 동공이 커져 있고 식은땀을 흘리면서 숨을 몰아쉰다. 부모가 달래도 소용 없이 약 10분 동안 계속되다가 자연히 잠들게 되는데 아침에 일어나서 전혀 기억할 수 없는 것이 특징이다.

밤에 일어나는 간질발작이 이 야경증과 비슷하게 일어나는 수가 있으므로 감별하여 지도해야 한다. 이때는 역시 전문가에게 의뢰하여 뇌파검사를 받아보아야 한다. 또 우리나라의 경우, 악몽과 야경증이 외국에 비해 일반적으로 많은 경향인데 이것은 우리나라 유아가 나이가 들어서도 부모와 같이 자는 것과 관련이 있는 듯하다. 즉 4~5세가 지나서 나이가 들어서도 부모와 같이 동침하는 유아가 많은데, 역시 부모와 같이 잠으로써 좀 더 많은 자극을 받아 악몽이나 야경증이 심한 듯하다. 따라서 이런 유아들은 서서히 부모로부터 독립하여 다른 방에서 자도록 지도하는 것이 중요하다.

③ 배변습관

배변은 '장운동'이라고 한다. 배변이란 소화의 마지막 과정으로 소화계통으로부터 항문에 이르기까지의 고체, 반고체, 액체 형태의 찌꺼기(대변)를 밖으로 내보내는 일이다. 유아가 건강하려면 잘 먹고 잘 자고 잘 배설해야 한다. 이 3가지 중 한 가지만이라도 결핍되면 누구든지 건강할 수 없다. 배변습관에서는 '자기 집이 아니면 용변을 못 보는 유아'에 대한 지도방법에 대하여 기술한다.

㉠ 자기 집이 아니면 용변을 못 보는 유아

㉮ 행동사례

수영이는 친구 집에 가서 놀다가 용변을 보고 싶으면 친구 집 화장실을 이용해 용변을 보지 않고 곧장 집으로 돌아와 자기 집 화장실을 이용한다.

㉯ 행동특성

유아들 중에 용변을 보고 싶으면 교사의 도움을 거부하며 엄마를 찾거나 집에 가겠다고 한다. 경우에 따라서는 고집을 부리다가 아주 급해서 옷에 방뇨하는 일도 있다.

㉰ 원인 및 지도방법

사람은 누구나 낯선 환경에 대하여 약간의 경계심을 갖기 마련이다. 그래서 긴장이 되고 따라서 집을 떠나 여행을 하면 변의 현상을 경험하게 되는 것은 누구에게나 있는 일이다. 마찬가지로 유아도 낯익은 가정을 떠나서 딴 곳에 가면 약간의 긴장을 느끼게 된다. 만일, 자기 집 화장실과 외부의 화장실이 생김새가 많이 다르면 더욱 그런 현상이 오기 쉽다. 예를 들어 한쪽은 재래식이고 한쪽은 쭈구리고 앉는 식이고, 다른 한쪽은 수세식이라든지 혹은 다 수세식이라도 한쪽은 쭈그리고 앉는 식이고, 다른 한쪽은 의자식이라면 이러한 차이에 대한 거부감 때문에 밖에 나가서 용변을 보지 못하는 수가 있다. 다행히 집이 가까운 유아는 쉬는 시간에 집에 갔다 오기도 하나 집이 먼 유아는 무조건 참다가 방광염이나 신장염에 걸리는 경우도 있다. 용변을 보러 집에 가도록 허용하면 또 다른 사고로 이어질 수도 있다. 또한 오늘날은 유아교육기관의 화장실이 모두 가정과 같이 수세식이어서 조금만 지도하면 된다. 그러나 사람이 일생을 살면서 갖가지 환경의 변화를 겪어야 한다. 때로는 산속에서 텐트생활을 해야 하고 때로는 시

골집에서 가서 민박도 하게 되고 남자들은 유사시에 군대에 복무할 수도 있다. 따라서 어떠한 경우에 처하더라도 거기에 대처해서 수용해 나갈 수 있도록 지도해야 한다. 그러려면 부모가 의도적으로 너무 호강스러운 한정된 분위기 속에서 살게 하지만 말고 여러 가지 경험을 해 볼 기회를 갖도록 한다. 어릴 때일수록 가소성이 커서 환경의 변화에 잘 적응하는 법이니 가급적 부모와 함께 여러 가지 장면을 경험하게 하고 부모가 시범을 보이도록 한다. 남의 집이나 유치원 화장실을 이용하지 않으려 하면 다른 유아들의 화장실 사용모습을 관찰시킨 후 교사와 부모가 옆에 서서 안도감을 갖게 여러 번 지도하면 쉽게 교정될 것이다.

(2) 사회적 부적응행동 지도

사회적 행동에는 나눠주기, 돕기, 위로하기, 협력하기, 격려하기 등의 친사회적 행동과 반사회적 행동, 즉 사회적 부적응행동이 있다. 사회적 부적응행동이란 반사회적 행동으로 동료유아들의 권리를 침해하는 등 사회적 규범과 규칙을 어기는 행동을 말한다. 사회적 부적응행동에서는 '친구가 없는 유아' 지도방법에 대하여 기술하기로 한다.

① 친구가 없는 유아

㉠ 유아사례

3~4세가 되면 대부분의 유아들은 접촉하는 동료유아가 많아진다. 그런데 4.5세인 영순이는 대부분 혼자서 논다. 다른 유아들이 가서 이야기를 해도 묻는 말에만 대답을 할 뿐 같이 어울려 놀지 않는다. 그렇다고 동료유아들이 노는 집단에 끼어들려고 하지도 않는다. 그러나 친구들이 노는 모습을 보고 웃는 등 많은 관심을 보인다.

㉡ 행동특성

친구와 어울리지 못하는 유아, 즉 친구가 없는 유아 특성은 유아들이 노는 주변을 배회하거나 노는 과정에서도 유아 자신은 함께 놀고자 하나 배척을 당하는 유아, 혹은 '선생님, 나는 끼워주지 않아요.'라는 말을 종종 하는 유아 등 다양하다.

㉢ 원인

친구가 없는 경우는 친구와 어울리지 못하는 경우인데 여기에는 두 가지 유형이 있다. 한 유형은 친구를 사귀고 싶지만 못 사귀는 경우이고, 한 유형은 친구를 전혀 사귀고 싶어 하지 않는 유형이다.

㉮ 친구를 사귀고 싶어도 못 사귀는 유아

이런 유아는 낯선 사람, 특히 낯선 또래들을 두려워하는 듯하다. 이렇게 되는 원인으로는 첫째, 사회적 공포증, 다시 말해서 대인 공포증을 들 수 있다. 또 하나는 낯선 사람, 특히 또래와의 관계를 형성하는 경험이 부족했기 때문이다.

㉯ 친구를 사귀고 싶어 하지도 않는 유아

앞에서 설명한 유형의 유아는 친구를 사귀고 싶고 또 또래집단에 끼고 싶어 하는 마음이 있는데 반해서 두 번째 유형의 유아는 친구가 없다는 데 대해서 별로 서운해 하지도 않으며 오히려 혼자 있는 것을 즐기는 것 같은 인상을 준다. 이런 유아의 특성으로는 누군가 자기를 흉보거나 비판하는 데 대해서 매우 민감하며 화를 많이 낸다.

㉰ 일반적인 원인은

첫째, 보통 유아보다 욕을 잘하거나 밉상스러운 행동으로 친구를 괴롭힌다.

둘째, 보통 유아보다 고자질을 잘 하며 친구를 혼내게 했기 때문이다.

셋째, 지능이나 연령의 차이로 함께 노는 놀이의 정도가 너무 어려워 분담 역할이 안 되거나 혹은 너무 단조로워 불평함으로써 소외당하는 경우가 많다.

㉣ **지도방법**

이러한 유아를 지도하기 위해서는 우선 가장 본질적인 원인을 관찰을 통하거나 동료유아의 반응을 통해 파악해야 한다.

첫째, 친구를 사귀고 싶어도 못 사귀는 유아의 지도방법은

㉮ 발달측면에서 함께 노는 능력이 부족하다면 '혼자놀기' 단계에 더 머물도록 그냥 둔다. 친구들이 노는 주변에서 구경하는 것도 놀이 발달단계에서 중요하므로 강요하지 말고 '참, 재미있니?', '함께 구경하자' 등의 표현으로 놀이장면을 열심히 보도록 한다.

㉯ 함께 노는 장면에서 동료가 어떤 행동을 할 때 속상했는지 서로 이야기 나누기를 한다. 이런 시간을 통해 대부분의 친구들이 욕을 하거나 방해할 때 속상하다고 지적하는 것을 듣게 함으로써 용납되게 하는 행동을 배우게 되는 것이다.

㉰ 친구관계에서 속상했던 경험과 좋았던 경험을 그림이나 말로 표현해 보고 이것을 친구들과 나누는 행동을 해 보게 한다.

㉱ 교사가 놀이장면을 관찰하여 소외당하는 장면을 발견할 때 적절한 조언이나 도움을 주어 소외당하는 유아존재를 재인식할 수 있도록 상황을 바꾸어 줄 수 있다. 예를 들면, 집짓기 영역에서 동료유아가 지어놓은 다리가 기울었을 때 유아로 하여금 바로 세우게 하고 이를 동료유아에게 알려 유아의 존재를 재인식하게 한다.

둘째, 친구를 사귀고 싶어 하지도 않는 유아의 지도방법은

㉮ 꾸준히 그리고 적극적으로 유아에게 접근하고 과제 수행을 격려하고 친절하게 대해 주어야 한다.

이런 유아는 교사나 동료유아가 친밀한 관계를 가져 보려고 접근해도 이를 무시하는 경향이 있다. 그런 무성의한 반응 때문에 교사와 동료유아는 그 유아에 대하여 관계를 단절하고 별로 좋지 않은 인상을 갖는다. 그러면 유아는 점점 고독한 사람이 되고 성격도 나빠질 수 있다. 이런 유아를 지도함에 있어서는 장기적인 안목을 가질 필요가 있다.

㉯ 부모상담은 필수적이고 중요하다.

유아에 대한 가정에서 과거 양육과정을 파악하여 만약 그동안 부모에게서 충분하고 따뜻한 양육을 받지 못하고 거부적인 대우를 받았다면 늦게라도 어머니로부터 사랑과 무조건적인 돌봄을 베풀어 주도록 조언하는 것도 도움이 된다.

(3) 도덕적 부적응행동 지도

한 사회가 존속하는 데는 한 사회의 존속에 필요한, 풍속, 관습, 도덕적 행동을 잘 준수하여야 한다. 그런데 여기에서 다루려는 도덕적 부적응행동은 기본생활 외 5개 영역의 부적응행동보다 사회의 존립에 심대한 영향을 줌은 물론, 다른 사람의 권리와 인권을 침해하는 등 반사회적 행동으로 도덕적 부적응행동은 사회적 규탄의 대상이 된다. 거짓말을 하고 훔치고, 속이고, 모략하고, 폭행을 하는 등 도덕적 부적응행동을 유아기부터 형성되지 않도록 철저히 지도해야 한다. 여기에서는 '훔치는 행동'에 대한 지도방법에 한정하여 기술하기로 한다.

① 훔치는 행동

㉠ 유아사례

요사이 며칠 동안에 원아들의 색연필이 계속 없어졌다. 유치원에 모든 것이 준비되어 있기 때문에 색연필을 가지고 올 필요가 없으나 외제 예쁜 색연필을 자랑 삼아 가지고 다니는 유아가 몇 명 있는데 그것이 하나씩 없어지는 것이다. 그런데 희영이 어머니는 희영이가 빨간색연필을 여러 개 가지고 있는 것을 발견하고 희영이에게 물으니 길에서 주웠다고 해서 계속 꾸짖고 물으니까 유치원에서 친구의 색연필을 가져왔다고 실토하였다.

㉡ 행동특성

유아들이 다른 사람의 소유물을 주인의 허락 없이 물건을 갖는다든지 사용하는 것은 크게 두 가지로 생각할 수 있다. 첫째 유형은 훔치는 것이 실험적이고 탐색적인 특징을

지닌 경우이고, 둘째 유형은 훔치는 행동이 습관적이고 충동적인 특징을 지닌 경우이다. 유아가 성장과정에서 내 것과 남의 것을 구별할 수 없는 나이에 남의 것을 가져가는 경우에는 도벽이나 절도로 생각할 수 없다.

ⓒ **원인**

㉮ 유아에게 필요한 만큼의 용돈을 주지 않거나 다른 유아들이 갖고 있는 것을 사주지 않아서 훔치게 되는 경우가 있다. 유아가 가지고 싶은데 이것을 정당한 수단으로 얻을 수 없을 때 그 유아는 훔치게 되기 쉽다.

㉯ 다른 유아가 훔치는 것을 보거나 텔레비전 같은데서 훔치는 장면을 본 뒤에 이를 모방하는 경우가 있다. 특히, 유아들이 집단을 이루고 있어 훔치는 행동을 할 경우에 유아는 훔치는 행동으로부터 쾌감과 심리적 희열을 맛보는 수가 있다.

㉰ 애정과 충분한 인정을 받지 못한 유아는 충동적으로 훔치게 될 가능성이 높다. 애정과 이해의 결핍으로 인해서 생기는 도벽은 유아 자신도 나쁘다는 것을 알고 있을 뿐만 아니라 훔쳐서는 안 되겠다고 생각하면서도 억제할 수 없는 어떤 충동 때문에 훔치게 되는 일이 그 특징으로 볼 수 있다.

㉱ 자신의 것과 남의 것을 구별 못하는 경우로 죄의식을 느끼지 못하며 이는 정서적 발달이 늦은 유아에게 나타난다.

㉲ 남의 물건인 줄 알면서도 3~4세 유아의 경우, 도벽이라는 의식이 없이 갖고 싶은 물건을 숨겨서 가져오기도 한다.

㉳ 대등한 관계에서 놀지 않는 경우, 자기보다 강하거나 연상의 유아에게 같이 놀기 위해 물품을 가져다주는 일도 있다.

㉴ 정서적으로 불안정한 유아는 불만족스러운 기분을 만족시키기 위해 물건을 가져오는 경우가 있다.

ⓡ **지도방법**

㉮ 훔치는 버릇이 있는 유아를 지도하기 위해서 먼저 생각해야 할 점은 유아가 필요로 하는 만큼의 용돈을 주거나 물건을 사서 주어야 한다. 유아에게 용돈을 줄 때 매일 주는 방법도 있고 일주일치씩 주는 방법도 있다. 어른에게 용돈이 필요한 것과 마찬가지로 유아들도 용돈이 필요하다는 점을 부모는 이해해야 한다.

㉯ 유아가 물건을 훔쳤을 때 훔치는 행동이 얼마나 나쁜 것인가를 잘 이해시켜야 한다. 용서하고 관대하게 대하되 단호하고 확고부동한 태도로 훔치는 행동이 초래할 수 있는 결과에 대해서 설득력 있게 설명하는 것이 좋다. 유아가 마음에 상처를 입게 되면 훔치는 것보다 더 끔찍하게 나쁜 결과를 가져올 수도 있다.

㉰ 유아가 건전한 성장을 하는 데 있어서 사랑과 이해만큼 큰 역할을 하는 것도 드물다. 유아를 사랑하는 마음뿐만 아니라 유아가 스스로 결단하고 행동할 수 있는 용기를 심어주고 잘못이나 실수를 범했을 경우에는 실수와 과오를 통해서 새로운 것을 배울 수 있는 신뢰와 관용을 베풀어야 한다.

㉱ 어린이집에서 유아가 물건을 가져온 경우에는 이 사실을 어린이집에 전화연락을 하고 유아를 통해 즉시 반환하며 부모와 유아가 함께 사과하는 모습을 보여준다.

㉲ 유아의 도벽이 발견되면 유아의 행동을 꾸짖기 전에 부모와 연계지도방안을 강구한다.

㉳ 유아의 도벽을 너무나 심각한 상황으로 받아들여, 예를 들면 이 아이가 도둑이 되지 않을까? 하고 유아에게 감금, 체벌, 꾸중, 친구와 놀지 않기 등 과격한 조치는 절대 금물이다.

(4) 정서적 부적응행동 지도

영아기의 정서적 표현으로는 기쁨, 분노, 공포, 불안 그리고 유아기의 정서표현으로는 기쁨, 분노, 공포, 질투, 애정, 호기심 등을 들 수 있다. 이러한 정서발달에 영향을 주는 요인은 생리학적 요인, 기질적 요인, 인지적 요인, 성(SEX) 요인, 가정적 요인, 문화적 요인 등 다양한데 이들 요인에 의해 정서적 부적응행동이 많이 출현된다. 정서적 부적응행동에서는 '격리 또는 낯선 사람에게 불안을 느끼는 유아'에 대한 지도방법에 대하여 기술하기로 한다.

① 격리 또는 낯선 사람에게 불안을 느끼는 유아

㉠ 행동특성

2세경의 영유가 어머니와 같이 있다가도 어머니가 용무가 있어 일어나는 순간, 안 떨어지려고 울어버린다. 또한 3~5세경의 유아들 중 많은 유아가 유아교육기관의 현관에서 선생님에게 유아를 인계하려고 할 때 유아교육기관 안내를 맡았던 조부모나 부모와 격리불안을 느끼기 때문이다.

또한 많은 유아가 부모와 같이 있는데도 낯선 사람을 보면 무서움을 느껴 부모 뒤에 숨거나 부모에게 매달리는 상황이 연출된다. 이러한 상황은 낯가림으로 심한 경우에는 울기도 한다.

㉡ 원인 및 지도방법

㉮ 증상 및 원인

영아기의 영아가 자주 표출하는 주요 정서에는 기쁨, 분노, 공포, 불안 등 네 종류가 대표적이다. 그 중 영아기에 경험하는 불안감으로는 낯가림(Stranger anxiety)과 격리불안(Seperation anxiety)이다. 낯가림은 생후 12개월 때까지 영아들은 낯선 사람을 보면 울거나 자신을 붙잡아주고 있는 사람에게 매달리거나 머리를 숨긴다. 일반적으로 낯가림은 생후 6~8개월에 나타나기 시작하여 12개월경에 절정에 도달하다가 그 이후에는 점차 사라진다. 낯가림의 증상은 낯선 사람을 쳐다보다가 얼굴표정이 굳어지고 결국에는 울어버린다.

또한 생후 8~9개월이 된 영아는 어머니와 함께 있다가도 어머니가 자리를 일어나면 격리불안을 느껴 큰 소리로 우는데 이러한 반응은 격리불안이다. 일반적으로 영아기의 격리불안은 생후 12개월경에 최고조에 달하며 2세 말경에는 거의 사라지는 경향을 보인다. 그러나 이러한 격리불안이 완전히 해소되는 것은 아니다. 3~5세 유아가 유아교육기관에 입원하여 어머니의 손을 잡고 유아교육기관의 현관에서 유아를 선생님께 인계하려는 순간, 어머니를 안 떨어지려고 어머니에게 매달리거나 울어버린다. 이러한 현상도 격리불안의 일종이다.

㉯ 지도방안

격리불안과 낯가림을 최소화시키는 방법은 안정감을 갖도록 하고 많은 성인과 상호작용의 기회를 확대하여 불안감을 해소하는 일이다. 김혜원 등(2014)은 불안감 해소방안으로

- 영아와 즐겁게 지낸다.
- 영아는 스스로 감정을 조절할 수 없다. 따라서 영아가 운다고 해서 야단치는 것은 적절하지 않다.
- 긍정적으로 반응한다. 영아는 믿을 수 있고 일관성 있고, 상냥한 성인에게 더 많이 신뢰감을 갖는다.
- 영아를 보고 있다가 교사쪽으로 고개를 돌리면 반갑다는 표시를 하고 영아가 힘들게 느끼기 시작할 때 도움을 제공한다.
- 영아가 하고 있는 일이 재미없게 보이더라도 관심을 보인다.
- 놀이를 방해하거나 강요하지 않는다.
- 영아가 말하려고 하는 것을 말로 설명해 준다. 예를 들어 '너 지금 나한테 ~ 해달라고 말하고 있지?' 이것은 성인이 영아를 이해하는 데 도움을 주고, 영아가 자기 감정을 바로 이해하도록 도움을 준다.

제 5 장

보육실에서 일어나는 보편적인 문제상황

보육실에서 일어나는 보편적인 문제상황은 아주 다양하여 이러한 문제에 접할 때마다 교사는 많은 고민을 하게 된다. 문제상황은 교육의 본질적인 문제에서부터 시작하여 교수 · 학습방법, 생활지도문제, 학부모와의 갈등, 유아 개개인이 일으키는 행동상의 문제, 활동실의 공간 및 시설, 교구에 관련된 문제 등 아주 다양하다. 따라서 이러한 다양한 문제상황을 다각적인 측면에서 연구 · 검토하여 해결해 줌으로써 원활한 유아교육활동이 이루어질 수 있다.

1. 유아중심교육과 교사중심교육이 가져오는 교육적 역기능에 따른 갈등

1) 문제상황

유아교사는 활동실 내에서 유아들을 지도함에 있어 두 가지의 교육철학에 근거하여 이루어지는 교육 형태를 취하게 된다. 그 중 하나가 행동주의 교육철학을 신봉하는 교사중심교육과 자연주의나 성숙주의 교육철학을 신봉하는 아동중심교육의 두 주류로서 교사는 그 중 하나의 교육철학에 따른 교육방법을 채택하게 된다. A교사는 유아중심교육을 신봉함으로써 유아들에게 학습의 주도권을 부여하고 유아들의 흥미와 요구를 최대한 존중함으로써 유아중심의 교육이 이루어지는데 다른 반에 비하여 시끄럽고 질서가 없어 보인다. 또한 B교사는 교사중심교육을 신봉함으로써 교사가 학습의 주도권을 가지고 학습을 이끌어 감으로써 유아들의 요구나 기대가 무시되고 학습활동이 피동적인 느낌이 드나 항상 정숙하고 집단적이며 안정된 교실분위기를 조성하게 된다. 이와 같이 같은 유아교육기관 내에서도 서로 상반된 교육철학과 교육철학에 따른 교육방법을 선택 · 적용함으로써 교사들 간에 많은 갈등을 갖게 된다.

이로 인하여 옆반에서 나오는 소음이나 시끄러움 때문에 우리반의 학습활동에 방해를 줄 뿐만 아니라 옆반 유아들이 우리반 유아들을 공격하는 일들이 허다하여 교사들 간에도 분쟁으로 이어지기도 한다.

2) 문제점

전 항에서 유아중심교육과 교사중심교육이 가져오는 교육적 역기능이 무엇인가에 대하여 개략적으로 언급하였으나 다음에서 이에 대하여 좀 더 구체적으로 생각해 보기로 하자.

(1) 유아중심교육과 교육적 역기능

유아중심교육은 환경과 교육과정이 유아중심적 이어서 교육의 대상인 유아의 개별적 특성과 능력에 따른 활동으로 구성되어 유아중심교육은 유아 자신이 행복한 삶을 스스로 성취할 수 있는 바람직한 인간으로 인도하게 된다는 전제에서 출발한다. 따라서 Gesell을 중심으로 한 성숙주의 이론가를 중심으로 한 교육학자, 교육행정가들은 유아중심교육을 강조하고 있다.

유아중심교육의 특징은

첫째, 학습의 주도권을 유아에게 일임한다.

둘째, 유아의 흥미와 요구를 최대한 존중한다.

셋째, 유아 개인별 학습목표와 학습프로그램을 운영한다는 등의 특징이 있다.

따라서 오늘날 교육행정가와 일부 현장교사는 한결같이 유아중심교육이어야 한다고 생각하면서 교사중심교육을 교육현장에서 몰아낼 기세로 교사중심교육을 규탄한다. 그러나 여기에 재고해야 할 문제가 있다. 즉, 유아중심교육이 교육현장에서 최상의 교육방법이요 교사의 주도성이 많이 개입된 교사중심교육은 현장에서 추방되어야 할 최악의 교육방법으로 평가받아야 하는가의 문제이다.

결론부터 이야기하면 지나치게 강조된 유아중심교육이 오늘날 유아의 성장 · 발달에 미치는 부정적 영향이 많다는 사실이다. 이러한 영향은 유아교육기관에서만이 아니라 설상가상으로 가정교육에서도 합세하여 왔다. 즉, 부모의 유아에 대한 과보호이다. 어머니는 초등학교나 중 · 고등학교와는 달리 유아에게는 모든 면에서 지나치게 관대하다. 유아의 요구와 희망을 전폭적으로 수용해 주고 무리하며 힘들고 어려운 일에는 방어벽을 쳐도 기피시킨다.

따라서 오늘날 유아의 흥미, 희망, 요구, 욕구, 소질계발을 강조하는 지나친 유아중심교육이 낳은 유아행동에 있어서 나타나는 교육적 역기능은 대체적으로 다음과 같다.

① 유아의 행동이 자기중심적으로 형성될 우려

자기중심적으로 나타나는 행동적 특성으로는 아집이나 고집으로 표현된다.

이러한 행동은 다른 유아의 입장이나 처지를 전혀 고려하지 않는다. 자기중심성이 오래 그리고 강하게 작용할 때, 동료유아와의 교우관계, 양보, 협동, 집단생활에의 적응성 등 사회성 발달에도 나쁜 영향을 주어 원활한 사회적 관계를 형성하지 못한다.

② 어려운 학습과제에 대한 해결 동기나 해결력의 부족

유아교육기관에서의 유아교육활동은 유아본위로 유아의 흥미, 요구, 희망, 소질 등을 최대한으로 보장함으로써 유아의 주도적인 교육활동, 자유분방하고 창의적인 사고유발, 유아 개개인의 수준에 알맞은 개별학습의 용이성 등 좋은 효과를 거둘 수 있다. 그러나 유아학습과제가 반드시 유아의 수준에 맞게 여과되어 유아본위의 학습과제만을 선정하여 제시해야 하는가의 문제이다.

유아의 요구나 흥미가 없더라도 유아수준에서 필히 학습되어야 할 학습과제는 유아의 흥미와 요구에 관계없이 교육해야 할 학습과제가 산적해 있다.

예를 들면, 기본생활습관지도는 그 대표적인 예이다. 지나친 유아중심교육은 유아의 관심 밖에 있으면서 필히 학습되어야 할 학습과제에 대한 학습동기나 해결력이 부족하다는 점이다.

이러한 문제점이 해결되어야 할 이유는 얼마든지 있다. 특히 유아교육기관을 마치고 초등학교에 들어가면 학습풍토는 완전히 달라진다.

초등학교에서는 구조적인 교실, 구조적인 일과, 구조적인 교과, 구조적인 교육체제와 방법 속에서 지식, 정보 등을 교사의 주도하에 학생들에게 전달되는 다양한 학습활동을 강요당한다. 이때 유아중심교육에서 훈련된 유아들이 적응하기 어려운 것은 당연한 일이다.

③ 집단생활에의 적응력 부족

유아교육체제 속에서 집단생활의 적응력은 집단교수체제 속에서 배양되는 면이 많다. 그러나 유아중심교육활동에서는 일반적으로 교사중심의 집단교수학습체제를 비교적 경시하면서 유아의 흥미와 요구에 의해 여과된 학습활동을 개별적으로 이루어지는 면이 많다. 우리 인간은 사회적 동물이다. 따라서 사회집단 속에서 사회적 관계를 맺고 살아가기 마련이고 또한 원활한 사회적 관계를 맺는 데 있어서 필요한 많은 사회적 기술을 요구하게 된다. 이와 같은 이유 때문에 유아교육활동에서 유아중심의 개별활동과 교사주도성의 집단활동 중 어느 면도 경시할 수 없다. 그러나 오늘날 유아교육현장에서는 교사주도형의 집단교수체제를 무시하며 지극히 소홀하게 생각하고 있는 실정이다.

④ 인내력, 극기심, 자제력 등 자기조절적 기능 부족

유아에게 인내력, 자제력 등 자기조절적 기능을 연마시킨다고 하는 것은 유아교육기관에서 아주 중요한 과제로서 제5차 유치원 교육과정에서부터 이를 강조하기 시작하였다. 자기조절적 기능의 부족은 상황에 대한 예민한 분석과 이에 대응하는 기능이 부족하여 유아가 자기중심성에 따라 행동을 결정할 수밖에 없다.

오늘날과 같이 유아교육기관에서의 지나친 유아중심교육은 유아들의 인내력, 극기심, 자제력을 신장시킬 수 없다. 특히, 유아중심교육에서 이러한 기능습득을 어렵게 하는 것은 유아에게 다소라도 어려운 과정이나 활동을 필요로 하는 과제학습을 철저히 배제하기 때문이다.

(2) 교사중심교육과 교육적 역기능

교사중심교육은 학교교육에서 가장 전통적인 교육방법으로서 교육이 시작하면서부터 끊임없이 찬 · 반의 여론 속에서도 지금까지 유아교육기관에서 대부분의 교사가 활용하고 있으며 우리나라와 같이 학생들에게 가르쳐야 할 교수 · 학습내용이 많은 초 · 중 · 고등학교에서는 불가피하게 교사중심교육으로 이끌어갈 수밖에 없는 실정이다. 그러나 교과 교수부담이 적은 유아교육기관에서도 대부분의 교사가 유아중심교육의 필요성과 절실성을 절감하면서도 교사중심교육으로 진행하는 것은 학부모의 과다한 지적성장기대, 불비한 시설여건, 유아수의 과다, 학습진행상의 편리성 등의 이유로 아직도 유아교육현장에서는 많은 비판과 원성 속에서도 굳게 자리잡고 있다.

교사 중심교육의 특징은

① 교사가 주도성을 가지고 학습을 이끌어 간다.

② 교육에 필요한 모든 계획을 교사 단독으로 수립한다.

또한 교사중심교육의 장점은

① 교사가 계획한 의도를 충분히 실현할 수 있다.

② 집단적 규범과 질서를 학습하기에 용이하다.

③ 교사가 학습을 이끌어가는 데 노력과 부담이 적게 든다.

또한 교사중심교육의 단점은

① 유아들에게 주도성을 길러줄 수 없다.

② 유아의 흥미와 요구가 배제되어 재미가 없어 쉽게 싫증을 가져온다.

③ 유아는 모든 교육활동에서 피동적이며 소극적이다.

3) 대책

이상에서 밝힌 문제점을 바탕으로 하여 유아교육현장에서는 유아중심교육을 지향하되 교사중심교육이 갖고 있는 장점을 유아중심교육에 반영해야 한다. 이러한 방법은 바로 유아중심교육의 역기능을 해소시키는 방향으로 유아교육을 진행시키는 일로서 다음과 같은 대책을 강구해야 한다.

(1) 학습지도에서 학습의 역동성 강조

일반적으로 유아교육기관에서는 자유선택활동을 비롯한 개별활동이 많다. 개별활동이 강조되면 유아개개인의 요구와 흥미, 희망에 따른 유아들의 주체적인 활동이 강조됨으로써 유아들의 자발성, 주체성, 책임감, 의사결정능력, 자유분방한 사고활동 등이 활발히 이루어질 수 있으나 유아 상호 간에는 다소 폐쇄적일 수도 있다. 그러나 집단활동체제 속에서는 유아 상호 간의 원활한 상호작용 속에서 대부분의 활동이 이루어지기 때문에 집단의식, 집단생활규범, 공동체의식, 원활한 사회적 관계 형성기술 등이 본질적인 학습활동목표 외에 구현될 수 있다.

다시 말하면 유아교육기관에서 이루어지는 개별학습과 집단학습에서 기대하는 교육적 효과가 다르다. 따라서 유아교육기관에서는 개별지도와 집단지도를 균형적으로 통합운영하여 개별학습과 집단학습에서 기대할 수 있는 학습의 효과를 동시에 성취해 주어야 한다.

(2) 집단생활 훈련과정 중시

유아중심교육이 낳은 교육적 역기능을 앞에서 여러 번 강조하였다.

따라서 유아들에게 집단생활훈련과정을 중시하여 기본생활 및 예절생활습관의 정착을 통해 바른 인성을 함양하고 꿈과 희망과 패기를 심어주기 위한 미래지향적인 유아육성에 주력할 필요가 있다.

따라서 1박 2일 또는 2박 3일 과정의 집단생활프로그램을 적용하여 유아중심교육에서 기대할 수 없는 목표를 실현시켜주는 일도 중요하다.

프로그램의 구성내용을 기본생활습관지도, 예절지도, 공공의식, 질서지도, 호연지기, 인내, 극기심 배양을 위한 프로그램을 놀이중심의 통합편성, 집단생활훈련중심의 일과 운영, 생활기능의 반복적 훈련, 흥미중심의 프로그램편성, 유아교육활동과 야외활동의 균형적인 조화를 이루어 운영한다.

(3) 부모의 유아에 대한 과보호적 배려 경감

학부모의 유아에 대한 양육, 교육방식은 유아교육기관에서의 교육방법에 비해 유아의 행동형성에 더 많은 영향을 줄 수 있다. 학부모의 자녀에 대한 양육이나 교육방법 중에서 가장 문제가 되는 것이 과보호이다. 따라서 학부모는 유아의 인격을 존중하면서 자애와 엄격을 중시하는 교육방법에로의 전환이 필요하다.

(4) 유아의 요구와 흥미를 유발하는 교육 강조

유아교육은 성숙주의와 자연주의 사상에 기초한다. 즉 유아의 자연스러운 발달과정과 발달순서에 따라 유아의 흥미와 요구 및 희망에 따르는 적절한 교육적 개입을 강조한다. 그러나 교사나 성인이 주도적으로 학습내용이나 학습활동을 선정해 주는 일도 필요하다.

다시 말하면 유아에게 교육내용으로 지도하기에 다소 무리하다 하더라도 현실적으로 학습시켜야 할 필요가 있을 경우, 적절한 흥미와 요구를 유발하여 학습시켜야 할 필요가 있다. 이것은 바로 유아들에게 학습과제의 해결력을 배양시켜주는 일과 일치한다.

현재 유아에게 지도하는 데 적절한 교육내용이나 활동인데도 유아의 흥미와 요구에 맞지 않는다고 해서 가르치지 말아야 한다는 것은 대단히 위험한 생각이다. 유아의 요구와 흥미에 초점을 맞춘 교육을 중시하되 유아에게 다소 어려운 과제는 유아들이 기피하더라도 흥미와 요구를 유발하는 교육도 병행해야 한다.

2. 활동실 면적의 크기에 따른 유아 활동성 제약에 따른 문제

1) 문제상황

활동실의 크기, 원아수, 활동실 내의 공간에 비품, 시설, 기구를 배치함으로써 한정된 면적의 활동실 내에 조성된 물리적 · 인적 환경들을 유아들의 활동성과 행동에 지대한 영향을 준다. 따라서 활동실 공간의 면적은 가감이 불가능한 제한된 면적으로 활동실 내에서 학급당 원아수, 각종 다양한 비품, 교구의 배치, 빈공간의 구성방향 등에 따라 유아의 행동과 활동성에 미치는 영향은 지대하다. 그 영향을 정리하면

첫째, 활동실의 활동공간이 좁으면 좁을수록 유아들의 자유스러운 활동을 제한하며 유아들 간의 협동적이며 우호적인 관계를 파괴하여 투쟁성이 강해진다.

둘째, 학급당 원아수가 많을수록 유아들의 토론의 양이 줄어들고 교사와 상호작용의 기회가 줄어든다.

셋째, 자유선택놀이영역 설치 등으로 활동공간이 줄어들어 유아들의 행동을 제약하고 비치된 비품, 교재 · 교구에 의한 안전상 위험요소가 상존하고 있다.

넷째, 활동실 내에 과다한 가구, 교재 · 교구, 비품, 놀이기구 등의 배치에 따라 활동공간이 협소하고 놀이기구활용 시 유아들 간의 공격적 행동을 유발하기도 한다.

다섯째, 유아교육기관의 크기에 따라, 즉 학급이 많으면 많을수록 유아교사는 유아의 활동을 일방적으로 지시하고 유아를 통제적 · 구속적 그리고 직접적인 지도방법을 택하는 경향이다.

2) 문제점

전 항의 문제상황에서 밝힌 문제점에 대한 대책을 마련하기 위하여 관계이론과 연구결과를 중심으로 정리해 보기로 한다.

(1) 원의 크기와 유아발달

유아교육기관의 크기는 몇 가지 방식으로 유아의 사회성 발달에 영향을 미친다. 즉, 교사의 설명이나 지도 양식은 학급에 따라 다양해진다. 다시 말해 많은 유아가 있는 큰 학급의 교사는 자신의 교육방식을 공식화 또는 형식화하는 경향이 있으며, 유아교육기관의 생활규칙을 강조하면서 통제적 · 구속적 그리고 직접적인 지도방법을 채택하는 경향이 있다. 이와는 대조적으로 적은 수의 유아들로 구성된 학급에서의 유아교사는 자연스러운 분위기를 비교적 쉽게 조성할 수 있다. 따라서 유아들과 활발한 상호작용을 하면서 유아교육기관의 생활에 구속적인 규칙을 잘 만들지 않는다(Gump, 1966). 유아의 수가 적은 유아교육기관의 유아들은 유아수가 많은 유아교육기관의 유아들보다 교육프로그램에 따른 다양한 활동에 보다 능동적이고 적극적으로 참여한다.

작은 규모의 학급에서는 '소외되는 유아'가 적다. 즉 교육프로그램에 참여하지 않는 유아가 적다. 또한 작은 유아교육기관의 유아들은 일반적으로 그들의 유아교육기관의 생활에 만족감을 느낀다. 이들은 교육활동에 몰두하여 각자의 능력을 발달시키고 자신의 내부에 신념을 쌓아가며 자신감과 성취감을 맛보게 되고 또 다른 동료유아들과 친하게 활동할 수 있게 된다.

(2) 학급의 크기와 유아발달

Dawe(1934)는 15~46명까지 다양한 유치원 학급에서 이야기 나누기 시간에 유아의 말수를 기록해 본 결과, 학급의 크기가 증가함에 따라 전체적인 이야기수가 줄어들었을 뿐 아니라 참여 유아수도 줄었다. 이와 같이 학급의 크기가 증가하면 증가할수록 토론의 양이 감소하였을 뿐만 아니라 토론에 참여하는 유아의 비율도 감소한다는 것은 30여 년 후의 다른 연구에서도 밝혀지고 있다. 대학생의 경우도 대단위 학급의 강의실에서는 질문이 적으며 그것도 강의실 앞줄 중간에 있는 학생들이 주로 질문을 하는 경향이다. 이러한 위치와 참여관계에 관한 연구결과는 학급의 크기가 증가하면 증가할수록 학생들의 참여수가 더 적어진다는 것을 말해 준다. 즉, 학급의 크기를 키우는 것은 점차 학생들의 참여를 막아버리는 결과를 가져온다. 만일, 유아들이 학급활동에 참가하면 할수록 더 많이 배우게 된다면 작은 학급이 더 낫다는 것을 알 수 있다. 이러한 사실은 일상적인 상호작용에서 나타나는 것과 같은데, 예를 들면 얼굴을 맞대면 이른바 언어적 의사소통을 더 많이 하게 되고 가깝게 앉아 있으면 더 많이 참여하는 것과 같다. 학급의 크기가 유아와 교사에게 미치는 영향에 대한 여러 연구결과를 보면 학급크기가 큰 환경에서 유아들은 원만한 인간관계유지가 어렵고 방임적, 공격적 행동이 많으며 갈등적 상호작용 행동이 유의하게 많았다(Weinstein, 1979). 그리고 학급의 크기가 큰 경우, 교사와 유아 간의 개별접촉이 줄어들었다(Palmerus, 1991).

3) 대책

문제상황에 따른 해결방안을 모색하기 위하여 관계이론과 관련 연구자료들을 검토하였다. 따라서 이들을 근거로 하여 제기된 문제상황에 대한 대처방안에 대하여 생각해 보기로 하자.

(1) 활동실의 구조변화

한정된 면적의 활동실에서 다수의 유아가 같이 생활하면서 매일과 같이 그들의 행동과 활동의 제약을 받으면서 살아간다는 것은 자기조절력과 자기통제력이 극히 부족한 유아들에게는 무척 힘든 일이다.

이렇게 동일한 구조에서 오는 피로감을 해소하는 방안이 바로 활동실 내의 공간에 변화를 주는 일이다. 활동실의 구조에 변화를 주는 방법은 활동실 내에 설비, 설치된 자유선택놀이 영역, 각종 교구 및 비품의 위치를 수시로 변경해 준다. 이와 같은 활동실 내의 구조의 변화는 유아들의 활동형태에 변화를 주고 신비감을 주어 구조적인 활동실 공간에서 오는 피로감을 해소시켜준다.

(2) 최대한 넓은 활동공간 확보

활동공간을 최대한으로 확보하는 다양한 방안을 강구한다.

① 자유선택놀이 영역의 통폐합 또는 크기 조절

활동실에는 유아들의 학습과 생활에 직접적으로 필요한 다양한 비품과 교구 그리고 자유선택놀이영역이 있으며, 그 중 자유선택놀이영역이 차지하는 면적이 가장 크다. 그러나 자유선택놀이영역은 유아들의 자발성과 독립심 그리고 자기주도적 학습능력을 길러주는 등 교육적 가치가 아주 높고 또한 하루의 일과 중 적어도 3시간 이상을 활동하는 공간으로 유아교육기관에서는 어떠한 교육과정이나 프로그램을 운영하든지 자유선택놀이영역의 설치를 의무화하고 있다. 따라서 자유선택놀이영역을 폐쇄하기란 지극히 불가능한 일로서 자유선택놀이 영역의 통폐합 또는 크기의 조절 등이 이루어져야 한다. 이를 위해서는

첫째, 유아들이 선호하는 놀이영역과 선호하지 않는 놀이영역을 조사하여 통폐합 또는 놀이영역의 크기를 조절할 수 있다.

둘째, 월 또는 주 주제학습활동 내용과 관련하여 이에 직결되는 영역부터 우선적으로 설비하는 등 필요영역의 우선순위에 따라 설비한다.

셋째, 설비영역의 수보다 교육적 가치 활용성을 중시하여 설비한다. 보이기 위한 설비가 아니어야 한다.

넷째, 같은 성격의 놀이영역을 우선적으로 통폐합한다. 예를 들면 언어영역과 독서영역, 소꿉놀이영역과 적목놀이영역을 통합하는 경우이다.

다섯째, 지금 당장 활용하는 교재 · 교구가 아니면 해당 교재 · 교구는 자료실에 이동 · 보관시킨다.

② 가구, 교재 · 교구, 비품의 위치 변화

활동작용영역(Action Zone) 내에 교사와 유아가 있을 때 학습의 효율성을 최대한 제고시킬 수 있음을 많은 연구에서 지지받고 있다. 같은 면적을 확보하더라도 직사각형의 모양보다는 정사각형의 면적을 확보하는 것이 이야기 나누기나 교사의 시범을 보이기가 용이하다. 그리고 유아들의 활발한 활동을 허용하기 위해서는 직사각형의 공간이 용이하다. 따라서 활동실 내에서 적절한 공간 확보를 위해서는 우선적으로 자유선택놀이영역의 조정 그리고 가구, 교재 · 교구, 비품의 위치를 변경시키는 일이다. 따라서 활동실 내의 가구, 교재 · 교구, 비품은 이동이 편리하도록 바닥면에 바퀴를 다는 등 당초 제작 시부터 신경을 써야 한다.

③ 팀 티칭 교수학습시설 확보

팀 티칭 교수란 유아교육기관에서 담임교사위주의 학습지도형태가 아니고 여러 개 반 교사들이 학습내용의 성격에 따라 협동교수 · 학습체제로 운영하는 교수 · 학습형태이다. 이와 같은 협동교수학습체제로 교수 · 학습을 진행하면 유아들은 여러 교사와의 다양한 유형의 상호작용이 가능하고 다양한 교수학습지도 방법을 택함으로써 학습의 효율성을 높일 수 있

으며 또한 교사들은 한 명의 교사가 교수학습을 진행하고 나머지 교사는 보조하는 역할을 수행함으로써 교사들은 교수학습 부담을 경감시킬 수 있다.

이와 같이 팀 티칭 교수학습 체제를 구축하기 위해서는 처음부터 이에 알맞은 시설설비가 이루어져야 한다.

특설된 자유선택놀이교실과 자료실이 확보되고 몇 개 반의 합동학습이 가능한 대형 교실이 확보되어야 한다.

이렇게 설비되면 모든 활동실에 의무적으로 자유선택놀이영역을 설비할 필요가 없고 또한 유아들이 많이 움직여야 하는 활동성이 많은 학습활동을 좁은 활동실에서 진행해야 할 필요가 없다.

(3) 협소한 활동실 공간으로 빚어지는 친사회적 행동 지도

한정된 활동실 공간에 자유선택놀이 영역설치를 비롯하여 가구, 교재 · 교구, 비품, 놀이기구의 배치로 협소한 공간에서 유아들이 서로 부딪히거나 놀이기구를 먼저 가지고 놀이를 하려는 데에서 양보, 질서, 협동 등 친사회적 행동, 특히 투쟁적인 행동을 예방하는 전략이 필요하다.

① 활동실 내 규칙 제정 및 준수지도

활동실 내에서 비사회적 행동이 나타날 때마다 해당 유아를 타이르고 꾸짖고 나무라는 등 모든 행동장면에서 교사가 개입하여 지도한다는 것은 교사로서는 지극히 힘든 일이며 또한 유아들을 타율적으로 순종하도록 지도하는 것도 바람직하지 않다.

따라서 유아들이 주도적으로 활동실 내에서 지켜야 할 규칙을 정하고 유아들이 자율적으로 준수할 수 있도록 지도할 수 있다. 예를 들면, 규칙을 지키지 않는 유아에게 규칙을 상기시키며 친구들 간에 규칙을 지키지 않았을 때의 심정을 이야기 나누기를 통해 지도할 수 있다.

규칙은 '교사만을 위한 것'도 '영유아만을 위한 것'도 아니어야 한다. 모두가 규칙을 잘 지킴으로써 활동실 내가 편안하고 질서가 유지되며 유아들 간의 갈등해결의 준거가 되어 친사회적 분위기가 조성될 수 있다.

② 놀이기구 사용상 빚어지는 갈등지도

활동실 내에서 이루어지는 분쟁이나 투쟁은 놀이기구 사용에서 빚어지는 일이 많다. 특히 유아들이 대체적으로 선호하는 놀이기구가 유아들의 수요를 충족시켜주지 못할 때 주로 나타난다. 따라서 다음과 같은 사항에 대하여 관심을 가지고 지도한다.

㉠ 유아들의 놀이장면을 부단히 관찰하여 선호하는 놀이기구와 선호하지 않는 놀이기구를 확인하고 선호하는 놀이기구 중 양적으로 확충하기보다 선호하지 않는 놀이기

구에 관심을 갖도록 지도한다.

㉡ 놀이기구의 배치에 신경을 써서 유아들의 활용성을 높인다.
 ㉮ 잘 보이도록 배치
 ㉯ 연관성 있는 놀이기구는 서로 인접하여 배치
 ㉰ 놀이기구의 이동성과 고정성을 고려하여 배치
 ㉱ 유아의 관심과 요구, 계절, 행사, 활동주제, 활동내용에 따라 배치

㉢ 놀이기구에서 놀이 할 때의 규칙을 유아들 상호 간의 협의를 통해 결정하고 준수하도록 한다.

3. 아동학대에 시달리는 유아들

1) 문제상황

아동학대란 '보호해야 할 아이를 방치하거나 폭행하는 것', '아동을 보호하지 않고 신체적 · 정신적으로 버려두거나 폭력을 가하는 것'을 말한다. 최근 들어 자녀를 학대하는 부모의 비윤리적인 범죄가 드러나면서 국가적인 대책이 필요하다는 여론이 들끓고 있다. 더욱 심각한 것은 아동학대가 부모에 의해 이루어진다는 점이다.

보건복지부가 발표한 '2014년 전국아동학대보고서'에 따르면 한 해 동안 발생한 1만 27건의 아동학대가해자는 부모가 81.8%이다. 친인척(5.6%)과 대리양육자(9.9%)까지 포함하면 아동보호의 의무자인 친권자의 학대가 97.3%이다. 또한 '2013년 한국아동 종합실태조사보고서'에 따르면 우리나라 '아동결핍지수'는 54.8%로 OECD 회원국 가운데 가장 높고, 삶의 만족도는 60.3점으로 최하위수준이다.

부모의 아동학대가 심각하고 자녀의 삶의 만족도가 낮고 자살율이 가장 높은 우리나라는 아이들이 행복하지 않은 나라임에 틀림없다.

2) 문제점

아동학대에 관련하여 다각적인 측면에서 고찰해 보기로 한다.

(1) 아동학대와 체벌

현대사회에서는 아동을 학대하는 것으로 생각하는 양육실태가 과거에는 부모의 권리나

적절한 훈육행동으로 간주되어 정상적으로 행해지기도 하였다. 우리나라 전통사회의 무릎학교는 자녀들에게 적절한 체벌과 꾸중, 질책을 통한 자녀교육이 정당화되었던 것이 오늘날에는 아동학대로 인식되어 사회적 문제로 대두되고 있다. 훈육은 '의지나 감정을 함양하여 바람직한 인격형성의 주목적을 달성하는 교육'임에 반하여 체벌이란 '일정한 교육적 목적으로 육체적 고통을 수반한 행위로서 유아에게 고통을 줌으로써 유아의 바람직하지 않은 행위를 억제하려는 것'이다. 이와 같이 체벌은 아동이 어떠한 행위를 하느냐의 선택이 그 행위의 가치나 의미에 의해 결정되어 행동으로 이어지는 것이 아니라 성인에 의해 육체적 고통을 받느냐 받지 않느냐에 따라 행동이 결정됨으로써 유아들의 입장에서 보면 그들이 주체적인 판단에 의해 행동이 결정되지 않고 외부적인 압력에 의해 결정됨으로써 행동의 지속성을 기대하기란 어렵다. 체벌의 부작용을 들면 다음과 같다.

첫째, 체벌을 가하는 당사자와 좋지 않은 관계가 형성될 수 있다.

둘째, 체벌을 가하는 당사자의 감정이 격해져 유아의 뺨을 손이나 슬리퍼로 때리는 등 아동들에게 상처를 준다.

셋째, 아동들은 부모나 교사들이 체벌을 통해 폭력성을 학습하여 학교 폭력 또는 가정 폭력으로 이어질 수 있다.

(2) 아동학대에 대한 오류

부모는 자신이 아동학대를 자행하고 있으면서도 아동학대로 인식하지 않고 있다. 그 예를 들면 우리가 아동학대에 대해 잘 못 알고 있는 불편한 진실 8가지(국제통합안전협회)이다.

첫 번째, '설마 부모가 자녀를 학대했겠어?' (부모 설마!)

매년 아동학대행위자의 80% 이상이 부모이며, 특히 방임은 90% 이상이 부모에 의해 발생하는 것으로 나타나고 있다(2014년 기준). 부모라는 이유로 누구나 무조건적인 사랑과 헌신으로 아동을 양육할 것이라는 것은 편견이다.

두 번째, 학대하는 부모는 '친부모가 아닐 것이다' (친부모가 아니라서, 그래!)

부모에 의한 학대의 경우 행위자가 계부모 혹은 양부모라고 생각할 수 있으나 통계에 따르면 친부모가 아동학대한 경우가 79.9%이다.

세 번째, 부모가 체벌하는 것은 '사랑의 매' (저건 '사랑의 매'일거야!)

부모 중 자녀를 자신의 소유물로 여기고 '잘못하면 때려서라도 고쳐야 한다'는 잘못된 통념 속에서 신체폭력을 자행하기도 하는데, 아동의 잘못된 행동이 매맞음으로 고쳐지지도 않으며, 아동을 대상으로 한 폭력은 어떤 상황에서도 정당화될 수 없다.

네 번째, '아이가 부모한테 한두 번 맞을 수도 있지' (한두 번 체벌은 괜찮겠지!)

아동학대의 85% 이상이 가정 내에서 발생하였으며, 피해 아동의 70% 이상이 최소 일주일에 한 번 이상 혹은 그보다 자주 학대받았다고 보고되고 있다(2014년 기준). 아동학대는 지속적이고 음행적으로 이루어지고 있다.

다섯 번째, '아이가 맞을만한 행동을 했으니까 맞겠지' (애가 맞을 짓을 했겠지!)

아동학대를 발견했을 때 아동의 문제를 '나 같아도 때리겠다', '이런 애는 어떻게 키우나'라는 편견으로 바라보고 있다.

여섯 번째, '부모자식 사이에 있을 수도 있는 일이 아닐까?' (항상 있을 수 있는 일이니까!)

아동학대는 고질적으로 반복되는 경향이 있어 초기에 적절히 대응되지 않으면 만성화될 우려가 있으며, '아동사망'이라는 치명적 결과를 초래할 수 있다. 아동학대문제는 '남의 가정사'라는 관점 대신에 '인권 중심'의 인식을 가지는 것이 중요하다.

일곱 번째 '저 정도가 설마 아동학대일까?' (저 정도야, 뭐!)

연쇄 살인범 유영철, 김길태 등 강력범죄자들의 어린 시절을 조사해 본 결과 66.7%가 어린 시절 부모의 이혼과 불화 등 부모문제로 고통을 받았다고 한다. 성장과정에서의 가정폭력 목격과 아동학대 피해경험은 아동개인은 물론이고 가족과 사회의 불행을 초래할 수 있고 모든 범죄의 근원이 된다는 것을 명심해야 한다.

여덟 번째, '학대가 아니라 단수 체벌 아닐까?' (학대는 아니겠지!)

아동은 만성화된 학대피해로 무력감과 행위자에 대한 공포에 사로잡혀 있을 수 있어서 학대를 인정하기 어렵고 거짓말을 할 수도 있다. 아동이 사건처리과정에서 안전에 대한 확신 없이 '가족에 의해, 가정 내에서 발생한 피해사실'을 말하기가 쉽지 않음을 기억하고 아동심신 상태에 대한 세심한 관찰과 시간적 배려가 필요하다.

(3) 아동학대 유형 및 행동특성

① 유형

아동학대의 유형을 신체적 학대, 정서적 학대, 언어적 학대, 성학대, 방임 등 5가지 유형으로 분류할 수 있다.

㉠ 신체적 학대: 구타, 폭력, 감금 등 아동의 신체에 직접적으로 해를 입히는 행위

㉡ 정서적 학대: 아동에 대한 애정과 관심을 주지 않는 행위, 아동을 다른 아동과 부정적으로 비교하는 행위, 아동이 보는 앞에서 부부간의 싸움을 하는 행위

㉢ 언어적 학대: 아동에게 욕을 하거나 심하게 고함을 지르는 행위, 아동의 단점을 계속 놀리는 행위

㉣ 성학대: 근친상간, 강간, 아동의 생식기를 가지고 놀리는 행위, 다른 성적 행위

㉤ 방임: 아동의 의식주 등 기본적인 욕구를 충족시키지 못하는 행위, 적절한 수면과 안전 감독 등의 불이행으로 인한 의료적 치료행위를 방치하는 행위

② 행동특성

㉠ 불평이 많고 수동적이며 항상 뒤에 숨어 있기를 좋아하고 어른, 특히 부모를 피하며, 극단적으로 순종적이다.

㉡ 극단적으로 공격적이거나 남을 화나게 하는 행동을 잘하고 안절부절못하며 주의를 끄는 행동들을 많이 한다.

㉢ 학대하는 부모들 자신이 자기들의 욕구를 충족시키지 못하기 때문에 아이들로 하여금 자기들의 욕구를 충족시키도록 만든다.

㉣ 대소변 가리기, 운동능력, 사회성, 언어 등에 발달지체가 온다(이연섭 외, 1988).

(4) 학대 원인

① 가족요인

㉠ 아동의 성장 · 발달에 관한 기본 지식이 없다.

㉡ 가정에 어떤 위기가 연쇄적으로 일어난다.

㉢ 경제적인 측면이 학대를 유발한다.

㉣ 부모는 자녀를 공격적이며 과잉활동적인 아동으로 평가하고 대처한다.

㉤ 다른 가족이나 이웃으로부터 지원을 받지 못하고 가정이 고립되어 있다.

② 지역 · 사회적 요인

㉠ 입주자가 없는 주택, 생계가 어려운 여성 가장의 가정 등 빈곤과 실업이 영향을 준다.

㉡ 높은 성인과 유아 비율, 적은 노인 수, 낮은 성인 남자 비율, 잦은 이동, 폭력, 마약, 소년 범죄, 10대 출산이 학대 요인과 관련이 있다.

③ 사회지원 요인

부모의 그릇된 양육, 보육, 교육관과 정서적 불안 등이다.

④ 문화요인

아동학대, 체벌 등이 문화권마다 이를 이해하고 대처하는 방법에 차이가 있다(Hammer & Tumer, 2002).

3) 대책

(1) 일반적인 대책

① 예방의 중요성 인식

㉠ 아동학대는 아동을 죽일 수 있다.
㉡ 학대받은 아동은 자신을 무가치하게 느낄 수 있다.
㉢ 학대행동은 다음 세대로 전수된다.
㉣ 아동학대의 예방이 치료보다 효과적이다.
㉤ 아동학대의 예방은 우리 사회의 다른 문제들을 감소시킬 수 있다.

② 아동학대 신고의 의무화

아동과 함께 생활하는 교사, 의료진, 상담 관련 기관 종사자, 경찰 등은 아동학대 사례를 반드시 신고해야 할 의무를 가진다. 그러나 아동들은 자신의 학대 사실을 직접 말하지 않기 때문에 학대를 암시하는 행동·신체 징후를 알아야 한다.

이에 관련된 자세한 내용은 〈표 II-50〉과 같다.

〈표 II-50〉 아동학대의 징후(학대 신호)

구분/징후	신체적 징후	행동적 징후
정서적 학대와 방치	• 같은 연령에 비해 키와 몸무게가 상당히 작고 발달이 지연됨 • 계절에 어울리지 않는 옷 • 위생 불결, 기생충, 체취, 흉터 • 감독 소홀로 인한 방치 • 안정적이고 위생적인 은신처가 없음 • 의·치과적 방치	• 구걸이나 훔치기 • 계속해서 피로해 보임 • 출석률 저조 • 무덤덤하고 무표정함 • 아무도 자신을 돌보지 않는다고 말함 • 갑자기 극단적인 행동으로 치달음
신체적 학대	• 타박상, 찰과상, 화상 같은 잦은 상해 • 더운데도 긴소매 옷을 입음 • 상처가 없는데도 아프다고 함 • 부상으로 인해 정교한 운동기술을 따라 할 수 없음 • 걷고 앉기 곤란해짐	• 출석률 저조 • 체육 수업 중 옷 갈아입기를 거부함 • 집에 가지 않으려고 학교에 남을 핑계를 댐 • 부모의 거친 대우에 대해 자주 불평하고 어른을 무서워함

구분/징후	신체적 징후	행동적 징후
성적 학대	• 침대가 젖어 있거나 더럽혀짐 • 내의에 피나 얼룩 자국 • 성기나 항문 주변에 피나 고름이 나옴 • 앉기나 걷기 힘들어함	• 극도의 공포, 매달림 • 유별나고 불순한 성행동이나 성 지식 • 저조한 출석률 • 집에 가지 않으려고 학교에 남을 핑계를 댐

아동학대 상황을 발견하거나 피해아동을 알고 있으면 누구나 1391(아동학대신고전화)로 신고해야 한다.

③ 아동학대 예방

㉠ 부모

• 학대 또는 폭력의 충동을 느끼는 경우 마음을 가라앉힌다.
• 자녀에 대한 지나친 기대보다는 기대수준을 현실에 맞추도록 노력한다.

㉡ 아동

• 크게 울거나 싫다고 소리를 지르는 등 학대 거부 의사를 확실하게 밝히도록 한다.
• 학대현장에서 피한다.

㉢ 성학대 예방

• 수영복을 입으면 가려지는 부분은 다른 사람에게 함부로 만지게 하거나 보여 주지 말라고 알려 준다.
• "싫어요!"라고 말한다 → 피한다 → "다른 어른에게 이야기한다"를 가르친다.
• 자기주장 훈련을 시킨다.

(2) 총체적 대책

아동학대는 부모의 교육수준, 소득수준, 연령, 종교에 관계없이 발생되고 있어 우리가 알고 있는 것보다 훨씬 심각하다. 따라서 아동학대를 조기에 발견하여 개입 · 예방하는 일이 중요하다.

① 다양한 가족 관련 프로그램

부부간의 관계가 긍정적이고, 자녀와의 관계가 긍정적일수록 아동학대 발생률이 낮게 나타난다. 부부 싸움이나 가정폭력이 일어나는 가정에서 또 다른 아동학대가 발생할 가능성이 높다는 것이다. 따라서 아동학대의 문제는 가족관계를 개선할 수 있는 다양한 형태의 가족 프로그램이 개발 · 보급되어야 한다.

② 알코올중독 부모를 위한 지원 프로그램과 정책 개발

음주문제를 가진 부모에 대한 경제적·치료적 서비스 프로그램이 많이 개발·보급되어 부모가 부모역할을 적절하게 할 수 있도록 지원해 주어야 한다.

③ 아동학대의 신고 절차 및 구체적인 내용에 대한 교육

교사들은 아동학대에 대해 높은 인식수준을 나타내고 있다. 이러한 인식수준이 행동으로 이어지도록 하기 위해서는 아동학대 신고에 대한 구체적인 절차, 내용, 신고 후의 효과에 대하여 이해시켜야 한다.

④ 초등학교와의 연계

교사에 의해 발견된 아동학대가 20%, 정서적으로 문제가 있는 아동 발견이 50% 이상으로 나타났다. 그러나 교사들이 이러한 아동을 발견했을 때 대체로 부모와 상담하거나 아무런 조치도 취하지 않는 등 소극적인 대처가 이루어지고 있어 예방활동을 통해 아동보호체계를 구축하는 노력들이 필요하다.

⑤ 긍정적인 자아개념 형성

방과 후 상담 프로그램, 학업지원 프로그램, 다양한 집단활동 프로그램을 적용하여 학대아동의 긍정적인 자아개념 형성에 노력해야 한다.

⑥ 아동학대에 대한 인식 제고

학교에서 신체적 체벌, 가정에서 훈육수단으로서의 폭력 등 이와 관련된 기록영화를 통해 학대받는 아동들의 실상을 시청함으로써 사회적 인식에 변화를 주어야 한다.

4. 공격적인 행동으로 빚어지는 불화와 갈등

1) 문제상황

유아교육기관에서 유아들에게 지도해 주어야 할 교육내용이 아주 광범위하지만 그중 하나가 기본생활습관을 형성시켜 주는 일이다.

특히, 모든 유아교육기관에서 유아들에게 기본생활습관 형성 교육에 주력하는 것은 유아기는 인성의 기본적인 틀을 형성시켜 줄 수 있는 결정적 시기로서 이 시기에 지도하는 것이 가장 효율적이기 때문이다. '세 살 버릇이 여든까지 간다'는 말이 여기서 나온 말이다. 따라

서 모든 유아교육기관에서는 유아에게 기본생활습관 형성을 위하여 다양한 방안을 강구하여 지도하지만 유아 활동실 내에서는 유아 상호 간에 서로 마음에 드는 놀이기구를 차지하려고, 마음에 드는 공간에 앉으려고, 수도나 화장실을 먼저 사용하려고, 달려가다가 서로 부딪혀서 공격적인 행동을 자행함으로써 유아들 간의 상호적 관계가 악화됨은 물론, 활동실 전체 분위기를 흔들어 놓기도 하고 어떤 경우에는 유아의 신체에 평생 지울 수 없는 상처를 남기기도 하고 또 어떤 경우에는 학부모들 간의 갈등으로 이어짐으로써 많은 부적응 행동 중 교사가 지도상 어려움을 겪는 행동특성 중의 하나이다.

2) 문제점

유아들이 공격적인 행동으로 이어지는 불화와 갈등을 제거하거나 최소화시키기 위해서는 그 원인을 파악하고 문제요인에 따른 적절한 지도가 이루어져야 한다.

(1) 공격적 행동특성

공격성을 표현하는 방식에는 언어적 공격, 행동적 공격, 물건 파괴 등이 있다.

첫째, 언어에 의한 공격으로는 '욕', '비난', '언쟁' 등이며, 단순히 타인을 놀리거나 괴롭히기 위해서 그와 같은 언어적 공격을 한다.

둘째, 행동에 의한 공격은 때리기, 할퀴기, 물건 던지기, 물어 뜯기, 발로 차기, 돌멩이나 물건 던지기, 꼬집기 등이다.

셋째, 사물에 대해 욕구를 표현하는 것으로, 예를 들면 인형을 때리거나, 머리카락을 잡아 뜯기, 잘 쌓아놓은 블록 넘어뜨리기 혹은 유리창 깨기 등이다.

(2) 공격성의 연령별 특성

① 나이가 어린 유아들은 장난감과 소유물에 대하여 더 많이 싸우고 공격적인 행동을 한다. 즉, 유아의 공격성은 대부분 도구적이다.

② 유아들의 싸움에 정서적인 면이 포함될지라도 그것이 오래 지속되지 않는다. 즉, 유아들 간의 갈등은 비록 격렬할지라도 빠르게 지나가버리는 경향이 있다.

③ 유아기 후반으로 가면 인지적 발달로 도구적 공격성은 줄어들게 되고 보다 사람 지향적이며 적대적인 공격성이 나타나게 된다. 다른 사람의 부정적인 동기를 인지하고 싸움이 끝난 후에도 오랫동안 화가 난 상황을 충분히 기억할 수 있는 발달된 기억력을 가지고 있기 때문이다.

④ 유아는 연령이 증가함에 따라 신체적 공격성에서 언어적 공격성으로 바뀌게 된다. 유

아의 언어기술이 발달함에 따라 비난, 조롱, 비밀누설, 별명 부르기 등으로 다른 사람에게 상처를 주는 다양한 방법을 사용할 수 있게 된다.

⑤ 유아가 성숙해짐에 따라 도구적 공격성이 줄어드는 또 다른 이유는 목적을 달성하기 위하여 공격적인 행동보다는 상대방과 타협하는 것이 효과적인 방법이라는 것을 알게 되기 때문이다(전예화 외, 2003).

(3) 공격적인 행동을 유발하는 원인

공격적인 행동을 유발하는 원인은 다음과 같다.

① 공격적 행동을 일으키는 감정

유아가 어떤 공격적 행동을 보일 때는 대개의 경우, 정서적으로 흥분되어 있다. 분노를 느꼈거나 욕구가 좌절되었거나 또는 누군가에 대해 질투나 적개심을 느꼈을 때 공격적 행동을 나타내는 경우가 많다. 공격적 행동은 때때로 자기의 욕구를 만족시키기 위한 수단으로 나타나기도 한다.

② 학습된 공격적 행동

공격적 행동이 지속되고 반복해서 발생하는 것은 그것이 어떤 식으로든 '강화'를 받기 때문이다. 다른 유아를 때리거나 밀침으로써 놀잇감을 차지할 수 있었다면 그는 그 다음에도 같은 방식으로 놀잇감을 뺏으려 할 것이다. 그리고 공격적 행동으로서 분노나 좌절감을 감소시킬 수 있었다면 그는 앞으로도 그런 유형의 행동을 나타낼 가능성이 높다. 이와 같이, 공격적 행동은 그 결과에 의해서 강화를 받는다.

③ 모방, 관찰학습

다른 사람이 공격적 행동을 한 후에 어떤 보상을 받게 되는 장면을 목격하면 그러한 행동을 학습할 수 있다. 이것을 '관찰학습'이라고 한다. 예컨대, 어떤 유아가 다른 유아들을 위협해서 그네를 먼저 타게 되는 것을 관찰한 후 자기도 그렇게 해 보는 것이다.

④ 대표적인 공격적 행동

공격적 행동 중 대표적인 물건을 잘 던지기, 다른 친구를 깨물기, 친구들을 잘 때리는 원인은 다음과 같다(서명원 외, 2014).

㉠ 물건을 잘 던지는 유아

물건을 잘 던지기는 분노를 표현하는 방법일 수도 있고 감정을 언어적으로 표현하는 능력이 없기 때문이다.

㉡ 다른 친구를 깨무는 유아

좌절을 표현하는 방법으로 그리고 주변의 관심을 끌기 위함이며, 한참 이가 날 때 잇몸이 근질거리고 아파서 무엇이든 물고 싶어 할 때가 있다.

㉢ 다른 친구를 잘 때리는 유아

부모가 너무 엄하여 문제가 생기면 자녀를 체벌하는 경우, 또한 교사나 성인으로부터 관심을 끌기 위해서 그리고 폭력적인 매체에 영향을 받은 경우이다.

3) 대책

(1) 원인에 따른 지도

공격성은 분노나 욕구좌절, 행동의 결과에 의한 학습, 모방, 관찰 등에 의해 생기게 된다. 따라서 유아의 공격성에 대한 지도를 할 때는 그것이 주로 어떤 요인에 기인하는가를 먼저 파악해서 원인에 따라 지도방법을 달리해야 한다.

① 분노나 좌절을 일으키는 자극을 제거한다. 즉, 공격적 행동의 선행조건을 미리 없애는 것이다. 예컨대, 놀잇감을 빼앗김으로써 싸움이 일어났다면 그 놀잇감을 몇 개 더 준비해 놓음으로써 싸움을 미리 예방할 수 있다.

② 공격적 행동의 결과가 보상을 받지 않도록 통제한다. 지금까지 그 행동을 강화해 주었던 조건을 제거한다는 것이다. 예를 들면, 한 유아가 동료유아를 괴롭히는 행동이 교사의 '주의 주기'와 '관심 보이기'에 의해 강화를 받아왔다면 그 유아의 그러한 행동에 대해 교사가 '무관심'함으로써 지금까지의 강화를 제거할 수 있다.

③ 타임아웃(Time out, TO)을 적용할 수 있다.
이것은 행동수정기법의 하나인데, 감소 혹은 소멸시키려는 행동을 할 때마다 일정한 시간 동안 지정된 장소에 머무르도록 조치하는 것이다.

④ 유아가 개인적으로 놀이를 할 수 있도록 여건을 마련해 줄 수 있다.
수업시간 전 또는 수업종료 후에 30분~1시간 정도씩 개인적인 놀이시간을 제공하는 것이다. 이때는 가능한 한 허용적이고 자유로운 분위기를 조성함으로써 유아가 자신의 욕구나 감정을 마음껏 표현할 수 있도록 격려한다. 이러한 놀이를 통해서 유아는 불만, 적개심 등 나쁜 감정을 발산해 낼 수 있으며, 교사는 관찰을 통해서 해당 유아에 관해 좀 더 이해할 수 있는 효과도 있다.

⑤ 적응행동의 모범을 보여줌으로써 지도할 수 있다. 유아의 행동을 지도함에 있어서 부적응행동을 감소시키는 동시에 새로운 적응행동의 학습을 도와주는 일이 매우 중요하

다. 공격적으로 행동하지 않으면서 자기의 욕구를 만족시킬 수 있는 방법을 학습하도록 하는 것이다.

(2) 지도방법

① 가정이나 유아교육기관에서는 똑같은 방법으로 일관성 있게 지도해야 한다.

② 교사나 학부모가 기분에 따라 지도방법이나 지도의 강도가 달라져서는 안 된다.

③ 교사나 부모는 유아가 자신의 요구를 관철시키기 위해 공격적 행동을 강화하더라도 유아의 요구를 수용해 주면 안 된다.

④ 유아가 공격적으로 행동을 할 때 부모나 교사는 유아의 공격적 행동을 무시하는 등 유아의 공격적 행동에 보상하지 말고 역으로 유아가 친사회적 행동을 할 때 보상해 준다.

⑤ 공격성을 유발할 수 있는 환경을 제거한다.

㉠ 장난감총과 같은 공격적인 놀잇감을 배치하지 않는다.

㉡ 놀이기구는 유아들의 수요를 충족시켜 줄 만큼 종류와 수량을 확보한다.

㉢ 활동실 내의 비품과 기구를 적절하게 비치하여 활동공간을 최대화한다.

㉣ 활동실 공간에 적절한 원아수를 수용한다.

⑥ 유아교육활동에서 협동적 기회를 많이 제공한다. 특히 공동작업과 공동활동을 많이 제공하면 유아 상호 간의 갈등, 분쟁, 공격성이 감소된다.

⑦ 교사나 학부모는 유아들의 공정성을 훼손하고 부지불식간에 유아들 간의 경쟁을 유발하는 행동을 하지 않는다.

⑧ 유아교육활동장면별로 유아들이 준수해야 할 규칙과 규범을 유아들이 주도적으로 결정하고 실천하도록 한다.

⑨ 텔레비전 시청을 유아들에게 완전히 맡기지 말고 투쟁성, 공포감, 두려움을 느끼는 프로를 시청하지 않도록 지도한다.

⑩ 적서위주의 독서를 통하여 친사회적 행동을 습득하도록 한다.

⑪ 공격적 행동을 하는 경우, 타임아웃(Time out)을 적절히 활용한다.

⑫ 갈등상황에 대한 긍정적인 해결기술을 체득할 수 있도록 갈등 중재전략에 대하여 이해시킨다.

⑬ 정화이론을 적용하여 공격성을 경감시키는 방안도 강구한다.

제 6 장

의사소통과 갈등관리

영유아활동실에서 발생하는 문제상황은 항구적이며 고질적인 문제에서부터 돌발적인 문제에 이르기까지 문제의 유형이 아주 다양하고 또한 그러한 문제를 일으키는 요인이나 원인이 다양하여 문제유형별로 해결하기 위한 방법과 절차에 특수성이 있어 해결방안이 문제의 유형이나 성격에 따라 다르기 마련이다. 그러나 문제 유형이나 성격별로 해결하기 위한 방법에 독자성이 있다 할지라도 모든 문제를 해결하는 데 있어서 공통적으로 적용되어야 하는 기술이나 기법이 있기 마련이다. 따라서 유아활동실 현장에서 일어나는 보편적인 문제상황에 따른 해결 기술이나 기법의 기초가 되는 의사소통, 갈등관리방안에 대하여 기술하기로 한다.

1. 의사소통

우리 인간은 매일과 같이 의사소통을 하며 살아간다. 우리 인간생활에서 의사소통이 없다면 한시도 살아갈 수 없다. 특히, 인간의 조직생활 내에서 이루어지는 의사소통은 의사소통의 질에 따라서 조직의 목표를 구현하고 조직 내에서의 구성원 각자의 생활을 즐겁게 하기도 하고 어렵게도 만든다. 특히 유아교육기관 내에서는 교사는 다양한 의사소통을 매개로 하여 다양한 활동을 전개하면서 조직의 목표를 구현하게 된다. 즉, 원아들과 의사소통을 통하여 유아교육활동을 전개함으로써 유아들의 성장 · 발달을 직접적으로 돕고 또한 원장과 동료교사들과의 의사소통을 통하여 유아교육기관의 운영이 유아들의 성장 · 발달을 지원하도록 한다. 또한 학부모들과의 의사소통을 통하여 원아지도를 위한 정보를 수집하고 또한 학부모들을 원아지도를 위한 협력자로 만들게 하는 등 의사소통은 모든 활동을 이끌어 가게 하는 원동력이나 매개체로서의 기능을 한다. 따라서 다음에서 의사소통의 개념, 중요성, 유형, 장애요인, 활성화방안에 걸쳐 기술하기로 한다.

1) 의사소통의 개념

의사소통이란 라틴어로 communis(공동, 공유)에서 나온 말로서 communication(의사소통)이란 공통(common)과 공유(share)의 뜻을 포함한다. 이와 같이 의사소통은 쌍방향적 과정임을 시사하고 있으나 오늘날 의사소통은 일방향적으로 이루어진다는 점에서 많은 문제를 낳기도 한다. 다음에서 의사소통의 개념을 더욱더 명확히 하기 위하여 여러 학자의 의견을 정리해 보기로 한다.

〈표 II-51〉 의사소통의 개념

학자명	개념
유기현(1991)	의사를 소통하고 정보를 교환하며 감정을 이입시키는 행위의 수단
윤정일(2015)	정보의 상호교류과정으로서 발신자와 수신자 간 사실이나 의견이 전달되어 상호 간의 행동이나 의사결정에 영향을 미치는 것
주삼환 외(2006)	교육행정에 있어서 조직의 목표와 관련하여 어떤 목적을 가진 조직구성원이 그 목적을 성취하기 위하여 다른 사람에게 무엇인가를 하도록 시도하는 역동적 과정
Manning(1992)	개인적 관점에서 의사소통은 다른 사람에게 의미 있는 메시지를 전달하는 것이고 조직적 관점에서 의사소통은 아이디어들의 집단적 표상
Mgers & Nyers (1982)	의사소통이란 사람들이 상징들의 교환을 통해 다른 사람과 함께 또는 상징들을 둘러싸고 발생하는 의미의 기대들을 구성하고 개발하는 교환적 과정

이상의 여러 학자의 견해를 종합하면 다음과 같은 몇 가지 특성을 지니고 있다.

첫째, 두 사람 이상의 사이에서 유의미한 아이디어를 전달하거나 공유하는 과정이다.

둘째, 일정한 목표구현을 지향하여 관계되는 사람들의 아이디어를 종합하는 과정이다.

셋째, 관계자, 상호 간의 행동이나 의사결정에 영향을 준다.

넷째, 일정한 목표구현을 위해 누군가에게 무엇인가를 요구하는 상호적 과정이다.

다섯째, 의사소통은 비언어적 행동도 포함한다.

여섯째, 의사소통은 정보교환, 감정이입, 의사전달을 포함한다.

이상의 특성들을 고려하여 볼 때 의사소통이란 '두 사람 이상의 관계에서 이루어지는 일정한 목표구현을 위해 유의미한 아이디어나 생각을 전달하여 공유하게 하여 행동이나 의사를 결정하게 하는 목표지향적인 역동적 활동'이다.

2) 의사소통의 중요성

일반적으로 의사소통은 서로의 감정과 생각을 말, 글 외에도 몸짓, 자세, 표정, 억양, 노래, 춤 등을 통해 주고 받는 것이다. 의사소통이 원활하다는 것은 자신이 전달하고자 하는 의미나 내용, 생각을 상대방에게 잘 전달하여 이해하고 받아들여지며 또한 상대방이 전달하고자 하는 의미나 내용, 생각이 자신에게 잘 이해되고 받아들여져 쌍방이 기대하는 어떤 목적을 구현하는 과정이다.

사람들은 조직 속에서 의사소통을 통해 조직이 기대하는 목표를 구현할 수 있고 심지어는 의사소통을 통해 서로 간의 사랑을 확인할 수 있고 애정과 결속력을 높여갈 수도 있다. 의사소통의 중요성을 정리하면 다음과 같다.

첫째, 의사소통을 통하여 상대방과의 좋은 인간관계가 형성된다.

둘째, 의사소통을 통해 좋은 아이디어를 산출함은 물론 공유화함으로써 행동의 방향을 일치시켜 불필요한 시간적·금전적 낭비를 최소화시킨다.

셋째, 의사소통을 통하여 조직이나 개인이 기대하는 목표를 구현할 수 있다.

넷째, 의사소통을 통하여 많은 정보를 취득하여 삶의 방식을 편리하게 한다.

다섯째, 의사소통을 통하여 감정이 이입되어 친교적 관계가 형성된다.

특히 유아교육기관에서는 원장과 교사 간, 동료교사 간, 교사와 유아 간, 교사와 학부모 간에 원활한 의사소통이 이루어질 때 모두가 유아교육을 위해 협력적이며 지지적인 관계가 형성되어 유아들의 바람직한 성장발달을 도모하여 종국적으로 유아교육기관이 설정한 보육목표를 효율적으로 구현하게 된다.

3) 의사소통의 유형

훌륭한 의사소통을 위해서는 다양한 유형의 의사소통방법에 대한 이해가 전재되어야 한다. 〈표 II-52〉에서 의사소통의 유형에 대하여 생각해 보기로 한다.

〈표 II-52〉 의사소통의 유형

분류기준	유형	특징	비고
1. 의사소통의 방향	일방적 의사소통	개인이 상대에게 메시지를 일방적으로 전달	강연, 연설, 발표
	쌍방적 의사소통	두 사람 이상의 개인이 상호 간에 유의미한 정보를 주고받은 교환적 의사소통	대화, 토론

분류기준	유형		특징	비고
	수직적 의사소통		조직 내 공실 또는 계선조직을 통해 이루어지는 의사소통	지시, 명령
	상향적 의사소통		조직 내 계층의 하부에서 상층으로 이루어지는 의사소통	보고, 제안
	수평적 의사소통		조직 내 같은 지위에 있는 개인 또는 부서 간에 이루어지는 상호작용	회의, 통지, 회담
2. 의사소통의 매체	언어적 의사소통	구두 의사소통	직접적인 말을 수단으로 이루어지는 의사소통	말
		문서 의사소통	문서에 의한 의사소통	공문서, 보고서, 편지
	비언어적 의사소통		구두와 문서에 의한 의사소통을 제외한 의사소통	몸짓, 준언어, 물리적 거리, 시간, 얼굴표정, 눈길, 신체부위활용, 자세
	전자매체 의사소통		전자매체를 활용한 의사소통	전자메일, 문자메시지
3. 의사소통 형식	공식적 의사소통		공식적 구조와 경로를 통해 이루어지는 의사소통	공문서, 구두, 명령, 보고
	비공식적 의사소통		비공식적 조직을 통해 친분, 신뢰 등 인간관계를 기반으로 하여 비공식적으로 이루어지는 의사소통	각종 사적인 모임

또한 Hawkins는 의사소통에서 언어로 표현되는 정도와 감정표현 정도의 기준에 따라 〈표 Ⅱ-53〉과 같이 4개의 유형으로 분류한다.

〈표 Ⅱ-53〉 의사소통 유형

유형	특징
1. 차단형	자신의 의견을 언어로 표현하지 않고 감정노출도 적어 자신을 개방하지 않는다.
2. 표출형	자신의 상태를 언어로 표현하지 않으나 감정을 잘 노출하여 다른 사람이 감정의 변화를 쉽게 알 수 있다.
3. 억제형	언어표현이 많으나 감정표현이 적은 유형으로 이성적인 면에 치우쳐 표현한다.
4. 친숙형	언어표현과 감정노출을 모두 잘하여 자신을 개방하는 유형이다.

위에 제시된 유형 중에서 가장 바람직한 것은 친숙형이고 가장 바람직하지 못한 것은 차단형이다.

4) 의사소통 실태 및 저해요인

유아교육기관을 비롯한 모든 조직은 의사소통에 의해 운영된다. 조직 내에서의 의사소통은 '정확성'과 함께 '의미성'이라는 관점에서 판단되어야 한다. 무수한 사실적 정보의 더미 속에서 의미 있는 정보를 발굴하고 적시에 전달하는 것은 유아교육기관에서 의사소통관리의 핵심적 과제이다. 따라서 다음에서 어린이집에서 이루어지는 의사소통의 현황, 의사소통을 저해하는 요인, 의사소통의 효율화 방안에 대하여 차례로 기술하기로 한다.

(1) 의사소통의 실태

① 의사소통의 내용

㉠ 교사들 간에 이루어지는 의사소통 내용 중 제일 비중이 높은 것은 교수·학습지도, 생활지도, 학부모관계, 상사들에 관한 문제순서이다.

㉡ 교사들의 개인적인 문제도 5번째로 많은 비중을 차지하고 있다.

㉢ 어린이집 운영상황에 관한 문제는 주로 원감과 이루어진다.

㉣ 교사와 원장 간에는 교사들의 개인적인 문제에 대한 의사소통은 지극히 적은 편이다.

② 의사소통의 대상

㉠ 교사들의 의사소통대상은 동료교사, 원감, 학부모 순으로 나타난다.

㉡ 원장과의 대화는 원장의 소환이 대부분이며 교사가 자진하여 이루어지는 의사소통은 원감과 이루어진다.

㉢ 교사들의 수평적인 의사소통은 옆반교사, 같은 대학교 선후배 간의 순으로 되어 있다.

③ 의사소통 장소

㉠ 의사소통의 장소는 활동실, 교무실, 원내 다른 장소, 원장실 순으로 많고 음식점에서 이루어지는 경우도 더러 있다.

④ 의사소통 방법

㉠ 의사소통방법은 구두, 전화, 메일의 순이나 구두에 의한 방법이 대부분을 차지하고 있다.

㉡ 원장과의 의사소통은 구두에 의한 방법을 택하고 있다.

(2) 의사소통의 저해요인

어린이집 내에서의 원활한 의사소통을 저해하는 요인은

① '일방적으로 듣고', '일방적으로 듣는' 대화습관

누구나 실질적인 업무를 담당하면 실수를 범하지 않도록 노력하기 마련이다. 하지만 의사소통을 하는 데 혹시 정확히 전달되었는지, 정확히 이해했는지 확인하지 않고 그 순간을 넘겨버린다면 서로 엇갈린 정보를 가지게 된다(의사소통 기법의 미숙, 표현능력의 부족, 이해능력의 부족).

② '전달했는데', '아는 줄 알았는데'라고 착각하는 마음

사소한 것이라도 '엇갈린 정보'를 바로잡지 않은 채 의사소통을 하면 업무상 문제가 발생한다. 하지만 자신은 '전달했는데', '아는 줄 알았는데' 하면 착각에 빠져 있기 때문에 업무상 문제를 정보 공유의 부족에서 오는 것이라 생각하지 않는다. '~는데'에서 오는 착각은 서로에게 '엇갈린 정보'만 갖게 할 뿐이다(평가적이며 판단적인 태도, 잠재적 의도).

③ '말하지 않아도 아는 문화'에 안주하는 마음

'말하지 않아도 안다', '호흡이 척척 맞는다', '일은 눈치로 배워라' 등과 같이 직접적인 대화를 통해서 관계하는 것보다 '눈치'를 중요시하는 의사소통을 미덕이라고 생각하는 경향이 있다. 말하지 않아도 마음이 통하는 관계는 '최고의 관계'이지만 비즈니스 현장에서 필요한 것은 마음으로 아는 눈치의 미덕보다는 정확한 업무처리임을 명시해야 한다(과거의 경험, 선입견과 고정관념).

④ 짐작하기

교사들 간에 특정사항에 대하여 서로 의사소통하는데 상대의 뜻과는 상관 없이 미리 짐작하고 해석하면서 듣는다.

⑤ 듣고 싶은 말만 듣기

교사들 간에 특정사항에 대하여 서로 진지하게 의사소통하는데 내가 듣고 싶은 일만 듣고 기억하고 있다.

⑥ 불신

교사들 간에 과거에 서로 의견을 달리하거나 다툰 경험이 있는 경우에는 아무리 이야기를 하여도 상대편 교사는 이해하려 들지 않는다.

⑦ 무관심

교사들이 여럿이 모인 가운데 이야기를 하고 있다. 그러나 어떤 교사는 상대편의 교사가 한 이야기에 관심이 없어 이야기하는 중에도 딴 생각을 하면서 무관심하다.

⑧ 걱정

어떤 교사는 동료교사가 아무리 진지하게 이야기해도 개인적인 걱정이 있어 동료교사의 말이 내 귀에 들어오지 않는다.

5) 효율적인 의사소통 방안

어린이집에서 효율적인 의사소통을 위해서는 의사소통에 필요한 기법들을 체계적으로 훈련하고 또한 의사소통을 저해하는 요인을 제거하며 의사소통에 직접적으로 영향을 주는 조직 내에서 구성원들 간의 바람직한 인간관계형성에 주력해야 한다. 본 항에서는 의사소통 기법에 국한하여 기술하기로 한다.

(1) 의사소통 기법

의사소통 기법을 청자와 화자의 기법을 중심으로 기술하기로 한다.

① 청자의 기법

㉠ 경청법

경청법이란 사전적 의미로는 '남의 말을 귀 기울여 주의 깊게 들음'을 말하나 일반적으로 경청이라고 할 때는 상대의 말을 듣기만 하는 것이 아니라 상대방이 전달하고자 하는 말의 내용은 물론 그 내면에 깔려 있는 동기나 정서에 귀를 기울여 듣고 이해된 바를 상대방에게 피드백(Feed back)하여 주는 것을 말한다.

㉮ 경청의 가치

경청하기는 동료교사의 생각, 아이디어, 감정은 물로 이해수준을 확인할 수 있는 방법인 동시에 기술이다. 동료교사가 말을 할 때 가만히 귀를 기울여 듣는 것은 대화의 기본적인 태도이며 기술이다. 의사소통은 말하기가 아니라 듣기에서 시작된다. 경청은 '듣는 사람'보다 '말하는 사람'이 더 많은 우리시대의 사회인들에게 가만히 상대에게 귀를 기울려 듣는 것이 얼마나 위대한 소통의 지혜인지를 일깨워준다. 경청하지 않고는 동료교사의 의견이나 생각을 알 수 없다.

경청이 의사소통에서 갖는 가치를 들면

첫째, 상대방 이야기의 의도나 의미를 파악하여 적절하게 반응할 수 있다.

둘째, 상대방의 말을 경청하는 것은 상대방의 이야기에 흥미나 관심을 가지고 있다는 것을 보여주는 것이다.

셋째, 다른 사람의 말을 경청하게 되면 말하는 사람은 자신의 말을 잘 들어주는 사람에게 호감을 갖게 된다(김은영 외, 2016).

넷째, 유아교육기관의 관리자는 유아교사들의 말을 경청함으로써 기관을 경영하는 데 필요한 정보를 얻을 수 있고 유아교사들의 존경과 신뢰를 얻을 수 있고 보다 합리적인 결정을 하는 데 필요한 정보를 얻고 정확한 정보를 공유하여 직무를 효율적으로 수행한다.

다섯째, 경청은 대인관계를 향상시키고 지원적 분위기를 조성하여 다른 사람에 대해 존경심을 높이고 생산적인 환경을 조성하여 유능한 기관관리자가 될 수 있다.

㈏ 경청의 유형

ⓐ 소극적 경청하기

소극적 경청하기는 동료교사가 이야기를 할 때 침묵을 지키며 이야기를 듣는 것이다. 또한 동료교사가 이야기 도중 침묵하거나 머뭇거릴 때도 교사는 침묵을 지킨다. 소극적 경청(침묵)이 쉬운 것 같으면서도 어렵다. 교사는 소극적 경청 시에는 때때로 '듣고 있다', '이해하고 있다'는 등의 간단한 표현을 한다. 말하는 동료교사의 얼굴 응시하기, 고개 끄덕이기, '아, 그랬군요' 등으로 표현한다.

ⓑ 적극적 경청하기

적극적 경청하기는 동료교사가 자기의 의견이나 생각을 이야기할 때 적극적으로 표현하도록 격려하면서 경청하는 방법이다. 동료교사가 이야기할 때 질문을 하여 이야기를 계속하도록 하거나 동료교사의 감정이나 느낌, 태도 등을 이해하려고 노력한다. 적극적 경청방법은 동료교사가 이야기하는 것을 되받아 주거나 요약해 주거나 하는 등 적극적으로 개입한다.

㈐ 경청 기법 지도

ⓐ 듣고 있다는 간단한 신호보내기

경청을 하면서 때때로 상대교사의 이야기를 '열심히 듣고 있다'는 신호를 보낸다. 신호를 받은 상대는 동료교사가 자기 이야기에 대하여 신뢰감과 존경을 하는 의미로 받아들여 이야기를 계속할 용기를 갖는다. 간단한 신호에는 언어적 표현과 동작적 표현의 두 종류가 있다.

• 언어적 표현

'으응', '그랬군요', '그런데' 등 언어로 보내는 신호

• 동작적 표현

고개 끄덕이기, 미소, 상대교사의 눈이나 입을 바라보기, 상대교사의 귀에 맞추

어 앉기 등 두 종류가 있다.

ⓑ 이해했다고 표현하기

단순한 경청이나 듣고 있다는 신호만으로는 상대 동료교사의 이야기를 완전히 이해하고 있다고 생각하지 않을 수도 있다.

이야기를 잘 이해하고 있다는 표현방법은 다음과 같다.

- 반복하기
  상대교사의 말을 거의 그대로 반복하는 것이다. 상대교사가 한 말 외에 다른 말을 곁들여도 안 된다.
- 다른 말로 표현하기
  다른 말로 표현하기는 상대교사의 말을 그대로 반복하지 않고 내용은 같으나 어휘의 표현을 달리하는 말이다.
- 요약하기
  상대교사가 한 말을 요점만 살려서 요점만 정리하여 말을 한다.
- 요구 받아주기
  동료교사가 한 말 중에 요구하는 내용은 '내가 이렇게 해달라는 말이군요'하고 요구 받아주기 한다.
- 공감하기
  동료교사의 말의 내용을 이해하는 것도 중요하지만 상대방의 이야기를 듣고 상대방의 마음속에 담겨 있는 기분이나 감정을 상대방의 입장에서 받아들이는 일은 신뢰관계형성과 대화촉진에 아주 유용하다.

㉡ 칭찬하기

칭찬이란 사전적 의미로는 '좋은 점이나 착하고 훌륭한 일을 높이 평가함' 그리고 '좋은 점이나 착하고 훌륭한 일을 높이 평가하거나 말이나 글로 써 격려하는 것'을 의미한다. 칭찬받기를 싫어하는 사람은 없다. 칭찬은 타인에 대한 호감을 표시하며 상대편을 내 편으로 만드는 기술로서 의사소통을 위해서는 상대편에 대하여 칭찬을 많이 해야 한다.

㉮ 칭찬할 때 유의할 점

칭찬할 때는 다음과 같은 사항에 대하여 유의하여야 한다.

ⓐ 칭찬할 이유가 분명히 있을 때 칭찬한다.

ⓑ 칭찬하는 특별한 이유를 상대에게 밝힌다.

ⓒ 칭찬을 받을 만한 일이 생겼을 때 칭찬한다.

ⓓ 칭찬은 타인과 비교해서 말하지 않는다.

ⓔ 여러 가지 긍정적인 비언어 메시지를 사용하여 칭찬한다(예: 미소, 눈맞춤 등).

ⓕ 긍정적인 말투로 칭찬한다(예: 유쾌한, 상냥한, 즐거운, 사랑스런 말투).

② 화자의 기법

㉠ 정확하고 분명한 메시지 보내기

대화과정에서 제일 중요한 일은 화자가 말하려는 의도와 내용을 상대, 즉 청자가 빠르게 그리고 정확하게 이해하도록 하는 일이다. 그 요령은

㉮ 대화의 요지를 대화순서나 절차에 따라 구조화한다

상대와의 대화가 상황에 따라 우연히 이루어지는 경우도 많지만 대부분 사전에 화자의 필요에 따라 대화내용이 선정되기 마련이다. 특히 어린이집 내에서의 대화는 보육교사가 영유아지도에 몰두하다 보면 이야기를 오래 들을 정도로 경황이 없는터라 이야기의 내용을 어떤 순서로 전달할 것인가에 대하여 구조화시켜서 이야기를 해야 시간이 절약되고 효과적으로 전달할 수 있다.

㉯ 대화의 장벽을 최소화시키도록 고려한다

어린이집 내에는 대화를 방해하는 요인이 많다. 영유아들이 내는 크고 작은 목소리, 교구나 기구들이 내는 소음, 인근 주변에서 나오는 잡음 등 물리적 장벽이 있을 수 있고 또한 청자의 감정이나 기분 그리고 현재 가지고 있는 생각 등 심리적인 장벽 등이 있을 수 있다. 따라서 이러한 물리적 · 심리적 장벽이 최소화되었다고 생각할 때 대화를 이끌어간다.

㉰ 일상적으로 사용하는 용어를 구사한다

항상 일상적으로 사용하는 용어를 구사함으로써 화자의 대화요점을 청자가 쉽게 이해할 수 있도록 한다.

㉱ 조급하게 서두르지 말자

화자는 자기가 대화할 내용에 대하여 여러 차례 숙고한 바 있어 조급하게 서두르게 되면 순서, 과정, 절차를 무시하거나 일부를 생략하여 대화를 이끌게 되고 이때 청자는 대화내용의 갑작스런 변화로 사고의 비약을 가져와 대화의 요점을 이해하지 못한다. 이때 흔히 청자는 '천천히 말해 봐', '다시 말해 봐', '무슨 이야기인지 모르겠어' 등의 표현을 곧잘 하게 된다.

㉡ 나-전달법(I-Message)

나-전달법은 의사소통기술방법의 하나로 동료교사가 문제를 가졌을 때 바람직한 동료

간의 관계개선을 위하여 자기 자신의 생각과 감정을 효과적으로 전달하는 방법이다. 나-전달법은 동료교사의 행동을 보고 내가 기분이 나빠 동료교사의 행동을 수용할 수 없을 때 나의 생각이나 느낌을 진실되게 표현하여 동료교사를 탓하지 않는 의사소통기술로 동료교사 간 바람직한 관계 개선에 효과적이다. 반면에 너-전달법(you-message)은 동료교사를 탓하고 비난하고 동료교사에게 잘못이 있다고 말하는 등 말로 동료교사를 공격하는 것이다. 이상을 도식화하면 다음과 같다.

나-전달법(I-message): 나의 생각, 감정표현하기의 '예'

- 김 선생님. 왜 그러세요?
- 내가 미리 미리 준비하라고 했었죠?
- 김 선생님은 왜 이렇게 조심성이 없나요?

⇑

상 황

어린이집 행사를 진행하다가 김 선생님반이 준비가 안 돼서 진행하기가 어렵다.

⇓

너-전달법(you-message): 김 선생님의 행동을 비난하고 탓하는 '예'

- 김 선생님이 준비해 주지 않아서 행사를 진행하다가 내가 아주 힘들었답니다.

㉮ 나-전달법 구성의 3요소

나-전달법은 일반적으로 한 가지 상황에 대해 행동, 느낌, 결과를 말한다.

ⓐ 1단계: 나에게 방해가 되는 행동을 말한다(단순히 서술만 하지 비난하지 않는다).

ⓑ 2단계: 행동의 결과 때문에 생긴 나의 느낌을 말한다.

ⓒ 3단계: 결과를 말한다.

㉯ 나-전달법 사용 시 유의점

ⓐ 화자의 구체적인 감정을 솔직히 표현해야 한다.

ⓑ 부정적인 감정만을 중점적으로 전달하지 않도록 한다.

ⓒ 상대를 절대로 평가하거나 비난하지 않는다.

ⓓ 화자의 내적 갈등을 조절할 수 없을 정도로 감정을 한꺼번에 폭발시켜서는 안 된다. 화를 내면서 전달하는 '나-전달법'은 적대감을 나타내는 '너-전달법'이 된다.

2. 갈등관리

일반적으로 모든 조직이나 기관은 인적조직과 물적조직을 갖추게 되는데 이 두 조직은 모두 조직이나 기관의 설립목적을 구현하는 데 직접적으로 영향을 준다. 그 중 인적조직은 해당 조직이나 기관 내에 구성된 사람의 조직으로 구성원들 간에는 부여된 업무를 중심으로 자연적으로 인간관계를 맺게 된다.

조직 내에서 인간관계가 원만하게 이루어진다면 소속된 구성원들은 아무런 갈등이 없이 부여된 업무를 효율적으로 수행하여 조직의 목표를 원활하게 구현하는 한편, 그렇지 못하면 구성원들 간에 질시와 반목으로 인간관계가 무너지고 소속원들은 심한 갈등을 겪으면서 집단의 능률지향에도 나쁜 영향을 준다. 특히 유아교육기관에는 유아들을 비롯하여 원장, 원감, 교사, 서무, 관리직 직원, 학부모, 지역사회인 등 다양한 계층의 인적조직원들과 부단히 접촉함으로써 상황에 따라 조직원들 간에 다양한 유형의 갈등을 초래할 수 있다.

1) 갈등의 개념

갈등(conflict)이란 라틴어의 configure에서 나온 말로 '상대가 서로 맞선다'라는 뜻을 가지고 있다. 그러나 갈등이란 연구자에 따라서 차이가 있는데 여러 학자가 제시한 정의를 〈표 II-54〉와 같이 정리하였다.

〈표 II-54〉 갈등의 개념

학자명	개념 및 정의
박남기(2008)	서로 불화하여 다투는 상태, 상반하는 것이 양보하지 않고 대립하는 상태
정연훈(2004)	하나 혹은 둘 이상의 개인이나 집단 간의 다양한 형태의 대립, 방해 행동, 투쟁 등 심리적이고 행동적인 특성을 복합적으로 갖고 있는 공개적이나 잠재적 행동
김옥관(2007)	둘 이상의 행동주체 사이에서 목표, 의식, 행동 등이 이해관계에서 일어나는 대립적 과정으로 심리적이고 행동적인 특성을 갖고 공개적이나 잠재적인 형태
홍규선(2013)	갈등은 개인 또는 조직과 집단 사이에 가치관, 목표의 차이, 그리고 이해관계에서 발생하며 정상적인 활동을 방해 받는 일련의 지각과 인식 그리고 행위를 포함한 적대적 대립의 과정
K, Thomas(1983)	조직의 한 단위가 다른 단위로 인해 자신이 관심사가 좌절되었거나 좌절될 것을 지각할 때 생기는 과정
L. D. Brown(1983)	이해관계가 상이한 당사자 간의 상반된 행위

학자명	개념 및 정의
Likertetal(1976)	다른 사람에 의해 선호된 결과를 배제하고 자신이 선호하는 결과를 성취하려고 하거나 적의적인 행동을 하는 것
J. Litter(1969)	어떤 개인이나 집단이 다른 사람이나 집단과의 상호작용이나 활동으로 손실을 지각한 결과 대립, 다툼, 적대감이 발생하는 행동의 한 형태

이상 여러 학자가 제시한 정의나 개념을 정리하면 다음과 같은 성격이 있다.

첫째, 갈등은 둘 이상의 행동주체 사이에서 일어난다.

둘째, 갈등이 일어나는 요인은 아주 다양하여 갈등의 소재를 밝히기가 쉽지 않다.

셋째, 갈등의 표면적 행동은 공개적이나 잠재적일 수가 있는데, 공개적인 경우는 대립, 방해 행동, 투쟁 등 적대적 대립의 과정으로 나타난다.

넷째, 갈등은 당사자 간의 갈등으로 지각되어 쉽게 이해되거나 해결할 수 없는 상황에서 나타난다.

이상의 성격에 비추어 볼 때 갈등이란 '개인 또는 조직과 집단 사이에 목표, 인식, 행동, 가치관 등의 이해에 따른 대립과정으로 정상적인 활동을 방해하는 공개적이거나 잠재적 행동 형태'라고 정의할 수 있다.

2) 갈등의 기능

우리는 갈등이라는 용어에 대하여 지나치게 부정적인 개념으로 인식하고 있다. 즉, 갈등은 편안하고 심리적으로 안정되기만을 기대한다. 과연 갈등은 부정적인 기능만 있는가? 그러나 분명한 것은 갈등은 시간의 흐름에 따라 변하므로 순기능적인 갈등이 역기능적인 것으로 될 수도 있고 역기능적인 갈등이 순기능적인 갈등으로 변화될 수 있다는 사실이다.

이에 대한 견해는 다양하다. 여기에 대해서는 3가지 유형의 관점, 즉 전통적 관점, 상호작용적 관점, 현대적 관점으로 생각할 수 있다.

(1) 전통적 관점(갈등의 역기능)

전통적인 관점에서 갈등이란 바람직하지 못한 것이며 조직에 해로운 것으로 본다. 이러한 사고방식은 사람들의 일반적인 언어행동에 잘 나타나고 있다. 그들은 갈등이 없는 상태가 가장 이상적인 상태로 생각하며 갈등은 제거되어야 한다는 생각을 가지고 있으며 또한 제거는 가능하다고 본다.

따라서 전통적 관점에서는 조직사회 내에서는 의견일치, 단합, 평화, 조화를 지향하면서 반갈등적 가치를 숭상하고 있다. 이와 같이 문화적 가치와 언어관행에 부합되는 전통적 갈등관은 조직사회에 오랜 기간 동안 자리를 잡아왔다. 오늘날까지도 조직운영자들은 전통적 갈등관에 젖어 갈등의 역기능만을 떠올리고 있다. 전통적 관점에서의 가정을 요약하면

① 갈등은 저해요인이기 때문에 해소되거나 해결되어야 한다.

② 갈등은 유익하지 못한 요소이다.

③ 갈등은 커뮤니케이션의 유효성을 저해하고, 인간관계에서 이해와 신용 및 개방성을 결여시키는 결과를 초래한다.

④ 환경은 행동(공격적, 경쟁적, 부적합하고 불합리한)을 형성하는 주요한 역할을 담당하는 요소이다.

⑤ 인간은 선량하면서 신용과 협동에 주요한 존재이며 인간본성에 선을 부여한다(유기현, 1991).

(2) 현대적 갈등관(갈등의 순기능)

전통적 갈등관이 갈등의 역기능만을 강조함으로써 조직의 운영에 저해로운 요인으로 인식하여 반갈등적 가치를 숭상하는 것에 반기를 들고 갈등의 순기능을 인정하려는 현대적 갈등관이 출현하면서 이론적인 차원에서는 전통적인 갈등관이 심각한 비판과 배척을 받고 있다. 현대적 갈등관에는 상호작용적 관점과 갈등관리 관점의 두 가지 유형이 있는데, 상호작용적 관점에서는 갈등이 조직의 성과에 반드시 부적절하거나 역기능만이 있는 것이 아니라 상황에 따라 긍정적인 영향을 미치는 것으로 갈등은 조직 내에서 반드시 나쁘지 않으므로 피해야 할 대상이라고 보지 않는다.

한편 현대적 갈등관의 또 하나의 관점은 상호작용적 관점으로 갈등은 모든 조직 내에서 불가피한 것으로 보고 갈등이 조직의 성과에 순기능이 있으므로 인정하고 조직 내에서 오히려 갈등을 장려하면서 또한 갈등에 대한 현명한 해결방안제시에 초점을 맞춘다. 즉 건설적인 갈등은 새로운 도전과 사고에 혁신적인 자극이나 문제해결, 변화에 성공적인 적응, 생존 등을 위해 필연적이고 필수적이라고 본다.

갈등을 용인하고 옹호하려는 사람들은 갈등이 조직에 본래적으로 내재하는 현상이므로 그것을 용인할 수밖에 없다고 생각한다. 즉, 갈등이 없는 상태는 독재적이면서 통일적이며 침체적이면서 정신적 고착 상태로서 현대적 갈등관의 가정을 요약하면

① 갈등은 바람직한 요소이므로 고무내지 격려되어야 한다. 특히 갈등은 규칙적으로 제거되어야 하며 동시에 소중하고 신중하게 다루어야 한다.

② 갈등은 인간활동이나 관계형성과정에서 필연적으로 발생하는 요인이다.

③ 갈등은 첫째, 제한된 보상에 대한 투쟁, 식생활의 원천, 사회적 계층과 신분, 책임 및

권력에서 대두되는 결과이고 둘째, 선천적으로 공격적이고 경쟁적인 본능을 더 낮은 상태로 인하시키는 데서 나오는 결과이다.

④ 환경의 중요성을 지나칠 정도로 강조하고 있다. 즉, 환경에서 많은 행동결정요소가 있을 뿐 아니라 발전적 행동프로그램에 유전학적이고 심리적인 요소를 포함하고 있다.

⑤ 만일 기본적으로 나쁜 성향이 있는 남녀라면 공격적이고, 자아모색 및 경쟁적 본능을 유발시킬 수도 있다(유기현, 1991).

3) 갈등의 유형

전 항에서 갈등이 조직에 미치는 영향이 역기능이냐 순기능이냐에 따른 분류를 비롯하여 당사자(행동주체), 갈등의 진행단계 및 상황 접근의 관점, 기업이나 조직에의 이로움 유무, 갈등의 표면화 여부, 갈등의 원인 등 어느 관점에서 분류하느냐에 따라 다양하다.

〈표 II-55〉 갈등의 유형

학자명	갈등의 유형
김기복(2014)	① 개인 내 갈등 ② 개인 간 갈등 ③ 집단 내 갈등 ④ 집단 간 갈등 ⑤ 조직 간 갈등
J. G. March, H. A. Simon	① 개인적 갈등 ② 조직상의 갈등 ③ 조직 간의 갈등
Siephen P. Robbins	① 개인 간의 갈등 ② 집단 간의 갈등 ③ 집단 내적 갈등
Daniel Kaiz	① 기능적 하위체제 간의 갈등 ② 계층 간의 갈등
Louis Pondy	① 잠재적 갈등 ② 지각되는 갈등 ③ 감정적으로 느끼는 갈등 ④ 표면화된 갈등 ⑤ 결과적 갈등
Hanson(2003)	① 공식적 차원의 갈등 ② 비공식적 차원의 갈등

〈표 II-55〉에서 제시한 바와 같은 갈등을 어느 관점에서 보느냐에 따라 그 유형이 달리 기술되나 가장 보편성을 띠는 J. G. March와 H. A. Simon의 분류기준에 따라 설명하기로 한다.

〈표 II-56〉 J. G. March와 H. A. Simon의 갈등유형

1. 개인적 갈등
   1) 좌절갈등
   2) 목표갈등
   3) 역할갈등
2. 개인 간 갈등
3. 집단 간 갈등
   1) 계층적 갈등
   2) 기능적 갈등
   3) 자신-스텝 갈등

(1) 개인적 갈등

조직 내에서 개인적 갈등을 유발하게 하는 개인적 특성으로는 모든 개인은
첫째, 여러 가지 형태의 욕구와 역할을 가지고 있으며
둘째, 동기의 역할을 실현하는 방법에 있어서도 각기 상이하고
셋째, 동기와 목표 간에서 발생할 수 있는 장애도 많으며
넷째, 그들이 기대한 목표에는 적극적인 것과 소극적인 것이 있을 수 있기 때문이다.
또한 개인적 갈등의 내용으로는 좌절갈등과 목표갈등, 역할갈등이 있다.

① 좌절갈등

㉠ 개념

좌절이란 어떤 목적의 지향적 행동이 훼방당하거나 연기될 때 일어나는 긴장상태 또는 목표를 장애물이 가로막아 동기나 욕구를 이루지 못할 때 심리적으로 생겨나는 상태를 뜻하며, 이러한 심리적 상태에서 일어나는 갈등을 말한다.

㉡ 방어기제의 유형

좌절갈등에 따른 해소방안으로 방어기제를 사용하는데 방어기제는 자신의 자존심을 유지하고 불안과 공포를 회피하기 위해 자신에게 실제적인 욕구와 목표행동을 은폐시키면서 좌절이나 갈등에 반응하는 양식이다. 방어기제의 유형은

㉮ 철회

이때 개인의 당초의 목표나 계획을 취소하는데 여기서는 외적철회와 내적철회가 있다.

㉯ 공격

일반적으로 잘 나타나는 욕구좌절의 반응은 공격이다. 공격에서는 욕구좌절의 원인이 되는 대상에 대하여 공격적 행동을 한다. 이 경우 공격은 제 3자나 다른 대상에게 피해를 줄 수도 있다.

㉰ 고착(고형화)

현재의 상태를 변화시키거나 옮기려고 노력하지 않고 현재의 상태로 그대로 일정기간 유지한다.

㉱ 타협

현재의 갈등을 해소하기 위해 갈등 당사자와 협의를 통해 해결하려고 노력한다.

② 목표갈등

㉠ 개념

개인이 조직 내에서 어떤 과제를 해결하기 위하여 설정한 다양한 목표 가운데 취사선택해야 하는 상황에 놓일 때 개인의 유불리에 따라 취사선택하는 과정에서 겪게 되는 갈등을 말한다.

㉡ 유형

㉮ 접근-접근 갈등

접근-접근 갈등은 인지부조화의 상태로서 개인이 어떤 양자택일적인 의사결정을 해야만 할 때 겪는 심리적 갈등을 말한다. 접근-접근 갈등은 개인이 두 개 혹은 두 개 이상의 바람직한 목표 중에서 반드시 꼭 하나만의 목표를 선택하게 될 때 개인이 선택하는 과정에서 약간의 심리적 갈등을 겪게 되는 경우를 말한다.

예 유아교육기관에서 학기말에 신학년도 업무분담을 할 경우, 제일 먼저 담당하고자 하는 업무를 선택하라는 제안을 받았을 때 교무도 담당하고 싶고 행사도 담당하고 싶을 때 겪는 가벼운 갈등이다.

㉯ 접근-회피 갈등

일반적으로 조직 내의 개개인에게 유리한 목표나 불리한 목표가 각각 하나씩 제시되고 그 중 하나를 선택하도록 기회가 부여될 때 느끼는 심리적 갈등이다.

예 유아교육기관에서 학급배정과 담당업무배정이 동시에 이루어지는 경우 특정 개인이 자기가 담당하기를 원하는 학급을 배정 받는 대신, 담당 업무분담에서는 다른 교사들이 모두 선택하고 남은 업무를 맡아야 한다는 규정아래 학급과 담당업무

배정과정에서 유리한 목표와 불리한 목표 중에 하나를 선택하는 과정에 겪는 심리적 갈등이다.

㉰ 회피-회피 갈등

회피-회피 갈등은 두 가지 모두 바람직하지 못한 목표 가운데 하나를 선택함으로써 받는 심리적 갈등으로 의사결정 후에도 마음의 갈등은 깨끗이 해소되지 않음으로써 조직 내에서 개인이 받는 영향은 대단히 크다.

예 물론 유아들이 등원하지 않는 날이지만, 밀린 업무가 있어서 출근해야 한다. 날씨가 무척 추워서 출근하기도 싫고 또 출근해서 업무를 처리하지 않으면 내일 원장이나 원감에게 꾸중을 받을텐데 출근을 선택해도 출근을 선택하지 않아도 심한 심리적 갈등을 느낀다.

③ **역할갈등**

㉠ **개념**

개인에게 부여된 본래의 역할에 또 다른 역할이 부여될 때 겪는 심리적 갈등을 말한다. 역할이란 어떤 조직의 어느 한 직위에 있는 사람에게 사회인으로부터 일반적으로 기대되는 행동 유형 및 반면, 어느 지위에 있는 사람이 자기 직업에 관련하여 전문적으로 행사하는 행동 유형으로 사회적으로 승인되는 보편성을 띤 것을 말한다.

㉡ **유형**

유아교육기관에는 원장, 원감, 교사, 사무직, 조리원, 운전원 등이 있는데 이들의 직책에 따라 각각 역할이 부여된다. 그래서 유아교육기관 내의 각 구성원들은 구성원의 역할수행에 필요한 기술이 필요하게 된다. 그런데 이 같은 역할이 어느 개인에게 복합적으로 부여될 때 그 개인은 역할갈등을 겪게 된다.

예 유아교육기관에서 보육교사에게 서무실의 사무직의 인력이 부족하다 하여 보육료 징수업무를 부여하는 경우, 보육징수업무처리 기술이 필요한 바 이에 따른 심리적 갈등을 느낀다.

(2) 개인 간 갈등

① **개념**

조직 내에서 개인 상호 간의 의사결정이나 타협, 협의 및 협조 과정에 있어서 개개인이 서로 다른 주관과 대체안에 차이가 있을 때 발생하는 심리적 갈등을 말한다.

② 개인 간 갈등 분석방법

개인 간 갈등 분석방법은 Joe Luft와 HArry Ingham(1961)이 공동개발한 조하리 · 윈도우모델(Johari Window model)이 있다.

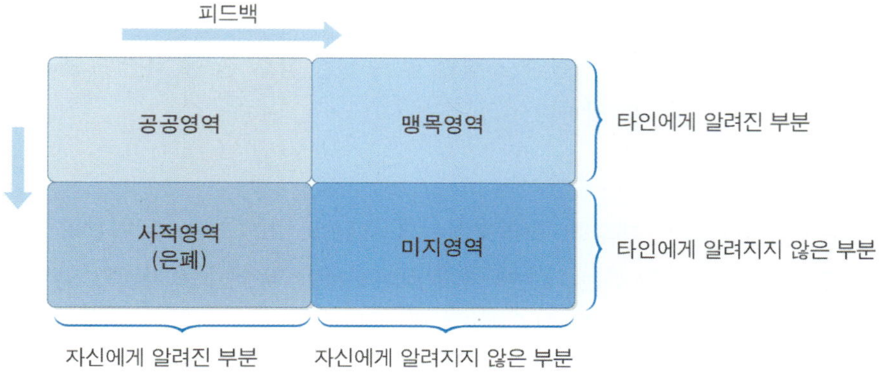

[그림 II-10] 조하리 · 윈도우모델

[그림 II-10]의 조하리 · 윈도우모델에서는 자신과 개인과의 상호작용적 관계를 분석하기 위해 공공영역, 사적영역(은폐영역), 맹목영역, 미지영역으로 구분하여 〈표 II-57〉과 같이 갈등상황을 설명하고 있다.

〈표 II-57〉 영역별 갈등상황

영역별	특성	갈등상황
1. 공공영역	자신은 물론 타인에게 잘 알려짐	개인 간 갈등이 거의 없음
2. 사적영역	자신은 물론 타인에게 잘 알려지지 않음	개인 간 갈등이 야기될 잠재성 있음
3. 맹목영역	자신에게는 알려져 있지 않으나 타인에게는 알려져 있음	개인 간 갈등이 야기될 가능성이 다소 있음
4. 미지영역	자신은 물론 타인에게 잘 알려지지 않음	개인 간 갈등이 제일 많이 일어날 가능성이 높음

〈표 II-57〉에서 보는 바와 같이 은폐영역이나 미지영역으로부터 공공영역으로 옮겨갈수록 참여자들이 상호 간에 정확한 지각상의 판단을 내릴 수 있는 기회가 증대되므로 만족스러운 인간관계를 유지할 수 있어 개인 간의 갈등을 최소화시킬 수 있다.

③ 개인 간 갈등의 예

유아교육기관 내에서 교사들로 조직된 교무실과 경리 · 사무직원들로 구성된 서무실 간에 이루어지는 갈등이다. 더러는 교무실을 대표하는 원감과 서무실을 대표하는 서무과장 간의 대결구조가 교사들과 서무실 직원들 간의 갈등으로 이어지기도 한다.

(3) 집단 간 갈등

① 개념

조직과 구성원, 조직과 집단, 집단과 구성원 및 구성원 상호 간 등 복잡한 조직구조 속에서 일어나는 심리적인 갈등을 말한다.

② 유형

현대사회는 조직 규모의 대형화, 조직구성원의 대량화, 조직 기능과 역할의 다양화되어 이들 상호 간에 많은 교섭을 하는 가운데 각기 상반된 욕구와 기대를 가지고 업무를 수행하는 과정에서 집단 간에 많은 갈등이 유발되는데 갈등의 유형은 〈표 II-58〉과 같다.

〈표 II-58〉 집단 간 갈등유형

유형	특징	예
1. 계층적 갈등	1) 조직이나 집단의 개별 계층 간의 갈등	(1) 원장과 교사들 간의 갈등
2. 기능적 갈등	1) 조직이나 집단 내 다양한 기능 부서 간의 갈등	(1) 보육교사들과 서무 · 경리부서 직원들과의 갈등
3. 라인-스텝 갈등	1) 조직이나 집단 내 라인과 스텝 간의 갈등	(1) 보육교사와 보조교사 간의 갈등 (2) 경리부서와 취사부와의 갈등
4. 공식조직과 비공식조직과의 갈등	1) 조직이나 집단 내 공식조직과 비공식조직 간의 규범 간의 마찰이나 불일치	(1) 유아교육기관의 설립운영목적과 전교조가입 교원 사이의 갈등

4) 갈등상황 야기의 조건

갈등상황이란 조직 내에서 갈등이 일어날 수 있는 조직 내의 상황이나 조건 또는 이유를 말한다. 갈등상황이 조성되지 않으면 갈등이 일어날 수 없다.

갈등상황은 잠재적 갈등으로서 행동의 주체들이 갈등으로 인식하지 않고 또한 갈등이 행동으로 표면화되기 전에 소멸될 수도 있다. 갈등상황은 일종의 매개변수로서 조직 내의 갈등의 요인이 될 수 있는 제반요인과 갈등 사이를 연결해 주는 조직 내에서 갈등상황을 가져올 수 있는 요인들을 의사소통, 조직의 규모, 조직참여자의 가치, 행정체제 유형, 보상체계, 구성원의 성격과 역할, 조직구성원 간의 상호작용 등 다양하다. 그러나 갈등의 원인이나 요인을 확인하기란 그리 쉬운 일이 아니다. 여러 학자가 제시한 갈등요인은 〈표 II-59〉와 같다.

〈표 II-59〉 갈등 요인

학자명	갈동요인
권영례(2015)	① 집단구조, ② 영유아 보육 및 교육, ③ 가치, ④ 지도성 유형, ⑤ 직업에 대한 기대와 욕구, ⑥ 교직원들의 권위에 대한 불신, ⑦ 수행한 일에 대한 피드백과 비판을 제대로 못할 때, ⑧ 정보와 오보, ⑨ 인성적 알력, ⑩ 경직된 편견과 고정관념, ⑪ 변화에 대한 저항
김해동 외(1982)	① 상충되는 목적추구로 인한 승패의 상황 ② 제한된 자원의 획득과 사용에 관한 경쟁 ③ 지위 부조화 ④ 지각의 차이
J. A. Litter(1969)	① 목표의 불일치 ② 자원의 부족과 배분의 불일치 ③ 직위 상호 간의 부조화 ④ 지각의 차이

〈표 II-59〉에서 보는 바와 같이 갈등의 요인을 학자들 간에도 갈등을 보는 관점에 따라 서로 다르게 진술하고 있으나 본 절에서는 다음에서 목표의 불일치, 사업선정과정에서의 배제, 자원의 배정과 배분의 불일치, 지위부조화, 지각의 차이, 변화에 대한 저항, 집단구조와 조직 등에 대하여 생각해 보기로 한다.

(1) 목표의 불일치, 사업선정과정에서의 배재

한 집단 내에서 둘 이상의 행동주체가 서로 양립할 수 없는 목적들을 동시에 추구할 때 승패의 상황이라는 갈등 상황이 조성될 수 있다. 조직 안에서 이와 같이 서로 양립할 수 없는 목적을 가지고 공존해야 하는 경우가 허다하다. 또한 한 집단 내에서 집단의 운영목표나 중요한 사업을 선정하는 과정에서 직접적으로 목표구현활동에 참여하는 해당 구성원이 배제될 때 해당 구성원은 사업추진과정에서 소극적인 태도를 보이며 또한 갈등을 경험하게 된다.

예 어린이집에서 보육교사들이 유아지도에 직접적으로 활용되는 교재 · 교구 구입을 최우선시 하나 관리, 예산집행을 담당하는 서무과 직원들은 어린이집의 시설 개 · 보수에 더 많은 예산을 투입할 경우, 보육교사와 서무과 직원들 간의 갈등이 야기될 수 있다. 또한 후자의 경우에는 어떤 어린이집 내 주요사업결정에 원장, 원감, 일부 교사만이 참여할 때 사업결정에 배재된 교사들은 선정된 사업추진에 미온적이며 또한 갈등을 겪게 된다.

(2) 자원의 부족과 배분의 불일치

어떠한 조직이든 간에 조직이 노리는 목표를 구현하거나 설정한 사업을 효율적으로 추진하기 위해서는 자금, 인력, 설비, 시간 등의 자원이 필요하다.

따라서 행동주체들 간에 이런 자원을 적절히 배분받기 위해 경쟁이 생길 때 갈등의 소지가 있다. 또한 같은 행동주체 간에 동일한 목표를 구현하기 위한 자원을 선정하는 데에서도 같은 행동 주체 간에 이견이 있어 갈등으로 이어질 수 있다.

예 어린이집에서 유아들의 관찰학습을 위하여 텃밭에 여러 가지 꽃식물, 채소 등을 심기로 구역을 배정해 주었다. 그러나 어린이집에 이러한 꽃식물이나 채소류의 경작재배를 위한 농기구가 충분치 않을 때 서로 좋은 농기계를 차지하려고 경쟁을 한다. 그렇다고 하루만 필요한 농기계를 전량 구입해 준다는 것도 합당한 처사가 아니다.

(3) 지위 부조화

조직 내에는 다양한 지위체계가 있다. 또한 조직 내에서 개인이 차지하는 다양한 지위체계들은 고정적이 아니고 늘 변화한다. 선임 순위가 높고 나이가 많은 직원이 새로운 훈련을 받고 신규 채용된 직원보다 기술적인 면에서 항상 더 유능하다는 보장은 없다. 이런 경우 지위가 뒤바뀌고 변동되는 지위 부조화는 조직 내에서 대단히 큰 갈등의 원인이 된다.

예 이제까지 수십 년간 같은 어린이집에서 영유아들을 가르치던 동료교사가 원감으로 승진하여 지휘를 받는 경우, 그리고 자기보다 훨씬 늦게 온 전입교사가 교무수행능력이 탁월하여 교무부장으로 발탁되어 새로 임명된 후배전입교사의 지휘감독을 받을 때 해당 교사는 갈등을 느낀다.

(4) 지각의 차이

조직 내에서 조직 구성원들 간에 같은 사물이나 사건을 보고서도 서로 다르게 지각하는 조직구성원들 사이에 갈등이 야기될 수 있다. 특히 지각의 차이는 계층 간에도 다르고 관심분야 또는 가치관, 과거경험, 지위, 역할 등의 차이가 지각의 차이를 가져오며 지각의 차이는 업무를 추진하는 과정에서 조직 구성원들 간에 갈등을 초래한다.

예 옆 활동실에서 유아들이 서로 같이 뒹굴고 뛰어다니며 활동실 안이 너무 시끄러워서 우리 활동실의 학습활동에 방해가 될 때가 있다. 그러나 해당교사는 유아들의 활동을 억압하거나 통제하는 것보다 오히려 자유분방하게 생활하도록 권장하는 것이 유아들의 성장 · 발달에 더욱 좋다고 늘 강변하고 있다.

(5) 변화에 대한 저항

활동실의 영유아보육활동에서 지금까지 훈육으로 여겨지던 다양한 지도방법이 지금은 아동학대로 해당 교사들이 형사처벌을 받기까지도 한다. 또한 어린이집을 운영하는 원장으로서는 사회가 변화하고 이에 따라 변화하는 학부모의 기대와 요구에 부응하여 어린이집에서 지금까지 시행해 오던 다양한 시책들을 바꾸지 않으면 안 될 상황에 놓이게 된다. 학부모의 요구와 기대에 편승하여 그렇게 변화하지 않으면 영유아 취원경쟁에서 뒤져서 어린이집을 운영하는 데 애로가 많기 때문이다.

어린이집 내에서 원장이 단독적으로 주도하는 많은 변화에 적응하기 힘든 교사들은 많은 갈등을 느낀다.

예 어린이집의 원장이 원아지도기술을 학부모들로부터 검증받고 훌륭한 교사들로 구성된 어린이집으로 인정받아 취원을 유도하기 위해 매월 2회씩 학부모를 초청하여 공개수업을 하도록 강요받는다. 수업공개를 해야 하는 교사들은 많은 갈등을 받게 된다. 교수 · 학습방법 개선이 교사의 의무라고도 하지만 이런 급작스러운 변화에 교사들은 당혹스러워하며 동시에 갈등을 느낀다.

(6) 집단구조와 조직

유아활동실은 초 · 중 · 고등학교 교실과는 또 다른 성격을 지니고 있다. 즉 교육과 보육이 동시에 이루어지는 유아활동실에서는 활동성이 강한 한편, 판단력, 기민성과 순발력이 부족한 영유아를 보살피기 위해서는 가급적 거의 하루종일 활동실 내에서 영유아들과 같이 생활해야 하기 때문에 동료교사나 직원들과의 의사소통의 제약을 받는다. 따라서 직원회의, 수입연구, 연구발표회, 각종 협의회 등 공식적인 모임에만 참여하는 등 지극히 한정된 상호작용이 이루어질 뿐이다. 따라서 교사들 간에 허심탄회하게 심정을 교환할만한 별도의 조직이 없는 편이다.

한편, 어린이집교사의 출신학교 성분은 아주 다양하다. 즉 4년제 대학, 3년제 전문대학, 2년제 전문대학, 보육교사 양성교육원 등 아주 다양하여 출신학교별로 형성된 동창회라는 사조직이 활성화되어 있다. 비공식적 조직으로서의 동창회는 이들 조직에 소속된 교사들 간의 유대와 협력체제가 구축되어 당해 어린이집 교육활동에 직 · 간접적으로 영향을 주기도 하며 또한 이에 따른 교사들 간의 갈등이 야기될 수 있다.

예 직원회에서 A교사와 B교사의 의견이 팽팽하게 맞선다. 결국 다수가결로 결정하기로 하고 거수표결과정에서 결국, A대학 출신 교사와 B대학 출신 교사의 수 대결로 끝난다.

5) 갈등상황 관리전략

갈등상황 관리전략은 기본적 전략과 해소전략으로 구분하여 기술하기로 한다.

(1) 기본적 전략

① 현재의 갈등상황이나 갈등의 출처를 변동시키지 않은 상태, 즉 조직의 기본적인 체제나 조건은 변동시키지 않고 일부 요인만 수정한 가운데 해당되는 개인들을 조직에 적응시키도록 한다.

② 조직 구성요인의 교체, 새로운 요인의 추가, 기본적인 구조 개편 등을 통해 갈등상황이나 출처를 제거하는 것이다.

③ 순기능적인 갈등은 더욱 조장시킨다.

(2) 갈등해소 전략

① 문제해결

갈등 당사자들이 갈등의 원인이 되는 문제를 공동으로 파악하고 갈등의 원인을 제거함으로써 갈등을 해결해 나가는 방법이다. 문제해결을 위해서는 당사자들이 협동적인 문제해결 능력이 있을 때 더욱 효율적으로 이루어질 수 있다.

예 새봄이 되어 유아들의 관찰학습을 위해 텃밭에 다양한 채소류와 꽃씨를 파종하는 작업을 수행해야 하는데 소요농기구가 부족하다. 이때 담당자들이 서로 협의하여 작업일정을 조정한다.

② 상위목표의 설정

한 집단 내의 둘 또는 그 이상의 단위부서에서 갈등이 있을 때 해당 부서들 간에 상호협동적으로 해결할 수 있는 상위목표를 설정하여 운영하는 것이다. 설정된 상위목표는 해당 부서들이 공동으로 협력하지 않고서는 도저히 해결할 수 없는 상위목표로서 이 상위목표에는 해당 부서들의 목표가 포함되어야 한다.

예 지금까지 어린이집 원아 모집이 원활하게 이루어졌으나 근처에 어린이집이 한두 개 더 설립되면서 원아모집이 안 되어 정원이 미달하여 원의 운영이 힘들다. 이런 경우 원의 존립에 영향을 주므로 어린이집을 살려야 한다는 상위목표를 설정하고 전 교직원들이 가정방문을 통해 원아모집에 적극 동참한다.

③ 자원의 확충

자원의 확충이란 희소자원의 획득을 위한 경쟁에서 초래되는 갈등을 해결하기 위한 방안으로 적절하다. 희소한 자원에 공동으로 의존하는 행동주체들이 서로 더 많은 자원을 차지하려고 갈등을 일으킬 때 자원의 수량을 증대시키면 자원이 충분히 확보되어 누구도 패자가 아닌 승자가 될 수 있다. 그러나 한 곳의 갈등을 해소하기 위해 자원을 확대하면 또 다른 곳의 자원증대에 제약을 주므로 또 다른 갈등이 야기할 수도 있다.

예 위의 예에서 텃밭에 다양한 채소류의 꽃씨를 파종하는 작업에 필요한 소요농기구를 더 구입하여 모든 집단에 소요되는 농기구를 충분히 확보해 준다.

④ **회피**

회피는 단기적으로 갈등을 완화할 수 있는 방법이다. 회피방법은 갈등을 야기할 수 있는 의사결정을 보류 또는 회피하거나 갈등상황에 처한 당사자들이 접촉을 피하는 것 또는 갈등행동을 억압하는 방법이다. 회피는 갈등상황의 원인을 제거하는 방법이 아니므로 일시적인 방법이다.

예 옆반 교사는 유아들을 지도할 때 지나치게 유아중심교육으로 진행시킴에 따라 너무 시끄러워서 자기학급 활동진행에 지장을 초래하므로 유아지도에 따른 어려움을 호소해 보려했으나 이야기하는 경우 수용하지 않을 것 같아 다음에 이야기하기로 보류하였다.

⑤ **완화**(무마)

완화는 갈등당사자들이 의견이나 상충되는 이익과 같은 차이를 억제하고 유사성이나 공동이익을 강조함으로써 갈등을 해소하는 방법이다. 따라서 무마는 회피와 상위목표 도입을 혼용한 방법이다. 그러나 갈등을 야기한 당사자들의 차이가 근본적으로 제거되지 않았기 때문에 일시적인 갈등해결방법이다.

예 매화반 A교사와 진달래반 B교사는 이웃반 교사이면서도 서로 얼굴을 마주보고 이야기하기를 서로 꺼린다. 이것을 눈치 챈 교무부장이 봄체육대회 때 준비부서에서 같이 활동하도록 업무를 배정하였다.

⑥ **타협**

당사자들이 대립하는 주장을 부분적으로 양보하여 공동의 결정에 도달하도록 하는 방법이다. 타협에는 당사자 간의 협상과 제3자에 의한 중재의 방법이 있다. 타협은 당사자들의 상충된 주장을 절충한 결정이기 때문에 누구나 승자도 패자도 아니다. 타협은 갈등의 원인을 제거하지 않고 갈등을 일시적으로 모면하게 하는 방법으로 잠정적인 갈등해결 방법이다.

예 유아급식의 경우, 영양사는 담임교사가 유아들의 급식실 안내는 물론 급식실 내에서 모든 유아급식활동에 대하여 책임지도해야 한다고 주장함에 반해 담임교사는 급식실 내에서는 영양사가 급식활동을 전적으로 책임지도해야 한다고 주장한다. 이때 타협을 통하여 영양사와 담임교사가 격일제로 교대하여 급식지도하기로 하였다.

⑦ **상관의 명령**

소속직원들 간의 서로 상반된 의견대립에 의한 갈등을 공식적 권한에 근거한 상관의 직권으로 명령하여 해소시킬 수 있다. 상관의 명령도 제3자에 의한 중재와 비슷하다. 상관에 의한 명령은 어느 한쪽이 상관의 결정에 찬성하지 않더라도 상관의 명령에 따라야 한다. 상관의 명령은 갈등의 원인을 해결해 주지 않고 표면화된 갈등행동만 해소시키고 있다.

예 A교사와 B교사는 학급담임 배정문제로 서로 갈등이 있을 뿐 아니라 성격이 너무 달라 오래전부터 서로 말도 하지 않고 지낸다. 이런 사정을 눈치챈 원장이 두 교사를 원장실로 불러 사이좋게 지내도록 타이르고 미소까지 지으면서 악수를 교환시켰다. 그러나 서로 행동을 표면화시키지는 않지만 앙금이 남아 있어 지금도 서로가 서먹서먹한 관계 속에서 근무하고 있다.

⑧ **갈등당사자의 태도 개선**

갈등을 일으키거나 일으킬 가능성이 있는 구성원의 태도와 행동을 변화시켜 갈등을 근본적으로 해결하는 방법이다. 당사자의 태도와 행동을 변화시키는 데는 많은 시간과 노력, 비용이 소요된다. 특히 감수성 훈련 기법이 이상적인 방법이나 손쉽게 활용할 수 있는 방법은 외부연수회에 참여시키는 것이다.

예 동료직원들 간에 성격상 비친화적이고 비협조적인 교사를 최우선하여 직무교육, 승급교육 또는 각 기관에서 주관하는 다양한 연수회에 참여시키고 연수회 종료 후에는 반드시 교내 전 선생님들에게 전달연수로 이어지도록 한다.

⑨ **구조적 요인의 변화**

조직 내의 구조에 대해 변화시킴으로써 갈등을 근본적으로 해소시킬 수 있다. 그러나 집단조직의 구조를 변화시킨다는 것은 이상에서 밝힌 다양한 갈등해소 방법에 비하여 대단히 강력한 방안으로 단위 유아교육기관에서 적용할 수 있는 방안은 그리 많지 않다.

예 방안으로는 인사교류, 조정담당직위 또는 기구의 신설, 갈등을 일으키는 조직의 합병 또는 분리, 지위체제의 개편, 업무분담의 변경, 보상체제 시행 등의 방법이 있다.

6) 유아교육기관에서 구성원들 간의 갈등 유형과 관리전략

유아교육기관은 원장, 원감, 교사, 행정직원, 부모, 보건급식 및 운전요원, 유아 등 다양한 구성원 간에 다양한 이질성을 가진 조직이다. 따라서 이렇게 이질성이 많은 구성원 간에는 다양한 갈등을 경험하게 되는데 교사를 중심으로 한 갈등의 대상관계는 교사 내부, 교사 간, 교사와 유아 간, 교사와 원장 간, 교사와 학부모 간 등 아주 다양한 대상으로부터 갈등을 경험하게 된다.

(1) 갈등의 유형

교사들이 경험하는 갈등의 유형과 원인은 〈표 II-60〉과 같다.

〈표 II-60〉 갈등의 유형

갈등대상	갈등내용
1. 교사 내부(자신)	1) 교육관, 2) 의사소통, 3) 유아지도, 4) 근무여건
2. 교사 간	1) 의사소통, 2) 교육관, 3) 사회적 풍토
3. 교사와 유아 간	1) 아동지도, 2) 역할기대, 3) 교육관
4. 교사와 원장(원감) 간	1) 의사소통, 2) 권력행사, 3) 유아지도, 4) 역할기대
5. 교사와 학부모 간	1) 교육관, 2) 의사소통, 3) 역할기대, 4) 유아지도

〈표 II-60〉에서 보는 바와 같이 교사는 5개 대상에 걸쳐 18개 영역에서 다양한 갈등을 경험하게 되는데 이를 구체적으로 제시하면 다음과 같다.

〈표 II-61〉 갈등의 내용

갈등유형	갈등내용
교사 내부(자신)	• 교사 자신의 직업에 대한 소신과 보람이 회의적이다. • 교육과 훈육의 한계점에 대한 이해가 어렵다. • 일부 학부모의 존지에 대한 가치가 뚜렷이 정립되어 있지 않다. • 가정과 직장의 관계설정에 대한 소신이 부족하다. • 유아문제 지도과정에서 뚜렷한 확신 없이 지도할 때가 있다. • 현재 내가 하고 있는 일이 유아의 바람직한 성장 · 발달에 도움이 되는가에 대한 확신이 없다. • 대학과정이나 문헌을 통해 학습한 내용과 현장실제지도 간에 많은 차이가 있다. • 내 자녀와 내 반 유아 지도방법이 다르게 적용된다.
교사-교사	• 교사 간에 의사소통이 안 되어 오해와 문제가 많이 생긴다. • 학연 · 지연 등이 업무수행에 지장을 많이 준다. • 특정 교원의 단체 가입교사 간의 생각과 이념이 달라 서로 의견이 상충될 때가 많다. • 성격과 생각이 다른 교사들과의 일처리과정에서 애로가 많다. • 관련 대학원, 관련 학문공부를 계속하여 교직적 성장으로 이어볼까 하는 갈림길에 서 있다. • 윗사람을 대하는 방식과 예절이 너무 다른 교사들이 많다.

갈등유형	갈등내용
교사-유아	• 유아들의 잘못을 교사 탓으로 돌려 정당화한다. • 유아들과 대화가 어렵다. • 유아들이 다른 반 교사의 교육방식을 선호한다. • 유아들이 선생님에 대해 불만을 자주 토로한다. • 교사들의 무의식적인 언동이 유아들에게 상처를 준다.
교사-원장	• 교육철학, 교육신념이 너무 다르다. • 의사소통 및 상호작용이 별로 없어 개인적인 친근감이 없다. • 원내의 모든 주요사업에 대하여 독단적으로 결정한다. • 복장, 예의, 언행 등에 대하여 지나치게 간섭한다. • 교사의 장래진로, 가정문제에 대해 전혀 배려하지 않는다. • 교사보다 학부모의 의견을 더 존중한다.
교사-학부모	• 학부모와의 의사소통의 기회가 적어 오해와 문제가 많이 생긴다. • 학부모가 기대하는 교육목적과 어린이집의 교육목적에 많은 차이가 있다. • 어린이집의 교육목적에 따른 교육내용과 학부모가 기대하는 교육내용에 대한 차이가 많다. • 학부모가 기대하는 교육방법과 어린이집에서 시행하는 교육방법에 차이가 많다. • 교사의 교수방법에 대해 비판을 하거나 다른반 교사의 교수방법이 좋다고 칭찬한다. • 유아들 문제가 학부모들 간의 문제로 비화되어 갈등해결이 어려울 때가 있다. • 학부모는 자기 자녀에게 더 많은 관심을 갖기를 기대한다.

(2) 갈등해소 전략

유아교육기관 내에서 교사들이 원장, 원감, 동료교사, 학부모, 지역사회인, 유아들에게서 겪게 되는 다양한 갈등상황에 대한 해결방안을 기술한다.

① 갈등해소를 위한 원장의 역할

어린이집 내에서 야기되는 갈등을 해결하는 데 있어서는 소속 직원들의 상호 협력적인 노력이 필요하지만 그 중 어린이집을 총체적으로 운영·관리하는 최고책임자인 원장의 역할이 그 중 중요하다. 원장이 어린이집 운영 시 특히 고려한 사항은 다음과 같다.

㉠ 원장의 유연하고 청렴한 자세

원장이 관료적 태도나 경직된 자세로 경영에 임하지 말고 유연한 자세로 순발력을 발휘하여야 하며 가장 중요한 덕목은 청렴, 결백하여야 한다. 물론, 어린이집의 시설·설비를 비롯한 모든 유동자본이 원장의 자산으로 모든 운영의 권리가 원장에게 부여되었지만 당초에 육영사업으로 투자한 이상 어린이집 재정관리에서는 청렴, 결백하여야 한다.

㉡ 원장의 친화적 대화기법 개발 적용

어린이집의 소속직원들은 원장과 항상 일정한 거리를 두려고 한다. 이를 해소하기 위해서는 소속직원들과 친화적 대화가 필요하다. 직원들에 대해 언제나 열린 마음으로 그들을 대해 주고, 주목해 주고, 이해하며, 그들의 말을 늘 경청해 주어야 한다. 그들의 말에 공감해 주고 긍정적인 반응을 보여주어야 한다. 그러면서 직원들의 문제를 적극적으로 해결해 주려는 대화의 기법을 개발·적용하여야 한다.

ⓒ 민주적 절차에 따른 합리적 경영

어린이집의 중요한 시책들은 민주적인 절차에 따라 교사, 일반직원, 학부모 등의 다양한 의견을 적극 수렴하여 모든 시책 결정에서 그들의 의견이 반영되어야 한다.

원장의 독선적인 업무 추진은 의견충돌로 이어져 조직관리는 물론 일의 추진도 안 되어 결과적으로는 모두를 잃는 잘못을 범하게 된다. 원장은 민주적이며 합리적인 경영을 할 때 모든 소속직원에게서 존경과 인정 그리고 신뢰를 얻을 수 있다.

ⓔ 원장의 유아교육과 교직원에 대한 각별한 사랑

원장은 유아교육과 이를 위해 일하는 교직원에 대한 각별한 사랑을 가져야 한다. 원장은 이미 교사 개개인에 대하여 어떤 통로를 통하든 잘 알고 있다. 좋은 이미지로 인식되었다면 그것을 유지하고 강화시키면 되지만 반대로 좋지 않은 이미지로 인식되어 있다면 배전의 노력을 통하여 그렇지 않다는 것을 보여주어야 한다. 그것은 유아교육에 대한 열정이고 사랑이다. 어린이집 교육의 질적 성패 여부는 원장의 유아교육과 유아교육에 종사하는 교직원에 대한 열정과 사랑에 의해 좌우된다.

ⓜ 원장의 전문성 신장노력

원장도 배우는 사람이다. 관리만 하면 된다고 오해해서는 안 된다. 끊임없는 자기 연찬과 경영에 대한 전문성 신장만이 소속교직원으로부터 신뢰를 받게 하는 방안이다. 그러면서도 원장은 유아교육을 혁신하고자 하는 적극적인 태도를 지녀야 한다.

ⓑ 유아교육에 대한 적극적인 홍보

어린이집 유아교육의 참된 모습을 적극적으로 홍보해야 한다. 또한 학부모 교육을 통해 홍보하고 그들의 의견을 수렴하며 지역사회에도 홍보하여 어린이집의 노력과 성과를 소상하게 알려주어야 한다. 오해와 갈등은 잘 알지 못하는 데서 초래될 수 있기 때문이다.

ⓢ 교사들의 어린이집 운영에 대한 참여기회 확대

대부분의 어린이집에서 중요한 시책이나 사업선정과정에서 원장이 독단적으로 결정하거나 원감을 비롯하여 극히 일부 교사들만이 참여한 가운데 결정하기 쉽다. 원장이 독단적으로 결정된 사업에 대하여 교사들은 피동적으로 사업추진에 참여하거나 소극적인 태도를 보일 수도 있다. 그러나 사업선정과정에 교사들이 직접 참여하게 되면 사업추진과정에서도 적극적으로 협조하고 또한 사업추진을 주도적으로 이끌어 갈 것이다.

ⓞ 권한 분담과 적절한 재량권(자율권) 보장

어린이집 원장은 시설관리로부터 유아교육활동에 이르기까지 어린이집운영 전반에 걸쳐 막대한 권한을 가지고 있다. 원장이 이 막대한 권한을 가지고 어린이집의 모든 운영관리에 관여한다면 원장의 철학과 소신은 잘 반영되겠지만 원장의 식견과 실력 이상은 기대할 수 없다. 소속직원들 가운데는 여러 가지 분야에 걸쳐 원장보다 탁월한 식견과 실력을 갖춘 교직원들이 많다. 따라서 소속직원들이 가지고 있는 탁월한 식견과 실력을 어린이집 운영에 충분히 활용하기 위해서는 원장의 권한을 소속교직원들에게 대폭 위양하고 또한 유아교육활동의 재량권(자율권)을 교직원들에게 부여하여 소속교직원들이 자율적이며 주도적으로 어린이집 운영에 참여하도록 여건을 조성해 주어야 한다.

ⓙ 공정성, 공평성 유지

어린이집의 교직원들은 자기들의 노력과 성과에 대해 원장으로부터 정당한 평가와 인정을 받기를 원한다. 이렇게 되기 위해서는 원장은 일부 특정교직원에 대하여 공정성이나 공평성이 상실된 체 편애해서는 안 된다. 일부 원장은 자기 말을 무조건 따르는 순종형의 교직원이나 어린이집 내에서 중요한 임무를 부여받은 교직원, 성씨, 고향, 출신학교 등에 따라 편애하기도 한다. 모든 교직원에 대하여 공정하고 공평하게 대함으로써 교직원들이 원장으로부터 불공정한 대우를 받고 있다는 오해를 받지 않아야 한다.

ⓚ 교사 개개인의 문제에 관심 갖기

교사도 사생활이 있어 경우에 따라서는 누군가의 도움 받기를 원하고 경우에 따라서는 누구와 상담을 통하여 조언을 받고자 한다. 직장인들은 일생생활 중 대부분의 시간을 자신의 직장에서 보내며 교사 또한 어린이집에서 하루생활의 대부분을 보내므로 직장 내의 구성원들과 친밀관계를 맺기 마련이다.

따라서 자신의 문제에 대한 조언을 해 줄 수 있는 사람이 같은 어린이집에 근무하는 구성원들이다. 특히 원장은 상당기간의 사회생활경험과 경륜이 있어 젊은 교사들에게 개인문제를 해결하는 데 많은 도움을 줄 수 있다.

ⓛ 전문성 심화를 위해 연구하는 풍토 조성

교사는 전문직으로서 전문성 계발을 위해 부단히 노력해야 한다. 전문성을 계발하는 방안으로는 교내연수를 비롯하여 승급연수, 직무연수 그리고 유아교육전문기관에서 실시하는 각종 강습회 참가, 어린이집 공개발표회, 토론회 등에 참여하여 교사의 전문성을 계발시키는 등 다양한 방법이 있다. 특히, 원장은 원내에서 교사들이 교내연수, 수업연구 등을 주기적으로 실시할 수 있는 여건을 조성해 주는 데 노력해야 한다.

ⓔ 교사의 작은 성취에도 칭찬과 격려하기

원장은 교사들에게 칭찬과 격려를 많이 해 주어 교사들의 사기를 높여주어야 한다. 칭찬과 격려에 인색한 원장은 교사들의 직무의욕을 고취시키지 못한다. 교사들이 크든 작든 어떠한 성과를 거양하였을 때는 칭찬과 격려를 잊지 말아야 한다. 대부분의 원장은 교사가 작은 실수를 범하였을 경우에는 꾸중은 잊지 않으나 큰 성과를 거양하여도 칭찬과 격려를 할 줄 모른다.

② 교사의 역할

유아교육기관 내에서 교사는 원장 다음으로 동료교사에 의해 받는 갈등이 많을 것이다. 또한 동료교사에 의해 받는 갈등은 다른 대상에 의해 받는 갈등에 비하여 다음과 같은 특수성이 있다.

㉠ 동료교사는 유아교육활동 지도나 원내 업무처리과정에서 하루에도 불가피하게 여러 번 만나는 대상으로 갈등이 종일 지속될 수 있다.

㉡ 동료교사는 모든 면에서 동일한 자격, 권한, 지위, 역할을 지니고 있어 모두가 대등하게 당당한 위치에서 대립적인 관계를 맺고 있어 어느 편에서든지 먼저 양보, 배려하려는 의지가 없어 갈등해결이 비교적 어렵다.

따라서 동료교사에 의한 갈등해결 전략핵심으로 상위목표를 설정하고 상위목표 구현을 위한 협력분위기를 조성하는 데 노력해야 한다. 다시 말하면 교사들이 소속하고 있는 어린이집의 운영 목표구현을 위한 구성원으로 서로 협력의 필요성을 자각함으로써 사소한 동료교사들 간의 갈등은 해결되어야 한다고 동료교사 스스로가 자각하는 일이 중요하다. 이를 위한 방안으로

㉠ 보육공동체 의식 배양

㉡ 목표지향의 다양한 협력방안 강구

㉢ 존중하는 의사소통하기

㉣ 바람직한 인간관계 조성에 주력하는 일이다.

③ 교사－학부모 간의 갈등해결 전략

교사와 학부모 간의 협력과 일관성 있는 교육방법은 영유아발달에 긍정적인 영향을 준다는 사실이 많은 연구에서 지지받고 있다. 부모는 자녀에 대하여 누구보다도 가장 잘 알고

있어 유아지도를 위한 다양한 정보를 가지고 있고 교사 또한 자녀지도에 대한 다양한 방안을 가지고 있어 교사와 학부모 간에 상호 협조적일 때 유아지도는 더욱 탄력을 받는다. 따라서 교사와 학부모 간에는 갈등이 없어야 한다. 갈등을 없애는 방법은 교사와 학부모 간에 깊은 유대를 가지고 유아의 성장·발달을 위해 협력하는 것으로 이에 대한 협력방안은 다음과 같다.

㉠ 교사의 부모에 대한 협력

- 학부모와의 원활한 의사소통
- 부모면담

㉡ 부모의 교사에 대한 협력

- 어린이집 운영위원회 참여
- 유아정보 제공
- 유아교육에 대한 자원봉사
- 유아교육기관 자원활동 등이다.

④ 교사와 지역사회 간의 갈등해결전략

어린이집은 지역사회의 과제와 특성, 요구를 교육과정에 반영·편성하여 운영함으로써 지역사회 과제해결에 협력해야 하고 또한 지역사회는 어린이집의 교육과정을 운영에 인적·물적 자원을 제공함으로써 유아교육의 질적 수준을 제고시키는 등 보육공동체로서 상호 보완적 관계를 유지해야 한다. 따라서 교사와 지역사회 간의 갈등을 해소하고 또한 교사와 지역사회 간에 협력관계로 전환시키기 위해서는 다음과 같은 전략이 필요하다.

㉠ 어린이집에서 지역사회에 대한 협력

- 지역사회자원의 제공
- 어린이집 개방
- 다양한 프로그램 운영
- 지역사회 내 과제해결
- 지역사회기관시설 활용안내
- 전문가 모임 참여

㉡ 지역사회에서 어린이집에 대한 협력

- 지역사회 자원 활용학습
- 지역사회 내 기관 및 시설에서의 협력 등인데 이에 대한 구체적인 내용은 제7장을 참고하기 바란다.

제 7 장

학부모 및 지역사회와의 협력

어린이집에서는 보육교사들이 상호 간에 원활한 의사소통과 협력으로 영유아보육을 이끌고 학부모들과 원활한 상호작용과 인간관계 속에서 영유아보육활동에 적극적인 지원과 협조를 받는다. 또한 교사와 학부모는 지역사회의 소속원으로서 지역사회와 긴밀한 결연과 협력 속에서 지역사회 자원을 적극 활용하고 또한 어린이집에서는 지역사회가 안고 있는 다양한 과제를 교육과정화를 통한 지도로 지역사회에 봉사하는 역할을 한다. 따라서 본 장에서는 교사와 학부모 간의 협력, 교육과정의 지역화, 지역사회자원 활용학습, 교사와 지역사회 간의 협력방안에 대하여 차례로 기술하기로 한다.

1. 교사와 학부모 간의 협력

최근에 많은 연구에서 교사와 학부모 간의 협력과 일관성 있는 교육방법은 영유아발달에 긍정적인 영향을 준다는 사실이 지지받고 있다. 교사와 학부모와의 협력은 영유아의 성장·발달에 관련된 각자의 역할을 촉진하기 위한 것으로 교사와 학부모는 영유아의 바람직한 성장·발달을 위하여 각자가 성공적인 협력이 이루어질 수 있도록 노력해야 한다. 따라서 본 절에서는 협력의 필요성, 효과, 부모에 대한 이해, 협력지침과 협력방안에 대하여 차례로 기술한다.

1) 협력의 필요성

가정과 어린이집에서 영유아지도를 위한 교육의 방법이나 기술에 많은 차이가 생기면 영유아는 학습활동에서 갈등을 느끼고, 반면에 가정과 어린이집 간에 교육의 방법이나 기술이 일치된다면 영유아의 성장 · 발달에 긍정적인 영향을 주므로 교사와 학부모와의 협력은 필수적이다. 부모와 교사 간 협력이 필요한 이유를 정갑순(1983)은 다음과 같이 제시하고 있다.

① 부모는 자녀에 대하여 누구보다도 가장 잘 알고 있기 때문에 자녀의 개인적 요구나 정보를 교사에게 제공해 줌으로써 보육 프로그램의 목적과 운영계획 수립에 큰 도움을 줄 수 있다.

② 교사는 자기 자녀와는 누구보다도 가장 많은 시간을 함께하고 교사로서 자기 자녀에 대하여 적합하고 치밀한 계획을 수립하여 지도할 수 있다. 그러므로 부모-교사의 관계는 자녀를 위한 공동협력교사의 역할을 한다.

③ 부모는 자녀가 받고 있는 프로그램과 여러 가지 혜택에 대하여 직 · 간접적으로 비용을 지불하고 있으므로 자녀가 배우는 학습내용과 방법에 대하여 알기를 원한다.

④ 자녀가 받고 있는 프로그램의 성과에 대하여 자세히 알게 되면 부모는 프로그램이 더 오래 지속되고 확대될 수 있도록 하기 위해 최선을 다한다.

⑤ 영유아기 자녀를 위한 부모훈련은 대상 영유아뿐만 아니라 그 외 자녀들을 위해서도 매우 유익하다. 즉, 부모가 배운 영유아지도 기술을 다른 모든 자녀들에게 훌륭한 부모 · 교사 역할을 수행할 수 있도록 도와준다.

⑥ 어린이집에서 진행하는 프로그램에 대하여 부모가 직접적이며 체계적으로 협력할 때 영유아의 학습의 성과와 속도는 촉진된다.

2) 협력의 효과

교사와 학부모가 협력을 하면 부모, 교사, 영유아에게 어떤 효과를 가져오는지에 대하여 간단히 기술해 보기로 한다.

(1) 부모에 대한 효과

① 교사로서의 자질 함양

교사는 부모에게 가정에서의 자녀지도에 필요한 다양한 부모교육을 실시하고 또한 영유아지도에 직접적으로 참여시킴으로써 영유아의 바른 인성 및 성격, 기본생활습관, 교우관계, 의사소통기술 등을 지도하는 교수 · 학습방법, 행동수정기술 등을 습득하여 교사로서의 자질 함양이 이루어진다.

② 자기만족감 향상

부모가 교사와 협력관계를 맺는 것은 자녀교육을 위해서 맺어지는 자연적이며 인위적인 과정이다. 부모는 직접적으로 교사와 공동협력을 통하여 자녀교육에 참여함으로써 부모 자신의 가치를 재발견하고 자녀교육에 대한 윤리적·사회적 책임을 이행했다는 만족감을 갖는다.

(2) 교사에 대한 효과

교사와 부모와의 협력이 교사에게 가져오는 효과는 다음과 같다.

① 영유아지도를 위한 정보나 자료 확보

가족과 부모는 영유아지도에 따른 각종 정보의 보고이자 성장·발달을 지원해 주는 유일한 환경이기도 하다. 따라서 보육교사는 부모나 가족과 긴밀한 협력을 통하여 가정에서 작성한 제반 기록물, 질문서, 면접을 통하여 영유아지도에 필요한 다양한 정보나 자료를 확보할 수 있다.

② 보육교사의 자기관리

보육교사는 부모와의 협력을 위해 자주 접촉하면서 부모로부터 호감을 받기 위해 무한히 노력하게 된다. 예를 들면, 자신의 행동과 말, 몸가짐, 인사 및 태도 등에 대하여 예민하게 주의하게 되며 부적절한 점은 수정해가면서 교사로서의 품위를 유지해 나간다.

③ 보육교사의 전문화

보육교사는 부모와의 협력을 통하여 영유아 이해를 위한 각종 정보와 자료를 확보할 수 있고 자신의 행동과 말, 몸가짐, 인사와 태도 등에 걸친 자기관리로 학부모의 신뢰와 믿음을 얻어 보육현장에서 가장 적절한 방법으로 영유아지도의 효율성을 제고시킬 수 있는 전문가가 되어간다.

(3) 영유아에 대한 효과

보육교사와 학부모 간 협력이 영유아에게 가져다주는 효과는 다음과 같다.

① 바람직한 성장·발달 도모

보육교사는 학부모로부터 수집한 다양한 정보와 자료, 신뢰와 믿음을 바탕으로 영유아지도에 대한 적극적인 참여와 지원을 받아 지도함으로써 영유아의 바람직한 성장·발달을 도모하게 된다.

② 영유아의 자신감 배양

영유아는 부모님이 선생님과의 원활한 의사소통, 어린이집 보육활동에 대한 적극적인 참여로 어린이집의 모든 활동에 지신감과 적극성을 가지고 생활할 수 있다.

3) 협력방안

교사와 학부모 간 협력방안에 대하여 먼저 교사의 학부모에 대한 협력방안과 학부모의 교사에 대한 협력방안에 대하여 차례로 기술하기로 한다.

(1) 교사의 학부모에 대한 협력방안

교사의 학부모에 대한 협력은 주로 부모와의 원활한 의사소통을 위한 대책과 부모면담 2종이 있다. 이에 대하여 간략히 기술하도록 한다.

① 학부모와의 원활한 의사소통

교사는 학부모와의 원활한 의사소통을 위해서 일방적인 의사소통과 쌍방향적 의사소통방안이 있다.

㉠ 일방적 의사소통

일방적 의사소통은 교사가 학부모에게 부모의 반응을 요구하지 않고 일방적으로 부모에게 전달되는 메시지로 다음과 같은 방법이 있다.

㉮ 안내책자

영유아가 어린이집에 입학하기 전 취원예정 부모님께 배부하기 위해 또는 어린이집을 처음 방문하는 방문객에게 어린이집의 운영철학, 보육목표, 보육방침, 보육내용, 보육방법, 입학에 따른 준비사항 등을 안내하기 위한 내용으로 구성된다.

㉯ 가정통신문

가정통신문은 어린이집에서 월간, 주간, 일간 보육활동 내용이나 국가, 사회, 기관의 행사, 돌발적인 사건 등에 대하여 중요한 정보나 자료를 각 가정에 통지함으로써 자녀지도 시 고려해 주기를 바라는 의미에서 발송한다.

㉰ 뉴스레터

어린이집의 계획에 따라 주 1회, 격월 또는 월 1회 정도 보낼 수 있다. 뉴스레터에는 어린이집에서 일어난 일들을 알릴 수 있다. 내방객에 대한 소식, 어린이집 활동에 관한 소식들을 전달할 수도 있다.

㉣ 홈페이지

컴퓨터 활용은 대중화되어 있다. 어린이집 홈페이지에 접속하여 다양한 활동내용과 안내사항, 소식에 대해 알 수 있다.

㉤ 게시판

현관에 설치된 게시판은 부모와 효과적인 의사소통 수단이다. 게시판은 학습활동 주제, 식단, 행사계획, 건강, 생활지도안내 등에 대하여 글과 그림으로 구성하여 게시한다.

㉥ 생활 안내장

교사는 영유아의 특이한 행동이나 성취된 행동, 크게 변화된 행동이 나타나면 생활 안내장에 기록하여 부모에게 알린다. 예를 들면, '오늘 ○○가 아픈 △△을 잘 돌봐 주었어요.'와 같이 내용만 간단히 적어 보낸다.

ⓒ 쌍방향적 의사소통

쌍방향적 의사소통은 교사와 학부모 간 상호작용이 동시에 이루어짐으로써 교사와 학부모 간에 원활한 인간관계를 맺어주는 데 효과적이다.

㉮ 전화

직접 만나서 이야기하는 것보다 더 편하게 상대방에게 이야기할 수 있고 직장이나 가사로 인하여 바쁜 학부모에게는 아주 적절하다. 전화사용 시 고려해야 할 점은

첫째, 가급적 5분 이상 초과하지 않는다.

둘째, 이야기 요점을 사전에 충분히 구조화하여 상대방이 이해하기 쉽게 한다.

셋째, 말소리의 크기를 잘 고려한다.

㉯ 이메일

컴퓨터가 대중화되어 감에 따라 이메일을 통한 의사소통도 일반화되어 가고 있다. 이메일은 모든 학부모에게 동시에 같은 내용을 전할 수 있어 용이하다.

㉰ 부모의 참여수업, 수업참관

어린이집에서 이루어지는 교수·학습활동에 직접 참여해 보는 활동으로 부모는 참여수업의 경험을 통하여 보육기관에서 이루어지는 보육프로그램을 이해하게 된다. 수업참관은 교사의 영유아 지도방법을 쉽게 이해할 수 있는 가장 기본적인 부모의 수업연구방법으로 가급적 많은 학부모가 참여하도록 유도해야 한다.

㉣ 신학기 학부모 오리엔테이션

신학기 학부모 오리엔테이션은 개학 1~2주 전에 학부모에게 어린이집의 특성, 운영목표, 운영방침, 보육프로그램과 어린이집에 대한 협력사항을 안내하여 가정과의 유대를 강화시킨다.

② 부모면담

부모면담이란 교사와 학부모가 서로 대면하여 영유아의 어린이집 생활과 발달 특성에 대한 의견을 교환함으로써 바람직한 영유아지도방법을 모색하는 활동이다. 이러한 면담은 가정과 어린이집이 함께 영유아에 대한 효율적인 지도방법을 모색하는 기회가 된다.

㉠ 가치

㉮ 부모와 교사 간에 상호 친밀감을 형성할 수 있다.

㉯ 교사가 영유아에게 영향을 주는 가정생활이나 가족관계에 대한 다양한 정보와 자료를 수집할 수 있어서 영유아 지도에 도움이 된다.

㉰ 영유아 문제행동이 발생할 경우, 지도방안을 공동으로 모색할 수 있다.

㉱ 부모가 자녀에 대해 새로운 인식을 갖게 된다.

㉲ 부모는 어린이집의 보육목적과 보육프로그램에 대해 상세하게 이해할 수 있다.

㉳ 어린이집의 다양한 행사에 대해 의견을 서로 교환할 수 있다.

㉡ 유형 및 운영방안

부모면담에는 개인면담과 집단면담이 있다.

개인면담은 교사와 부모가 서로 대면하여 정보를 교환하고 의논하는 면담이다. 일반적으로 학기 초와 학기 말에 면담시간을 정하고 면담일정을 계획하여 진행한다. 개인면담시간은 30분 내지 1시간 정도로 이루어진다. 집단면담은 어린이집에서는 시간을 절약할 수 있고, 부모 간의 상호교류를 통해 자녀의 특성을 폭넓게 이해하며 부모와 교사 간에 상호유대관계 형성에 도움이 된다. 부모면담을 효율적으로 운영하기 위해서는 같은 문제로 고민하는 부모들을 한 팀으로 구성하여 운영할 때 더욱 효율적인 면담이 될 수 있다.

(2) 부모의 교사에 대한 협력방안

부모의 어린이집과 보육교사에 대한 협력방안은 학부모의 직장, 상황에 맞게 이루어져야 한다. 또한 교사가 학부모에게 지나치게 무리한 협력을 요구할 때 오히려 어린이집과 교사에게 불신을 갖게 되므로 특히 유의하여야 한다. 부모의 교사에 대한 협력방안에 대하여 다음에서 기술하기로 한다.

① 어린이집운영위원회 참여

유아교육기관에서도 「영유아보육법」 제25조에 어린이집운영위원회를 설치, 운영하도록 규정하고 있다. 어린이집운영위원회는 어린이집 원장, 보육교사 대표, 학부모 대표 및 지역사회 인사를 포함하여 5인 이상 10인 이내로 구성되며 연 2회 개최하도록 되어 있다.

② 교육정보 제공

학부모는 교사가 영유아지도를 위해 필요한 다양한 정보와 자료를 가지고 있다. 부모만큼 자녀에 대한 정보와 자료를 가지고 있는 사람은 없다. 영유아가 이 세상에 태어난 이후 가정에서 부모의 보살핌과 어린이집 입학까지 성장과정을 비롯하여 영유아의 생활습관, 성격, 흥미, 놀이, 교우관계에 관한 다양한 정보나 자료를 보육교사에게 제공하여 영유아지도에 활용하도록 한다.

③ 자원봉사

학부모가 상황에 따라 보육교사에게 협력을 요청하거나 자원봉사자가 되어 어린이집의 다양한 활동에 도움을 줄 수 있다.

㉠ **교재 · 교구 제작**

어린이집에서 주제활동에 필요한 교재 · 교구를 구입하거나 모든 교재 · 교구를 제작하는 일은 힘들기 때문에 보육교사의 지도로 학부모가 교재 · 교구 제작을 지원할 수 있다.

㉡ **행사 도와주기**

학부모가 어린이집의 행사에 협력하는 방안으로, 예를 들면 야외관찰 학습을 나가는 경우, 차량 승하차 지도, 현지 관찰학습 지도 시, 영유아 점심 또는 휴식시간에 일정한 역할을 부여받아 수행하는 등 행사 준비 및 진행 시 보육교사를 지원할 수 있다.

㉢ **보조교사**

학부모를 영유아학습활동 시 또는 각종 행사 시 단순한 봉사나 협조가 아닌 보조교사로서 학습활동의 역할을 수행하여 교사를 돕는 일이다. 예를 들면, 꾸미기 활동을 할 때 한두 팀을 담당하여 직접 꾸미기 활동을 지도하는 경우를 말한다.

㉣ **주제 전개에 도움되는 자료수집**

가정과의 연계 차원에서 주제와 관련한 다양한 자료를 어린이집으로 보내 더욱 풍부한 영유아놀이가 되도록 지원할 수 있다.

④ 학부모자원 활용

학부모는 영유아지도에 필요한 각종 정보나 자료만을 가지고 있는 것이 아니라 학부모의 대학전공분야, 직업, 흥미, 여가선용, 취미활동, 봉사활동 등에 걸쳐 전문적인 지식과 기술을 보유하고 있다. 이러한 전문적인 지식과 기술을 영유아보육활동에 활용하도록 유도하는 일이다.

㉠ 주제활동 지도교사

활동주제와 관련하여 많은 전문적인 지식과 기술을 보유한 학부모에게 주제활동 지도교사의 역할을 부여하고 보육교사는 보조역할을 수행해 보는 협력방법이다. 영유아의 입장에서는 새로운 교사가 이끄는 학습활동에 참여함으로써 신비감과 호기심이 있어 학습활동에 적극적으로 참여할 수 있어 좋다.

㉡ 전문분야의 지식과 기술지원 받기

전 항과 같은 주제활동 지도교사로서의 협력이 아니라도 관련되는 활동에 해당되는 학부모의 전문분야 지식과 기술을 지원받을 수도 있다. 예를 들면, '우체국에서 하는 일'에 대한 주제학습을 할 때 우체국에 근무하는 학부모를 모셔 우체국에서 하는 일에 대한 사진자료를 활용하여 이야기를 들을 수도 있다.

2. 보육과정의 지역화(재구성)

합리적인 보육과정을 편성하기 위해서는 어린이집의 보육과정에 대한 지역화(재구성) 작업이 제일 먼저 이루어진 다음 유아보육 지도에 따른 각종 연간, 월간, 주간, 일별 보육계획이 순차적으로 수립되어야 한다.

즉, 어린이집의 보육과정은 국가수준의 보육과정에서 고시된 기준, 지역수준의 보육과정에서 고시된 지침의 내용 등을 근거로 하여 각 어린이집의 특성이나 실정에 알맞은 보육과정을 편성하기 위한 보육과정의 지역화(재구성)가 이루어져야 한다.

다음에서 누리과정의 지역화를 위해서

1) 지역화의 개념

2) 지역화의 필요성

3) 지역화(재구성)안 제시의 순서로 기술한다.

1) 개념

보건복지부에서 제시한 보육과정에 대한 국가수준의 기준, 시・도 또는 시・군 수준의 보육과정을 통해 제시한 지역수준의 지침을 바탕으로 하여 각 어린이집에서는 모든 교원이 전문성을 발휘하여 참여하는 민주적인 절차와 과정을 거쳐 당해 어린이집의 실정에 알맞은 보육과정을 편성한다. 이와 같이 당해 어린이집의 실정에 알맞은 보육과정을 편성하는 절차가 보육과정의 '지역화' 또는 보육과정의 '재구성' 과정이다. 따라서 '지역화' 또는 '재구성'이란 국가수준의 기준, 지역수준의 지침을 바탕으로 당해 보육기관의 특성과 실태를 고려하여 당해 보육기관에 최적한 보육과정을 편성하는 과정이다.

2) 필요성

왜 현장 유아보육기관에서는 국가 또는 지역 보육행정기관에서 만들어 준 국가수준의 보육과정이나 지역수준의 보육과정을 현장 유아보육기관에서 그대로 적용하지 않고 지역화(재구성)하여 활용하는가에 대한 이해가 철저히 이루어져야 보육과정의 지역화가 합리적으로 이루어질 것이다. 국가 또는 지역 수준의 보육과정에 대하여 지역화(재구성)해야 되는 이유는 다음과 같다.

(1) 보육의 효율성 제고

보육의 효율성을 제고시키기 위하여 지역사회 내의 자원과 자료의 활용은 대단히 중요한 보육적 의의를 갖는다. 유아들이 살고 있는 지역사회에는 보육과정 운영에 필요한 다양한 자원과 자료가 도처에 산재해 있다. 즉, 지역사회는 유아보육을 위한 자원과 자료의 보고이다. 특히 지역사회의 자원과 자료에는 인적자료, 자연경관, 지역사회기관 자료, 지역사회 각종 시설, 전통문화, 풍속 등 다양하다. 따라서 이러한 지역사회 자원이나 자료들을 보육과정 편성과 운영에 적극 활용해야 한다.

(2) 지역사회과제의 해결학습

지역사회 내에 있는 보육기관은 지역사회가 안고 있는 보육적 과제를 보육기관으로 끌어들여 그러한 보육적 과제를 보육과정화하여 보육활동을 통해 해결해 주는 지역사회의 과제해결기능을 수행해야 한다. 예를 들면, 지역사회주민들의 교통질서의식이 빈약하여 지역사회의 병폐로 등장하고 있다면 교통질서 문제를 보육과정 편성 시 주제화하여 보육활동을 통해 지도하고 지도결과를 현장에서 실천한 후 또다시 파생하는 교통질서 문제를 보육과정에 다시 편성지도하는 등 과제분석 → 보육과정화 → 지도 → 현장 적용 → 과제분석 등의 순환적 과정을 밟아 지역사회 과제에 대한 해결학습을 통해 지역사회과제 해결에 주력해야 한다. 이와 같이 지역과제를 보육과정화하기 위해서는 지역화 과정을 통해 이루어진다. 따라서 지역사회가 안고 있는 다양한 당면과제를 선정하여 보육과정 편성에 반영해야 한다.

(3) 유아중심보육 실현

유아중심보육을 실현하기 위해서는 보육과정이 지역화되어야 한다. 유아중심보육은 교사중심보육이 지니고 있는 통제, 일방적 지시, 명령, 교사주도성 등을 탈피하여 유아의 흥미, 요구, 개별성을 중시하는 보육으로 Rousseau의 자연주의 교육사상이나 Gesell의 성숙이론에 기초하는 보육으로 이러한 보육은 어린이집에게 아무리 강조해도 부족하지 않다. 국가수준의 보육과정은 전국 모든 유아보육기관에서 다루어야 할 기본내용을 제시한 것으로 이러한 내용들이 전국의 모든 유아의 요구나 특성 또는 기대들이 모두 반영되어 유아들의 흥미와 욕구를 모두 충족시켜주리라고 기대할 수 없다. 보육은 유아의 흥미에 기초해야 한다. 유아들이 즐거움을 느낄 때 효과적으로 배울 수 있어 사물이나 사건이 무엇인가를 알아보려는 동기유발을 일으키게 하고 동기유발은 환경과 유아와의 상호작용에 의하여 만들어지는 것으로 배우는 것에 흥미를 느끼게 한다. 이렇게 볼 때 보육과정의 지역화는 국가 또는 지역수준의 보육과정을 유아의 흥미, 요구, 기대에 맞게 재구성해야 한다.

(4) 보육과정 편성의 자율권 보장

자율이란 스스로 다스리고 통제하는 개념이다. 외부로부터 지나친 지시나 간섭을 배제하고 독자적인 재량권을 행사하되 행위나 과정을 통제하고 결과에 대해서도 응분의 책임을 지는 것을 말한다. 때문에 자율에는 반드시 충분한 자치능력과 아울러 자신의 결정행위에 대한 책임의식이 전제되어야 한다. 그러나 지금까지는 어린이집 운영에 있어서 보건복지부와 시·도의 지나친 통제나 규제로 단위 유아보육기관의 보육과정운영 전반에 걸쳐 획일화된 감이 적지 않다. 물론 중앙이나 상급기관의 통제나 규제가 전국적으로 모든 어린이집 운영 전반에 걸쳐 평준화나 표준화를 도모한 성과는 인정할 수 있으나 그 이상의 발전은 기대하기가 어렵다. 어린이집 운영의 자율성을 보장하기 위해서는

첫째, 교육재정의 확보와 운영에 자립, 독립, 자율이 보장되어야 한다.

둘째, 어린이집이 자율적 인사권을 가지고 있어야 한다.

셋째, 보육과정 내용 및 보육프로그램 선정 및 개발이 어린이집에 일임되어야 한다.

넷째, 어린이집 운영위원회가 활성화되어 상부의 지시나 지침이 없이 책임 있는 결정과 시행이 이루어져야 한다.

3) 지역화안

K어린이집의 보육과정 지역화안을 지면관계상 신체운동・건강영역에 한해 참고로 제시한다.

〈표 II-62〉 보육과정 지역화안(신체운동·건강영역) (만 3세)

내용범주	내용	세부내용	어린이집 적용내용
신체 인식 하기	감각능력 기르고 활용하기	감각적 차이를 경험해 보기	• 여러 가지 과일을 맛보고 다양한 맛 느껴보기
		감각기관을 인식하고, 활용해 보기	• 곡식 마라카스 놀이로 소리의 차이 경험하기
	신체를 인식하고 움직이기	신체 각 부분의 명칭을 알고, 움직임에 관심 가지기	• 우리 몸의 명칭 알아보기 • 신체 각 부분의 움직임 탐색하기
		자신의 신체를 긍정적으로 인식하고, 움직여보기	• 높낮이, 크기가 다른 다양한 터널 통과하기 • 신체활동에 즐겁게 참여하기
신체 조절과 기본 운동 하기	신체 조절하기	신체균형을 유지해 보기	• 바닥에 그려진 선에 올라가 균형 잡기
		공간, 힘, 시간 등의 움직임 요소를 경험해 보기	• 타악기 소리의 빠르기에 따라 속도 조절하고 친구들과 부딪히지 않게 걸어보기
		신체 각 부분의 움직임을 조절해 보기	• 손으로 줄잡고 흔들다가 교사의 신호를 듣고 멈추거나 좌우, 상하 방향으로 줄 흔들기
		눈과 손을 협응하여 소근육을 조절해 보기	• 뜰채를 사용하여 색깔카드와 같은 색의 물고기 잡기
	기본 운동하기	걷기, 달리기 등 이동운동하기	• 음악을 들으며 속도를 조절하고 고무줄 선을 따라 걷고 뛰는 이동운동하기
		제자리에서 몸을 움직여 보기	• 바람개비 흉내 내며 제자리에서 서서 속도 조절하여 회전운동하기
신체 활동에 참여 하기	자발적으로 신체활동에 참여하기	신체활동에 자발적으로 참여하기	• 동물 흉내 내며 자유롭게 뛰어보기 • 동물 울음소리 흉내 내며 신체의 움직임과 창의적 표현에 즐거움 느끼고 자발적으로 참여하기
		다른 사람과 함께하는 신체활동에 참여하기	• 친구들과 함께 기차놀이, 대문놀이를 하며 다른 사람과 함께 신체활동에 참여하기
	바깥에서 신체활동하기	규칙적으로 바깥에서 신체활동하기	• 유치원 주변을 규칙적으로 산책하며 바깥에서 신체활동 경험하기
	기구를 이용하여 신체 활동하기	여러 가지 기구를 이용하여 신체활동하기	• 대근육 놀이기구 이용하기 • 유니바 이용하여 신체활동하기

내용범주	내용	세부내용	어린이집 적용내용
건강하게 생활하기	몸과 주변을 깨끗이 하기	손과 이를 깨끗이 하는 방법을 알고 실천하기	• 손을 바르게 씻는 방법 알아보기
		주변을 깨끗이 하기	• 놀잇감 스스로 정리하기
	바른 식생활하기	음식을 골고루 먹기	• 음식 골고루 먹기 • 음식 막대 인형 놀이하기
		몸에 좋은 음식에 관심 갖기	• 몸에 좋은 음식 알아보기
		바른 태도로 식사하기	• 바른 태도로 식사하기
	건강한 일상생활 하기	규칙적으로 잠을 자고, 적당한 휴식을 취하기	• 실외놀이, 동적 활동 후 휴식 취하기
		하루 일과에 즐겁게 참여하기	• 자유선택활동을 중심으로 하루 일과에 즐거움 느끼기
		스스로 화장실에서 배변하기	• 스스로 화장실에서 배변하기
	질병 예방하기	질병의 위험을 알고 주의하기	• 질병과 관련된 동화 듣기
		날씨에 맞게 옷을 입기	• 날씨에 알맞게 옷 입기 • 날씨에 따라 자신의 의사 표현하기
안전하게 생활하기	안전하게 놀이하기	놀이기구와 놀잇감, 도구를 안전하게 사용하기	• 안전을 위한 복장 갖추기 • 놀잇감, 도구, 사용 전 지켜야 할 규칙 알려주기
		안전한 놀이장소를 알기	• 위험한 곳 알아보기
		TV, 인터넷, 통신기기 등을 바르게 사용하기	• 올바른 컴퓨터 사용법 알아보기
	교통안전 규칙 지키기	교통안전 규칙을 알기	• 각종 교통안전 규칙 알아보기 • 안전 보행, 안전 횡단에 관해 알아보고 경험하기
		교통수단을 안전하게 이용하기	• 교통수단 승차해 보는 경험하기 • 교통수단 이용 시 안전 수칙 알아보기 • 통학버스 안전하게 이용하기
	비상시 적절히 대처하기	학대, 성폭력, 실족, 유괴 상황을 알고 도움을 요청하기	• 여러 가지 유괴 발생 상황극을 통해 연습해 보기
		재난 및 사고 등 비상 시 적절하게 대처하는 방법 알기	• 대피방법을 구체적으로 알아보기 • 대피훈련하기

3. 지역사회 자원의 활용

지역사회는 '모두가 가르치고, 모두가 배우는 사회'이다. 또한 지역사회에는 인적·물적·사회적·문화적·자연적 자원 등 교육력이 풍부한 사회로서 이러한 자원들을 유아교육에 적절히 활용함으로써 지역사회에 대한 이해는 물론 유아의 사회화에 주력해야 한다.

지역사회자원을 활용하는 방법으로는 첫째, 유아들을 지역사회 자원현장으로 이동하여 직접적인 체험학습으로 이끄는 견학과 둘째, 지역사회 자료를 유치원으로 이끌어들여 학습에 활용하거나 지역사회의 시설을 유아가 직접 활용해 보는 지역사회 자원의 활용학습 등이 있다.

1) 견학

(1) 견학의 개념

견학이란 유아가 보고, 듣고, 느끼는 등 오감을 통하여 직접적으로 관찰, 자료 수집, 추론, 결정할 수 있는 교육활동 기회를 제공, 유아들로 하여금 주변의 환경에 친근감과 과학적 탐구 태도를 갖고 사회현상을 바르게 이해하여 그가 속한 사회의 구성원으로서 생활하는 데 필요한 지식, 가치 태도, 기술을 형성해 가는 직접적이고 1차적인 교육체험활동이다.

(2) 견학의 교육적 의의

견학은 사회학습에 있어 다음과 같은 교육적 가치를 지닌다(Seefeldt, 1997).

① 유아에게 관찰, 자료 수집, 추론, 결론 내리기 등을 위한 직접적인 학습기회를 제공한다.

② 유아에게 주변의 환경을 이해하고 친근감을 갖도록 하는 기회를 주며 환경에 적응하도록 돕는다. 이 과정에서 방향, 지도, 공간개념 등이 발달한다.

③ 다양한 직업 세계에 대한 이해를 넓히며, 사회적인 세계에서 성인모델과 접촉하는 기회를 제공한다.

④ 유아들에게 주변환경을 관찰하여 정보를 모으고, 이를 종합하여 결론으로 이끄는 과학적인 탐구태도를 갖도록 한다.

⑤ 유아의 흥미를 지극하여 새로운 학습을 유도하고 질문을 제기하고 탐색하고 문제를 해결하고 이를 함께 나누고 토의하는 경험을 제공한다.

(3) 견학의 과정

견학을 효율적으로 실시하기 위해서는 견학계획, 견학준비, 견학지도, 견학 후 지도 등 4단계를 거친다.

① 견학계획

유치원에서의 견학계획은 유치원 운영계획의 일환으로 학기 전 1, 2개월 전에 수립해야 한다. 또한 견학계획은 새 학기가 시작되기 전에 전 직원과 협의하여 견학계획을 수립하여 유치원 운영계획 내에 삽입해 놓아야 한다. 대부분의 유치원에서는 견학을 실시하기 2~3주 전에 견학계획을 세우는 데 이것은 적절하지 못하다. 유치원 운영계획 내의 견학계획은 〈표 II-63〉과 같은 양식으로 수립하여 삽입한다.

〈표 II-63〉 견학계획

견학장소	견학목적	견학요소	견학지 위치 및 거리	이동방법		참가인원	예상소요 경비	비고
				도보	교통수단			

견학계획 수립 시 고려할 점은 다음과 같다.

㉠ 견학계획은 1년 중에 이루어질 계획을 총체적으로 수립한다.
㉡ 유희성 견학이 되지 않도록 견학목적을 뚜렷이 세워야 한다.
㉢ 견학요소를 면밀히 분석하여 현장견학활동이 충실히 이루어지도록 해야 한다.
㉣ 같은 장소, 특히 농촌 들녘은 계절별로 견학하여 농촌의 변화모습이나 농작물의 변화과정을 연속적으로 이해할 수 있도록 이끌어야 한다.
㉤ 견학지 간의 거리에 따라 도보, 교용수단 이용 중 어느 것을 택할 것인가에 대해 연구해야 하며, 근거리는 도보를 통해서 체력단련과 보행 도중에 펼쳐지는 사회적 사물에 대한 견문을 넓힌다.
㉥ 소요경비가 적절한 견학장소를 선택한다.

② 견학준비

견학계획에 따라 금번 실시하려는 견학에 대한 준비에서 고려할 사항은 다음과 같다.

㉠ 목적지 사전답사: 교사는 목적지에 대한 사전답사를 실시하여 견학의 효율성을 높일 수 있도록 제반 사항, 특히 화장실, 상수도시설, 주차장, 유아놀이 장소, 위험개소, 식사장소 등을 확인하여 견학에 지장이 없도록 한다. 유아들의 견학 또는 통솔상 꼭

필요한 부분은 촬영하여 유아 사전지도에 활용한다.

㉡ 부모에 대한 견학안내서 발송: 학부모에게 견학안내서를 발송하고 견학동의서를 받는다. 견학안내서는 견학목적, 견학장소, 견학일시, 준비물, 기타 사항들이 안내되어야 하며 절취선으로 견학동의서를 반드시 받아둔다. 또한 학기 초에 학부모들에게 유치원 운영계획을 안내하여 견학내용을 사전에 이해시켜야 한다.

㉢ 현장 안내자와의 상의: 견학하는 유아들의 특수성에 대하여 안내자에게 정보를 제공하여 유치원에서 의도하는 견학의 목적에 최적한 견학활동이 이루어질 수 있도록 안내자와 의견을 나눈다.

㉣ 유아에게 사전정보 제공 및 협의: 유아에게 견학을 하기 전에 이야기 나누기를 통하여 견학장소에 대한 답사 시 수집 및 촬영 자료를 중심으로 사전정보를 제공하고 협의한다. 견학 현지에서는 유아들이 집중이 잘 안 되고 시간의 제약을 받기 때문이다. 특히 제공할 정보와 협의할 내용은 다음과 같다.

- 견학할 곳에 대한 이야기(그림, 사진, 슬라이드 등)
- 견학할 장소에서 학습할 내용
- 견학 시 알고 싶은 질문 목록
- 위험개소 및 안전규칙
- 공공건물에서의 사용법 및 예절
- 어른들에 대한 예절
- 길을 건널 때의 순서, 신호등 보는 법
- 계단을 바르게 오르내리는 법
- 자동차 승·하차 시 태도
- 보조교사, 자원봉사자에 대한 안내: 유아 안내 시의 안내에 필요한 사항, 비상시의 계획, 응급치료에 필요한 사항을 준비한다.

③ 견학지도

견학지도는 견학과정 중 가장 핵심적인 본 활동이다. 견학지도를 어떻게 하느냐에 따라 견학의 목표달성 여부가 결정된다. 견학지도 시 특히 고려할 사항은 다음과 같다.

㉠ 교통질서 준수 지도: 견학활동 중 유아의 이동은 보행과 교통수단 이용의 두 가지 유형이다. 보행 시에는 횡단보도나 교차로를 건널 때 유아들이 집단에서 이탈하거나 흩어지지 않도록 하고 교통수단 이용 시에는 승·하차 시 질서 지키기, 안전사고 예방에 주력한다.

㉡ 학습 효율성 도모: 견학장소에서 유아들이 관찰하고 탐색하며 발견하고 질문할 수

있는 충분한 시간을 주어 학습의 효율성을 도모한다.

㉢ 학습 자료 수집: 견학장소에 따라 빈 봉투를 준비하여 견학장소에서 발견한 자료를 담아서 나중에 교실에서 더 자세히 관찰할 수 있도록 하고 또 사후활동 시 활동할 수 있도록 사진을 찍거나 테이프에 녹음해 둔다.

㉣ 안전하고 편안한 견학: 유아들이 안전하고 편안한 견학이 이루어질 수 있도록 배려한다. 견학 도중 수시로 원아 수를 점검하고 교사가 유아의 이동 또는 활동 상황을 쉽게 확인할 수 있도록 동일한 복장이나 완장을 차거나 배지를 붙일 수 있다.

④ 견학 후 지도

견학활동 결과를 최종적으로 잘 마무리해 주어야 한다. 견학활동을 통해 얻어진 정보, 지식 등은 유아들 간에 개인차가 심하고 산만하여 체계적이지 못하다. 따라서 견학 후의 다양한 활동을 통하여 견학결과를 체계적으로 정리하여 이해시키고 심화·확대해 나갈 수 있어야 한다. 견학 후에는 이야기 나누기, 역할놀이, 작업활동, 창의적 표현, 추가적 경험, 보은활동 등 다양한 활동으로 정리할 수 있다.

㉠ 이야기 나누기: 견학에서 생긴 일들에 대한 질문이나 느낌에 대하여 이야기하면서 견학결과를 체계적으로 정리한다. 이때 관련된 사진이나 책, 슬라이드, 비디오 등도 제시할 수 있다.

㉡ 역할놀이: 견학 후 유아의 경험이 표출되도록 극화놀이 영역에 소품을 추가할 수 있다. 우체국을 견학한 후 편지봉투, 우표, 스탬프 같은 소품을 구비해 두어 유아들이 견학한 곳을 재현할 수 있도록 한다.

㉢ 창의적 표현: 블록으로 경험을 재구성할 수 있으며, 찰흙, 그림물감 혹은 다른 미술 자료를 사용하여 창작활동을 할 수 있고 음률활동 혹은 주화놀이 등으로도 표현할 수 있다.

㉣ 작업활동: 그림 그리기, 폐품을 이용한 견학도중 본 것 만들기, 글과 그림으로 표현해 보는 작업활동을 할 수 있다.

㉤ 추가적 경험: 책, 영화, 슬라이드 등을 본다든가 혹은 교사의 부연설명을 통하여 견학에서 얻은 정보나 지식을 더 확대·심화시킬 수 있다.

㉥ 보은활동: 견학 시 도움을 준 분들에 대한 감사편지를 쓰거나 그림편지 등을 그려서 보냄으로써 보은에 관한 사회적 활동 기회를 제공한다.

2) 지역사회 자료의 활용

지역사회 자원의 활용방법은 앞서 밝힌 견학 외에 지역사회 자료 활용으로 여기에는 지역사회 인사 초빙학습, 지역사회기관 자료활용학습, 지역사회시설 활용체험학습의 3가지가 있다.

(1) 지역사회 인사 초빙학습

지역사회의 어른들을 유아교실로 초빙하여 지역사회의 역사나 풍속에 관한 이야기를 듣기도 하고 직업에 관한 내용을 듣거나 보는 것도 유아사회교육의 유용한 방법이며, 유아들에게는 살아 있는 교육이 될 것이다. 다음과 같은 자원인사가 초빙인사가 될 수 있다.

① 지역사회 봉사자: 청소부, 소방관, 경찰관, 우편배달부, 수위 등
② 특별한 기술을 가진 사람: 직공, 도공, 공예가, 화가, 서예가 등
③ 특별한 직업인: 의사, 간호사, 법관, 군인, 서비스업 종사자(미용사, 이용사 등) 등
④ 특별한 취미를 가진 사람: 수석채집가, 식물채집가, 박제수집가, 곤충채집가 등
⑤ 기타: 할아버지, 할머니, 등산가, 여행가 운동선수, 외국인 등

(2) 지역사회기관 자료활용학습

지역사회에는 관공서, 소방서, 은행, 우체국, 경찰서, 병원, 교회, 절 등 많은 기관이 있다. 이러한 기관들을 유아들이 모두 직접 견학을 통해 학습하기란 어려운 일이다. 따라서 기관을 방문하면 각 기관의 현황, 조직, 역할, 임무에 관한 각종 활동모습을 제시하거나 자료사진, 도표, 기타 자료들을 늘 각 기관에 비치해 놓고 있는 바 이러한 자료들을 유치원으로 가져와 유치원에서 유아사회교육 자료로 활용할 수 있다.

(3) 지역사회시설 활용체험학습

지역사회에는 학생회관, 수련원, 극장, 백화점, 박물관 등 유아들의 체험학습시설이 많다. 이러한 시설을 유아들이 직접 체험학습장으로 활용함으로써 유아사회교육의 산교육이 될 수 있다.

4. 교사와 지역사회 간의 협력

어린이집은 지역사회의 과제와 특성, 요구를 반영하여 운영해야 하고 지역사회 또한 어린이집에 필요한 인적·물적 자원을 제공함으로써 상호보완적 관계를 유지해오고 있다. 또한 보육교사, 학부모가 각각 독립적으로 존재하는 것 같지만 사실은 지역사회라는 테두리 안에서 3자가 깊은 유대로 연계되어 있다. 본 절에서는 교사와 지역사회 간의 협력의 필요성, 협력을 통하여 얻어지는 효과, 협력지침과 협력방안에 대하여 차례대로 기술하기로 한다.

1) 협력의 필요성

협력의 필요성을 생태학적 관점, 영유아교육의 효율성 도모, 지역인재육성을 통한 지역사회발전 도모, 어린이집의 지역사회에 대한 선도적 역할 수행의 측면에서 기술하기로 한다.

(1) 생태학적 관점

어린이집은 지역사회와 생태학적으로 깊은 관계를 맺고 끊임없이 서로 영향을 주고받고 있다. 따라서 이들 간에 어떻게, 어떤 영향을 주고받는가를 이해하여 긍정적인 영향을 극대화하고 부정적인 영향을 최소화하기 위해서 어린이집과 지역사회의 협력이 필요하다.

(2) 영유아교육의 효율성 도모

영유아교육의 효율성을 도모하기 위해서는 지역사회 내에 산재해 있는 다양한 각종 정보나 자료를 현장학습 또는 인적 자원에 대한 초빙학습을 하거나 지역사회와의 협력이 필요하다.

(3) 지역사회의 선도적 역할

어린이집은 지역사회의 선도적 역할을 하고 있다. 지역과제를 어린이집으로 이끌어들여 이의 해결방안을 보육과정에 반영·지도하고 지역주민을 위한 프로그램을 개발·운영하여 지역사회 발전의 선도적 역할을 수행하고 있는데, 이를 위해서는 어린이집과 지역사회가 서로 협력해야 한다.

(4) 우수인재 발굴로 지역사회 발전도모

어린이집은 훌륭한 인재를 배양하기 위한 최초의 사회교육기관으로 훗날 바람직하게 성장한 인재는 지역사회와 함께 살아가면서 지역사회 발전에 공헌하므로 우수한 인재발굴을 위하여 어린이집과 지역사회의 협력이 필요하다.

(5) 영유아보육 프로그램의 실천적용

영유아의 바람직한 성장·발달을 위하여 실시하는 특정 영유아보육 프로그램은 지역주민의 협조를 얻어야 효율적으로 진행되므로 이를 위해서는 지역사회와의 협력이 필요하다.

(6) 지역사회기관 운영의 효율성 도모

어린이집과 교사는 지역사회 내의 각종 관공서를 비롯한 모든 기관이나 시설의 효율적인 운영에 도움을 줄 수 있다. 즉, 어린이집에서 운영되는 부모교육과 교사 그리고 영유아를 통한 홍보 또는 계도를 통하여 각 관공서, 기관이나 시설 운영에 도움을 줄 수 있다. 이를 위해 어린이집과 지역사회의 협력이 필요하다.

2) 협력의 효과

어린이집과 지역사회가 협력을 강화할 때 영유아, 보육교사, 지역사회에 미치는 효과를 생각해 보기로 한다.

(1) 영유아에게 미치는 효과

① 영유아의 존재에 대한 사회적 인식의 전환으로 영유아를 위한 다양한 시책들이 지역사회의 차원에서 마련된다.

② 어린이집과 지역사회 간의 강한 유대 속에서 영유아는 지역사회를 선도하고 이끌어갈 미래의 인재로서 바르게 성장·발달하게 된다.

(2) 교사(어린이집)에 미치는 효과

① 지역사회 자원의 활용, 학부모의 영유아교육에 대한 관심의 증대 등으로 영유아교육의 효율성을 도모할 수 있다.

② 지역사회 인재양성을 위한 최초 사회교육기관의 교사로서 사회적 인식이 제고됨으로써 교사를 존경하는 풍토가 조성된다.

(3) 지역사회에 미치는 효과

① 지역사회 주민을 대상으로 한 어린이집의 개방과 보육프로그램 투입은 지역주민의 삶의 질을 향상시킨다.

② 어린이집에서 지역사회 과제해결을 위한 교육과정 운영은 영유아에게 바른 공공의식

과 태도를 길러주고 지역사회의 건전한 생활풍토 조성에 공헌한다.

③ 어린이집의 원장, 교사, 영유아가 지역사회의 다양한 활동에 참여하고 지역사회 기관 및 사업에 대한 홍보로 지역사회 기관 및 시설운영에 도움을 준다.

3) 협력방안

어린이집과 지역사회가 성공적인 협력을 통해 영유아교육의 효율성과 지역사회의 성장·발전을 도모하기 위하여 어린이집과 지역사회 각각의 기능의 역할을 기반으로 상호협력해야 한다.

(1) 어린이집에서 지역사회에 대한 협력

어린이집이 지역사회의 발전을 위하여 협력할 수 있는 내용들은 다음과 같다.

① 어린이집 개방

어린이집을 완전 개방하여 지역사회 주민들의 회의장소로 제공함은 물론 유원장의 놀이장을 지역 영유아나 초등학교 저학년 학생들에게 개방하고 야간에 지역주민의 주차장으로 활용할 수 있도록 개방한다.

② 다양한 프로그램 운영

어린이집에서는 주민중심 프로그램과 영유아중심 프로그램 등을 다양하게 운영할 수 있다.

㉠ 주민중심 프로그램 운영

어린이집에서 주민들을 대상으로 하여 다양한 프로그램을 운영하여 주민들에게 사회생활에 필요한 다양한 정보와 기능을 제공할 수 있는데, 예를 들면 보건소와 연계하여 주민들을 위한 금연교육, 성폭력예방교육, 약물 오남용 예방 프로그램을 운영할 수도 있다. 이러한 어린이집에서 주민중심 프로그램 개설이 용이한 점은 부모교육이나 영유아교육행사 시 학부모나 지역주민의 참여가 자연스럽게 이루어지기 때문이다.

㉡ 영유아중심 프로그램 운영

영유아중심 프로그램은 영유아보육활동의 일환으로 영유아에게 유익한 교육적 경험을 제공하기 위해 운영하는 프로그램이다. 예를 들면, 노인복지센터나 양로원을 방문하여 노인공경 프로그램을 적용하여 어르신들께 음식을 접대하고 노래와 춤 등으로 효행을 베푸는 프로그램으로 영유아에게는 효행의 실천적 경험을 제공하고 노인에게는 조손결연을 통한 인성교육으로 진행할 수 있다.

ⓒ 지역사회 내 과제해결

어느 지역사회를 막론하고 지역사회에는 시급히 해결해야 할 과제가 많다. 그 과제는 정신적 · 심리적인 것으로, 예를 들어 주민들이 교통도덕을 지키지 않는다면 교통도덕의 문제를 영유아보육과정에 계획하여 지도함으로써 교통도덕의식을 내면화시키고 교통도덕 준수생활태도를 확산시켜 주민들의 교통도덕실천생활태도를 계도하고 바람직하게 형성시켜 줄 수 있다. 이런 의미에서 어린이집은 지역사회 과제를 영유아보육과정에 반영 지도함으로써 지역사회가 안고 있는 과제해결을 통해 지역사회 발전의 선도적 역할을 수행하게 된다.

ⓔ 지역사회기관 시설 활용안내

어린이집에서는 학부모와 대면할 기회가 많기 때문에 학부모에게 관공서에서 이루어지는 사업에 대한 홍보를 하여 관공서 업무처리에 협조하도록 할 수 있다. 예를 들면, '지금 65세 이상 노인들에게 폐렴 예방주사를 보건소에서 접종하고 있으니 ○월 ○시까지 접종토록 하시오.'와 같은 홍보를 할 수 있다. 또 어떤 영유아가 '난청'인 듯 싶으면 '○○이비인후과에 가서 검사를 받으시오.'하는 요령으로 지도하여 지역사회 내의 기관이나 시설 활용을 안내할 수도 있다.

ⓜ 전문가 모임참여

지역사회 내 각 관공서나 시설마다 그들 나름의 위원회, 협의회, 후원회, 지도위원 등 다양한 전문조직을 운영하고 있다. 따라서 어린이집 원장이나 보육교사가 전문조직에 참여하여 활동함으로써 지역사회 기관의 운영을 돕고 어린이집을 홍보하는 기회를 마련할 수 있다.

(2) 지역사회에서 어린이집에 대한 협력

지역사회에서 어린이집에 대한 협력으로는 지역사회 자원을 활용하여 효율적으로 영유아 지도를 할 수 있고 어린이집 원장이나 교사들이 지역사회의 전문가 모임에 참석하여 활동하는 일 등이다.

① 지역사회 자원 활용학습

지역사회는 '모두가 가르치고, 모두가 배우는 사회'이다. 또한 지역사회에는 인적 · 물적 · 사회적 · 문화적 · 자연적 자원 등 교육력이 풍부한 사회로서 이러한 자원들을 영유아교육에 적절히 활용함으로써 지역사회에 대한 이해는 물론 영유아의 사회화에 도움이 된다. 지역사회 자료 활용학습에는 견학, 지역사회인사 초빙학습, 지역사회기관 자료 활용학습, 지역사회

시설활용 체험학습 등이 있다.

㉠ **견학**

견학이란 영유아가 직접 보고, 듣고, 느끼는 등 오감을 통하여 관찰, 자료수집, 추론, 결정할 수 있는 교육활동 기회를 제공하고 영유아로 하여금 환경에 친근감과 과학적인 탐구태도를 갖고 사회현상을 바르게 이해하여 그가 속한 사회의 구성원으로서 생활하는 데 필요한 지식, 가치, 태도, 기술을 형성해가는 직접적이고 일차적인 교육체험 활동이다.

㉡ **지역사회인사 초빙학습**

지역사회인사를 어린이집으로 초빙하여 지역사회의 역사나 풍속에 관한 이야기를 듣기도 하고 직업에 관한 내용을 듣거나 보는 것도 영유아 사회교육을 위한 유용한 방법이며 영유아들에게는 생명력 있는 산교육이 된다. 다음과 같은 자원인사가 초빙인사가 될 수 있다.

㉮ 지역사회 봉사자: 청소부, 소방관, 경찰관, 우편배달부, 수위 등
㉯ 특별한 기술을 가진 사람: 직공, 도공, 공예가, 화가, 서예가 등
㉰ 특별한 직업인: 의사, 간호사, 법조인, 서비스업 종사자(미용사, 이용사 등) 등
㉱ 특별한 취미를 가진 사람: 수석채집가, 식물채집가, 박제수집가, 곤충채집가 등
㉲ 기타: 할아버지, 할머니, 등산가, 여행가, 운동선수, 외국인 등

㉢ **지역사회 자료활용 학습**

지역사회에 있는 관공서, 소방서, 은행, 우체국, 경찰서, 병원 등에는 각 기관의 현황, 조직, 역할, 임무, 홍보에 관한 각종 활동모습을 게시하거나 사진, 도표, 기타 자료들을 늘 각 기관에 전시 · 비치해 놓고 있는 바 이러한 자료들을 어린이집로 가져와 영유아 교육자료로 활용한다.

㉣ **지역사회 시설활용 체험학습**

지역사회에는 학생회관, 수련원, 주차장, 백화점, 박물관 등 영유아들의 체험학습시설이 많다. 이러한 시설들은 영유아의 직접 체험학습장으로 활용할 수 있다.

② 지역사회 내 기관 및 시설에서의 협력

지역사회 내 기관이나 시설에서 어린이집에 대한 협력내용은 다양하다. 예를 들면, 보건소에서 영유아에게 영양교육, 위생교육을 해 주고 소방서에서 소방훈련을 해 주며 치과병원에서 자매결연을 맺고 주기적으로 구강검사를 해 주는 일 등 지역사회 내의 기관과 시설에서 영유아교육에 협력하는 내용은 아주 다양하다.

제 III 부

보육교사의 역량개발

역량이란 어떤 일을 해낼 수 있는 힘이나 기량 또는 특정업무를 잘 수행할 수 있는 사람들의 독특한 행동특성이다. 역량은 크게 기반역량, 공통역량, 고유역량으로 기반역량은 모든 직장인이 가져야 할 역량, 공통역량이란 특정 직업군에서 가져야 할 공통적인 역량을 말하며, 고유역량이란 나만이 가지고 있는 역량을 말한다. 보육교사는 이 3가지 역량을 다 갖추어야 하나 제III부에서는 그 중 공통역량을 중심으로 기술한다. 보육기관에서 보육교사의 공통역량은 유아지도에 직접적으로 활용하는 교수·학습지도기술을 중심으로 하는 교직전문성으로 이에 관련되는 반성적 사고, 교사발달을 중심으로 하는 전문성 개발 방안에 대해 다룬다.

제 1 장

전문성 개발

교직이 전문직이냐 노동직이냐에 관한 논쟁이 뜨겁지만 효율적인 유아교육지도를 위해서는 유아교육에 대한 전문적인 이론과 지식 그리고 실천적 기술을 보유하고 있어야 하며, 또한 이를 위해서는 현직교육이 각 유아교육기관별로 부단히 이루어져야 한다. 특히 최근에는 교사의 전문화를 위해서는 반성적 사고과정에 따른 전문성 개발, 교사발달에 따른 전문성 개발의 필요성이 대두되고 있는바 다음에서 반성적 사고, 교사발달에 대한 이론적인 면을 탐색해 보고 이들을 근거로 하는 전문성 개발과 현직교육(자기개발) 방안에 대하여 생각해 보기로 한다.

1. 반성적 사고

반성적 사고에 따른 전문성 개발을 위해서는 우선적으로 반성적 사고에 대한 이론적 탐색과정으로 반성적 사고의 개념, 가치, 특성, 원리, 과정, 유아교사(전문성)와의 관계에 대하여 알아보기로 한다.

1) 반성적 사고의 개념

Dewey는 인간의 사고를 두 가지 유형으로 분류하였는데, 그 중의 하나는 별다른 의식이 없이 우리 마음속에 스치고 지나가는 것으로 깊은 생각이 필요 없는 사고유형이고 또 하나의 사고유형은 문제를 마음속 깊이 간직하고 그것에 대하여 깊은 통찰과 생각으로 신중하게 심사숙고 하는, 즉 탐구적 사고이다. 이 탐구적 사고가 바로 반성적 사고라고 하였다.

반성적 사고에 대한 어원은 reflexio라는 말에서 나온 것으로 '빛의 반사'를 의미한다. 반성적 사고에 대해서는 Dewey 외에도 Habermas(1971)는 그의 저서 『지식과 인간의 관심(Knowledge and Human interests)』에서 '반성을 특정형태의 지식을 발전시키는 데 사용하는 하나의 도구'로 보았으며 또한 Schön은 '반성적 실천(The Reflective Practitioner)'에서 반성적 사고를 행위 중의 반성적 사고와 행위 후의 반성적 사고의 두 유형으로 분류하기도 하였다.

Dewey는 반성적 사고를 '어떤 것을 마음속에서 잘 생각해 보고 그것에 대해 진지하게 계속적으로 고려하는 것' 좀 더 구체적으로는 '특정 형태의 신념이나 지식을 그것이 지지하는 원리와 궁극적인 결과에 비추어 적극적이며 지속적으로, 신중하게 고려하는 것'이라고 정의하였다(염지숙 외. 2010).

그러면서 다양한 사고유형 가운데 다음과 같은 사고의 유형은 반성적 사고가 아니라고 지적하였다(Dewey, 1910)

첫째, 마음에 떠오르는 모든 것, 우리의 머리를 통과하는 무질서한 흐름의 부질없는 공상이나 사소한 기억, 또는 스쳐지나가는 인상이 이러한 종류에 속한다. 느긋한 순간 앞뒤 없이 우연히 지나가는 백일몽, 공중누각 등이 여기에 포함된다.

둘째, 감지되지 않거나 직접적으로 지각되지 않는 종류의 사고를 말한다. 즉 보고, 만지고, 듣고, 냄새 맡고, 맛보지 못하는 것으로 제한된다. 이런 종류의 사고는 인간의 상상력을 의미한다. 하나의 상상이나 관념은 현실에 존재하지 않는 것에 대한 심적 영상이다(박준영, 2009).

셋째, 어떤 믿음을 지지할 근거를 제시하려는 시도는 없으나 근거가 희박한데도 불구하고 믿음을 받아들이는 신념과 동의어로 사용되는 사고이다.

따라서 이런 세 유형과는 다르게 어떤 믿음에 대한 근거를 의도적으로 구하며 그 근거의 적절성을 검토하는 과정을 반성적 사고로 보았다.

이상의 기술된 내용을 중심으로 Dewey는 반성적 사고를 '어떤 신념이나 지식의 형태에 대하여 지지하는 근거와 가져온 결론에 비추어 적극적이고 지속적이며 주의 깊게 고찰하는 것'으로 정의하기도 하였다(Dewey, 1933).

2) 반성적 사고의 가치

반성적 사고는 당면 문제들을 해결하는 도구이며 수단인 동시에 인간이 추구하는 목적의 달성을 위해 경험을 재조정, 재조직하고 경험의 성장에 방향을 부여하는 키(key)의 역할을 한다. 반성적 사고의 가치를 정리하면 다음과 같다.

(1) 창의성을 길러주는 데 공헌한다

반성적 사고의 과정이나 원리는 창의적 사고의 과정이나 원리와 유사하여 반성적 사고는 창의적 사고력을 길러주는 데 효과적이다. 지식기반사회는 지식이 개인과 사회발전의 원동력이 되므로 지식을 생성하고, 공유하고 활용할 수 있는 능력뿐만 아니라 재생산할 수 있는 능력이 필요하다. 지식기반사회는 정보기술의 발달로 인해 지식이 폭증하는 사회인만큼 정보의 홍수 속에서 과연 어떤 정보가 나에게 필요한 것인지, 그것을 어떻게 구성하고 재구성하여 새로운 지식으로 창출, 활용할 수 있을까와 같은 정보의 가치, 구성, 활용에 대한 평가, 선택, 판단과 관리를 할 수 있는 창의적인 능력이 어느 때보다도 절실하다.

(2) 일상생활에 필요한 문제해결력을 길러준다

우리 인간은 일상생활을 하면서 무수히 많은 문제 상황에 직면하게 된다. 어떤 사람은 당면하는 과제를 합리적으로 해결하여 잘 적응하면서 행복한 삶을 영위하지만 어떤 사람은 당면하는 과제를 해결하지 못함으로써 스트레스를 받거나 갈등을 겪으면서 힘들게 적응하거나 결국에는 극단적인 선택을 하는 경우도 있다. 앞서 예를 든 사례는 반성적 사고의 유무에 따라 결정된다. 반성적 사고는 당면하는 다양한 문제상황에 대한 적절한 해결력을 제공하여 당면 문제를 해결하는 도구이자 수단의 역할을 한다.

(3) 현재의 상황을 보다 바람직하게 창조시킨다

반성적 사고는 현재 자신이 의식하고 있는 행동에 대하여 비판적이며 분석적으로 되돌아보고 지금의 행동을 보다 가치롭게 발전시키기 위하여 의사결정을 위한 자기 성찰이나 반성의 과정이다. 다시 말하면 자신이 했던 일들을 돌이켜보고 잘못된 점을 고치는 것으로 한번 실수한 것을 돌이켜 반복하지 않게 뇌에 앵커링 하는 것이다. 그리고 반성적 사고는 난처한 상황을 타계하려는 필요성에서 뿐만 아니라 개개인의 현재의 의심, 불확실성, 어려운 상태에서 착수하는 것이다. 이와 같이 반성적 사고는 현재 상황에 대한 올바른 인식으로부터 출발하여 의심, 불확실성, 모순, 어려움을 타개하여 새로운 모습을 창조해 나간다.

(4) 반성적 사고는 인간의 바람직한 생활태도이다

반성적 사고는 인간이 생활하는 과정에서 자기의 행동방향을 결정해 주는 요건으로 인간이 반드시 바르게 갖추어야 할 생활방식이다. 반성적 사고는 인간의 생활 중에서 불확정적이고 불안정한 상황에서 일어난다. 즉, 불확정적이며 불안정한 상황이란 유기체와 환경과의 상황에서 안정이나 평형이 깨진 상황으로 다음에 이어갈 행동을 결정하기 위해서는 궁리하고 탐색하는 등 사고활동을 통하여 어떤 행동의 방향을 결정해야 하는 상황이다.

이러한 불확정적이고 불안정한 상황은 대개의 경우, 혼란, 갈등, 의심, 불안 등으로 나타나는데 이러한 불확정적이고 불안정한 상황을 개선하기 위하여 반성적 사고를 하여 평형상태가 유지되면 새로운 행동으로 진행되고 또한 만족을 느끼게 된다. 이와 같이 반성적 사고는 인간의 일상생활에서 바람직한 생활태도 개선을 위해 정착시켜야 하는 생활태도이다.

반성적 사고는 우리의 삶 속에서 곤란하거나 혼란스러운 갈등이 발생하면 그 문제를 발견하고 발견된 문제를 깊숙하게 사고하고 해결하여 바람직한 행동으로 전환시켜주는 역할을 하기 때문이다.

3) 반성적 사고의 특성

이상에서 반성적 사고의 개념과 반성적 사고의 가치에 대하여 탐색해 본 바와 같이 반성적 사고는 불확실한 상황, 즉 난처한 상황, 의심, 불확실성, 당혹, 망설임 등의 상황에서 출발하여 그들의 의혹을 해결하고 불안정한 사태를 해결하여 진정시키기 위한 탐구와 조사의 과정으로 반성적 사고는 다음과 같은 특성을 가진다(임한영, 1981).

첫째, 반성적 사고과정은 연쇄성의 특성을 가진다.

연쇄성의 의미는 관념의 연속성을 의미하기도 하지만 관념의 공존적 계열을 의미하는 것이다. 관념의 공존적 계열이란 관념을 연쇄적으로 배열하는 것을 말한다. 지성적으로 사고함으로써 관념이 다음의 연쇄관념을 각 관념의 당연한 결과로 규정하는 것이다.

둘째, 반성적 사고는 결론을 목표로 한다.

반성적 사고의 과정은 깊은 사고를 통하여 혼란이 해결되고 애매한 점이 분명해짐으로써 성취되어야 할 목표의 방향이 확실해진다.

셋째, 반성적 사고는 탐구를 촉진한다.

반성적 사고과정이 사고를 촉진하는 이유는 실증과 합리성의 기초 위에 신념을 확립시키는 의식적이고도 자발적인 노력을 내포하기 때문이다.

반성적 사고과정은 사고의 기원으로서의 의심과 주저함, 심리적인 곤란을 내포하여 이러한 의혹을 규명하고 당황한 사태를 진정시켜 처리해나가도록 하는 자료를 발견하기 위한 탐구와 조사를 포함하고 있다.

4) 반성적 사고의 원리

철학적 · 심리적 · 사회적 기초 외에도 교사가 훌륭한 교수 · 학습을 전개하기 위해서는 교수 · 학습에 영향을 주는 교사, 유아, 유아교육기관, 가정변인 등을 고려하여 유아들에게 공통적으로 적용되는 학습의 원리를 적용해야 한다. 그 대표적인 원리가 놀이중심의 원리, 통합의 원리, 흥미의 원리, 생활중심의 원리, 개별화의 원리, 균형의 원리, 탐구학습의 원리, 상호작용의 원리이다. 따라서 반성적 사고의 효율성을 기대하는 교사는 이상에서 밝힌 일반적인 교수 · 학습원리를 기반으로 하여 반성적 사고의 본질에 따른 학습의 원리를 고려해야 한다. 전 절에서 반성적 사고과정과 창의적 사고과정이 유사하다고 언급한 바 있는데, 반성적 사고원리와 창의적 사고원리를 병합한 원리는 더욱 의미가 있다. 이러한 견지에서 반성적 사고의 원리로서 솔직성, 열린마음, 성심성, 책임성의 원리를 생각할 수 있다. 다음에서 구체적으로 생각해 보기로 한다.

(1) 솔직성의 원리

Dewey의 반성적 사고원리에서 반성의 사전적 의미는 '자기언행에 대해 잘못이나 부족함이 없는지 돌이켜 봄'으로, 예를 들면 부모님으로부터 꾸중을 들으면 자신이 무엇을 잘못했는지 곰곰이 생각해 보고 그리고 다시는 이런 잘못을 하지 않겠다고 다짐하는 것이다.

교수 · 학습에서도 학습의 효과를 극대화하기 위해서는 교육자와 학습자가 솔직한 태도를 보여야 한다. 솔직한 태도를 정확히 파악하기 위해서는 솔직성을 위협하는 요인을 찾아야 하는데 Dewey는 솔직성을 위협하는 요인으로 자기의식, 당황, 압박감을 제시하였다.

반성적 사고를 계발하기 위해서는 교사와 유아가 솔직성을 가지고 서로 신뢰하고 지나친 자기의심을 버리고 압박감과 당황함 없이, 특히 교수 · 학습과정에서 솔직한 태도로 교수 · 학습에 임할 때 더욱 계발된다.

(2) 열린마음의 원리

열린마음은 남을 거부하지 않고 남의 것을 받아들이는 마음이다. 그의 말을 들어주고 그의 마음을 받아주는 것 그것이 열린마음이다. 나를 낮추는 것은 열린마음의 시작이다. 다른 사람의 이야기를 잘 들어주고 귀를 기울이며 열린마음으로 모든 사람을 대한다면 그 사람 가까이에 있고 싶어 한다. Dewey는 열린마음이란 이런 행동 혹은 저런 행동의 방법에 대한 결과를 결정하는 데 도움을 줄 수 있고 명료하게 밝혀야 할 필요가 있는 장면에 그 해결책을 제공할 수 있도록 모든 생각을 마음에 접근시키는 것이라고 하였다.

교수 · 학습활동에서 학습자가 열린마음으로 문제를 올바르게 해결하게 될 때, 반성적 사고는 계발될 수 있을 것이다. 결국 학습자의 성장은 열린마음을 지녀야 달성될 수 있는 것이다.

(3) 성심성의 원리

성심성의 사전적 의미로는 '성실하고 정성스러운 마음과 뜻'으로 성심성의껏과 같은 개념으로 성심성의껏은 '정성스럽고 참된 마음과 뜻을 다하여'와 같은 개념이다.

성심성의 원리는 교수 · 학습활동에서 마음을 집중해야 한다는 원리이다. 즉, 교수 · 학습활동에서 학습자가 높은 흥미를 가짐으로써 심의(心意)가 분산되지 않고 교육활동에 몰두하는 심상(心狀)의 상태를 가져야 한다는 것이다. 교수 · 학습활동에서 학습자 자신이 문제에 강한 흥미를 가지고 집중할 때 반성적 사고가 활발하게 이루어지고 그 결과 또한 최상의 것으로 나타난다. 교사가 학습자의 흥미와 교육내용을 통합으로 조직했을 때 반성적 사고는 개발될 수 있다.

(4) 책임성의 원리

책임성의 원리는 자신의 직무와 행동의 결과에 대해 책임을 져야 한다는 원리이다.

Moore(1992)는 교수 · 학습이 전개되는 과정에서 책임성은 교사와 학습자로 나누어 생각할 수 있다.

교사는 학습자의 학습에 대하여 스스로 책임을 지고 지식이 획득되었는지를 알아보기 위하여 노력해야 하고 그러한 학습을 위하여 필요하다면 방법을 바꾸어야 할 필요가 있다. 그리고 학습자는 자신이 다른 사람들과 특수관계를 가지고 있으므로 주의를 집중하여 노력하며 공동작업에 참여하는 것이 책임이 된다는 사실을 인식해야 된다고 하였다.

학습에 있어서 그 주체는 학습자이기에 학습자 스스로 문제의 발견과 그 해결 절차와 과정 모두를 자신의 책임하에 계획을 세워 수행해 나갈 때 효과적이고 책임을 질 수 있는 결과를 산출해 낼 수 있게 한다.

5) 반성적 사고의 과정

Dewey에 의하면 반성적 사고는 현재 경험의 의미를 풍부하게 함과 동시에 이후의 경험에 대한 통제력을 증진시키는 반성적 사고가 활발하게 일어나게 하는 교수 · 학습 방법론이다라고 하였다.

따라서 문제상황을 해결해 나가는 과정적 사고이며 어떤 문제에 대해 끊임없이 탐구하면서 주의 깊게 시험해 보는 창조성을 가진 사고인 것이다. 또한 근거에 의해 결과의 타당성을 평가하고 결론에 의존하여 전체적 관계를 평가하는 비판적 사고이기도 하다(고현숙, 2007). Dewey의 반성적 사고만이 교육적인 가치를 지닌 것이다. 비판적 사고는 여러 관점의 문제를 이해하고 구체화시키는 태도로 지적 의견 차이를 수용하고 통합하려는 과정으로 이에 근거한 Dewey의 반성적 사고의 과정은 〈표 III-1〉과 같다(Dewey, 1933).

〈표 III-1〉 반성적 사고과정

과정	사고활동
1. 암시(연상)	1) 문제상황이나 애매한 상황의 출현
2. 지성적 정리	1) 애매한 상황이나 혼란한 상태를 지성적으로 정리
3. 가설설정	1) 문제 상황을 분명하게 진술함으로써 그 문제를 해결하는 방법으로서의 가설이나 혹은 제시된 해결책을 제시
4. 추리작용	1) 여러 가지 가설들의 의미를 추리
5. 가설검증	1) 관찰과 실험을 통하여 가설을 검증
6. 전망	1) 미래에 대한 전망

〈표 III-1〉에 제시된 과정을 좀 더 구체적으로 설명하면

첫째, 먼저 해결을 요하는 문제상황에서 탐구가 시작되고 그것에 따라 먼저 문제를 명확하게 설정하기 위해 사실에 관한 관찰이 이루어지며, 관찰된 사실들은 해결방안을 의미하는 아이디어를 제시한다.

둘째, 이 아이디어는 더 많은 관찰을 일으키고 새로이 관찰된 사실들은 먼저 관찰된 사실들과 연결되며 그 과정에서 증명될 수 없는 아이디어를 제기한다.

셋째, 이렇게 하여 구성된 사실의 새로운 체계는 이전의 아이디어를 수정하거나 새로운 아이디어를 제기하며, 그것은 또 새로운 관찰을 일으킨다.

넷째, 관찰에 의해 밝혀진 사실과 해결방안에 관해 제기된 아이디어 사이의 계속적인 상호작용은 제기된 아이디어가 그 사건의 모든 조건을 만족시키고 그 사건에서 발견될 수 있는 어떤 특성에도 거슬리지 않을 때까지 계속된다.

다섯째, 이러한 연속적인 과정 속에서 그 아이디어는 검증되고 입증됨으로써 타당성을 가지게 된다.

이상에서 Dewey(1933)의 반성적 사고과정에 대하여 개략적으로 기술하였으나 실제운영 상황에서는 다음과 같은 특수성이 있다.

첫째, 모든 문제상황에서 반드시 6개의 과정을 순차적으로 전 과정을 밟는 것이 아니다. Dewey의 반성적 사고과정의 핵심은 출현된 문제상황에 대한 예민한 관찰을 통하여 문제의 원인을 찾아내고 원인에 대한 해결책, 즉 가설을 설정하고 설정된 가설을 추리를 통해 검증하여 검증결과에 따른 행동방향을 결정해 나가는 기본적인 흐름은 반드시 거쳐야 하나 각 과정 하나하나를 분리하여 각 과정을 반드시 밟아가는 것은 아니다. 예를 들면, 간단한 문제상황은 제1과정인 암시와 제2과정인 지성적 정리과정이 동시에 이루어지기도 하고 문제에

따른 대안이 아주 명료한 경우에는 가설설정과 동시에 추리가 이루어져 가설검증으로 바로 이어지기도 한다.

둘째, 반성적 사고과정은 비판적 사고과정이나 창의적 사고과정, 문제해결 학습과정과 유사한 개념으로 이해하여도 무방하다.

여러 학자들이 반성적 사고과정, 비판적 사고과정, 창의적 사고과정, 문제해결 학습과정들을 제 각기 다른 이론이나 철학적 배경에 근거하여 설정해 놓고 자신이 제시한 과정의 타당성을 지나치게 주장하기도 하나 실제 현장에서 적용해 보면 확실히 구분되지 않고 유사하다는 점이다. 다만 분명한 것은 의식없이 사고하는 백일몽이나 몽상, 무질서한 사고, 태만과 혼동 등으로 이루어지는 의식의 흐름이 아니고 반성의 목적이 명확한 사고과정을 밟는다는 것이다. 이렇게 사고과정이 이루어지기 위해서는 정확한 문제상황의 진단과 문제의 성격에 따른 합리적인 대안을 제시하고 제시된 대안에 대한 과학적인 추리, 검토의 과정을 밟아 최상의 대안을 모색하는 일련의 과정을 밟는다는 점이다.

6) 유아교사와 반성적 사고

전 항에서 반성적 사고가 지니고 있는 가치를 창의성 개발, 문제해결력배양, 현 상황의 발전적 개조, 바람직한 생활태도 정착에 있다고 밝힌 바 있다. 인간은 지적 · 도덕적 · 사회적 · 정서적, 신체적으로 완전한 사람이 되기 위하여 태어나자마자 가정에서, 나이가 들고 성장하면 다양한 교육기관에서 수학하면서 노력한다. 그러나 항상 부족한 존재로서 죽을 때까지 이름하여 평생교육(Life long Education)을 받고 있으나 완벽한 인간으로서의 경지에 도달한 경우는 없다. 그러나 이러한 최고의 경지에 도달하기 위하여 항상 자신을 뒤돌아보고 의심, 불확실, 미숙, 졸렬, 어려움을 찾고 이를 개선해나가면서 자기발전을 꾀한다. 이와 같은 자기발전을 꾀하는 반성적 사고를 유아교사와 관련지어 생각해 볼 때 반성적 사고는 유아교사에게 다음과 같은 영향을 준다.

(1) 교육이론의 현장실천 · 적용 · 기술화

유아교사는 현직교사로서 임용되기 전에 다양한 유아교사 양성기관에서 직전교육을 받아 상당히 이론적으로는 무장되어 있다. 그러나 대부분의 교사는 대학교육에서 학습된 이론이나 지식이 현장에의 적용성이 떨어진다고 느끼고 있다. 그래서 열성 있는 교사들은 대학에서 학습된 이론과 지식을 사장하지 않고 어떻게 현장유아 교육에의 적용성을 높일 것인가를 생각하고 궁리하면서 대학교육을 뒤돌아본다. 이와 같이 대학에서 학습한 이론과 지식은 반성적 사고활동을 통하여 현장적용적이며 실천적인 유아지도기술로 정착된다.

(2) 현장상황적 과제해결력배양

교사는 유아교육기관에서 유아교육활동을 전개하면서 수많은 갈등과 고난을 겪는다. 특히 대학을 갓 졸업한 신임교사에게는 더욱 그러하다. 이때 도움을 주는 멘토는 선배교사이다. 선배교사는 신임교사와 같이 교직에 처음 입문해서는 수많은 갈등과 어려움을 반성적 사고과정을 통하여 현장실천적 지도기술을 습득한 것이다. 누구나 치밀한 지도계획을 세워 지도한다고 해도 만족한 유아지도로 이끌지 못한다. 그때마다 그 부족함을 지나치지 않고 부족함의 원인을 찾아 개선하는 데 노력해야 한다. 따라서 반성적 사고는 유아교사들이 현장상황에서 돌출하는 문제를 해결하려는 태도를 길러줌으로써 현장상황적 과제해결력을 배양해 준다.

(3) 죄짓지 않는 교육실현

교사들은 하루의 교육활동이 종료된 후에는 습관적으로 하루의 일과지도시간을 되돌아본다. 오늘 내가 지도한 내용들이 진실로 유아들의 성장발달에 도움을 주었을까? 내가 월말이면 수령하는 보수만큼 유아들을 지도하고 있는가? 하는 교육의 본질적인 문제에서부터 시작하여 내가 교수 · 학습활동 중에 화가 나서 던진 말에 상처를 입은 유아들은 없었겠는가? 내가 오늘 펼친 교수 · 학습지도방법이 유아들의 학습성취에 어느 정도 도달하였을까? 등 자신의 교수 · 학습지도 상황에 대한 반성과 후회를 곧잘 한다.

이상에서 밝힌 후회와 반성을 그냥 흘려버리지 않는 교사는 자신의 교수 · 학습 방법에 대한 개선점을 찾아 보충하여 가는 반성적 사고를 하기 마련이다.

(4) 자기성찰을 통한 자기개발

유아교육기관에서 유아를 대상으로 교육을 실시하면서 유아의 성장과 발달에 공헌하는 영향에 대하여 부단히 반성하고 새로운 방안을 모색해 나가는 교사는 더 나아가 교사가 평생을 통해 실현하려는 원대한 목표와 꿈을 가꾸기 위해 부단히 자기성찰과 노력을 통해 자기개발에 주력한다. 유아학습에서의 반성적 사고의 습관은 일상생활에도 좋은 생활습관으로 정착되어 미래지향적인 목표와 꿈을 실현하게 된다.

(5) 교육전문가로서의 자질함양

교사가 교육전문가가 되기 위해서는 다양한 자질과 역할, 기능이 필요하다. 그 중에서도 유아들을 직접적으로 지도하는 교수 · 학습지도 기술은 당해 유아교육기관에서 설정한 교육목표나 운영목표를 직접적으로 구현하는 기술이다. 그러나 교수 · 학습지도방법에는 왕도가 없다. 모든 교과나 모든 유아, 모든 상황에 적용할 수 있는 정형화되어 있는 교수 · 학습과정이나 방법은 없기 때문에 유아들을 지도하고 난 뒤에는 항상 불만과 의문이 늘 남는다. 이럴 때마다 교사는 이러한 불만과 의문의 과제는 무엇인가? 그리고 이 의문을 해결하기 위한 방안은 무엇일까? 에 대하여 반성적 사고를 하고 이를 기반으로 전문성을 개발해 나간다.

2. 교사발달

1) 교사발달단계의 개념

세상의 모든 생명체는 성장 · 성숙하는데 이 과정에서 특유의 발달단계를 거치는 것처럼 교사도 교사양성기관에 입문하면서부터 전 교직생활을 통하여 계속적으로 성장 · 발달 · 퇴보한다. 지금까지 교육의 대상인 영유아발달에 대한 연구는 많이 이루어졌고 교사양성과정에서 예비교사들에게 이에 대한 교육은 철저히 이루어졌으나 교사발달에 대한 연구는 최근의 일로서 교사발달에 대한 개념도 학자에 따라 많은 차이를 보인다. 여러 학자가 제시한 교사발달에 대한 개념을 〈표 III-2〉에서 정리해 보기로 한다.

〈표 III-2〉 교사발달의 개념

학자명	발달의 개념
노길영 외 (2000)	교직의 전 시기를 포함하여 교직을 수행하는 동안 교사의 지식, 기술, 행동 및 태도, 기대 그리고 직업의 변화, 발전, 퇴보하는 것
이은화 외 (1995)	교직의 전 기간을 통해 교직과 관련된 지식, 기능, 태도 및 전망에 있어서의 변화
임부연 외 (2014)	전 교직생활 과정에서 교직과 관련된 지식, 기능, 신념, 교수행동, 태도 및 전망에 있어서 지속적으로 변화 및 성장해 나가는 것
Floden (1980)	교사가 초임교사로서 교직생활을 시작하여 교직경력을 쌓아가면서 퇴직에 이르는 전체 교직기간 중에 교사로서 필요한 여러 영역과 관련하여 가치관, 신념, 태도, 지식, 행동 등에 있어서 양적 · 질적인 면에서 계속적인 변화

여러 학자가 제시한 개념과 Floden(1980), Burden(1990), Fuller & Case(1969), Katz(1972), Burke 등(1984)의 발달단계에 따른 내용들을 종합하면 교사발달은

첫째, 교사의 교직 이전 시기와 전 교직생활 과정에 걸쳐 발달의 변화 상황을 기술하였다.

둘째, 교사의 발달단계는 교직경력 연수를 기준으로 분류하였다.

셋째, 발달의 내용은 지식, 가치관, 기술, 행동, 태도, 신념, 기대, 성장, 직업의 변화, 발전, 퇴보, 전망 등을 종합적으로 변화과정을 기술하였다.

넷째, 파악된 발달의 내용은 모두 교직에 관한 내용으로 한정되어 있다.

다섯째, 발달은 양적 · 질적 변화 등을 총망라하였다.

이상을 종합하여 교사발달이란 '교직 이전과 전 교직생활을 총망라하여 초임교사 시절부터 퇴직 시까지를 경력별로 단계화하여 각 단계별로 교직생활을 성장, 발전, 전망, 퇴보 등 지속적인 양적 · 질적 변화'라고 정의할 수 있다.

2) 교사발달의 의의

교사발달을 연구하는 학자들은 교사 자신의 발달단계를 이해함으로써 교사 자신의 개인적 성장과정과 성장에 따른 관심의 변화 그리고 개인차 등을 인정하고 그에 따른 교사교육을 받음으로써 자기성장이나 자기갱신을 할 수 있다고 믿는 것이다.

따라서 교사발달을 연구하는 Fuller나 Katz 등은 교사의 발달적 측면을 고려하여 교사교육을 시도하였으며 교사발달단계를 공식화하여 교사의 각 발달단계에서 나타나는 주요 관심사를 규명하는 등 발달단계에 따른 교사교육을 강조하였다. 다음에서 더 구체적으로 교사발달과정을 이해하는 것이 교사교육에서 왜 중요한지에 대하여 기술하기로 한다(염지숙, 2015).

① 발달적 관점을 갖고 교사 자신이 스스로 발달해가고 있는 성장의 존재로 인식하는 것이 교사 자신에게 매우 도움이 된다는 것이다. 즉, 발달적 관점은 교사가 발달단계에 따른 전문적 목표를 설정하는 데 도움이 된다. 이러한 과정에서 교사는 자신을 교직생활을 위한 평생의 학습자로 인식하게 되어 급진적인 발달보다는 점진적인 발달을 받아들이면서 만족감을 얻게 된다.

② 발달적 관점을 가짐으로써 자기성장의 가능성을 인식하여 스스로 자기갱신의 전략을 개발할 수 있다는 것이다. 예를 들어 독서하기, 동료들과 상의하기, 수업향상을 위해 다양한 교수자원 활용하기, 교직관련 단체에 참여하기 등 자기갱신의 전략이 될 수 있다.

③ 발달적 관점을 취함으로써 동료교사들의 행동을 발달적 관점으로 바라보고 자신이 오래전에 겪었던 문제로 고민하고 있는 초임 이하 후배교사들을 지지하고 격려하며 정보를 제공해 주고 전문적인 성장을 촉진시켜주고자 하는 동기를 갖게 된다.

④ 교사에게는 자신의 변화에 있어 어떤 역할을 취해야 하는가를 알려주고 교사들의 발달과정을 이해하고 그들을 위한 교육을 계획하고 순서화하는 데 도움을 준다.

⑤ 교사발달단계를 정확히 이해함으로써 교사발달을 촉진시켜 줄 수 있는 방법을 제시할 수 있으며 교사의 교수활동을 강화할 수 있다.

⑥ 교사 개개인은 교직생활을 통해 계속적으로 발달하면서 관심사와 요구가 변화하므로 각 교사들의 개인차를 인정하여 각 교사수준에 맞는 교사교육이 이루어진다.

⑦ 동료교사들의 발달단계를 이해하고 동료교사의 관심사와 그들이 기대하는 연수방법을 이해하여 그들에게 최적의 상담과 조언을 해 줄 수 있다.

3) 교사발달단계

교사발달 이론은 교직의 전 과정에서 발달단계에 따라 교사의 관심이 어떻게 변화하는가에 관심을 둠으로써 교사발달 이론과 교사관심사 이론은 맥락을 같이 하는데 대표적인 이론은 〈표 III-3〉과 같다.

〈표 III-3〉 교사발달단계

Fuller & Case (1969)	Fuller & Brown (1975)	Katz (1972)	Burke et al (1984)
1. 관심사 이전 단계 2. 초기 관심사 단계 3. 후기 관심사 단계	1. 교직 이전 관심사 2. 생존에 대한 초기 관심사 3. 교수상황 관심사 4. 학생에 대한 관심사	1. 생존기 2. 강화기 3. 갱신기 4. 성숙기	1. 교직 이전 단계 2. 교직입문 단계 3. 능력구축 단계 4. 열중과 성장 단계 5. 좌절단계 6. 안정과 침체 단계 7. 교직쇠퇴 단계 8. 교직퇴직 단계

다음은 대표적인 Katz(1972)의 교사관심사 발달단계에 대하여 정리하였다.

〈표 III-4〉 Katz의 교사관심사 발달단계

단계	특징	관심사	교사교육
1단계: 생존기	• 교직생활 약 1년간의 시기로 자신의 능력에 대한 확신이 부족하고 불안감을 느껴 생존에 위협을 느낌 • 지원, 격려, 이해, 확신, 위로 등의 심리적	• 교육현장에서 발생하는 문제점에 대해 관심을 가짐 - 영유아들을 잘 지도할 수 있을지? - 이 직업이 내 적성에 맞는지? - 학부모와 원활한 인간관계를 맺을 수 있을지? - 동료교사와 적절한 관계유지를 할 수	• 원장, 선배교사의 지원, 이해, 격려, 확신, 위로, 도움주기 • 유아지도에 도움이 되는 직접적이고 구체적인 기술 제공

단계	특징	관심사	교사교육
	안정을 요구	있을지? • 유아지도에 즉각적으로 활용할 수 있는 능력의 필요	
2단계: 강화기	• 교직경력 1~3년 정도의 시기로 자신이 생존할 수 있다는 확신을 갖음 • 교직에 안정감과 자신감을 얻음	• 유아지도에 따른 세부적인 과제와 기술에 관심 갖기 – 현장 문제 상황에 대한 구체적인 해결책 – 개별 영유아들이 갖고 있는 문제에 대한 지도기술 모색하기	• 선배 보육교사와 함께 특정 문제해결을 위한 방안 탐구 • 학급 유아지도에 필요한 기술과 방법을 탐색하는 방법 지도
3단계: 갱신기	• 교직생활 2~5년 정도의 경력교사로서 유아지도에 필요한 새로운 정보, 아이디어나 지식을 얻고자 시도 • 종전의 방법에 싫증을 느낌	• 새로운 아이디어, 정보, 지식, 기술을 체득하기 위하여 다양한 방법의 접근을 시도함 • 새로운 아이디어 기술 방법에 관심을 가짐	• 자기 수업 분석, 수업참관, 학습세미나, 워크숍, 전문 연구단체 방문
4단계: 성숙기	• 교직생활 5년 이상의 경력교사로서 자신을 성숙한 교사로 인식 • 교육에 대한 자신감, 안목, 관점이 있음	• 현장 유아 지도를 위한 아이디어, 정보, 기술의 체득보다 유아보육을 본질적으로 파헤쳐 보도록 노력-아동관, 교육의 미래상 등 • 자기 나름의 교육철학, 신념에 관심을 갖음	• 전문가 협의회, 세미나 참석, 학위취득, 전문서적 독서, 전문가 상담 등

4) 교사관심사 평정척도

다음에 개시하는 교사관심사 평정척도는 Katz(1972)가 제시한 교사관심도 발달단계, 즉 제1단계(생존기), 제2단계(강화기), 제3단계(갱신기), 제4단계(성숙기)로 구분하여 보육교사들이 현재 관심사가 어느 수준인가를 확인하기 위한 척도이다.

(1) 성격 및 제작

Arroyo와 Sugawara(1983)가 Katz의 유아교사 발달이론을 적용하여 유아교육 실습생을 대상으로 개발한 SSTC(교육실습생관심사척도)를 Tsai(1990)가 다시 수정하여 KTCRS(유치원교사관심사평정척도)를 제작하였다. 또한 이승연(1994)이 Tsai(1990)의 KTCRS(유치원교사관심사평정척도)를 수정보안하여 제작한 유치원교사관심사 평정척도이다.

(2) 제작방법 및 평가방법

52개 문항으로 구성되고 각 문항마다 자신의 관심 정도를 4점(1=관심 없다, 2=약간 관심 있다, 3=보통이다, 4=조금 관심 있다, 5=관심 많다)으로 나타내도록 하였다. 그리고 생존단계, 강화단계, 갱신단계, 성숙단계에 관련된 문항을 확인하고 점수를 합산하여 합산점수에 따라 현재 유아교사의 관심사 수준을 확인한다. 각 단계별 관심사의 범주와 문항번호는 다음과 같다.

〈표 Ⅲ-5〉 교사관심사의 범주와 문항번호

단계	관심사의 특징	문항번호	문항수
1단계(생존기)	• 교직생활 약 1년간의 시기 • 자신의 능력에 대한 확신이 부족하고 생존에 대한 위협을 느낌	1, 5, 9, 13, 17, 21, 25, 29, 33, 37, 41, 45, 49	13
2단계(강화기)	• 교직생활 1~3년의 시기	2, 6, 10, 14, 18, 22, 26, 30, 34, 38, 42, 46, 50	13
3단계(갱신기)	• 교직생활 2~5년의 시기 • 종전의 방법에 싫증을 느낌	3, 7, 11, 15, 19, 23, 27, 31, 35, 39, 43, 47, 51	13
4단계(성숙기)	• 교직생활 5년의 시기 • 성숙한 교사로 인식	4, 8, 12, 16, 20, 24, 28, 32, 36, 40, 44, 48, 52	13

(3) 교사관심사척도

〈표 Ⅲ-6〉 교사관심사척도

번호	내 용	척도				
		1	2	3	4	5
1	학급의 유아수(교사와의 비율)에 관한 것					
2	자유놀이시간에 유아가 스스로 계획한 활동을 끝까지 할 수 있도록 격려하는 것					
3	새로이 개정된 교육과정을 적용하는 것					
4	세미나에 참가하는 것 (세미나: 주제발표와 토론이 있는 전문가 연구모임)					
5	유아들에게 약속한 규칙을 지키도록 하여 질서를 유지하는 것					
6	유아와 떨어지기 싫어하는 유아를 다루는 것					
7	현재 운영하고 있는 프로그램의 목적을 성취하기 위해 새로운 방법을 모색하는 것					
8	일반교양에 대한 광범위한 기초지식을 얻을 수 있도록 폭넓게 독서하는 것					
9	현재 맡고 있는 유아들의 연령에 맞는 발달단계를 아는 것					

번호	내 용	척도				
		1	2	3	4	5
10	학습에 지체를 보이는 유아에게 환경적인 자극을 주는 것					
11	유아교육에 관련된 교직전문단체에 가입하는 것 (예: 어린이교육협회, 대한유치원교육협회)					
12	유아교육이외의 다른 분야의 전문가들과 접촉하는 것 (예: 의사, 심리학자, 사회학자, 영양사 등)					
13	교재 · 교구를 만드는 것					
14	특별한 요구를 가지고 있는 유아들을 돕는 것 (예: 부모의 이혼이나 별거로 인한 가정문제를 가지고 있는 유아, 발달장애가 있는 유아 등)					
15	새로운 연구결과나 정보를 수업에 적용하는 것					
16	유치원에서 종일반을 실시하는 것					
17	가르칠 내용을 충분히 이해하고 효과적으로 전달할 수 있도록 노력하는 것					
18	교사에게 지나치게 의존하여 떨어져 있지 않으려고 하는 유아를 다루는 것					
19	시범으로 운영하고 있는 유치원이나 새로운 프로그램을 운영하고 있는 유치원을 방문하여 정보를 얻는 것					
20	원아모집 및 선발기에 관하여 나름대로의 철학을 갖는 것					
21	유아들 개개인의 특성 및 기본적 능력을 파악하는 것					
22	유치원에 오기 싫어하는 유아나 집에 가고 싶다고 떼를 쓰는 유아를 다루는 것					
23	유아에게 적합한 새로운 과학실험이나 활동에 대한 정보를 입수하는 것					
24	유아가 성장하는 것과 학습하는 것의 본질(특성)에 대해 깊이 탐구하는 것					
25	일과를 계획하고, 교안(교수계획안)을 작성하는 것					
26	그치지 않고 계속해서 우는 유아를 지도하는 것					
27	유아발달이론을 유아교육과정에 통합하는 것					
28	교육에 영향을 미치는 관련법규나 정책에 관한 것					
29	자신이 유아교사로서의 적합한가에 관한 것					
30	유아의 공격적인 행동에 대처하는 것					
31	교사들을 위한 연수나 워크숍에 참여하는 것					
32	급격하게 변화하고 있는 현대사회에서 유치원 담당해야 할 역할과 기능을 생각하는 것					
33	수업에 관한 유아들의 반응에 관한 것					
34	유아들에게 싸움이 벌어졌을 때 문제를 해결해 나가는 것					
35	현장에서 연구를 할 수 있도록 연구방법을 습득하는 것					
36	유치원 전체 운영관리에 참여하는 것					

번호	내 용	척도				
		1	2	3	4	5
37	교사로서 직장동료로서 동료교사들에게 인정받는 것					
38	건강문제를 가지고 있는 유아를 돕는 것(예: 팔을 깁스한 유아, 감기에 걸린 유아 등)					
39	새로운 유아교육프로그램 도입하고 적용하는 것					
40	학위를 얻기 위해 학위과정에 등록하는 것(예: 방송통신대학, 대학원 등)					
41	'유치원 교사'라는 직업을 계속할 수 있을 것이라는 확신을 갖는 것					
42	유아들이 가지고 있는 언어문제를 도와주는 것 (예: 말을 더듬는 것, 표현력 부족, 이해력 부족 등)					
43	유아교육에 관련된 전문잡지나 학회지들을 보는 것					
44	교사의 권익과 처우에 관한 것(예: 행정적인 지원 · 후생복구 · 근무조건 등)					
45	교사로서 부모들에게 인정받는 것					
46	유아들의 자아개념을 증진시키는 것					
47	새로운 교육방법을 배울 수 있는 비디오나 교육용 영화를 보는 것					
48	유아교육의 역사와 철학을 탐구하는 것					
49	수업준비를 위해 충분한 시간을 할애하는 것					
50	문제가 있는 등의 부모와 상담하는 것					
51	현직교육(각종연수, 강습회, 워크숍으로부터 학습한 새로운 지식과 교수법)을 실제에 적용하는 것					
52	유아교육의 공교육에 관한 것					

3. 교사의 전문성

1) 전문성의 개념

전문성이란 사전적 의미로는 '한 분야에서 풍부하고 깊이 있는 지식과 경험을 가지고 그 일을 함' 또는 '한 분야에 대하여 풍부하고 깊이 있는 지식과 경험을 가지고 그 일만을 하는 것'이다. 또한 전문적이라 함은 '어떤 한 가지 일을 연구하거나 한 가지 일에 마음을 쏟음으로써 특정 분야에 상당한 지식과 경험을 가지고 그 일을 잘하는 이'를 일컫는 말이다(황해익 외, 2016). '전문성'에 대하여 여러 학자가 제시한 개념을 정리해 보면 〈표 III-7〉과 같다.

〈표 III-7〉 전문성의 개념

학자명	개념
김기태 외 (2003)	고도로 전문화된 이론적 지식을 소유하고 더불어 이 지식을 그들의 일상생활에 적용하는 방법과 기술을 가진다.
권영례 외 (2015)	개인적인 차원으로 일정한 직업에 종사하는 사람들이 보여주는 태도와 행동
염지숙 외 (2011)	개인적인 차원으로서 어떤 직업에 종사하는 한 개인이 가지고 있는 특성, 태도, 행동, 신념, 가치
이은화 외 (2015)	개인적인 차원에 해당하는 개념으로 직업에 종사하는 자들이 보여주는 태도와 행동으로 자신의 일에 대한 신념, 오랜 시간, 자신의 직업에 헌신하는 태도, 그리고 전문가로서 자신이 지니고 있는 지식에 의해 결정할 자유가 있다고 믿는 태도 등을 포함한다.
NAVER 사전	특정 분야만 연구하거나 해당 분야에 대해 상당한 지식과 경험을 가지고 있는 특성이나 성질

〈표 III-7〉에 제시된 개념을 중심으로 전문성과 전문직이 공통적으로 지니고 있는 성격에 대하여 종합하면

첫째, 전문성은 장기간에 걸쳐 교육과 훈련을 통해 전문적인 지식과 기술이 축적된 것이다.

둘째, 전문성을 통하여 축적된 지식과 기술을 전문직의 현장 상황에서 실천 · 적용한다.

셋째, 전문직 종사자들은 자율성을 충분히 보장받을 뿐 아니라 자기가 수행한 일에 대하여 막중한 책임을 진다.

넷째, 전문직에 종사하는 자들은 자신의 직업세계에서 자기발전을 위해 끊임없이 노력하며 이를 통해 전문성이 더욱 계발된다.

다섯째, 전문직에 종사하는 자들은 그들의 전문성을 확인해 주는 자격증을 부여받는다.

여섯째, 전문직은 그에 상응하는 사회적 지위와 경제적 보상을 요구하며 고유의 윤리강령을 가지고 그들의 행동 결정의 기준을 제시해 준다.

일곱째, 전문직은 보통 전 생애를 통한 직업으로 영속적인 근무와 경력을 필요로 하며 다른 범속직에 종사하는 사람보다 우월감을 가지며 사회적 지위가 높다.

여덟째, 전문직은 장기간에 걸쳐 준비교육을 받아야 하고 계속적인 연수로 전문성을 계발해야 성장할 수 있다.

아홉째, 전문직은 강하게 결속된 전문적 집단과 조직 그리고 전문성 계발을 위한 연수에 대한 강한 압력을 받는다.

이상의 성격을 종합해 보면 전문성이란 '한 분야에 장기간에 걸쳐 교육과 훈련을 통해 축

적된 지식과 기술을 가지고 해당 특정 직종에서 전 생애를 통하여 종사함으로써 그 일을 전문적으로 잘 처리함'으로 정의할 수 있다.

2) 전문성의 필요성

교직의 특성은 교사로 하여금 전문적 지식과 기술체계를 더욱 심화시키고 발전시켜 이것을 교육현장에 적극 활용하여 교육의 효율성을 제고시키는 일이다. 따라서 이러한 요구와 기대를 충족시키기 위해서 교사는 자신의 전문성 계발과 신장에 노력을 경주해야 하며 그 필요성을 제시하면 다음과 같다.

(1) 전문직으로서의 위상을 확보하기 위함이다

교직이라는 직업의 본질을 어떻게 보느냐 하는 문제는 교직에 대한 지각, 태도, 가치관 등에 따라 달라지는데 대표적인 교직관이 성직관, 노동자관, 전문직관의 3가지 유형으로

첫째, 성직관은 교사는 개인과 사회가 요구하는 현실적인 목표를 위하여 단순히 경제적인 지식이나 실용적인 기술을 전수하는 데서 본질적인 의미를 찾지 않고 사도 또는 사표로서 교육애와 교육적 사랑을 가지고 인간교육을 하겠다는 정신적 봉사적인 직업관인 반면,

둘째, 노동자관은 교직관이 성직이니 전문직이니 하는 것 자체가 전 근대적인 계급적 사고방식에 젖은 것으로 노동자관은 교육적 활동을 노동이라 보고 교사도 노동자로 보는 입장이다.

셋째, 전문직관은 교직이 단순한 노동직이 아니고 지적·정신적 활동을 위주로 하는 직업이며 그 활동은 애타적 활동으로 고도의 전문성, 자율성과 윤리성을 강조하는 교직관으로 보육교사가 전문직이 되기 위해서는 단순히 영유아들의 보살핌에 국한한 역할에서 벗어나 교육을 담당하며, 특히 인생 초기발달을 책임지는 교육자로서의 위상을 높이기 위해서 전문적인 지식, 교양, 기술을 배양하는 데 노력해야 한다.

(2) 전 세계가 무한교육 경쟁사회에 돌입하고 있다

미국의 오바마 대통령이 한국의 교육체제와 방법의 우수성을 언급하면서 미국 교육체제에 대한 비판을 가한 것도 세계 각국이 교육경쟁을 가속화시켰음을 증명하고 있다. 특히 인격, 신체, 정서, 언어, 사회성 등 인간의 전인적 성장, 발달을 돕기 위한 기초를 다지는 인생 초기의 교육을 담당하고 있는 영유아교육은 어느 시기의 교육보다 중요하며 국가적인 차원에서 영유아기부터 교육과 보육을 통합 운영하는 다양한 보육정책을 수립, 적용하고 있음은 국제적인 무한교육 경쟁사회에 대비하기 위함이다. 이와 같은 무한교육 경쟁사회에 편승하

기 위해서 보육교사는 전문화되어야 한다.

(3) 사회, 경제적 지위를 확보하기 위함이다

오늘날 보육교사가 전문직인가에 대한 논쟁이 뜨겁다. '전문직이 아니다'라는 견해는 일반화된 체계적 지식의 기초가 부족할 뿐만 아니라 전문직의 권위와 특권에 대한 사회적 인식도가 낮으며, 봉사의 기능이 적고 훈련시간이 짧다는 이유를 든다(황해익 외, 2016). 따라서 보육교사들의 사회, 경제적 지위를 확보하기 위해서는 전문성을 계발하여 보육이 단순히 영유아들을 보살피는 역할이 아닌 영유아의 전인적 성장 발달을 돕는 보육과 교육을 담당하는 직업인으로서 아무나 보육교사가 될 수 있다는 사회적 편견을 지양시켜야 한다. 이렇게 되기 위해서 보육교사의 전문화는 더욱 절실하다.

(4) 사회 전반에 걸친 급속한 변화에 대응하기 위해서이다

국제 간의 관계는 물론, 한 국가 내의 여러 조직 간의 관계, 가족 간의 관계와 개인적인 인간관계, 심지어는 개인의 가치, 태도, 요구, 성향도 변화한다. 또한 급속한 변화의 시대에 살아가는 학부모와 영유아들의 기대와 욕구를 파악하는 것은 비교적 용이하나 그러한 기대와 욕구를 충족시키기는 교육 프로그램을 제공하는 것은 쉬운 일이 아니다. 그러나 지금은 과거에 보육교사들이 사용하던 지식과 기술 그리고 기능에만 의존해서는 제대로 보육교사 역할을 수행하기가 어렵다. 그러기 위해서 보육교사는 전문성을 계발하는 데 소홀해서는 안 된다.

3) 교사발달, 반성적 사고와 전문성

교사는 교사 자신의 발달단계를 이해함으로써 교사 자신의 개인적 성장과정과 성장에 따른 관심의 변화 그리고 개인차 등을 인정하고 그에 따른 교사교육을 받음으로써 보다 높은 차원의 자기성장이나 자기갱신을 할 수 있다고 믿는 것이다.

또한 교사는 어떤 신념이나 지식의 형태에 대하여 지지하는 근거와 가져올 결론에 비추어 적극적이고 주의 깊게 고찰하는 반성적 사고를 통하여 유아들을 지도하면서 느끼는 난처한 상황 · 의식 · 불확실성 · 당혹 · 망설임에 대한 요인과 문제점을 찾아 개선함으로써 보다 더 바람직한 성장 · 발달을 돕고 또한 이를 통하여 자연적으로 교사의 전문성이 계발되는 것이다. 다음에서 이에 대하여 구체적으로 알아보기로 한다.

(1) 교사발달과 전문성

이상의 내용을 종합하면 교사는 교직생활의 전 과정을 통한 발달단계에 따라 관심사가 변하면서 이에 적절한 교사교육을 통해 자기성장을 꾀해야 한다. 한편 보육의 대상인 영유아 또한 인지, 신체, 언어, 정서, 사회성 등 제 영역의 발달과 더불어 그들의 기대와 요구가 변화함은 물론 사회와 부모 또한 보육교사에게 거는 기대와 요구가 변화한다.

이와 같은 교사의 변화, 영유아의 변화, 사회, 부모의 변화 등 복합적인 변화의 상황에서 보육교사는 자기성장과 발전을 꾀하고 후배교사들에게 도움을 주는 한편 영유아의 성장과 발전을 꾀하기 위해서는 영유아들의 발달 상황과 기대와 요구 그리고 사회, 학부모들의 기대와 요구를 해결해야 할 과제가 너무나 많다. 따라서 보육교사는 스스로 발달단계에 따른 교사교육을 통해 성장 발전하고 또한 영유아와 사회, 학부모의 변화에 따른 기대와 요구를 해결하기 위해서 평생 학습자로서 현직교육을 강화하고 보육교사의 전문성을 계발해야 한다.

(2) 반성적 사고와 전문성

교육내용면에서 볼 때는 교재의 내용이나 특질이 아주 다양하고 학습자의 입장에서도 학습자의 흥미와 요구, 기대 그리고 유아의 학습 준비도에 따라 유아지도 방법이 다양하기 때문에 거기에 최적한 교수·학습방법을 모색하기란 그리 쉽지 않다. 따라서 교수·학습이 이루어진 후에는 교사가 의도하는 바가 유아들에게 잘 전달되었는가 하는 관점에서 늘 반성해 보아야 한다. 이러한 반성과 되돌아봄을 통하여 난처한 상황, 불만스러운 상황, 의심, 당혹감, 망설임 등이 나타나기 마련이다. 따라서 교사는 이러한 불만족한 상황이 빚어진 문제와 이유를 찾고 이를 개선하려는 노력, 즉 반성적 사고를 통하여 새로운 학문과 이론 그리고 실천적 기술을 체득시켜나가고 이를 통해 교사는 보다 전문화되어 가는 것이다.

4) 보육교사의 전문성

보육교사의 전문성이란 훌륭한 보육교사가 지니고 있어야 하는 특성이나 능력으로 보며 이러한 보육교사의 전문성은 사회의 변화에 따라 달라진다. 유아정책연구소(2010)는 전문성을 핵심역량, 즉 조직 환경 속에서 탁월하고 효과적으로 업무를 수행할 수 있는 조직이나 행동 특성으로 규정하고 여기에 6개의 핵심역량과 18개의 핵심요소를 제시하고 있다. 그러나 본 서에서는 전문성이란 전 절에서 밝힌 보육교사의 자질이나 역할과 무관하지 않다고 보고 보육현장의 실천적 측면에서 보육교사의 전문성을 다음과 같이 제시한다.

(1) 보육과정의 편성능력

보육과정은 당해 보육기관의 보육목표 구현을 위한 종합계획이다. 학년 말이 되면 전 교사의 전문적인 식견과 경험에 의해 유아연령에 적합한 보육과정을 수립하게 되는데, 보육과정을 보면 해당 보육기관이 어떤 보육시책을 가지고 어떤 보육활동을 운영하는지를 알 수 있다. 이 보육과정은 당해 보육기관을 홍보하거나 소개하는 가장 중요한 자료로 보육교사는 보육과정을 편성하는 능력을 가지고 있어야 한다.

(2) 보육과정 운영능력

편성된 보육과정을 운영하는 능력이 있어야 한다. 보육과정은 당해 보육기관의 보육목표를 구현하기 위한 종합계획이라면 보육과정 운영은 실천하는 일이다. 보육과정 운영능력으로 중요한 내용이 하루일과를 운영하고 보육프로그램 관련 행사를 운영하는 능력이다.

(3) 교수 · 학습지도 능력

보육과정은 하루일과 운영과 보육프로그램 관련 행사를 통하여 운영되는데, 교수 · 학습활동을 통하여 구체화되고 실현된다. 훌륭한 교수 · 학습능력이 있는 교사는 보육프로그램을 합리적으로 운영하여 당해 보육기관이 설정한 보육목표를 효율적으로 구현시킬 수 있다.

(4) 생활지도 기술

보육기관에서 이루어지는 생활지도의 내용은 대단히 광범위하다. 성격지도, 인성지도, 안전지도, 식사지도, 기본질서지도, 공통예절지도를 비롯하여 영유아 개개인이 안고 있는 문제점의 해결 등 보육기관에서의 광범위한 생활지도를 위한 다양한 기술과 기능을 가지고 있어야 한다. 생활지도를 위한 다양한 기술과 기능이 없는 교사는 영유아들이 생활지도상의 문제가 발생되었을 때 체벌하고 꾸짖고 질타하는 등 잘못된 방법으로 지도함으로써 사회적 물의를 일으키고 있다.

(5) 보육환경조성 기술

보육환경은 보육기관에서 보육과정이나 보육 프로그램을 운영하는 데 필수적이다. 보육기관의 보육실은 영유아가 대부분의 시간을 보내는 활동공간이다. 특히 보육환경은 물리적 기능만이 아니라 영유아의 성장 · 발달에 끊임없이 작용하는 정신적 · 정서적인 영향을 주는 요인으로 흥미영역, 보육실의 미적 환경 구성 등 다양하다.

(6) 교재 · 교구 제작 · 관리 · 활용 기술

영유아교육은 영유아와 영유아, 영유아와 교사, 영유아와 교재와의 상호작용으로 이루어진다. 교재와 교구 없이 이루어지는 어린이집의 보육프로그램운영은 사실상 불가능하며 이루어진다고 해도 보육의 효율성을 제고시킬 수 없다. 교재 · 교구는 오감을 통한 직접적인 체험교육이다. 보육교사는 교재 · 교구를 제작하고 관리하고 활용할 수 있는 기술이 있어야 한다.

(7) 상호교류자의 기술

보육활동의 효율성을 높이기 위해서는 보육활동에 관계되는 많은 기관과 사람들과의 적절한 상호교류가 이루어져야 한다. 특히 부모와의 교류, 지역사회와의 교류, 동료교사와의 교류, 보육행정가와의 교류를 위한 다양한 기술을 가져야 한다.

(8) 보육평가의 기술

모든 기관이나 조직에서는 기관이나 조직이 바라는 목표가 있고 목표 구현을 위한 각종 지도계획이 있다. 또한 지도계획에 따른 운영, 지도, 실천, 시행을 한 다음, 당초에 수립한 목표에 어느 정도 도달되었는가를 평가하고 평가결과에 따라 나타난 문제점에 대한 대책을 강구하여 다음 목표 및 지도계획 수립, 운영, 지도, 실천, 시행의 방법에 재투입하는 등 보육활동에 대한 평가가 부단히 이루어지는데, 이에 따른 보육평가기술이 있어야 한다.

5) 보육교사의 전문화 방안

보육교사의 전문성을 계발시켜 줄 수 있는 방안으로는

① 보육교사로 임용되기 직전교육으로 교사양성교육을 효율적으로 운영하고

② 교육 · 보육 현장에서는 현직교육으로 보수교육과 승급연수를 체계적으로 실시하고

③ 교수 · 학습방법 개선을 위해 연구수업과 수업연구를 효율적으로 실시하고

④ 보육관련 기관에서 장학(행정)지도를 정례화하여 보육현장 문제를 해결해 주고

⑤ 보육교사의 역량평가를 주기적으로 실시하여 부족능력을 파악하여 보완해 주고

⑥ 저널쓰기, 포트폴리오 등을 실시하는 방안을 생각할 수 있다.

제 2 장

현직교육(자기개발)

양성(직전)교육을 통해서 아무리 훌륭한 보육교사를 양성하여 현장에 배출하였다 하더라도 사회와 시대의 변화에 따른 적응교육을 실시하기 위해서는 이에 따른 현직교육을 통해 보육교사의 자질을 전문화시켜야 한다. 이에 따라 현직교육에서는 현직교육의 개념, 직전교육과 현직교육, 현직교육의 필요성, 현직교육의 체계, 현직교육의 실제 등에 걸쳐 기술하기로 한다.

1. 현직교육의 개념

현직교육을 현직연수, 교원연수, 교내연수, 교원재교육, 사후교육, 계속교육, 교직원개발, 전문성계발, 전문화 등 다양한 용어를 사용하고 있으며, 학자에 따라 현직교육의 개념을 달리하고 있는데 이들을 종합하면 〈표 III-8〉과 같다.

〈표 III-8〉 현직교육의 개념

학자명	개념
김종철(1986)	개인이나 집단적으로 가질 수 있는 교직에 관한 연수활동
김종철 외(1994)	일정한 자격을 가지고 임용된 교사에게 해당 직무에 대한 적응능력을 길러주기 위해 의무적으로 부가되는 교육훈련과 재직 중 교사의 전문적 능력을 배양하고 일반적 자질을 향상시키기 위해 자발적 또는 의무적으로 부과하는 제반교육 훈련
김경이 외(2001)	• 특정한 교육 프로그램의 수행이나 임용과 직접적으로 관련하여 제공되는 공식적인 교육 및 훈련(협의) • 교직생활 전 기간 중에 다양한 형태로 제공되는 모든 교육 및 훈련(광의)

학자명	개념
강기수(2000)	일정한 자격과 경험을 지닌 현직교사들의 자질을 향상시키고 발전·심화시키기 위한 연수교육 및 재교육
노종희(1982)	일정한 자격을 가지고 임용된 교육직원에게 해당 직무에 대한 적응능력을 길러 주기 위해 의무적으로 부과되는 교육·훈련과 재직 중 교육절차에 준하여 전문적 능력을 배양하고 일반적 자질을 향상시키기 위해 자발적 또는 의무적으로 이루어지는 제반교육 활동
박덕규(1986)	자기교육을 통한 개인수준의 연수는 제외하고 교사라는 직업적 기능과 역할을 완전히 수행하기 위하여 제공되는 교육·훈련과정
윤복남(2000)	교사직을 수행하면서 교직생활 전 기간 중에 다양한 형태로 제공되는 모든 교육·훈련
이은화 외(1995)	교사의 전문성과 직접 관계되는 활동 이외에 교사로서의 자기발전에 필요한 모든 활동

이상의 개념을 종합하면 현직교육은 다음과 같은 성격이 있다.

첫째, 교직생활의 전 기간 중에 교사직을 수행하면서 이루어진다.

둘째, 일정한 자격을 가지고 임용된 현직교원에게 이루어진다.

셋째, 교사의 업무에 대한 전문성과 직접 관계되는 활동 외에 자기발전에 필요한 모든 내용을 포함한다.

넷째, 개인이나 집단적으로 이루어진다.

다섯째, 자발적 또는 강제적으로 이루어진다.

여섯째, 다양한 형태로 이루어지는 모든 교육과 훈련과정이다.

이를 종합하면 현직교육이란 '일정한 자격을 가지고 교직에 임용된 후에 교직을 수행하는 전 과정에서 해당 분야에 대한 직업적 기능과 역할수행 그리고 자기발전에 필요한 지식과 정보를 제공하기 위해 자발적 또는 강제적으로 이루어지는 모든 교육 또는 훈련과정'이다.

2. 현직교육의 필요성

모든 업무에서 필요성이 절실할 때 해당 시책은 더욱 탄력을 받는다. 현직교육의 필요성을 열거하면

1) 교직업무수행의 효율성을 제고시키기 위함이다

직전교육만으로 평생 교직업무수행이란 불가능하므로 현직교육을 통하여 보육업무수행에

필요한 이론과 실천적 기술을 체득하여 영유아지도에 활용해야 한다. 외국은 물론이고 국내만 보더라도 유아교육 분야의 석·박사학위 논문을 비롯하여 현장교사들의 연구논문들을 통하여 수없이 많은 유아교육이론과 실천적 기술들이 쏟아져 나오고 있다. 이러한 유아교육이론과 실천적 기술들은 현직교육을 통해 입수하여 보육현장에 적용해야 한다.

2) 보육교사의 전문성을 계발하기 위함이다

영유아를 단순히 보살피는 부모의 대행자로서 보육교사의 역할이 한정된다면 보육교사는 누구나 할 수 있는 직업으로 전락할 것이다. 그러나 보육교사에게 전문적인 자질과 능력을 계발하여 전문화시켜준다면 보육교사의 사회·경제적 지위가 상대적으로 향상됨은 물론 보육업무를 자신 있게 수행함으로써 보육교사로서의 자긍심과 소명감은 향상될 것이다.

3) 영유아·부모·사회의 변화에 대응하기 위함이다

이 세상에는 변화하지 않는 것이 하나도 없다. 이러한 변화에 적절히 대응하지 못하면 살아가기 힘들다. 보육현장에도 예외가 아니다. 영유아들의 모든 영역에서의 발달은 물론, 그들의 기대나 요구, 부모의 사회적 진출의 확대에 따른 보육과 교육에 대한 요구와 기대의 증대, 사회의 변화에 따른 대응 등 보육정책의 다각적인 변화는 보육과 더불어 교육에 대한 요구와 기대가 증대하는 등 영유아, 부모, 사회의 변화에 대응하기 위해 현직교육이 필요하다.

4) 국가가 주도하는 교육개혁, 교육혁신을 실현하기 위함이다

모든 개혁과 혁신을 위해서는 정책이 변화되어야 하고 정책이 변화되기 위해서는 법률적 보장을 받아야 한다. 이러한 역할은 보육을 담당하는 부처, 즉 국가만이 할 수 있다. 그러나 국가가 법률의 개정을 통해 혁신적이며 개혁적인 정책을 내놓았다 하더라도 이를 구현하는 현장 보육교사의 노력 없이는 국가에서 내놓은 어떠한 정책도 무용지물이 될 수밖에 없다. 혁신적이며 개혁적인 보육정책 수립과 함께 이를 구현하고 실현시키는 주체로서 보육교사의 현장교육이 병행되어야 한다.

5) 보육교사가 자기실현을 하기 위함이다

인간의 궁극적인 욕구는 자기실현이다. 보육교사가 전문성을 가지고 자기가 맡고 있는 영유아를 대상으로 보육활동을 전개하여 만족스러운 성과를 이뤄내고 보육교사로서의 사회 · 경제적 지위가 향상되며 자긍심과 소명감을 갖게 되면 삶의 만족감과 자기실현이 이루어지게 된다. 이렇게 자기실현이 이루어지기 위해서 현직교육은 체계적으로 이루어져야 한다.

6) 보육과정의 질 관리를 하기 위함이다

모든 보육기관에서는 보육목표를 설정하고 설정된 목표구현을 위한 보육과정을 수립하며 보육과정은 또한 교수 · 학습지도를 통하여 구체화되고 실현된다. 따라서 보육과정 수립과 구현을 위한 교수 · 학습지도는 보육기관 활동의 대부분을 차지하며 보육의 질을 좌우한다. 따라서 합리적인 보육과정을 수립하고 수립된 보육과정을 효율적으로 지도하기 위한 현직교육이 부단히 이루어져야 한다.

3. 현직교육의 내용

보육교사의 전문성이란 보육교사가 꼭 이행해야 하는 보육교사의 역할수행에 따른 기술과 방법을 배양하는 일이다. 보육교사의 역할을 잘 수행할 수 있는 기술과 방법을 잘 구비하고 있다면 해당 보육교사는 보육에 대한 전문성을 구비하고 있는 것이다. 따라서 보육기관에서는 보육교사가 자신의 역할을 잘 수행하고, 보육교사로서의 전문성을 지닐 수 있는 다음과 같은 내용을 현직교육의 내용으로 우선적으로 선정해야 한다.

① 보육과정에 대한 새로운 이론
② 보육정책 및 관련 법규
③ 보육과정의 변천과정
④ 현행 국가수준의 보육과정
⑤ 보육과정 설계능력
⑥ 보육과정 운영능력
⑦ 교수 · 학습지도 능력
⑧ 생활지도기술
⑨ 보육환경조성 기술
⑩ 교재 · 교구 제작 · 관리 · 활용기술
⑪ 상호교류의 기술

⑫ 보육활동 평가기술 등이 모든 보육기관에서 공통적으로 이루어져야 할 현직교육의 내용이다.

4. 현직교육의 체계

보육기관에서 현직교육을 어떻게 진행하느냐? 하는 문제는 현직교육 내용을 선정하는 것 만큼이나 어렵다. 다시 말하면, 현직교육의 방법이 다양하기 때문에 연수내용에 적합한 현직교육방법을 모색해야 할 것이다.

다음에서 연수체계를 개인주도연수, 기관주도연수, 정부주도연수로 대별하여 연수영역별 연수방법에 대하여 종합적으로 정리하면 다음과 같다.

〈표 III-9〉 현직교육체계

연수체계	연수영역	연수방법
1. 개인주도연수	1. 교수 · 학습방법 개선	• 자가 수업평가(자기장학) • 동료교사 수업평가(동료장학) • 멘토링 시스템 • 동료코칭
	2. 보육과정 편성 및 운영	• 전문도서 읽고 토론하기 • 협의하기 • 독서노트 정리 • 개인주제 연구 • 포트폴리오 • 연구회 참관 • 선진지 참관, 견학
	3. 자기역량 강화	• 대학원 진학 • 관련 전문단체, 학회 가입활동 • 저술, 저널쓰기 • 자가핵심 역량평가
2. 기관주도연수	1. 교수 · 학습방법 개선	• 연구수업, 수업연구 • 원내 자체 연수
	2. 보육과정 편성 및 운영	• 외부기관 참여 • 강사초빙 연수
	3. 기관운영의 특성화	• 품질관리 컨설팅 • 공공형 어린이집의 자율공부 모임 • 기관 주제연구 • 장학지도(행정지도)

3.정부주도연수 (보수교육)	1. 승급교육	• 보육교사 2급 승급교육 • 보육교사 1급 승급교육
	2. 일반직무교육	• 보육교사 일반 직무교육 • 어린이집원장 신규직무교육 • 어린이집원장 일반직무교육
	3. 특별직무교육	• 영아보육 특별직무교육 • 장애아보육 특별직무교육 • 방과 후 보육 특별직무교육
	4. 사전직무교육	• 어린이집원장 사전직무교육

5. 현직교육(자기개발)의 실제

전 항에서 밝힌 현직교육체계에 의거 현직교육 추진방안에 대하여 간략하게 기술하기로 한다.

1) 개인주도연수

개인주도연수는 보육교사 자신의 의지에 따라서 보육기관의 관여나 도움 없이 보육교사 자신이 주도성을 가지고 간편하게 이루어지는 개인연수로써 주로 교수·학습방법 개선과 보육과정 편성 및 운영에 관계된 내용 그리고 보육교사 자신의 교직적 성장을 꾀하기 위한 자기역량 강화연수 등이 있다.

(1) 교수·학습방법의 개선

보육기관에서 설정한 보육목표는 교수·학습지도를 통하여 구체화되고 실현되므로 보육목표 구현을 위한 수단이며 방법으로 교수·학습방법 개선을 위한 연수가 꾸준히 이루어져야 한다.

교수·학습방법 개선을 위한 연수에는 자가 수업평가, 멘토링 시스템, 동료코칭의 3종류가 대표적이다.

① 자가 수업평가

자가 수업평가는 자기장학의 한 유형으로 교사 스스로 자신의 전문성 계발을 위해 연구하고 노력하는 과정으로 이루어지는 현장수업 연구형태이다.

교사 자가 수업평가표는 주로 수업에 국한하여 평가하는 데 활용한다. 이 수업평가표는 교사가 자기수업에 대하여 자가 평가하여 수업의 개선자료로 활용할 수 있는데 교사 자가 수업평가표의 '예'를 들면 〈표 III-10〉과 같다.

〈표 Ⅲ-10〉 교사 자가 수업평가표

- 수 업 일: 년 월 일 요일
- 활동주제:
- 수업대상:
- 수 업 자:
- 평 가 자:

영역	평가내용	평점	특기사항
Ⅰ. 학습 활동 계획	• 학습목표를 구체적으로 진술했는가?	5 4 3 2 1	
	• 교육과정의 지역화 및 기본생활습관, 생활주제 중심의 통합교육과정 운영이 적절한가?	5 4 3 2 1	
	• 학습활동 내용은 영유아의 흥미와 발달단계를 고려했는가?	5 4 3 2 1	
	• 집단의 크기 및 주도적 역할에 대한 사전계획은 있었는가?	5 4 3 2 1	
Ⅱ. 교수 기술	• 개인차를 고려한 개별지도가 이루어지고 있는가?	5 4 3 2 1	
	• 교수 언어가 적절하며 영유아에게 친근감이 있는가?	5 4 3 2 1	
	• 영유아들의 창의적 사고를 고려한 발문과 지명이 이루어지는가?	5 4 3 2 1	
	• 영역별로 교사와 영유아 간의 상호작용이 이루어지는가?	5 4 3 2 1	
	• 발표 및 기본학습 훈련이 잘 이루어지는가?	5 4 3 2 1	
Ⅲ. 자료 활용	• 학습자료를 적시에 투입 · 활용하는가?	5 4 3 2 1	
	• 구체적이고 실제적인 경험을 제공하는 교육자료를 활용하는가?	5 4 3 2 1	
	• 흥미영역이 효율적으로 배치되었는가?	5 4 3 2 1	
	• 교수 · 학습활동에 적합한 자료를 적시에 제시하는가?	5 4 3 2 1	
	• 향토자료를 수집하여 교육과정의 지역화에 관련지어 활용하는가?	5 4 3 2 1	
Ⅳ. 목표 달성도	• 학습활동이 적시에 평가(형성평가)되고 있는가?	5 4 3 2 1	
	• 학습목표 달성 여부의 확인을 위한 평가가 누가적으로 이루어지는가?	5 4 3 2 1	
	• 학습을 통한 행동의 변화를 개별적으로 분석 · 활용하는가?	5 4 3 2 1	
	• 목표 달성을 위한 자체평가를 실시하는가?	5 4 3 2 1	
Ⅴ. 시간 운영	• 지도과정에 대한 시간 배분이 합리적인가?	5 4 3 2 1	
	• 개별화를 위한 영유아와의 상호작용이 적절히 이루어지는가?	5 4 3 2 1	
종합 의견	• 좋은 점: • 개선할 점:	합계	

출처: 군산 우리별유치원.

② 멘토링 시스템

㉠ 개념 및 목적

한 분야의 능력과 기술이 많은 사람(mentor)이 후배 또는 능력이나 기술을 필요로 하는 사람(mentee)과 한 파트너가 되어 일정기간 체계적이며 지속적인 지원을 하는 현직교육의 형태를 말한다. 또한 멘토링은 초보자가 전문적이고 개인적인 발달을 도모하여 성장하고 발달하여 조직사회에 잘 적응함으로써 원활한 교직생활을 영위함은 물론 교육의 대상인 영유아들의 정상적인 성장 · 발달을 돕는 데 목적이 있다.

㉡ 방법

영유아 교육에 있어 멘토의 주요한 역할은 적절한 피드백이나 모델링을 통해 멘티가 '근접 발달지대'를 통한 점진적으로 전문성을 획득해 나가도록 하고 문제해결을 위한 반성적 사고를 촉진하도록 하는 것이다. 또한 이 비판적인 중재와 함께 생각하는 사람으로, 교육적인 동지로서 정서적인 지원을 하는 것도 멘토의 중요한 역할이다. 멘티의 역할은 멘토에 대한 신뢰감을 바탕으로 자신의 문제를 편안하게 드러내고 개방적이고 적극적인 태도로 전문성을 개발하기 위해 멘토와 협력관계를 유지하도록 노력하는 것이다(염지숙 외, 2015).

③ 동료코칭

멘토링이 멘토와 멘티 간에 정서적 유대와 배려 등을 중시하여 신뢰감을 바탕으로 비지시적인 방법으로 이루어짐에 반해 동료코칭은 비판적이며 이성적인 판단에 근거하여 조언함으로써 지시적인 방법으로 지도가 이루어지기도 한다. 동료코칭은 동료교사들이 안고 있는 문제에 대하여 대안을 제시해 주고 동료들의 수업을 참관하거나 보고서를 읽어보고 다양한 방법으로 조언을 하는 방법이다.

(2) 보육과정 편성 및 운영연수

보육기관에서 보육목표 구현을 위한 보육과정을 편성하고 운영해야 하는 일로서 보육과정의 편성과 운영이 보육기관 활동의 대부분을 차지한다. 보육과정 편성 및 운영에 관한 연수방법으로는 전문도서 읽고 토론하기, 협의하기, 독서노트 정리, 포트폴리오, 연구회 참관, 주제연구, 선진지 참관 · 견학, 청강 등이 있다. 이에 대하여 간단히 설명한다.

① 전문도서 읽고 토론하기

보육교사들이 보육지도상 당면하게 되는 과제를 해결하는 방법으로 당면과제에 관한 전문서적을 선택하여 일정기간 읽은 후에 당면과제를 안고 있는 교사와 토의하는 방법이며,

이때는 관심사가 비슷한 보육교사들끼리 이루어진다.

② 협의하기

보육교사들이 보육지도상 당면하게 되는 과제에 대하여 해결방안을 모색하기 위한 방법이다. 동료교사 간에 이루어지므로 편안한 가운데 심도 있게 협의가 이루어진다. 정기적으로 협의가 이루어지거나 비정기적으로 필요할 때 전개하는 두 가지 형식이 있다.

③ 독서노트 정리

보육교사들이 자기가 읽는 책에 대하여 독서노트를 정리해 두었다가 협의나 토론을 할 때 발표자료로 활용할 수 있다.

④ 교사포트폴리오

포트폴리오(portfolio)란 '교사 자신이 제작하거나 수행한 작품모음으로서 교사 개개인이 보육현장에서 교육활동의 특정 목표나 특정 영역에 한정하여 역할을 수행하면서 생산하거나 제작된 각종 정보나 활동자료의 모음'을 말하며 교사포트폴리오의 가치는

첫째, 자기가 보육현장에서 실천한 경험과 지식을 체계화함으로써 자기성취와 발전의 모습 등 자기자질과 능력에 대하여 객관적이며 연속적으로 이해할 수 있고

둘째, 과거에 생산된 포트폴리오를 검토함으로써 자기반성의 기회를 제공하여 끊임없는 발전을 위하여 지속적인 자기반성과 자기계발을 위해 노력할 것이며

셋째, 체계적인 교사포트폴리오 활동을 통하여 교사의 전문성을 신장시킬 수 있다.

교사포트폴리오 제작방법은

첫째, 어떤 포트폴리오를 제작할 것인지 제작의 목표와 제작영역을 확실히 설정한다.

둘째, 수집 또는 제작 자료는 해당영역 활동에 관한 모든 정보자료로서 계획서, 활동자료, 활동사진, 수행결과 등 다양하다.

셋째, 당초 계획한 목표와 영역에 합치되는 정보와 자료로 한정시켜 포트폴리오가 산만하지 않게 한다.

⑤ 연구회 참관

연구회에는 연구회를 주관하는 기관이나 목적에 따라 다양하게 전개할 수 있다. 수업연구회, 교재·교구 전시회, 연구발표회, 권역별 시범보육기관공개회 등 다양하다. 따라서 다양한 연구회에 참관하여 많은 정보와 자료를 수집할 수 있다. 특히 보육과 교육이 통합된 누리과정을 시행하는 어린이집과 유치원이 관장하는 부서가 다르다 하여 경계함이 없이 상호교환적으로 참관하는 교원연수의 협력적인 개방화가 필요하다.

⑥ 선진지 참관 · 견학

보육활동을 시범적으로 운영하는 보육기관을 참관하거나 견학하여 좋은 정보나 자료를 수집하여 당해 보육기관의 운영에 활용한다.

(3) 자기역량강화

자기역량강화란 보육교사로서 전문성을 계발하여 보육교사로서의 긍지와 자부심을 갖도록 하는 것이다. 물론 보육교사로서의 전문성이 계발되면 영유아의 보육활동 지도의 효율성을 높이는 데 도움을 줄 수 있지만, 보육활동의 효율성 도모보다 교육전문직으로서의 사회 · 경제적 지위를 확보하고 긍지와 자부심을 갖도록 하는 것으로 이에 대한 방법으로는 대학원진학, 관련전문단체나 학회가입활동, 저술 · 저널쓰기, 자기역량평가 등이 있다.

① 대학원진학, 관련전문단체나 학회가입

대학원에 진학하여 석 · 박사 학위를 취득하거나 관련 전문단체나 학회에 가입하여 전문성과 경제 · 사회적 지위를 향상시키고 자아실현을 도모한다.

② 저술, 저널쓰기

저술쓰기는 단행본의 저서 발간은 어렵지만 개인 연구 실천기나 개인적인 소고를 관련 월간지에 게재하는 일이다. 저널쓰기란 보육교사들이 보육현장에서 자신이 운영한 보육활동에 대해 개인적인 관점에서 분석하여 다양한 형태로 글을 쓰는 것을 말한다. 저널쓰기의 목적은 다음과 같다(박은혜, 2002).

첫째, 저널쓰기는 예비교사 또는 교사들이 학습의 기록을 남기는 형식으로 활용할 수 있다.

둘째, 저널쓰기는 자신의 경험에 대해 기록하고 그에 대한 의미를 고찰하는 과정을 경험하게 함으로써 개인의 경험을 재구성하는 기회를 제공한다.

셋째, 저널쓰기는 다른 활동의 기초자료를 제공하는 역할을 한다.

넷째, 저널쓰기는 다른 사람과의 대화수단으로 사용될 수 있다.

저널쓰기 과정은(임부연 외, 2015).

첫째, 반응하기 단계로 교사 자신이 문제로 삼는 상황이나 사건에 대한 기술이나 반응을 기록한다.

둘째, 확장하기 단계로 교사가 앞에서 보였던 반응에 대해 자신의 감정을 설명하고 자신의 의견을 정당화하거나 예를 들어봄으로써 영유아 상황과 비교한다. 또는 이론적으로 상황을 설명하는 과정을 통해서 자신의 반응에 대한 원인을 찾거나 확대시킨다.

셋째, 결과에 대해 고려하는 과정으로 교사는 문제를 제기하고 그 원인을 찾아본 후 자신이 그 상황에 처하거나 같은 일이 반복될 때 어떻게 할지에 대해 고려해 본다.

③ **자기핵심역량평가**

핵심역량이란 조직 환경 속에서 탁월하고 효과적으로 업무를 수행할 수 있는 조직이나 개인의 행동특성으로 정의되는 역량 중에서도 더욱 강조되는 개인의 특성을 의미한다(이경진 외, 2009). 따라서 핵심역량평가란 보육교사가 지녀야 하는 전문성 또는 역할과 같은 개념으로 보육교사가 지녀야 하는 전문성이나 역할이 어느 정도인가를 평가하는 것이다. 육아정책연구소(2010)에서는 유치원교원의 핵심역량으로 교직인성 및 전문성개발, 학습자에 대한 이해, 교육과정운영, 대인관계 및 의사소통, 정보화소양, 학급경영의 6개 핵심역량내용과 18개의 역량요소를 제시하였다. 하지만 본 서에서는 보육교사의 핵심역량으로 보육과정설계능력, 보육과정운영능력, 교수 · 학습지도 능력, 생활지도기술, 보육환경조성 기술, 교재 · 교구 제작 · 관리 · 활용기술, 상호교류자의 기술, 보육활동평가기술로 제시한 바 있다. 따라서 보육교사 자신이 핵심역량평가를 실시하여 부족한 부분은 교원연수를 통하여 보충해 나가야 한다.

2) 기관주도연수

기관주도연수는 어린이집에서 주도적으로 진행시키는 연수로서 일반적으로 교사들에게 당해 어린이집에서 설정한 보육목표를 구현시키기 위해 초점을 맞추고 이를 위하여 교수 · 학습방법을 개선시키고 보육과정 편성과 운영기술을 향상시키며 당해 어린이집의 특성을 살리기 위함을 목적으로 교원연수를 진행시킨다.

(1) 교수 · 학습방법 개선

교수 · 학습방법을 개선하기 위해서는 연구수업과 수업연구 그리고 원내 자체 연수를 들 수 있다.

① **연구수업과 수업연구**

㉠ **연구수업과 수업연구의 개념**

연구수업이나 수업연구는 보육기관 내에서 소속 교원들이 외부의 지원이나 협조 없이 손쉽게 시행할 수 있는 교수 · 학습에 대한 연구방법이다.

연구수업이나 수업연구는 모두 교수 · 학습지도 방법의 질을 높이고 그 개선과 효율성을 도모하기 위하여 실시한다.

㉡ 연구수업과 수업연구의 차이점

연구수업과 수업연구는 모두 현장의 수업방법을 개선하기 위한 수업에 대한 연구방법이지만, 목적과 진행과정에서 다소 차이가 있다. 연구수업과 수업연구의 차이점을 제시해 보면 〈표 III-11〉과 같다.

〈표 III-11〉 연구수업과 수업연구의 차이점

구분	연구수업	수업연구
연구목적	• 좋은 수업방법(실제적)의 일반화	• 좋은 수업방법(이론적 방법적)의 개발
수업성격	• 모범적	• 가설적
수업아이디어	• 이미 개발된 수업아이디어 적용	• 좋은 수업아이디어를 가설로 설정하여 검증
수업설계	• 수업자 단독으로 설계	• 연구에 참여하는 동료교사들이 공동으로 설계
수업지도안	• 확정된 모범수업 지도안	• 가설이 적용된 수업연구 지도안
참관자자세	• 모범 수업모형, 기술, 방법의 발견, 확인을 위한 참관	• 적용된 수업가설의 검증자료 확보를 위한 참관
참관요령	• 수업 전반에 걸친 참관	• 가설이 적용된 교수·학습활동에 국한하여 참관
반성회	• 바람직한 점과 시정할 점을 가리기 위한 반성회	• 적용된 가설검증을 위한 수집정보나 자료의 검토확인
수업의 책임	• 연구수업자 개인	• 연구에 참여한 전 연구교사 공동책임
수업성과	• 좋은 수업기술 및 아이디어의 공유화	• 검증결과 좋은 수업기술, 아이디어 발굴, 일반화 시도

㉢ 연구수업과 수업연구의 진행

연구수업과 수업연구 진행절차를 표로 나타내면 〈표 III-12〉와 같다.

〈표 III-12〉 연구수업과 수업연구 절차

연구수업	수업연구
1. 학습주제 선정	1. 학습주제 선정
2. 학습목표 설정	2. 학습목표 설정
3. 수업기술 및 아이디어 등 수업기법 탐색	3. 수업연구 과제분석
4. 수업지도안 작성	4. 수업가설 및 가설설정의 근거 확보
5. 도상수업	5. 수업연구 지도안 작성
6. 수업지도안 수정	6. 도상수업 및 협의
7. 모범수업 실시	7. 수업지도안 확정
8. 모범수업 참관	8. 수업연구 분석방법 협의
9. 반성회(비정회)	9. 수업보도 및 수업분석
10. 일반화방안 협의	10. 수업가설의 타당석 분석
	11. 어법화, 일반화

이와 같은 절차를 밟아 연구수업과 수업연구를 실시하여 교사들의 교수 · 학습방법을 개선시킨다. 절차에 따른 진행방식은 고정곤 등이 집필한 『유아교과교육론』(양서원, 2016)을 참고하기 바란다.

② 원내 자체연수

어린이집에서는 교사들의 교수 · 학습방법과 보육과정 편성 및 운영, 어린이집 운영의 특색화에 필요한 연수내용을 선정하여 이를 연간계획을 수립하고 원내 자체연수를 진행시킨다.

(2) 보육과정 편성 및 운영연수

어린이집에서 주도하는 교원연수에는 보육과정 편성 및 운영기술을 향상시키기 위해 주력해야 하는데 그 방법으로 외부기관 참여연수, 강사초빙연수 등을 들 수 있다.

① 외부기관 참여연수

당해 어린이집 보육교사들에게 보육과정 편성 및 운영 내용을 중심으로 개설된 외부연수기관에 연수를 의뢰한다. 대표적인 연수로 '3~5세 누리과정연수'와 보육정보센터의 '교직원교육' 등이 있다(이순형 외, 2015).

㉠ 3~5세 누리과정연수

3~5세 누리과정 담당교사는 반드시 누리과정연수를 이수해야만 한다. 누리과정연수는 집합연수 8시간과 원격연수 15시간(평가 포함)으로 구성되어 있는데 연수내용은 〈표 III-13〉과 같다.

〈표 III-13〉 3-5세 누리과정 연수내용과 시간

구분	교육내용	시간	연수신청
집합연수	• 총론 • 5개 영역 이해와 실제 • 혼합연령학급운영 • 3~5세 연령별 누리과정 지도서	8시간	어린이집 지원시스템
원격연수	• 5개 영역의 지도지침 및 유의점 • 실내 · 외 환경구성 • 3~5세 연령별 학급누리과정 운영의 실제 • 혼합연령학급 누리과정 운영의 실제 • 평가하기	15차시 + 평가 (60점 이상)	원격연수기관 홈페이지

㉡ 보육정보센터의 교직원교육

중앙보육정보센터를 중심으로 시 · 도 및 시 · 군 · 구에 지방보육정보센터가 설치되어 표준보육과정교육, 안전, 급식위생 및 아동학대예방교육, 취약보육교육 등 국가 차원에서 전국적으로 교육이 공통적으로 실시되고 있다. 뿐만 아니라 각 지역의 특성과 보육교직원의 요구에 맞는 교직원연수가 보육정보센터별로 이루어지고 있다.

〈표 Ⅲ-14〉 전국보육정보센터 공통추진 보육교직원 교육내용(2011)

구분	교육내용
표준보육과정교육	• 기본 보육교사교육 -표준보육과정의 기초 -표준보육과정의 영역별 목표와 내용(기본생활, 신체운동, 의사소통, 사회관계, 자연탐구, 예술경험영역 들여다보기)
	• 심화교육 교사교육 -표준보육과정에 기초한 보육계획 수립의 원리 -표준보육과정에 기초한 영유아 보육계획 수립의 실제 (만 0 · 1 · 2 · 3 · 4 · 5세 연령별 실예 제시)
안전-급식위생 및 아동학대 예방교육	• 아동학대 예방교육 -아동학대의 개념 및 학대예방교육 -아동학대 예방지침 및 아동학대 사례분석 -아동보호 체계교육 -어린이집 교직원으로서의 역할
	• 급식위생 관리교육 -어린이집 급 · 간식 위생교육 -어린이집 교직원의 개인위생관리 -하절기 위생관리 및 식중독예방(식품취급방법, 식재료관리 등)
	• 영아돌연사증후군 예방교육 -영아돌연사와 영아돌연사증후군의 개념이해 -영아돌연사증후군 예방수칙 -'심폐소생술' 동영상 시청
	• 어린이집 내 사고와 위험관리 -어린이집 안전사고 현황 -사고유형별 사례 및 예방법 -사고발생 및 대처방법(어린이집 가입보험)

출처: 중앙보육정보센터(2012), 2011년 전국보육센터 사업결과 보고서.

② 강사초빙연수

보육과정 편성 및 운영에 관한 관련 과목을 담당하는 대학교수나 보육관련 연구기관의 연구원을 초빙하여 연수를 진행한다. 강사초빙교수는 강의를 듣고자 하는 주제에 대하여 상세하게 의뢰한다.

(3) 기관운영의 특성화연수

모든 어린이집은 국가에서 기대하는 보육목표, 보육정책에 따라서 공통적이며 일반적인 보육방침에 의해 보육활동이 이루어지고 있지만, 원장의 보육철학과 어린이집의 특성에 따라 보육과정운영이나 생활지도면에서 특색 있게 운영하고 있다. 예를 들면, 어떤 어린이집에서는 주 1회 어머니교육을 통하여 영유아 교육내용과 방법을 안내하여 가정과 원과의 연계교육을 강화하고 있다. 또한 어떤 어린이집은 농번기 지역특성을 고려하여 아침 6시부터 오후 8시까지 보육활동을 운영하는 등 기관운영의 특성화를 기하고 있다. 이런 다양한 시책은 해당 어린이집의 홍보자료가 됨은 물론 취원을 유도하는 방안이 될 수도 있다.

기관운영의 특성화를 위한 연수방안으로는 품질관리컨설팅, 자율공부모임, 기관주제연구, 장학지도(행정지도) 등이 있다.

① **품질관리컨설팅**(이순형 외, 2015)

㉠ 개념

품질관리컨설팅은 어린이집의 요구를 토대로 어린이집과 컨설턴트와의 적극적인 상호교류를 기반으로 하여 개별 어린이집의 특성을 잘 반영하여 어린이집이 한 단계 더 성장할 수 있도록 돕는 연수시스템이다.

㉡ 목적

어린이집의 질 관리 지원을 위해 도입된 시스템으로서 어린이집의 개별적인 질적 수준 관리 및 지속적인 향상을 위해 전문적이고 체계적인 도움을 제공하는 데 있다.

㉢ 유사용어

품질관리컨설팅과 유사개념인 장학과의 차이점은 〈표 III-15〉에 나타내었다.

〈표 III-15〉 장학과 컨설팅의 차이점

구분	장학	품질관리컨설팅
참여관계	• 상급자, 하급자 관계	• 동료적, 수평적 관계
지도영역	• 교사의 직무수행 영역	• 어린이집의 필요와 요구에 맞춰서 정해짐(어린이집 운영 및 교육, 건강, 영양, 안전 등 전반적인 내용)
결과에 대한 책임	• 장학 담당자가 지도한 내용에 따른 결과에 대한 책임	• 컨설턴트는 어린이집에 지시할 책임이나 권한은 없으나 컨설팅의 질에 대한 책임이 있음
지도방법	• 일방적, 지시적, 조언적	• 적극적인 상호교류

㉣ 품질관리컨설턴트의 자격 및 역할

㉮ 자격

컨설턴트의 자격은 보육의 질 관리에 대한 지식과 기술·태도 등을 갖춘 전문가

- 어린이집 평가인증관련 경험자(조력, 평가인증수행, 조력강의, 보육정보센터 평가인증 담당업무 등)
- 영유아 보육관련학과 석사학위 이상 소지자로 보육경력 5년 이상인 자
- 영유아 보육관련학과 학사학위 이상 소지자로 보육경력 7년 이상인 자 등이다.

㉯ 역할

- 어린이집의 지속적인 질 관리와 관련하여 우선적으로 평가인증지표를 토대로 점검한 후 필요시 전문적인 조언 등을 통하여 대안을 제시하고 지원한다.
- 보육교직원들이 보육서비스의 질적 수준을 향상시키고 지속적으로 관리할 수 있는 전문적인 질 관리 능력을 확보하도록 도우며 보육교직원의 업무고충 및 문제 상황에 대한 상담 및 지원하는 역할을 한다.

㉤ 진행과정 및 내용

- 품질관리컨설팅은 보건복지부, (재)한국보육진흥원 및 중앙보육정보센터가 함께 품질관리컨설팅의 총괄적인 계획을 수립한 후 각 지역의 보육정보센터의 역할을 분담하여 실시한다.
- 품질관리컨설팅은 보육정보센터에 배치된 컨설턴트가 담당하며 신청/접수, 교육/협약, 자료제출/자료점검, 현장지원, 결과보고, 상담관리의 과정으로 진행된다.
- 품질관리컨설팅은 어린이집의 자발적인 참여나 신청에 의해 진행된다.
- 일반적인 지원이나 교육보다 어린이집의 요구를 토대로 어린이집과 컨설턴트와의 상호교류를 통하여 이루어지는 맞춤식 연수이다.
- 품질관리 컨설팅의 범위는 다음과 같이 광범위하다.
  - 보육과정운영계획(계획, 실행, 평가, 보육일지작성 등)
  - 평가인증지표교육
  - 연차별 자체점검 보고서 작성
  - 물리적 환경 개선방법
  - 어린이집운영 문서관리
  - 영양·건강 및 안전지도
  - 상호작용 방법

- 보육교직원에 대한 정서적 지지방법
- 부모 및 가족참여 방안
- 어린이집의 개별적인 문제해결방안
- 영유아 권리보호의 중요성 및 어린이집 아동학대 예방교육 등이다.

② 공공형 어린이집의 자율공부모임

공공형 어린이집의 자율공부모임은 다음과 같이 운영된다(이순형 외, 2015).

㉠ 자율공부모임과 공공형 어린이집

자율공부모임이란 공공형 어린이집으로 선정된 어린이집에 대하여 운영컨설팅 모니터링, 자율공부모임, 보육관련전문정보제공 등으로 질적 수준을 제고시킬 수 있도록 여러 측면에서 사후품질을 관리하는 연수체제를 말한다.

또한 공공형 어린이집이란 우수한 민간, 가정 어린이집이 국가로부터 운영비를 지원받으면서 국 · 공립 어린이집 수준의 공공보육인프라로서 기능하는 새로운 유형의 어린이집으로 2011년부터 시작되어 2012년 6월 말 기준 665개가 운영되고 있다.

㉡ 운영요령

㉮ 전국 시 · 도를 총 17개 권역으로 나누어 각 권역별로 특강 후 자율공부 모임별로 워크숍이 이루어진다.

㉯ 중앙에서 위촉된 보육관련 전문가가 특강 및 워크숍강사, 강의자료 원고 집필, 자문위원 등으로 자율공부모임을 지원한다.

㉰ 공공형 어린이집이라는 특정 어린이집을 대상으로 전국적으로 교육이 실시되고 특강과 워크숍 위주로 이루어진다.

㉱ 자율공부모임은 다음과 같은 단계로 이루어진다.

- 제1단계 : 특강(권역별로 전문가의 특강)
- 제2단계 : 모임별 워크숍(모임별 어린이집 간의 정보 공유)
- 제3단계 : 권역별 워크숍(모임별로 도출된 결론 및 자문위원의 피드백 공유)
- 제4단계 : 결과보고서 제출 및 공유(모임별 · 권역별 결과보고, 타 권역과 정보공유), 개별자문(각 어린이집의 어려운 점에 대한 자문받기)

③ 기관주제연구

기관주제연구는 개인주제연구와 같이 현장교육연구의 한 형태이다. 개인주제연구가 자기 학급에서 발생되는 문제해결을 위한 현장연구라면 기관주제연구는 어린이집 운영상 안고 있는 과제해결을 위한 현장연구이다.

그 절차는 현장교육 연구절차를 밟되 연구결과를 학회나 저널에 게재하지 않는다면 다음과 같이 현장연구의 핵심절차만을 밟아 진행한다.

㉠ 주제선정

㉡ 실태분석

㉢ 실행목표설정

㉣ 실행

㉤ 평가의 과정을 밟는데 자세한 내용은 전 항의 개인주제연구 절차를 참고하기 바란다.

3) 정부주도연수

정부는 한 국가보육의 질을 향상시키기 위하여 각종 정책을 수립하여 시행하고 있다. 이를 위해 관계법령을 제정, 개폐하고 국가수준의 표준보육과정을 제정 · 공포하고 또한 각종 개혁적인 보육정책을 수립하여 시행한다.

그러나 이와 같은 개혁적인 보육정책시행 그리고 보육과정운영의 효율성을 높이기 위해서는 교사연수를 통하여 이에 필요한 정보, 지식, 기술을 연마시켜야 하는바 이를 위하여 정부가 주도하는 각종 연수를 시행하게 된다.

정부주도연수에는 승급교육, 일반직무교육, 특별직무교육, 사전직무교육 등의 네 유형이 있는데 이에 대하여 다음에서 간략하게 기술하기로 한다.

(1) 승급교육

① 개념

승급이란 상위등급의 자격을 취득하는 것, 즉 3급→2급, 2급→1급을 취득하는 것으로 승급을 시키기 위해서는 자질향상이 뒤따르는 것으로 승급교육을 받아야 한다. 또한 영유아보호법에 근거한 보수교육의 일환으로 실시되는 정부 관련 기관주도형 교육이다.

② 대상

승급교육대상자에 대한 선정기준은 다음과 같다.

〈표 III-16〉 승급교육대상자 선정기준

구분	교육대상	교육시간	비고
2급 승급교육	• 보육교사 3급의 자격을 취득한 후 보육업무 경력이 2년 이상 경과한 자	80시간	이수하고자 하는 자
1급 승급교육	• 보육교사 2급의 자격을 취득한 후 보육업무 경력이 3년 이상 경과한 자 및 보육교사 2급의 자격을 취득한 후 보육관련 대학원에서 석사 이상의 학위를 취득한 경우, 보육업무 경력이 1년 이상 경과한 자	80시간	이수하고자 하는 자

또한 승급교육의 구체적인 영역별 과목 및 내용은 〈표 III-17〉과 같다.

〈표 III-17〉 승급교육 영역별 과목 및 내용

영역	2급 승급교육		1급 승급교육	
	교과목	시간	교과목	시간
보육기초	• 사회변화와 보육 • 아동학대와 아동권리이해 • 보육교사의 역할과 윤리	12	• 영유아보육법과 보육관련법 이해 • 아동학대와 아동권리이해 • 보육교사의 역할과 윤리	12
발달 및 지도	• 영유아 행동관찰과 관찰일지작성법 • 영유아 인지·언어발달 이해와 기초학습 • 영유아 정서·사회성 발달 이해 • 영유아 조기중재와 통합보육	16	• 영유아 행동관찰과 행동 기록법 • 영유아기 뇌 발달의 이해와 조기교육 • 발달영역별 지침 및 지도	12
영유아교육	• 표준보육과정의 이해 • 연령별 보육프로그램(0~1세) • 연령별 보육프로그램(2세) • 연령별 보육프로그램(3~5세) • 보육계획과 보육일지작성의 실제	20	• 영유아 보육프로그램의 기초 • 영유아 보육프로그램의 계획과 운영 • 실내외 환경구성 원리와 실제 • 영유아를 위한 교수-학습 방법의 실제 • 보육계획과 보육일지작성의 실제	20
영유아의 건강·영양 및 안전	• 영유아 건강생활지도 • 영유아 식생활지도와 위생 • 안전사고 상황별 응급처치와 안전교육	12	• 영유아 질병과 대응 • 영유아 급식과 위생 • 안전사고 상황별 응급처치와 안전관리	12
가족 및 지역사회 협력	• 부모면담방법 • 다문화교육 • 지역사회 연계의 실제	12	• 부모참여프로그램 구성과 운영 • 부모자녀관계의 이해 • 다문화가정 영유아 지원방법	12
보육사업 운영	• 영유아반 운영관리 • 평가인증의 이해(2) • 보육정보화 시스템의 이해와 활용(2)	8	• 보육실습지도의 실제 • 평가인증의 이해 • 보육정보화시스템의 이해와 활용	12
기타	• 평가시험		• 평가시험	
계	21과목	80	20과목	80

〈표 Ⅲ-18〉 승급교육과정

영역	보육교사 2급 승급교육과정		보육교사 1급 승급교육과정	
	교과목	시간	교과목	시간
보육기초	• 사회변화와 보육 • 아동학대와 아동권리이해 • 보육교사의 역할과 윤리	12	• 영유아보육법과 보육관련법의 이해 • 아동학대와 아동권리 이해 • 보육교사의 역할과 윤리	12
발달 및 지도	• 영유아 관찰에 대한 이해 • 영유아 인지 · 언어발달의 이해 • 영유아 정서 · 사회성 발달의 이해 • 영유아 선별과 장애 진단	16	• 영유아 관찰방법과 기록 • 영유아 인지 · 언어발달과 놀이지도 • 영유아 정서 · 사회성 발달과 생활지도 • 특수 영유아 특성별 지도	12
영유아교육	• 어린이집 표준보육과정의 이해 • 연령별 보육프로그램(0~1세) • 연령별 보육프로그램(2세) • 연령별 보육프로그램(3~5세) • 보육계획과 보육일지 작성의 이해	20	• 영유아 보육프로그램의 기초 • 영유아 보육프로그램의 계획과 운영 • 영유아를 위한 교수 · 학습방법의 이해 • 보육계획과 보육일지 작성의 실제 • 실내 · 외 환경 구성의 원리와 실제	20
영유아의 건강 · 영양 및 안전	• 영유아 건강관리 • 영유아 영양과 식생활지도 • 영유아 안전지도	12	• 영유아 건강문제와 대응 • 영유아 급식과 식품안전 • 영유아 안전교육과 안전관리	12
가족 및 지역사회 협력	• 부모-자녀관계의 이해 • 다양한 가정의 이해 • 지역사회 연계의 이해	12	• 부모교육 및 부모참여의 실제 · 다양한 가정의 영유아 지원 • 지역사회 연계 활동계획 및 운영	12
보육사업 운영	• 보육정보탐색의 방법 • 보육실 운영관리의 원리와 적용	8	• 보육정보탐색의 실제 • 보육실습지도의 적용과 사례 · 자체점검과 사후관리	12
기타	• 평가시험		• 평가시험	
계	20과목	80	21과목	80

※ 비고: 각 과목은 4시간으로 배치하도록 함(단, 영유아 인지 · 언어발달과 놀이지도와 특수 영유아 특성별 지도방법은 각 2시간으로 배정함)

출처: 한국보육진흥원(2013a), p.227.

③ 교육기관

승급교육기관은 「영유아보육법 시행규칙」 제13조 내지 제16조에서 다음과 같이 규정하고 있다.

㉠ 보육학과가 설치된 대학(전문대학 포함) 또는 이와 동등 이상의 학교

㉡ 법 제21조 제2항 제2조에 의한 보육교사 양성교육 훈련시설

㉢ 설립 · 운영 및 육성에 관한 법률에 의하여 설립된 정부출연 연구기관

(2) 직무교육

① 개념

직무교육이란 '영유아보육법에 근거한 보수교육의 한 분야로 보육교직원의 보육에 필요한 지식과 능력을 유지, 개발하기 위해 실시하는 정부 관련기관 주도형교육'이다.

② 유형

직무교육의 유형은 〈표 III-19〉와 같다.

〈표 III-19〉 직무교육의 유형

직무교육					
일반직무교육		특별직무교육			사전직무교육
보육교사 직무교육	어린이집 원장 직무교육	영아보육 직무교육	장애아보육 직무교육	방과 후 교육 직무교육	어린이집 원장 사전 직무교육

출처: 한국보육진흥원(2015), p.187.

③ 대상자 선정기준

직무교육 대상자 선정기준은 〈표 III-20〉과 같다.

〈표 III-20〉 직무교육 대상자 선정기준

구분		교육대상	교육시간	비고
일반 직무 교육	보육교사	현직에 종사하고 있는 보육교사로서 보육업무 경력이 만 2년을 경과한 자와 보육교사 직무교육(승급교육 포함) 받은 해부터 만 2년이 경과한 자	40시간	매3년마다
	원장	현직에 종사하고 있는 원장으로서 어린이집 원장 직무교육을 받은 해부터 만 2년을 경과한 자	40시간	매3년마다
특별 직무 교육	영아보육	영아보육을 담당하고 있는 일반직무교육 대상자와 영아보육을 담당하고자 하는 보육교사 및 어린이집 원장	40시간	이수하고자 하는 자
	장애아 보육	장애아보육을 담당하고 있는 일반직무교육 대상자와 장애아보육을 담당하고자 하는 보육교사 및 어린이집 원장	40시간	이수하고자 하는 자
	방과 후 보육	방과 후 보육을 담당하고 있는 일반 직무교육 대상자와 방과 후 보육을 담당하고자 하는 보육교사 및 어린이집 원장	40시간	이수하고자 하는 자
사전 직무 교육	어린이집 원장 사전 직무교육	영유아보육법 시행령 별표 제1호의 가목부터 라목(일반, 가정, 영아전담, 장애아전담 어린이집 원장)까지 어느 하나의 자격을 취득하고자 하는 자	80시간	이수하고자 하는 자

출처: 한국보육진흥원(2015), p.190.

- 보육교사 대상자 선정기준인 '보육업무경력'이란 어린이집 및 보육정보센터에 근무한 경력과 '유아교육법'에 의한 방과 후 과정 유치원의 원장, 원감 교사로 근무한 경력을 말한다.
- 직무교육과 승급교육을 같은 해에 받아야 하는 경우에는 승급교육을 받은 자는 직무교육을 생략할 수 있다.
- 현재 어린이집에서 근무하지 않은 자는 직무교육을 받을 수 없다.
- 비현직교원은 교육비 전액 자기부담을 전제로 직무교육을 수강할 수 있다.

④ 직무교육의 내용

직무교육의 내용을 일반직무교육과정, 특별직무교육과정으로 구분하여 제시하기로 한다.

〈표 Ⅲ-21〉 일반직무교육과정

영역	보육교사 일반직무교육과정		어린이집 원장 일반직무교육과정		어린이집 원장 사전직무교육과정	
	교과목	시간	교과목	시간	교과목	시간
보육 기초	• 보육정책 동향 이해 • 아동학대와 아동권리 이해 • 보육교사의 역할과 윤리	6	• 보육정책의 전망과 과제 • 아동학대와 아동권리 모니터링의 이해 • 원장의 역할과 윤리	6	• 영유아보육법과 보육 정책 • 아동권리와 아동학대 • 보육철학과 윤리 • 의사소통과 갈등관리	16
발달 및 지도	• 영유아발달과 관찰 실제 • 영유아발달특성의 이해 • 영유아 부적응행동 지도 • 개별화 교육 프로그램과 활동 수정	8	• 영유아 뇌 발달과 정기교육 • 영유아 생활지도의 실제	4	• 영유아발달 지원 • 영유아 생활지도의 관리	8
영유아 교육	• 어린이집 표준보육과 정의 이해 • 연령별 보육 프로그램의 운영 • 다양한 보육 프로그램의 운영 • 영유아를 위한 교수 • 학습방법의 실제 • 교수매체의 개발과 활용	10	• 보육 프로그램 개발과 평가 • 보육계획과 보육일지 작성의 관리 • 교수매체 선정과 평가	6	• 보육과정의 운영과 지원 • 보육프로그램의 운영과 지원	8
영유아의 건강·영양 및 안전	• 영유아 건강교육과 감염성 질환에 대한 대응 • 영유아 영양과 급식 관리 실제 • 영유아 안전 관리와 대응	6	• 어린이집 건강관리 실제 • 어린이집 급식 관리 실제 세미나 • 어린이집 안전사고 사례 관리 및 대응	6	• 감염병과 건강관리 • 급식 및 영양관리 • 안전교육과 지도 • 응급처치와 안전사고 대응 • 시설·설비 안전관리	20

영역	보육교사 일반직무교육과정		어린이집 원장 일반직무교육과정		어린이집 원장 사전직무교육과정	
	교과목	시간	교과목	시간	교과목	시간
가족 및 지역사회 협력	• 부모–교사 의사소통의 이해와 실제 • 다양한 가정의 이해 및 지원	6	• 부모참여 프로그램 운영 • 다양한 가족에 대한 지원 • 지역사회 연계의 실제	8	• 어린이집 기관 소개 • 가족과의 파트너십 • 지역사회 자원과 보육	8
보육 사업의 운영	• 보육정보탐색의 적용과 사례 • 리더십과 멘토링	4	• 인사 관리의 적용과 사례 • 재무 및 사무 관리의 적용과 사례 • 원내 교사교육의 계획과 실행 • 어린이집 운영세미나	10	• 원장 직무의 이해 • 인사 및 조직관리 • 재무관리의 기초 • 평가인증과 사후관리 • 운영사례 세미나	20
계	20과목	40	18과목	40	21과목	80

출처: 한국보육진흥원(2015), p.191.

〈표 Ⅲ-22〉 특별 직무교육과정

영역	영아보육 특별 직무교육과정	장애아보육 특별 직무교육과정	방과 후 보육 특별 직무교육과정	시간
보육 기초	• 현대 사회 변화와 영아 보육 • 영아보육의 이해 • 영아학대예방과 아동권리	• 장애인복지와 보육정책 • 장애아보육의 이해 • 장애아학대 예방과 아동 권리	• 현대사회 변화와 방과 후 보육 • 방과 후 보육의 이해 • 아동학대예방과 아동관리	6
발달 및 지도	• 영아발달의 특성 • 영아 일상생활지도 • 영아행동 관찰과 평가 • 영아감각 및 대·소근육발달지도	• 장애이해교육과 협력 • 장애 진단과 발달지체 영유아 선별 • 교육진단과 개별화 교육 프로그램 • 활동 참여를 위한 보육과정 수정	• 아동발달의 특성 • 초등학교 교육과정의 이해 • 아동 일상생활지도 • 문제행동 수정과 지도	8
영유아 교육	• 놀이를 통한 사회성 발달 • 놀이를 통한 정서 발달 • 놀이를 통한 언어 발달 • 놀이를 통한 인지 발달 • 교수매체 개발 및 활용방안 • 어린이집 표준보육과정운영의 실제 • 놀이를 통한 감각탐색 및 신체 발달	• 장애아 사회성지도 • 장애아 의사소통지도 • 장애아 음악치료 • 장애아 미술치료 • 교수매체 개발 및 활용방안 • 어린이집 표준보육과정 운영과 개별화 교육의 실제	• 학습 및 과제지도 • 친구관계와 생활지도 • 아동언어교육 • 아동독서교육 • 아동예체능교육 • 초등학생을 위한 교수법 실제 • 어린이집 표준보육과정과 초등교육 과정의 이해	12

영역	영아보육 특별 직무교육과정	장애아보육 특별 직무교육과정	방과 후 보육 특별 직무교육과정	시간
영유아의 건강·영양 및 안전	• 영아 건강·안전 관리(필수) • 영아 영양 관리 및 식생활 지도	• 장애아 건강·안전 관리(필수) • 장애아 영양 관리 및 식생활지도	• 초등학생 건강·안전 관리(필수) • 초등학생 영양 관리 및 식생활지도	4
가족 및 지역사회 협력	• 영아 부모와의 의사소통 실제 • 다양한 가정의 영아지원	• 장애아 가정에 대한 이해 • 장애아를 위한 지역사회 연계의 이해와 실제	• 학령기 부모상담 실제 • 방과 후 아동을 위한 지역사회 연계	4
보육 사업의 운영	• 영아보육교사의 역할과 자세(필수) • 어린이집 운영과 관리 • 보육정보탐색	• 장애아보육교사의 역할과 자세(필수) • 어린이집 운영과 관리 • 보육정보탐색	• 방과 후 보육교사의 역할과 자세(필수) • 어린이집 운영과 관리 • 보육정보탐색	6
계	21과목	20과목	22과목	40

출처: 한국보육진흥원(2015), p.192.

제 IV 부

보육교사의 자기관리

보육교사가 보육교사직을 선택하고 수행하는 것은 행복한 삶을 영위하기 위해서이다. 따라서 보육교사는 자기 자신을 보다 더 능력 있는 사람으로 키워서 각 가정에서는 한 가장으로서 직장에서는 상사나 동료교사들로부터 존경을 받으면서 행복한 삶을 영위하기를 기대한다. 이러한 일연의 과정을 자기관리라고 하는데 보육교사로서 관리해야 할 내용은 아주 다양하나 보육직을 수행하는 데 있어서 기본이 되는 스트레스 관리, 시간관리, 업무관리에 국한해서 관계이론과 효율적인 관리방안에 대하여 다룬다.

제 1 장

스트레스(Stress) 관리

우리 인간은 일상생활 중에 다양한 스트레스를 경험하면서 살아간다. 특히, 유아교육기관에서 근무하는 교사들은 일상생활 속에서 경험하는 스트레스 외에도 직장생활 속에서 경험하는 스트레스, 그리고 가정 내에서 경험하는 스트레스 등 교사는 스트레스를 원하든, 원하지 않든 간에 일상생활, 직장생활, 가정생활과는 떼려야 뗄 수 없는 관계가 되어버렸다. 그리고 우리 인간은 스트레스에 관한한 부정적 시각으로 골치 아픈 요소라고만 인식하고 거의 체념하면서 다양한 스트레스의 홍수 속에서 살아가고 있다.

따라서 다음에서 스트레스의 개념, 스트레스와 정신건강, 스트레스의 요인, 증상, 내용, 스트레스 관리의 순으로 생각해 보기로 한다.

1. 스트레스관리의 개념

스트레스라는 용어는 라틴어에서 기원되었으며 17세기에는 어려움, 고생, 역경 등의 의미로 사용하였으나 1940년대에 와서는 생리학 분야에서 스트레스의 개념이 도입되었다.

많은 사람이 일상생활에서 스트레스를 곧 잘 호소하지만 대부분이 스트레스가 과연 무엇인가를 잘 설명하지 못하면서 사용하고 있다. 이것은 스트레스 용어의 정의가 통일되어 있지 않고 다양하게 쓰이고 있기 때문이다.

스트레스에 관한 다양한 정의를 정리해 보면

① 정신적으로 또는 육체적으로 어떤 일이 닥쳤을 때 우리의 신체가 그에 대처하기 위하여 나타나는 반응

② 적응하기 어려운 환경이나 조건에 처해 있을 때 느끼는 심리적 · 신체적 긴장상태

③ 기능을 교란시키는 긴장이나 장애

④ 외부의 자극에 버티는 내부의 힘

등으로 정의되고 있다. 이들을 종합하면 '우리의 일상생활에서 적응하기 어려운 상황에 놓여있을 때 신체적 · 심리적 · 행동적으로 반응하여 본래의 원형을 보존 · 유지하려고 시도하는 힘'을 말한다.

2. 스트레스와 정신건강

스트레스라고 무조건 안 좋다는 인식이 많지만 적당한 스트레스는 적당한 긴장감을 유지하게 하며 업무능력향상이나 부상을 예방할 수도 있다. 하지만 이런 것이 심하거나 장기간 지속되면 신체적 · 정신적 건강에 유해한 결과를 만들 수도 있다.

만병의 근원이 스트레스라는 이야기가 있는 것처럼 많은 스트레스는 많은 질병에 노출되게 한다.

특히나 심각한 스트레스는 심장병, 당뇨병, 면역계질환과 암, 소화불량 등의 질병에도 영향이 있다. 신체적으로는 피로 · 두통 · 불면증, 근육통/담, 심박동이상, 흉부통증, 복부통증, 구역질, 전율, 사지냉증, 안면홍조, 땀, 면역력을 저하시킬 수 있을 뿐만 아니라 정신적으로도 집중력이나 기억력의 감소, 우유부단, 공허한 마음상태, 혼동, 불안, 유머감각 상실, 신경과민, 우울증, 분노, 좌절감, 걱정, 성급함, 인내부족, 신경질적인 습관, 과식, 과음, 조울증, 폭력적인 성향으로의 변질을 일으킬 수 있는데 육체적인 것뿐만 아니라 정신적인 질병인 공황장애와 우울증 등에도 영향을 줄 수 있기 때문에 스트레스 조정은 반드시 필요하다. 이상의 서술내용을 중심으로 스트레스와 정신건강간의 관계를 정리하면 다음과 같다.

첫째, 스트레스는 신체적 건강뿐만 아니라 정신적 건강에 막대한 영향을 주는 요인으로

둘째, 신체적 · 정신적 건강을 관리하기 위해서는 우선적으로 스트레스를 적절히 관리해 주어야 한다.

3. 요인, 증상, 유형

다음에서 스트레스를 일으키는 요인, 스트레스의 증상, 보육교사들이 겪는 스트레스의 내용 등에 걸쳐 기술하기로 한다.

1) 요인

인간은 누구나 일상생활이나 직장 또는 가정생활에서 다양한 스트레스를 경험하게 되고 그리고 똑같은 스트레스를 경험하면서도 어떤 사람은 즐거움으로(순기능) 그리고 어떤 사람은 고통으로(역기능) 인식하는 등 서로 다르게 반응하고 스트레스의 요인은 다양한데 이를 관점별로 제시하면

(1) 스트레스의 일반적인 요인

① 가정적 요인

㉠ 핵가족화에 따른 구성원 간의 대화부족
㉡ 가족의 건강문제
㉢ 가정불화 등

② 사회적 요인

㉠ 친구와의 의견 대립
㉡ 상위학업을 강조하는 사회 분위기
㉢ 주위 사람들과의 관계 악화 등

③ 환경적 요인

㉠ 추위, 더위 등의 기후 환경
㉡ 소음, 매연, 교통체증 등의 생활환경 등

④ 심리적 요인

㉠ 욕구 불만
㉡ 자신에 대한 부정적인 사고
㉢ 완벽주의적 사고 등

(2) 스트레스의 근원(장선철, 2002)

〈표 Ⅳ-1〉 스트레스의 근원

영역	내용
1. 좌절감	• 목표를 향하려는 욕구를 방해하는 장애물 - 외적 물리적 요인: 교통체증, 천재지변 사회적 요인: 사회계층 간의 차별, 사회경제적 요인

영역	내용
	- 내적 [신체적 요인: 외모, 건강 / 심리적 요인: 성격, 지능]
2. 과잉부담	• 개인의 처리 용량을 벗어난 자극이나 요구
3. 갈등	• 두 가지 이상의 동기들 간의 갈등 - 접근-접근갈등 - 회피-회피갈등 - 접근-회피갈등 - 이중접근-회피갈등
4. 생활의 변화	• 생활의 변화: 결혼, 이사, 군입대, 이혼, 사별 - 적응성 에너지 소모 - 질병에너지 감소
5. 탈핍성 스트레스	• 원하는 수만큼의 자극이 없을 경우 - 무료함, 외로움, 독신자, 미망인, 외로움, 이혼한 사람
6. 내 · 외부의 압력	• 어떤 방식으로 행동하기를 원하는 기대나 요구 - 수행 압력 - 동조 압력 - 자기부과 압력

2) 증상

스트레스에 의한 증상을 신체적 · 심리적 · 행동적 증상으로 구분하여 제시하면 다음과 같다.

(1) 신체적 증상

일상생활에서 스트레스를 자주 받으면 배탈, 두통, 피부발진, 등결림, 불규칙한 호흡, 졸음 등과 같은 초기증상이 발생한다. 이러한 증상을 해소하지 못하고 스트레스가 지속하면 위장질환, 근골격계질환, 순환계질환 등을 유발한다.

① 위장질환: 스트레스를 받으면 속쓰림이나 소화불량, 구역질, 복부 팽만감, 위궤양, 변비와 설사, 복통 등이 생길 수 있다.

② 근골격계질환: 스트레스를 받으면 긴장성 두통, 편두통, 뒷목이나 통증, 근육통, 전신통증, 가슴통증 등이 생길 수 있다.

③ 순환계 질환: 스트레스를 받으면 심장에서 혈관으로 나오는 혈액의 압력이 높아져 고혈압을 일으킨다. 또한 협심증, 심장발작, 뇌졸중 등이 생길 수 있다.

(2) 심리적 증상

스트레스 초기에는 불안, 걱정, 근심, 주의집중 곤란 등의 증상이 발생한다. 스트레스를 해소하지 못하고 지속되면 불면증, 우울증, 좌절, 탈진 등의 심리적 질환이 나타난다.

(3) 행동적 증상

스트레스 초기에는 안절부절못함, 손톱 물어뜯기, 발떨기 등의 증상을 보이다가 계속 지속되면 폭력적 언행, 과식, 과음, 흡연 및 음주 등의 행동적 장애가 나타난다.

3) 유형

보육교사가 교사 자신, 교사 간, 교사-학부모 간, 교사-원장 간, 교사-이동 간, 교사-지역사회 간에 받는 스트레스 유형을 제시하면 다음과 같다.

〈표 IV-2〉 보육교사의 스트레스 유형

스트레스 대상	스트레스 유형
1. 교사 자신	• 유아교사직이 사회적 · 경제적 지위가 너무 낮다. • 유아교사직이 내 적성에 맞지 않는다. • 대학에서 배운 이론과 현장 실제 사이에는 너무 괴리가 크다. • 다양한 대상(원장, 동료교사, 학부모)과의 의사소통방법에 대한 기술이 미숙하다. • 유아지도 시 훈육과 사랑의 한계에 대하여 고민할 때가 많다. • 유아지도에서 통제, 억압과 자율, 주도성의 한계를 정하기가 어렵다. • 유아들과 친숙해지기가 어렵다. • 다른 계층의 교사직에 비해 항상 열등감을 갖는다. • 유아 교육활동 지도에 몸과 마음이 너무 피곤하다.
2. 동료교사 간	• 원내에 학연, 지연에 따른 모임이 있으며 이에 따른 소외감을 느낄 때가 많다. • 교사들 간의 상호접촉 및 의사소통의 기회가 적다. • 교사들 간의 친교 및 의사소통 기술이 부족하다. • 남교사가 없어 남교사가 해야 할 일을 담당해야 할 때 힘이 든다. • 대부분이 젊은 교사들로 구성되어 경력이 많은 원로교사의 지도를 받을 기회가 없다. • 상사에게 잘 보이기 위해 아부하는 교사 때문에 항상 자신이 피해를 본다고 생각한다. • 학력차에 따른 차등보수 때문에 상실감을 느낄 때가 있다. • 어린이집에 사회경험이 적은 교사들로 구성되어 가정 또는 개인 문제에 대한 상담을 받을 만한 동료교사가 부족하다.
3. 교사-학부모	• 학부모는 자기자녀에게만 특별한 관심을 갖기 바란다. • 학부모와 의사소통의 기회가 적어 오해가 생길 때가 많다. • 학부모에게 하고 싶은 이야기를 제대로 할 수가 없다. • 유아들의 말만 듣고 교사에게 불평하고 항의한다.

스트레스 대상	스트레스 유형
	• 유아들이 잘못하여 꾸짖어야 할 때도 학부모의 항의가 두려워 참아야 하는 어려움이 있다. • 학부모가 다른 반 선생님의 지도방법을 소개할 때 열등감을 느낀다. • 직장 업무관계로 늦겠다고, 오후 늦게까지 지도해 달라고 할 때 아주 힘들다. • 동료유아들끼리의 분쟁을 호소할 때 자기주장이 강하여 이해시키기가 어렵다. • 자녀들 문제로 학부모들이 서로 반목을 가질 때 쌍방 간에 이해시키기가 어렵다. • 그릇된 방법으로 유아를 지도할 때 이해시키기가 어렵다. • 특수한 사정이 있는 가정유아(이혼, 편부, 편모, 다문화 가정 등) 지도에 애로가 많다.
4. 교사-행정자 (원장)	• 어린이집 운영에 대한 전반적인 문제를 원장이 독단적으로 결정한다. • 지나치게 엄격하며 의사소통의 기회가 별로 없다. • 복장, 머리 및 예절에 대하여 지나치게 간섭을 많이 한다. • 원장의 사적인 문제에 대하여 교사들에게 부담을 준다. • 학부모와 사소한 문제가 생기면 무조건 학부모의 편에 선다. • 전직원을 공정하고 공평하게 대하지 않고 일부 직원을 편애한다. • 교직원의 후생 복지에 인색하다. • 유아교육에 대한 철학과 식견이 부족하다. • 유아교육을 위한 본질적인 내용에 대한 투자보다 외형적인 시설관리에 예산을 더 투자한다. • 상부 행정기관원과의 교제가 부족하여 어린이집 교사들이 피해를 볼 때가 더러 있다. • 교원연수참가 등 교원의 자질함양과 자기관리에 지원이나 관심이 없다.
5. 교사-아동 간	• 지나치게 유아중심적 이어서 교사의 말에 순종하지 않는다. • 난폭하고 투쟁적이며 반항적인 유아가 많다. • 지극히 소극적이며 비활동적이고 내성적인 유아가 더러 있다. • 집에 가서 선생님을 욕하고 거짓으로 나쁜 이야기를 한다. • 교사에게 불만을 직접적으로 토로한다. • 다른 반 교사의 지도방법을 선호한다. • 유아자신의 잘못을 교사 탓으로 돌려 정당화한다. • 유아들이 개별적으로 지니고 있는 애로나 고민거리가 무엇인지 이해하기가 어렵다. • 유아의 부적응 행동에 대한 원인과 지도대책을 찾기가 어렵다.
6. 교사-지역사회	• 지나치게 어린이집의 개방을 요구한다(예: 주차장, 회의 장소, 실외 유원장 등). • 지역사회자원 인사초빙활용학습에서 어린이집의 요구에 잘 호응해 주지 않는다. • 지역주민을 위한 프로그램에 잘 참여해 주지 않는다. • 지역사회시설활용 체험학습에서 유아에 대한 특별한 배려가 없다.

4. 스트레스 관리

스트레스관리에서는 스트레스의 대처, 스트레스 예방, 스트레스 자기진단, 스트레스 평가지표 순으로 기술하기로 한다.

1) 스트레스의 대처방안

숨 가쁜 현실을 살아가는 우리 인간은 남녀노소를 막론하고 크고 작은 스트레스를 매일 경험하게 된다. 특히, 스트레스는 인간의 모든 삶의 전 영역에 존재하기 때문에 그 누구도 피해나갈 길이 없다. 또한 스트레스를 유발하는 요인은 매우 다양하나 이 스트레스를 개인이 어떻게 해석하고 대처하느냐에 따라 부정적인 반응을 보일 수도 있고 스트레스를 자신에게 유용하게 활용할 수도 있다. 따라서 우리 인간은 스트레스를 받지 않겠다고 생각하기보다 어떻게 대처하여 스트레스를 최소화시킬 것인가에 대해 생각해야 한다. 다음에서 스트레스의 대처방안에 대하여 생각해 보기로 한다.

(1) 일반적인 대처방법

① 포기하기

포기하기는 스트레스에 직접 당면했을 때 많은 사람들이 흔히 보이는 대처방법 중의 하나이다. 이 대처방법은 스트레스에 당면했을 때 무력감으로 스트레스를 해결하려들지 않고 운명적으로 받아들이면서 대처하기를 포기하는 방법이다. 이렇게 포기하는 경우에는 스트레스를 운명적이며 수동적으로 받아들인다.

② 천직인 웃음

15초 이상 크게 웃기만 하면 엔도르핀이 늘어나고 면역세포의 활동을 증가시켜 스트레스를 감소시키는 기능이 있다. 억지 웃음이라도 스트레스를 해소시켜준다. 사람 가슴의 정 중앙에 임맥이 있는데 이 임맥은 스트레스에 매우 민감하다. 웃을 때는 이 임맥이 운동하며 기혈순환을 좋게 한다. 스트레스를 받을 때 가슴이 답답해지는 것은 임맥이 막혀서 나타나는 현상이다.

③ 불쾌한 감정 털어내리기

보육교사는 어린이집 내에서 많은 사람과 인간관계를 맺고 특정인에 대하여 마음이 상하는 경우가 많다. 흔히 이때 타인을 배려한다고 속으로 삭이는 것이 그 무엇보다 위험하다. 불쾌한 기분이나 감정들을 꾹꾹참고 있다가는 스트레스에서 우울증으로 이어진다. 자신을 너무 억누르기보다 자신의 감정이나 생각을 표현하여 불쾌한 감정을 털어놓는다.

④ 나와 소통하기

소통의 기본은 자기 자신과 대화하는 것이며 자신의 내면에 귀를 기울려 보는 것이다. 내 말을 들어줄 사람을 찾는 것보다 오히려 더 효과적이다.

⑤ 명상하기

화가 나면 의식을 잃는다. 대부분의 사람이 주체할 수 없을 정도로 화가나면 자신도 모른다. 명상하기는 분노의 감정이 올라올 때 내가 남의 행동을 보듯이 내 분노를 객관적으로 바라보는 방식이다. 이 방식은 분노 때문에 실수할 일을 방지해 준다.

⑥ 긍정적인 자기대화

대화라고 하면 다른 사람과 같이 이루어지는 쌍방향적 대화만을 생각한다. 하지만 우리는 소리를 내지 않고 하루에도 수십 번씩 머릿속에서 자기 스스로 대화를 한다. 스스로의 대화는 2가지 방식이다. 그 중 하나는 긍정적인 대화로서 '나는 할 수 있어'와 같이 자기스스로 생각하고 말해 보는 것이다. 부정적 대화는 '나는 할 수 없어'하고 자기 스스로에게 말하는 방식이다. 부정적 대화는 스트레스를 가중시키지만 긍정적 대화는 스스로를 차분하게 만들고 스트레스를 조정해 주는 데 도움이 된다. 항상 부정적인 것을 긍정적으로 바꾸어 생각하려고 노력해야 한다.

⑦ 호흡법

호흡을 조절하여 지금 당면하고 있는 스트레스를 해소한다. 방법은 코로 숨을 들이마시면서 넷까지 센다. 아랫배에 힘을 부면서 폐에 공기가 차도록 윗배를 부풀린 채 숨을 멈추고 넷까지 센다. 천천히 숨을 내쉬면서 넷까지 센다. 현기증이 일어나면 중단한다.

⑧ 운동

운동은 스트레스에 대해 능동적으로 대처하는 방법이나 신체가 건강한 사람이 신체가 허약한 사람에 비하여 스트레스를 덜 받는다. 또한 적당한 운동을 하면 엔도르핀을 분비시켜 몸과 마음을 이완시키는 효과가 있다.

⑨ 토통요법

누구나 남에게 털어놓기 싫은 문제와 고민을 가지고 있다. 이렇게 자신의 문제나 고민을 밖으로 표현하는 일이 수치스럽거나 자신의 자존심을 상하게 한다고 생각한다. 그러나 이런 한 고민이나 문제를 다른 누구에게 털어놓으면 마음의 후련함을 느낀다.

이와 같이 자신의 내면세계를 털어놓는 토통요법은 유아들의 일기쓰기에서도 적용할 수 있다. 유아는 자신의 일기장에 자기의 잘못을 써 놓으면 당사자에게 고백하는 것과 같은 후련함을 느낀다.

⑩ 건강식(쾌락의 추구)

대부분의 사람들이 스트레스를 받을 때 괴로움에서 벗어나기 위한 수단으로 맛있는 음식을 먹거나 술을 마시거나 하면서 쾌락을 추구하는 방법을 택할 수도 있다.

이러한 방법은 대안적 보상의 방법인데 이 방법을 적용하기 위해서는

첫째, 먹는 음식과 술의 양을 조절할 수 있어야 하고

둘째, 먹는 음식은 건강식으로 몸을 튼튼하게 할 수 있어야 한다.

건강식은 앞서 제시한 운동과 같이 신체를 튼튼히 하여 스트레스에 대한 저항력을 길러 주는 일이다.

(2) 방어적 대처법

① 일탈행동

스트레스를 심하게 받을 때 평소에 하지 않던 행동을 함으로써 스트레스에 저항하는 방법이다. 예를 들면, 큰 소리로 고함을 지를 수도 있고 벽에 머리를 문지르거나 손으로 땅을 치고 발을 구르는 동작을 할 수 있다. 즉, 이러한 행동은 평소 일상에서 벗어난 행동이나 다음과 같은 점이 고려되어야 한다.

첫째, 남에게 해가 되지 않아야 하고

둘째, 범죄를 저지르는 반사회적 일탈행동이어서는 안 된다.

② 합리화

합리화란 신포도기제라고도 하는데 현실을 왜곡하여 자존심을 보호하는 방법이다.

합리화는 비이성적 행동이 합리적이고 정당한 것처럼 보이도록 하기 위하여 자신이 평소에 갖고 있던 생각을 바꾸는 일이다. 즉, 사회적으로 용납되지 않는 이론을 용납되는 이론으로 대체하는 방법이다. 예를 들면 대단히 사교적이어서 상사로부터 신뢰를 받는 A교사를 완전히 따라갈 수 없는 경우, A교사와 같이 상사로부터 귀여움을 받기 위해서는 돈과 시간이 많이 소모된다고 엉뚱한 결론을 내려 자신의 부족함을 보상하는 방법이다. 이런 방법으로 모든 스트레스를 해결하려들면 매사를 부정적으로만 생각하는 습관이 형성된다.

③ 억압

억압이란 스트레스를 받는 내면의 동기를 밖으로 추방하여 안정을 찾으려는 심리적 기제이다. 일반적으로 스트레스를 자기에게 가져오는 위협으로 충동, 감정, 불만, 소원, 환상, 기억, 불쾌, 두려움, 후회 등 다양하다. 따라서 당사자는 내면에서 일어나는 스트레스를 뇌리 밖으로 내보내어 조금도 생각이 떠오르지 않게 상황을 바꾼다. 예를 들면 그런 스트레스가 떠오르면 완전히 다른 상황, 즉 노래를 부르거나 TV를 끄거나 하는 등 엉뚱한 행동으로 스트레스를 뇌리 속에서 완전히 추방한다.

④ **환치**

환치란 대상을 바꾸는 방법으로 스트레스에 의한 반응을 최소화하는 방법이다. 이것은 이 세상에는 상반된 개념이 동시에 공존한다는 원리에 따른 것으로 모든 인간도 장점과 단점을 가지고 있는 기본적 조건을 적절하게 활용하는 방법이다.

어떤 사람이 성격, 지능면에서 주위 동료들보다 열세하다는 생각으로 스트레스를 받는다면 탁월한 자기의 외모를 크게 부각시켜 단점을 극복하는 방법이다.

⑤ **대리형성**

대리형성은 현실적으로 받아들일 수 없는 상황을 유사한 상황으로 교체하여 받아들임으로써 스트레스를 해소하는 방법이다. 그림그리기에 소질이 없어 항상 다른 선생님으로부터 지원을 받아 학급환경구성을 해야 하는 경우 붓글씨 쓰기를 잘익혀 옆반 교사를 도와줌으로써 그림그리기에 따른 스트레스를 붓글씨 쓰기로 보상받게 된다.

⑥ **이완법**

이완법은 신체와 정신의 긴장을 풀어 스트레스에 의한 피로를 풀어주는 방법이다. 스트레스를 받을 때는 자연히 여러 가지 자극을 받게 되는데, 그 자극을 최소화하여 하나의 자극만을 집중적으로 생각하는 것이다. 그리고 이때 신체적인 이완도 고려해야 한다. 즉, 눈과 눈 주위를 마사지하고 따뜻하게 해 준다. 그리고 목의 긴장도 풀어주면 더욱 효과적이다.

⑦ **투사법**

투사란 자기가 스스로 받아들이기 싫은 충동, 행동 등을 의식적으로 다른 사람에게 돌리는 과정이다. 다시 말하면 자신에게 발생한 문제를 다른 사람에게 전가시킴으로써 자신을 보호하려는 방어기제이다.

예를 들면 '공부하기가 싫다'라고 말하는 대신 '공부를 잘 하는 것이 반드시 성공의 지름길은 아니다'라고 변명하는 경우이다.

(3) 적극적 대처법

① **스트레스의 원인을 제거 또는 멀리하기**

스트레스의 원인을 제거하거나 멀리하는 방법은 스트레스의 적극적 대처법으로 대단히 바람직한 방법이나 실행하기 쉽지 않다. 예를 들어 게임에서 계속 똑같은 자리에서 실패만 한다면 다시는 그 자리에는 가지 않는 것이다. 그리고 쉴 시간에 동료유아들이 떠들어 시끄러우면 선생님에게 이야기해서 방안을 강구해 달라고 요구하는 것이다.

② 스트레스 받아들이기

우리는 일상생활 속에서 다양한 유형의 스트레스를 경험하고 있다. 그러나 매일매일 일상생활 속에서 겪는 다양한 스트레스에 대하여 원인을 파악하고 파악된 원인에 따라 스트레스를 없애버리기란 그리 쉽지 않다. 따라서 스트레스를 안 받으려고 벗어나는 데만 치중하지 말고 어떤 스트레스는 받을 수밖에 없다고 생각하고 받아들일 때 스트레스를 극복할 수 있는 기회가 된다. 그러나 원인 제거와 마찬가지로 대부분 스트레스의 원인을 받아들인다고 해서 현상황을 전부 바꾸기란 대단히 어려운 일이다.

③ 생활환경개선

생활환경개선의 방법은 스트레스를 유발하는 요인을 안고 있는 환경을 개선하여 스트레스 유발을 근본적으로 차단하기 위한 방법이다. 그러나 이러한 시도가 성공하여 스트레스 유발요인을 개선할 수는 있으나 그러한 시도가 실패할지라도 그 자체로서 스트레스의 피해를 감소시켜주는 역할을 한다.

④ 자기행동방식의 개선

대부분의 스트레스가 자기를 둘러싼 주위의 환경에서 오기 마련이다. 그러나 또 일부의 스트레스는 주위의 환경이 아닌 본인의 의지나 행동에서 오는 경우로서 본인이 직접적으로 스트레스를 자초한 것이다. 자기가 동료친구들로부터 인기가 없는 것은 다른 동료들에게 함부로 말을 하고 지나치게 신경질적이며 공격적인 이유라고 생각이 들 때 자기의 행동방식을 바꾸어 보는 것이다. 이를 위해서는 스트레스를 받는 요인이 바로 나에게도 있다는 생각을 가지고 자기 자신을 뒤돌아보는 습관을 가져야 한다.

⑤ 긍정적인 자아개념 갖기

스트레스를 조절하는 방법으로 긍정적인 자아개념을 갖도록 노력하는 것이다. 똑같은 스트레스 상황에 처해 있더라도 자존심이 강하고 긍정적인 사고를 하는 사람은 스트레스를 덜 경험하나 자존심이 낮고 부정적인 사고를 하는 사람은 스트레스를 더 많이 경험한다. 따라서 자신이 처한 환경을 최대한 긍정적으로 생각해야 한다. 스트레스는 환경 그 자체에 달려 있다기보다 자신이 환경과 어떤 관계를 맺고 있느냐에 따라 달라진다는 사실을 인지해야 한다.

⑥ 생각하는 방식을 바꾸기

스트레스에 따른 감정과 불안, 분노에서 벗어나기 위해서는 원인이 되는 생각을 찾아야 한다. 빠르게 스쳐 가기 때문에 자동적 사고라고도 하고 별 도움이 되지 않기 때문에 역기능적 사고라고도 한다. 스트레스 안에 들어 있는 원인이나 왜곡문제를 찾아내고 생각을 바꾸면 잠정적으로 고통에서 벗어날 수 있다.

예를 들면, 동료교사가 원장에게서 인정을 받는 것은 자기를 고자질하여 내가 원장으로부터 미움을 받을 것이라고 생각이 들어 스트레스를 받고 있을 때 동료교사가 원장에게 자기를 고자질해서가 아니라 동료교사가 유아지도에 충실하기 때문이라고 생각하면 동료교사에 대한 스트레스가 없어지고 오히려 나도 유아지도에 보다 충실함으로써 원장으로부터 인정을 받으려고 노력하게 된다.

⑦ 자기주장 훈련하기

자기가 동료교사나 상사에게 마땅히 해야 할 이야기를 하지 않고 가슴에 묻어둠으로써 스트레스를 받는 경우가 많다. 이런 경우, 자기의 의견을 표출하지 못하는 것은 자기 표현력의 부족, 발표에 대한 공포심리, 발표 후에 닥아올 불안감 등이 있어서이다. 따라서 자기의 의견, 감정, 욕구를 명확하게 표현하는 기법을 습득해야 하는데, 이것이 바로 자기주장훈련이다. 이때 상대방의 감정을 해치거나 비난하거나 무시하는 대화가 되어서는 안 된다.

⑧ 전문가 상담

전문가와 상담하여 근원적으로 해결하는 방법이다. 전문가가 아니라도 동료에게 자신의 고민이나 조심, 걱정, 불안 등을 이야기하면 마음의 후련함을 느끼거나 마음의 안정을 찾을 수도 있다.

정신과 상담이라고 하면 정신질환자가 찾는 정신병원을 연상하는 등 부정적으로만 생각하는데 주변의 어른이나 친지들과 고민을 상담하는 것과 같은 연장선상에서 보아야 한다. 또한 전문지식과 경험을 지닌 전문 상담사와의 상담은 일반인과의 상담보다 탁월하게 효과적임에 틀림없다. 상담결과에 따라 약물요법을 포함한 고도의 대처가 즉시 이루어질 수도 있기 때문이다.

⑨ 취미생활

인간은 모두가 개성이 있는 존재로서 다른 사람에 비해 독특성과 차별성이 있다.

그 중 하나가 개개인이 자기 나름의 취미나 소질이 있다는 점이다. 어떤 사람은 취미나 소질을 살려 자신의 직업으로 연결시키는 경우도 있지만 자기직업에 관련이 있든 없든 자기 스스로 자신의 취미와 소질을 계발시키는 일이 많다.

이와 같은 자신의 취미생활은 일상적으로 느끼는 스트레스를 해소시켜주는 데 도움이 된다.

2) 스트레스 예방생활

스트레스를 평소에 느끼던 관점과는 다른 관점에서 보면 원인은 정말 간단하다.

바로 내 자신의 마음가짐에서 오는 스트레스가 대부분이다. 스트레스는 외부적인 요인과 내부적인 요인으로 나눌 수 있는데 결국 스트레스의 주체는 바로 나 자신이다. 내가 판단기준에서 견디지 못하는 부분이 스트레스로 다가오는 것이다. 내가 정한 뜻대로 뭔가가 잘 이루어지지 않을 때 우리는 상처를 받고 견디기 힘들어 한다. 이런 관점에서 보면 스트레스는 마음의 상처이다.

그렇다면 스트레스가 가지는 공통적인 특징은 무엇일까? 바로 그것은 부정적인 생각과 마음이다. 내가 겪었던 주위사람들이 겪는 스트레스를 가만히 보게 되면 거의 대부분이 부정적인 말이나 행동이 그 상황을 지배하고 있는 경우가 많다.

스트레스를 벗어나기 위해서는 무엇보다도 긍정적인 마음을 갖는 일이다.

사실 우리가 인지하는 스트레스는 대부분 사소한 것에서 발단이 된다.

시간이 지나서 돌이켜보면 별것도 아닌 것들이 그 당시에는 너무나 크게 다가오고 힘든 상황이 되었던 것이다. 사소한 것에 집착을 버리고 넓은 아량으로 그리고 긍정적인 마음을 갖기 위해 노력한다면 스트레스는 경감할 것이다.

평소에 잘 웃고 긍정적인 마음을 가지고 살려고 노력하며 작은 이해득실에 너그러워야 한다. 삶을 누리고 살며 조급하지 않고 언제나 여유로운 삶을 지향하면서 살아간다면 스트레스는 줄어들 것이다. 이외에도

① 원만한 가정, 직장생활을 유지하도록 노력하고 사교모임, 종교모임, 종교생활, 취미생활에 적극적으로 참여하여 자신을 위한 사회적 지지체제를 확립한다.

② 스트레스는 개인이 생활하는 가운데 부단히 접하는 환경 속에서 야기된다. 따라서 환경에 의해 야기되는 스트레스를 숙명적으로 받아들이기보다 자신의 환경을 다스린다는 신념과 배짱을 가지고 환경을 적극적으로 관리한다.

③ 시간관리에 힘쓰고 현실적 목표를 설정하여 행동하고 일의 우선순위를 설정하고 이행하는 등 자신의 일상생활을 조직화한다.

④ 신체와 정신의 건강은 스트레스 유발을 저지하거나 스트레스를 가볍게 적응한다. 늘 규칙적인 운동으로 신체와 정신을 단련한다.

⑤ 우리의 생활주변에서 스트레스가 야기될만한 사건을 미리 대비한다.

3) 스트레스 자가 진단법

자신의 스트레스를 관리하기 위해서는 먼저 자신의 스트레스가 어느 수준인지 먼저 확인한 후 대처방안을 강구해야 한다. 다음에서 스트레스 자가 진단법을 소개한다.

지금부터 스트레스 자가진단을 해 보겠습니다.
종이와 펜을 들고 1~5점까지 점수를 매겨주시기 바랍니다.

전혀 그렇지 않음 - 1점 약간 해당함 - 2점 어느 정도 해당함 - 3점
상당부분 해당함 - 4점 거의 다 해당함 - 5점

문항	점수
1. 화를 잘 내고 참기가 힘들다.	
2. 의욕이 떨어지고 허전한 느낌이 자주 든다.	
3. 무언가 쫓기는 느낌이 들며 조급한 느낌이 든다.	
4. 무기력하고 항상 피곤하다.	
5. 특별한 이유 없이 불안하고 긴장된다.	
6. 잠을 쉽게 이루지 못하고 잠에서 자주 깬다.	
7. 일에 집중할 수가 없다.	
8. 하는 일이 비관적으로 느껴진다.	
9. 사소한 실수를 자주하거나 같은 실수를 되풀이 하게 된다.	
10. 가슴이 두근거리고 답답한 느낌이 든다.	
11. 입안이 자주 헐거나 붓는다.	
12. 목이나 어깨가 걸리고 몸이 무겁다.	
13. 식욕이 없거나 갑작스럽게 폭식을 하게 된다.	
14. 이유 없이 속이 울렁거리거나 구역질이 난다.	
15. 전에 비해서 변비나 설사가 늘었다.	
16. 손이나 발이 저리고 차다.	
17. 특별한 이유 없이 매사에 자신감이 떨어진다.	
18. 자주 어지러움을 느낀다.	
19. 속이 더부룩하며 소화가 잘 안 된다.	
20. 얼굴에 열이 자주 올라온다.	

제2장

시간관리

인간이 평생을 살아가는 데 있어서 많은 바른생활습관을 지녀야 하는데 그 중 시간관리에 대한 바른생활습관은 여타의 바른생활습관에 비하여 중요하다. 인생에서 시간관리를 잘한 사람은 그들이 설정한 원대한 꿈을 실현하여 행복한 삶을 영위하고, 직장 내에서 시간관리를 잘한 사람은 업무능력을 인정받아 고속승진을 하여 동료직원들로부터 부러움을 사기도 한다. 다음에서 시간관리의 개념, 중요성, 자기관리와 시간관리, 시간관리를 잘하는 사람의 특성, 효율적인 시간관리방안에 걸쳐 기술하기로 한다.

1. 시간관리의 개념

우리는 일상생활에서 시간에 관한 이야기를 많이 한다. '시간이 없어서 참석하지 못하였다', '시간이 촉박하다', '시간이 부족하다' 등 현실적인 개념으로부터 '세월이 유수와 같이 빠르다', '어느덧 세월이 흘러 내 나이 80을 바라본다' 등 연속적인 시간개념에 이르기까지 다양하게 시간에 대한 용어를 구사한다.

시간관리란 시간과 관리의 합성어로서 시간이란 사전적 의미로는 '과거, 현재, 미래로 이어져 머무름 없이 일정한 빠르기로 무한히 연속되는 흐름' 또는 '한시점에서 다른 시점까지의 사이에 특정한 일을 위해 따로 정해 놓은 때'라고 정의한다. 또한 관리란 '사람을 통솔하고 지휘 감독함', '시설이나 물건 또는 심신의 유지와 개량을 꾀함', '어떤 사무를 맡아 처리하고 관할함'으로 정의한다. 이상의 정의에서 보면 시간이란 단순히 시계나 태양으로 측정되고 나타내는 단위가 아니고 자신의 인생을 만들어가는 존재의 순간을 나타내는 단위이며 '존재라는 순간순간의 합'이 인생이다. 따라서 시간관리란 자신의 인생을 만들어가는 존재의 순간순간을 관리하는 것이라 본다면 시간관리란 넓은 의미로는 인생관리이기도 한다. 그러므로 이러한 광의의 시간개념은 결국 하루 24시간이 그 기초가 되므로 시간관리란 '개개인의 삶의 효율성을 높이기 위해 하루 24시간을 규모 있게 계획하고 사용하는 것을 배우고 훈련하는 과정'이라고 정의할 수 있다.

2. 시간관리의 중요성

시간관리의 중요성을 이해하기 위해서는 먼저 시간의 중요성에 대하여 알아보기로 한다.

1) 시간의 중요성

하루에도 수많은 시간을 낭비하면서 살아간다. 직장이나 가정에서 하루 일과표를 치밀하게 계획하여 운영한다고 해도 무심코 흘러버린 5분, 10분의 시간도 하나씩 모으면 아주 많은 시간이 된다. 오늘 하루도 얼마나 많은 시간을 낭비하면서 살았는지를 되돌아보면서 살아가는 지혜가 필요하다. 시간의 중요성에 대하여 김형섭(2007)은 다음과 같이 정리하고 있다.

〈표 IV-3〉 시간의 소중함

- 일 년의 소중함은 입학시험에 떨어진 학생들에게 1년이라는 시간이 얼마나 짧은지 물어보면 알게 될 것이다.
- 한 달의 소중함은 미숙아를 낳은 산모에게 물어보면 한 달이라는 시간이 얼마나 짧은지 알게 될 것이다.
- 한 주의 소중함은 주간잡지 편집장에게 물어보면 한 주라는 시간이 쉴 새 없이 돌아가는 것을 알게 된다.
- 하루의 소중함은 아이가 다섯 딸린 일용직 근로자에게 하루라는 시간은 정말 소중한 시간이라는 것을 듣게 될 것이다.
- 한 시간의 소중함은 약속장소에서 애인을 기다리는 사람에게 물어보면 알 것이다. 한 시간이라는 시간이 정말로 길다는 것을 알게 될 것이다.
- 1분의 소중함은 기차를 놓친 사람에게, 1초의 소중함은 간신히 교통사고를 모면한 사람에게 물어보면 1초, 그 짧은 시간이 운명을 가르는 시간이라는 것을 알게 될 것이다.

2) 시간관리의 중요성

돈이나 부동산은 중요한 재산이라고 생각하지만, 한 번 흘러가면 다시는 오지 않는 시간이 중요한 재산이라는 것은 잘 모른다. 그 이유는 그 누구도 돈을 지불하고 하루 24시간을 소유하지 않기 때문이다.

시간은 소중하다. 유한한 인생에 주어진 시간은 무한하지 않다. 자신에게 주어진 유한한 시간을 어떻게 효율적으로 운영하느냐에 따라 인생의 성패가 결정된다.

자신의 인생에 주어진 시간을 허비하게 한 대가를 돈으로 계산한 Franklin을 생각하여 시간관리의 중요성을 인식하고 노교장의 시간관리에 앞서 목표관리에 소홀한 그 결과가 가져온 노후의 모습을 생각하면서 시간관리의 중요성을 인식해야 한다. 시간관리는 바로 인생관리이다. 시간을 함부로 허비하는 사람을 아무것도 이루지 못하는 허무한 인생을 살게 되지만 철저한 시간관리를 잘하는 사람은 인생의 길이가 같더라도 많은 일을 이루는 큰 성공자가 된다.

Peter Drucker는 머리로 일해야 하는 지식노동자는 목표를 스스로 결정하고 달성하는 데 가장 중요한 것이 시간을 효과적으로 관리하는 일이라고 하였다. 이제 시간이야말로 가장 중요한 자산이라는 사실을 기억하고 시간을 잘 관리하는 사람이 성공한다는 사실을 명심해야 한다. 시간관리의 중요성을 정리하면 다음과 같다.

① 자신의 꿈을 실현하여 행복한 삶을 영위할 수 있다.
② 시간을 통제함으로써 자기 주도적인 업무처리능력이 향상된다.
③ 안정적이고 합리적인 일상생활을 영위할 수 있다.
④ 규칙적인 생활, 계획실현의 성취감으로 일의 보람을 느낀다.
⑤ 시간관리를 비롯한 바른 생활습관이 형성되어 사회생활의 적응을 원활히 한다.
⑥ 시간의 낭비가 없고 효율적으로 활용하여 자유시간이 늘어나 즐거운 여가생활을 할 수 있다.
⑦ 업무처리방법 및 절차가 체질화되어 업무처리의 효율성을 도모한다.
⑧ 스스로 학습계획을 세워 공부하기 때문에 부모님의 충고가 줄어든다(학생).
⑨ 학습동기가 높아지며 학습의 집중력이 향상되어 학업성취도가 향상된다(학생).
⑩ 실질 학습시간이 늘어나기 때문에 학습량이 증가하여 학업성취도가 향상된다(학생).
⑪ 무료함, 허전함, 박탈감 등 스트레스에서 벗어나 안정적인 노후생활이 영위된다(노인).

3. 자기관리와 시간관리

우리는 일상적으로 자기관리라는 말을 많이 쓰고 또한 자기관리를 위하여 부단히 노력하고 있다. 자기관리란 사전적 의미로는 '나 스스로를 관리하는 것' 또는 '자신의 건강, 체력, 이미지 따위를 가꾸고 살피는 일'로 정의되고 있다. 아무튼 자기관리는 자기 자신을 보다 더 나은 능력자로 가꾸는 데 초점을 두고 있다. 우리는 일반적으로 나 자신을 보다 더 나은 능력자로 만들기 위하여 특정의 기술이나 전략들을 활용하여 능력의 변화나 진보를 기대하고 있다. 이렇게 볼 때 자기관리란 개인이 변화하기 위한 노력으로 개인 스스로가 환경의 여건을 수정하고 결과를 조정하며 관리하는 전반적인 과정이다.

이렇게 되기 위해서는 삶의 현장에서 부딪히는 문제를 해결하기 위해 자신을 잘 조절하고 관리하는 능력이 필요하다. 이상의 내용을 종합해 볼 때 자기관리란 '최고의 수행을 위하여 일상생활에서 스스로의 절제를 통하여 정신적으로 준비하고 극복해 가는 과정'으로 정의된다. 한편 시간관리란 시간관리의 개념에서 밝힌 바와 같이 시간을 효율적으로 사용할 수 있도록 훈련함으로써 삶의 효율을 높이는 것으로 시간관리는 자기관리의 하위개념인 것이다. 즉 자기관리는 자기 자신을 보다 더 높은 능력자로 만들기 위한 일이며, 이를 위해서는 특정한 기술이나 전략들이 필요한 바 그 기술이나 전략으로서 시간관리, 스트레스 관리, 건강관리, 의사소통관리가 필요한 것으로 시간관리란 자기관리를 위한 한 수단이거나 기술로 인식된다.

4. 시간관리를 잘하는 사람의 특징

시간관리를 잘하는 사람과 시간관리를 잘 못하는 사람의 특징을 비교해 보면 〈표 IV-4〉와 같다.

〈표 IV-4〉 시간관리를 잘하는 사람과 잘 못하는 사람들의 특징

시간관리를 잘하는 사람	시간관리를 잘 못하는 사람
충분히 고민한 후 결정한다.	결정을 내린 후 또 고민한다.
미래계획이 있다.	미래계획이 전혀 없다.
시간관리 도구가 있다.	시간관리 도구가 없다.
일과 놀이가 균형을 이룬다.	일과 놀이 둘 다 엉망이다.
꼭 해야 할 일을 처음에 한다.	꼭 해야 할 일을 미루다가 한다.

왼쪽은 시간관리를 잘하는 사람들의 특징이고 오른쪽은 시간관리를 잘 못하는 사람들의 특징이다. 이에 대하여 구체적으로 기술하면 다음과 같다.

① 시간관리를 잘하는 사람들은 충분히 고민한 후 결정을 내린다. 물론, 결정을 내리기 전에는 귀가 좀 팔랑거려도 되고 주위의 의견을 많이 들어도 된다. 하지만 결정을 내리고 난 후에는 다르다. 충분히 고민했기 때문에 결정을 한 후에는 단호하게 밀고 나간다. 하지만 시간관리를 잘 못하는 사람들은 다르다. 결정부터 빨리 내린 후 또 고민한다. 누군가가 비트코인에 투자해 돈을 벌었다는 이야기를 들으면 일단 투자부터 한다. 뿐만 아니라 주말에 집을 보러 다니다 덜컥 계약금부터 넣는 사람도 있다. 이렇게 충동적이기에 후회도 많다. 가장 쓸데없는 시간낭비가 바로 이 '후회'이다.

② 시간관리를 잘하는 사람들에겐 '미래계획'이 있다. 이들은 길면 3년, 적어도 올해의 단기계획이 있다. 큰 그림이 있다면 오늘 좀 스트레스 받는 일이 있어도 지금 당장 일이 잘 풀리지 않더라도 견뎌 낼 수 있다. 100m 달리기를 하다 신발 끈이 풀려 넘어지면 다시 일어나 끈을 묶고 달린다. 하지만 시간 관리를 못하는 사람들은 다르다. 지금 눈앞의 것밖에 보지 못하기 때문에 집착이 심하다. 끈을 묶지 않고 왜 끈이 풀렸는지 하나하나 따지며 확인한다. 지금 일이 풀리지 않으면 누가 지금 내 자리를 위협하고 있다면 그 일이 사소한 일이거나 중요한 일이거나 관계없이 수시로 발끈하곤 한다.

③ 시간관리 도구의 유무이다. 대단한 도구를 이야기하는 것이 아니다. 하다못해 일정을 적은 다이어리가 있느냐 없느냐의 차이이다. 아니면 스마트폰으로라도 일정관리를 하느냐의 차이이다. 항상 시간관리 강의를 할 때마다 강의 초반에 일정관리도구의 사용 여부를 확인해 보는데 절반 이상의 수강생들이 전혀 사용하지 않고 있었다. 특히 연령대가 높거나 남성의 경우가 더 많았다.

④ 일과 놀이의 균형이다. 시간관리를 잘하는 사람은 일과 놀이의 균형을 잡으려고 노력한다. 우리가 일을 하는 이유는 쉬기 위해서이고, 마음 놓고 쉴 수 있는 것은 다시 돌아왔을 때 '할일'이 있기 때문이다. 그래서 시간관리의 달인들은 이를 철저히 지키려고 노력한다. 하지만 시간관리를 못하는 사람들은 어제나 할 일이 많기 때문에 쉬는 건 꿈도 못 꾼다. 아니 조금이라도 쉬는 시간이 생기면 쉬면서도 불안하다. 그래서 제대로 쉬지도 못하면서 일도 삶도 엉망이다.

⑤ '꼭 해야 하는 일을 처음에'와 '꼭 해야 하는 일을 나중에'다. 나는 이따금씩 책을 쓰고 싶은 사람들을 위해 '책 쓰는 토요일'이라는 강의를 열고 있다. 매주 토요일 아침 10~12시에 진행하는데 강의 후에는 항상 '과제'를 내준다. 수강생들은 6주간 매주 토요일 오전에 나올 정도면 어느 정도의 책임감과 자신감이 있는 사람들이다. 이들은 과연 언제 '과제'를 제출할까 답은 당신이 예상하는 대로다. 대부분의 과제는 다음수업 전날

인 금요일 저녁이나 토요일 새벽에 도착한다. 그런데 매기수마다 10%에 해당하는 사람들은 수업 다음날 일요일에 과제를 제출한다. 이들은 모두 쉬고 싶은 토요일과 일요일인데 왜 서둘러서 과제를 제출하는 걸까? 이들은 '일요일까지는 자신이 컨트롤 할 수 있는 시간이지만 다음 주에는 어떤 일이 벌어질지 모르기 때문에 일요일에 과제를 보냈다'고 말했다. 이 말이 정답이다(이임복).

5. 효율적인 시간관리방안

우리들은 사회의 모든 분야에서 성공하고 자아실현을 한 대부분의 사람은 한결같이 시간관리를 잘 실천한 사람이다. 대부분의 사람은 시간관리의 중요성과 방법에 대하여 잘 알고 있으면서도 실제 적용에 실패하는 이유는 실제 적용이나 실천과정에 많은 고통과 노력이 뒷받침되어야 하기 때문이다.

1) 시간관리전략

효율적인 시간관리방안을 구체적으로 생각하기 전에 시간관리에 대한 일반적인 전략에 대하여 생각해 보기로 한다.

(1) 시간관리를 잘 실천하기 위해서는 명확한 꿈과 목표가 설정되어야 한다

개개인의 꿈과 목표가 뚜렷하게 설정된다면 자연히 이를 실현하기 위한 시간계획과 시간관리가 합리적이며 효율적으로 이루어지게 된다. 명확한 꿈과 희망이 없는 사람은 시간관리의 필요성을 인지하지 못한다.

(2) 시간관리는 오직 반복과 연습을 통해서만이 숙련된다

시간관리는 실제 일상생활 속에서 실천을 통해서만 이루어지는데 이 실천은 오랜 세월동안 반복과 연습을 통해 형성되는데 똑같은 행동을 반복, 연습하기란 재미가 없어 고통과 인내의 과정이 뒤따른다. 그러나 이를 참고 상당기간 시간관리를 통하여 반복, 연습을 한다면 몸에 체질화되어 그 이후로는 하나의 일상이 된다.

(3) 바람직한 시간관리를 바른생활습관의 일환으로 우리 몸에 체질화시킨다

바른생활습관을 우리 몸에 체질화시키기란 많은 고통과 인내를 감수하고 수많은 반복과 연습을 통하여 우리몸에 체질화되어 우리의 삶을 즐겁게 해 준다. 또한 시간관리도 우리 삶을 즐겁게 만들어주는 바른생활습관의 행동영역으로 우리 몸에 체질화시켜야 한다.

(4) 시간관리에 대한 실천동기를 부여하기 위해서는 성공한 사람들이 반드시 겪는 과정으로 인식시키는 일이다

미래의 행복한 삶을 위하여 어떤 분야에서 성공한 사람이나 자아실현을 한 사람들이 겪은 힘든 과정을 다시 밟아 간다고 생각하면 현재의 시간관리에 대한 고충과 인내를 감수하게 될 것이다.

(5) 시간관리의 중요성을 인식시키는 일이다

시간관리를 무조건 체질화시키기보다는 시간관리가 왜 중요한가? 그리고 시간관리의 실천이 얼마나 어려운 과정의 연속인가? 그리고 시간관리의 가치가 무엇인가? 등 시간관리에 대한 인지적 수준을 제고시켜 줄 때 시간관리의 실천적 기술이 개인의 몸에 쉽게 체질화될 수 있다.

2) 효율적인 시간관리 방법

본 항에서는 전 항에서 밝인 전략을 바탕으로 하여 구체적인 시간관리 방법에 대하여 생각해 보기로 한다.

(1) 꿈과 목표

꿈과 목표는 자신의 성공적인 삶을 위한 열쇠이다. 인간이 성공하기 위해서는 어려서부터 미래에 대한 꿈과 희망이 있어야 한다. 인간이 성공하기 위해서는 자신의 모든 에너지를 집중시킬 수 있는 에너지가 필요하고 이러한 에너지를 한 방향으로 모으기 위해서는 그 구심점이나 지향점이 있어야 하는데 그것이 바로 꿈이요 목표이다. 꿈과 목표가 있는 사람에게 시간관리가 필요하다. 꿈과 희망이 없는 사람은 시간이 남아돌아가니 시간관리를 해야 할 필요가 없다. 많은 목표를 세워서 바쁘게 사는 것이 중요한 것이 아니다.

어떤 목표를 위하여 어떻게 시간을 바쁘게 보냈느냐가 중요한 일이다. 좋은 목표는 행동의 구심점이 되고 강력한 욕망을 끌어내는 기능을 하며 이를 실현하기 위해서는 시간관리가 필요하다. 좋은 목표는 수적으로 많은 목표가 아니고 가치 있고 구체적인 목표이다. 자기 인생에 걸친 장기적인 꿈과 목표에 못지않게 지금 당장의 꿈과 목표도 중요하다. 무엇을 해야 할지 망설이거나 해야 할 일이 너무 많아 의사결정을 하지 못하고 우왕좌왕하다보면 중요한 인생의 세월 또한 의미 없이 허비하기 쉽다. 이것저것 한번에 다하려고 하면 안 된다. 목표를 설정하는 요령은 다음과 같다.

① 하고 싶은 것을 모두 종이에 적는다.
② 쓴 항목들을 우선순위를 매긴다.
③ 가장하고 싶은 일이 정해지면 그것을 어떻게 달성할 것인가 생각해서 종이에 적는다.
④ 그것을 달성하기 위해 필요한 것들을 선택한다.
⑤ 다른 것들은 모두 무시한다.

(2) 일처리의 효율성 도모

어떤 목표나 사업, 일을 선정하고 선정된 목표나 사업, 일을 추진하기 위한 시간계획을 세워 시행하는 시간관리도 중요하지만 그보다 선정된 목표나 사업, 일 등을 추진하는 소요시간을 최소화시키는 일이 시간관리의 핵심이다. 이를 위해서는 일처리의 효율성을 도모하는 일이다. 이렇게 일처리의 효율성을 도모하기 위해서는 전 절에서 밝힌 바와 같이 목표를 선정하는 과정에서 일단 목표로 선정되면 목표실현을 위한 다양한 소요자료를 생각해 보고 소요시간과 노력 등을 고려하여 목표실현이 가능한지 목표선정과정에서부터 검토되어야 한다. 위와 같은 치밀한 검토과정이 있다 할지라도 대부분의 사람이 자신의 당초계획대로 실현하지 못하는 경우가 많다. 항상 자신이 계획하거나 예상하지 않았던 사건이나 방해요인 또는 갑작스런 위기 상황이 돌발할 수도 있다. 이러한 돌발적인 다양한 상황을 이해하고 수용하는 융통성 있는 자세와 태도를 갖는 것도 시간관리에서 중요하다.

(3) 공명심, 전시지향

누구나 직장 내에서 개인이 참신하고 창의적인 사업을 창안하여 추진 계획을 세워 좋은 실적을 거양함으로써 직장 내에서 상사나 동료로부터 안정을 받으려는 욕구를 가지고 있다.

그런데 여기에 지나친 공명심과 전시지향의 계획을 수립하는 경우에 문제가 많다. 흔히 공명심과 전시지향의 일처리를 즐기는 직원들은 계획수립에서부터 욕심을 부린다.

먼저 사업을 많이 세운다. 물론 자신이 생각하기에는 창의적이고 참신한 사업이라고 상사들에게 결재 과정에서부터 강변한다. 그리고 각 사업마다 추진계획을 구체적이며 세밀하게 세워서 상사나 관계부서로부터 협조를 쉽게 얻어낸다.

지금까지는 성공한 셈이다. 그러나 계획은 탁상에서 수립하였기 때문에 별 어려운 일이 없었으나 추진과정에서부터 갈등을 느낀다. 너무나 많은 사업을 선정하여 추진하다보니 시간과 정력이 달려 일 추진과정에서 포기하거나 쓰러진다. 자기가 많은 일을 만들어 놓고 그 많은 일 속에서 묻혀 고생하는 것이다. 급기야는 몸까지 다친다. 자승자박하였다.

사업(계획)수립에서부터 공명심과 전시지향은 버려야 한다. 자신의 시간과 정력에 비추어 실현 가능성이 있는 사업(계획)이 선정되어야 한다. 특히 시간계획이 최우선적으로 고려되어야 한다.

(4) 업무환경 개선하기

직장이나 가정에서 업무를 효율적으로 처리하기 위해서는 기 수립된 계획이 있어야 하고 이 계획을 효율적으로 처리하기 위한 적절한 시간, 적절한 기구와 설비, 적절한 공간, 적절한 분위기 등 다양한 조건들이 조성되어야 한다.

특히 적절한 업무환경이 조성이 될 때 업무처리의 효율성이 제고되어 소요시간이 단축되어 다른 업무들도 정상적으로 처리할 수 있다. 특히 여기에서 고려할 점은

첫째, 정리정돈, 청소를 말끔히 하여 어수선하고 부산한 상황을 안정되고 깨끗한 환경으로 바꾼다.

둘째, 업무처리에 불필요한 자료나 물건은 다른 곳으로 소개시키고 꼭 필요한 자료나 물건만을 업무공간에 모아놓는다.

셋째, 업무처리에 필요한 기구를 정비한다.

넷째, 시각적으로 에너지를 분산시키는 장애물을 줄인다. 창을 닫거나 외부의 복잡한 것들이 보이지 않게 차단하는 등 업무처리에 최적한 환경을 먼저 구성하는 일이다.

(5) 1일계획과 주간계획 세우기

1일계획은 일이 시작되기 전 늦어도 1일 전에, 주간계획은 1주일 전에 세워서 실행에 옮기어야 한다. 1일계획은 매일아침에 일어나서 또는 전날 잠들기 전에 반드시 그날 해야 할 일에 대한 목록을 만들어야 한다. 이 목록에는 직장의 일이나 개인적인 일도 포함시킨다. 일에 대한 목록은 종이에 펜으로 적어도 좋고 PC나 PDA 등에 입력시켜도 좋다. 1일계획은 될 수 있으면 전날 잠들기 전에 세워두었다가 아침에 다시 보아 상황에 따라 수정할 수도 있다. 또한 주간계획은 일일계획보다는 긴 안목으로 보는 입장으로 일의 목록을 금요일에 1차 기록해두었다가 토요일, 일요일에 다시 보면서 수정해나간다. 일일계획이니 주간계획은 1차계획을 세운 후 다시 보면서 수정해 나가도록 한다. 일일계획이나 주간계획은 일정기간 모아두며 계획 내에 이행상황을 체크하고 이행과정에서 생긴 특별한 일이나 이행되지 못한 경우, 그 이유와 앞으로의 대책도 아울러 기입해 둔다. 1일계획과 주간계획을 세울 때 고려할 점은 다음과 같다(부산대학교 교수 · 학습지원센터, 2009).

〈표 IV-5〉 성공적인 계획을 위한 여섯 가지 질문

- 결과: 나의 목표는 무엇인가?
- 행동: 이런 결과들을 얻기 위해 내가 해야 할 행동은 무엇인가?
- 우선순위: 우선순위는 무엇인가?
- 시간측정: 각 활동에는 어느 정도의 시간이 필요한가?
- 일과표: 언제 그 활동을 할 것인가?
- 융통성: 나는 통제할 수 없는 예기치 않은 일에 어느 정도 융통성을 가지고 허용하는가?

또한 일이 종료된 후 마무리 시간을 갖는다. 마무리 시간에 검토할 내용은 다음과 같다.

〈표 IV-6〉 성공적인 마무리를 위한 질문

결과:
- 계획대로 이행되었는가?
- 계획대로 이행되지 못한 내용은 무엇인가?
- 이행되지 못한 내용은 다시 계획할 것인가?
- 오늘 이행한 일은 주간계획과의 관련성은 어떠한가?

대책:
- 일이 계획대로 이행되지 못한 이유는 무엇인가?
- 이행되지 못한 일을 언제 계획할 것인가.

연계:
- 오늘 이행한 계획이 미래(주간, 월간, 년간) 계획 추진과 어떤 관련성이 있는가?
- 오늘 이행한 계획이 미래(주간, 월간, 년간) 계획 추진과 관련성이 있다면 다음 계획추진에서 고려할 점은 무엇인가?

위와 같은 관점으로 머릿속으로 정리해 본다. 그러나 위에 제시한 문항별로 그 결과를 기록하기란 어렵고 오히려 시간이 너무 많이 소요되어 시간관리에 역행하는 일로서 그 결과를 1일계획이나 주간계획에 요점만 개조식으로 남기어 활용하거나 기록도 힘들면 머릿속에 정리해둔다.

(6) 일의 순서정하기와 도상훈련하기

시간관리란 궁극적으로는 시간을 운영하는 방식과 절차를 계속적으로 훈련함으로써 이 훈련과정이 바른 습관으로 정착되고 바른습관을 이행하는 과정에서 자연스럽게 시간관리가 이루어지는 것이다.

따라서 다루려는 일을 처리하는 데 있어서 일의 순서를 정하고 일의 순서에 따라 실행과정을 도상훈련을 해 봄으로써 일처리에 대한 구체적인 방법과 절차를 익히게 되어 시간을 효율적으로 운영할 수 있게 된다.

① 일의 순서 정하기

전 항에서 일일계획을 세우는 요령에 대하여 구체적으로 기술하였는데 1일계획을 세우기 위하여 먼저 1일 동안에 처리해야 할 일의 목록을 작성한 후 일의 목록을 검토하여 일의 순서를 정한다. 일의 순서를 정하는 데 있어 고려할 내용을 제시하면 다음과 같다.

첫째, 일을 처리해야 할 장소별로 분류한다.

예 • 가정에서 할 일:
- 직장에서 할 일:

둘째, 일의 처리해야 할 시급성에 따라 분류한다.

예 • 가정에서 할 일
  - 시급한 일
  - 덜 시급한 일
- 직장에서 할 일
  - 시급한 일
  - 덜 시급한 일

셋째, 일을 처리해야 할 중요도에 따라 분류한다.

예 • 가정에서 할 일
  - 중요한 일
  - 덜 중요한 일
- 직장에서 할 일
  - 중요한 일
  - 덜 중요한 일

넷째, 오늘 처리해야 할 일은 최종적으로 선정한다.

예 • 가정에서 할 일 - 중요하고 시급한 일
- 직장에서 할 일 - 중요하고 시급한 일

다섯 째, 오늘 꼭 처리해야 할 일을 시간대별로 정리한다.

예 • 가정에서 할 일
- 직장에서 할 일의 순서를 밟는다.

(7) 중요하고 시급한 일 선정하기

많은 업무의 홍수 속에서 살아가는 현대인은 무엇보다도 중요한 일과 시급한 일을 우선적으로 선정하여 처리하는 습관을 지니어야 한다.

① 중요한 일 선정하기

시간관리의 핵심기법 중의 하나는 중요한 일부터 처리해야 하는 것이다. 중요한 일이란 자기인생에서 최고의 목표달성에 기여하는 일로서 높은 가치를 가지며 장기적인 입장에서 볼 때 자기 자신의 인생을 획기적으로 개선할 수 있는 일로서 이 목표를 실현하기 위해서는 그 목표에 관련된 다양한 하위목표가 있기 마련이며 이 하위목표를 구현시키기 위해서는 장기계획을 세워 추진해 나가는 것이다.

② **시급한 일**

시급한 일은 인생의 중대 목표와 관련이 되는 것이 대부분이나 그렇지 않은 것도 있다. 인생의 중대 목표와 관련이 없는 일 중 시급한 일은 예를 들면, 날자와 시간이 정해진 애경사참여, 공과금납부 등이고 시급하지 않은 일은 전화하기, TV보기, 자료검색하기 등 날짜와 시간이 정해져 있지 않은 일이다. 중요하지도 시급하지도 않은 일을 먼저 처리하다가 중요한 일과 시급한 일을 놓쳐 낭패를 보는 일이 많다.

(8) 시간 통제력 기르기

어떤 사람이 일을 하고 싶을 때 일하고, 놀고 싶을 때 놀고 싶은 만큼 놀고, 내가 만나고 싶은 사람을 만나고 싶은 시간에 만날 수 있고, 그러면서 이러한 과정들이 즐겁고 또한 시간적 제약을 받지 않은 사람은 자신에게 부여된 시간을 통제할 수 있는 사람으로 이런 유형은 '내적 통제력'이 높은 사람이라고 한다. 반면에 어떤 사람은 친구가 만나기를 원하면 '바빠서 나갈 수 없어' 그리고 어떤 사람은 시간이 많으니 하시를 막론하고 만날 수 있어라고 말한다. 전자의 사람은 시간관리를 잘 못해서 시간이 없는 사람이고 후자의 사람은 시간관리를 하지 않아서 시간이 남아도는 사람으로 '내적 통제력'이 없는 사람들의 일반적인 모습이다. '내적 통제력'이 있는 사람들은 자기 노력에 의해서 자기가 원하는 모든 것을 얻을 수 있다고 생각하고 또한 이러한 것들은 시간을 관리할 수 있는 내적 통제를 할 수 있기 때문이라고 생각한다.

시간관리를 위해서는 '내적 통제력'을 길러주어야 하는데, 특히 앞에서 지적한 시간이 많으니 친구가 아무 때나 불러주어도 만날 수 있다는 사람이다.

이런 사람은 일반적으로 시간이 너무 남아 외롭고 고독하고 무료하고 해서 시간이 지나가지 않아 하루를 보내기 힘든, 즉 시간의 노예가 된 사람이다.

(9) 오늘 할일을 다음날에 미루지 않기

개개인의 목표나 일상적으로 처리해야 할 업무를 선정해 놓고 선정된 목표나 업무에 대한 시간배분 등을 나름대로 합리적으로 배분해 놓고서도 실제로 계획에 따라 시행하지 않는 경우가 허다하다. 이와 같이 시행을 포기하거나 보류, 또는 연기하는 것은 시간관리에 대한 바른습관이 형성되어 있지 않기 때문이다. 포기, 보류, 연기하는 이유를 분석하여 이에 대한 대책을 강구하는 것이 바람직한 일이나 미루는 습관을 개선하기 위한 몇 가지 아이디어를 소개하기로 한다(김은영 외, 2016).

① 부담되는 일은 시간을 정해놓는다.

하기 싫은 일은 시간을 짧게 정해놓고 그 시간에 규칙적으로 한다.

② 복잡한 일은 나누어서 작은 목표를 정해서 일한다.
일의 크기가 너무 크고 방대하면 일을 시작할 엄두가 나지 않는다. 일의 목표와 범위를 처음부터 작게 나누어 놓으면 시작하는 것이 훨씬 수월해진다.

③ 일을 할 기분이 될 때까지 기다리지 마라.
일을 할 기분이 될 때까지 기다리는 사람이 많은데 자신의 기분과 상관없이 무조건 일을 시작하는 것이 좋다. 계속 진행하면 어떤 일이든 생각보다 쉽게 이루어진다.

④ 마감기한을 정하고 주위사람들에게 광고해라.
주위사람들에게 마감기한을 약속하고 공포하는 것은 약속을 지키고자 하는 강력한 동기요인이 된다.

(10) 일의 경중, 완급 조절

해야 할 일과 하고 싶은 일이 너무 많은데 어느 한 가지도 진척되지 않고 머뭇거리며 시간만 보내는 경우가 있다. 연휴가 길거나 갑자기 쉬는 날이 있을 때 빈둥거리며 무엇부터 손대야 할지 몰라 어영부영 시간을 보내게 된다. 물론 사람이 항상 쉬지 않고 살아가는 건 정말 숨 막히는 일이다. 그러나 해야 할 일을 하지 못하면서 고민만 하거나 걱정거리가 쌓여 두통이 생긴다면 심각한 문제가 된다. 여러 가지 일을 동시에 할 수 있다면 더욱 좋겠지만 그리 쉬운 일이 아니다. 집안일도 중요하고 친구나 동료들과의 관계도 중요하지만 고객과의 관계 또한 무시할 수 없다. 일의 경중 · 완급을 결정하기가 어려울 때는 막연히 고민만 하지 말고 백지에 생각나는 대로 써놓고 천천히 들여다보고 있으면 경중 · 완급이 가려진다.

(11) 칼같이 자르는 거절

대부분의 사람은 지극히 온정적이며 타인배려적이고 자기주관이 뚜렷하지 못한 사람들은 자신이 당장 처리해야 할 중요한 일이 있음에도 불구하고 외부의 권유와 유혹에 빠져 자신의 일을 감성적으로 판단하는 경우가 많다. 이런 부류의 사람들은 자신의 시간관리에 소홀할 수밖에 없다. 다른 사람과 관계되는 모든 일은 적어도 1~2주 전에 계획되어야 하며 갑작스럽게 제의된 일은 자신의 시간관리 차원에서 저해가 된다면 칼같이 거절하는 이성적 판단력을 길러주어야 한다.

(12) 동시에 할 수 있는 일 찾기

동시에 두 가지 일을 한다면 업무처리의 효율성이 제고되고 시간관리가 합리적으로 이루어진다. 물론 일반적으로 하나의 일에 정신을 몰두하여 초점화시킬 때 업무처리의 효율성이 높아지기는 하나 그렇지 않은 경우가 많다. 이에 관한 몇 가지 예를 제시하면

첫째, 제자리 걷기를 하면서 TV 시청하기, 음악듣기
둘째, 걸어가면서 음악듣기
셋째, 가사가 없는 음악 들으면서 수학공부, 영어단어 외우기
넷째, 버스 기다리면서 음악듣기 등이다.

(13) 절대시간 투자

대부분의 사람은 일을 시작할 때 시간의 효율부터 따지고 시작한다. 잘못된 생각이다. 우리는 사람이기에 투자하는 시간의 100%를 완전히 효율적으로 발휘할 수 없고, 이것은 개인별로 큰 편차가 있다. 목표를 이루고 싶다면 이루고 싶은 목표에 시간을 많이 투자해야 한다. 아무리 훌륭한 천재라도 절대 시간을 투자하지 않으면 성공하지 못한다.

(14) 주어진 기회 포착

해 볼 수 있는 기회와 시간이 오면 망설이지 말고 추진한다. 그렇지 않으면 또 다른 기회비용의 손실이 되기도 한다. 그래서 물건 사기를 망설일 때는 과감히 사지 말고, 사람을 만나고 싶을 때는 무조건 만난다. 사기를 망설이는 물건은 급한 것도 중요한 것도 아니지만 사람은 만날 때마다 배울 것이 있기 마련이다.

(15) 마감일 정하기

자기가 하는 일 중 기한이 있는 일은 마감일을 정해놓고 늘 생각하면서 일을 처리한다. 직장동료들과의 약속날짜도 포함한다. 이상의 모든 약속은 메모해 두었다가 재생시킨다.

(16) 일의 자동화

내가 가만히 있더라도 자동으로 돌아가는 일을 만들어라.

예를 들면 음식물이 눌러 붙어 있는 접시를 물에 담가놓고 세탁기를 돌려놓은 후 청소기로 청소를 한다. 청소가 종료되면 접시에 눌러 붙은 음식이 불어 접시 씻기가 쉬워지고 접시 씻는 동안 세탁이 완료되어 옷을 건조대에 널어놓는다.

제 3 장

업무관리

모든 조직에는 조직이 노리는 조직목표가 있고 이 조직목표를 구현하기 위해서는 이에 따른 다양한 업무가 있으며 또한 이들 업무는 조직원들에게 일정기준에 의해 분담된다. 또한 분담된 업무는 조직원들에 의해 수행됨으로써 조직의 목표를 구현하게 된다. 결국, 조직관리의 한 분야로서 업무관리가 뒤따르기 마련인데 조직관리 가운데 가장 중요한 부분이 업무관리로 인식된다. 물론 조직관리 내에는 업무관리를 비롯하여 인사관리, 시설관리, 물적관리, 재정관리, 환경관리, 시간관리 등 관리해야 할 영역이 많으나 그 중 조직 목표구현에 직접적으로 영향을 주는 관리영역은 업무관리로서 다음에서 업무관리의 개념, 중요성, 업무관리와 시간관리의 관계, 효율적인 업무관리방안 순으로 기술하기도 한다.

1. 업무관리의 개념

업무관리란 업무와 관리의 합성어로서 업무지도, 업무지휘, 업무수행 등과 같은 개념으로 널리 쓰인다. 또한 업무란 사전적 의미로는 '직무상 맡아서 하는 일', '직무활동', '종업원 개개인에게 각자의 일을 맡기는 것' 등으로 정의되고 있다. 또한 업무는

첫째, 조직의 성격에 따라 업무내용이 달라진다.

둘째, 업무는 조직의 목표를 구현하기 위한 활동의 내용이다.

셋째, 업무는 조직구성원의 특성에 따라 다양하게 분류할 수 있는 융통성을 가지고 있다.

넷째, 업무는 조직의 목표를 직접적으로 지원해 주는 내용과 간접적으로 지원하는 내용이 있다.

2. 업무관리와 시간관리

결론부터 이야기하면 업무관리는 자기관리의 하위개념으로 업무관리를 잘하는 사람은 직장 내에서 본인이 맡은 업무를 잘 수행함으로써 상사와 동료직원으로부터 신뢰를 받으며 고속승진의 기회가 주어지는 등 직장 내 생활이 행복하다. 또한 업무관리와 시간관리는 쌍방향적으로 영향을 주는 상호작용적 관계를 가지고 있다.

직장 내 업무와 관련하여 시간관리의 목적은

첫째, 시간을 통제함으로써 자기주도적인 업무처리능력이 향상된다.

둘째, 업무처리 방법 및 업무처리 절차가 체질화되어 업무처리의 효율성을 높일 수 있다.

셋째, 업무처리상 시간의 낭비가 없고 효율적으로 활용하여 자유시간이 늘어나 여가선용은 물론 행복한 생활을 영위할 수 있다.

또한 시간관리와 관련하여 업무관리의 목적은

첫째, 업무를 효율적으로 관리하므로서 업무처리에 소요되는 시간을 최소화할 수 있다.

둘째, 업무처리에 소요되는 시간을 정확히 산출하여 업무를 진행함으로써 여유 있게 직장생활을 영위할 수 있다.

이상에서 밝힌 바와 같이 업무관리와 시간관리는 쌍방향적으로 영향을 주어 효율적인 업무관리는 효율적인 시간관리를 통하여 또한 효율적인 시간관리는 효율적인 업무관리를 통하여 이루어지며 효율적인 업무관리와 시간관리는 충실한 자기관리를 지원해 준다.

3. 업무관리의 중요성

모든 조직이나 기관에는 존립의 목표가 있고 또한 조직이나 기관의 소속원들은 이 목표를 구현하기 위해 노력하며 목표를 구현하지 못하면 결국에는 조직이나 기관은 폐쇄되거나 조직을 일부를 축소 또는 수정이 불가피하게 된다. 따라서 훌륭한 조직이나 기관은 기 설정된 목표구현을 위하여 모든 역량을 결집해야 하는데, 그 중 가장 중요한 역할을 하는 관리영역이 업무관리이다. 따라서 모든 조직이나 기관에서는 업무관리의 효율성 제고를 위해 이에 영향을 주는 모든 요인, 즉 인력, 시설, 시간, 기구 등의 적절한 지원 및 배치가 이루어진다. 업무관리가 잘 이루어지는 조직이나 기관에서는 조직이나 기관의 목표가 효율적으로 실현되어 소속직원들의 사기가 높고 직원 상호 간에 좋은 인간관계가 맺어져서 직원 간에 상호

협력적인 관계 속에서 행복한 조직이나 기관생활이 영위될 것이다. 이상에서 밝힌 내용을 중심으로 업무관리의 중요성을 정리하면 다음과 같다.

1) 조직이나 기관의 입장에서

조직이나 기관의

① 설정된 목표가 실현되어 조직이나 기관은 더욱 발전한다.
② 소속직원들 간에 좋은 인간관계가 형성되고 상호협력적인 관계가 조성된다.
③ 조직과 집단에 대한 긍지와 자부심이 강하여 근무의욕을 상승시킨다.
④ 건강, 위생, 취미, 오락 등 자기실현을 위한 장과 기회가 마련된다.
⑤ 시간관리가 잘 이루어져 직장생활이 안정적으로 이루어진다.

2) 개인의 입장에서

① 미래에 대한 자신의 목표와 꿈을 실현할 수 있다.
② 자기주도적인 업무수행능력이 형성된다.
③ 후생과 복지가 잘 이루어져 안정된 가정생활을 영위할 수 있다.
④ 시간관리가 잘 이루어져 일상생활이 여유 있게 이루어질 것이다.

4. 효율적인 업무관리방안

유아교육기관에서 업무관리는 하루의 한정된 시간 내에 이루어져야 하고 또한 최소의 시간을 투자하여 최대의 업무추진의 효율을 높여야 하고 또한 업무의 성격과 내용에 따라 소요되는 시간을 적절히 배부하는 등 업무관리와 시간관리가 상호작용적으로 운영된다. 따라서 시간관리와 업무관리 방안이 서로 연계되어 있으나 본 항에서는 유아교육기관에 국한하여 유아교육기관의 특성과 성격을 고려한 효율적인 업무관리방안에 국한하여 기술하기로 한다.

1) 공정한 업무분담

업무관리의 효율화를 위해서는 업무를 직접적으로 처리하는 소속직원들에게 업무를 공정하게 분담해 주어야 한다. 공정한 업무분담이 이루어지지 않은 경우, 과중한 업무분담을 받은 직원은 업무처리 중에 많은 스트레스를 받으면서 업무추진의 효율성이 저하되고 많은 불평을 하게 되는 한편 업무분담이 적은 직원은 무료하므로 오히려 많은 스트레스를 받게 된다. 따라서 기관 내에서 업무분담의 공정성 문제야말로 기관의 소속직원들에게는 최대의 관심사이다. 반대로 관리자들에게는 모든 직원들에게 공정하게 업무를 배분하는 일이 가장 어려운 과제이다. 공정한 업무분담을 위한 방안은 다음과 같다.

(1) 업무분석을 통한 업무조정

직원 개개인에게 부여된 업무를 분석하여 전직원들에게 공정한 업무를 조정배분해 주어야 한다. 이를 위해서 업무의 유형에 대한 이해가 먼저 이루어져야 한다.

〈표 IV-7〉 업무의 유형

업무의 유형
① 본연 과제: 원래 자신에게 주어진 업무, 해야 할 일
② 도전 과제: 하지 않아도 당장 문제가 없지만 성과향상을 위해 할 일
③ 공헌 과제: 우리팀 일은 아니지만 전사적인 시너지를 위해 해야 할 업무
본연 업무의 유형
① 정례적/정기적 업무: 일반적인 직무분류상의 업무
② 비정례적/상사 수명 업무: 갑자기 주어진 업무, 상사가 시킨 업무

〈표 IV-7〉과 같이 정례적/정기적 업무는 예측이 용이하기 때문에 사전에 분배가 쉽다. 하지만 비정례적/상사 수명(受命) 업무의 경우는 다르다. 잘 관리하지 않으면 문제가 생긴다. 주로 일을 잘하거나 협조적인 직원에게 몰리기 쉽다. 비정례적/상사 수명 업무의 비중이 커지고 이 업무에 대한 배분이 균등하게 이루어지지 않으면 조직원들 간에 위화감이 커질 뿐만 아니라 팀 전체의 업무효율성이 떨어지고 무엇보다 그 일을 맡아 하게 되는 직원의 사기가 떨어지기 마련이다.

따라서 공정한 업무분담을 위해서 관리자들은 먼저 본연의 업무 중에서도 '비정례적/상사 수명 업무'의 비중이 어떠한지를 파악해야 한다. 만약 이런 업무의 비중이 소수의 직원에게 편중되어 있다면 문제가 있는 것이다. 그런 문제가 발생하였다면 다음은 직원들의 역량을 분류해야 한다. 그래야만 난이도에 맞게 전 직원들에게 고루 업무가 분담될 수 있다. 그리고 업무유형 즉 본연과제, 도전과제, 공헌과제에 대한 개념과 한계를 분명히 제시해 주고 이들 과제를 수행하는 교사들을 격려하고 근무평정에서 고려함은 물론 성과금을 우선적으로 지급해야 한다.

직원들에게 '공정성'은 업무의욕에 가장 큰 영향을 미치는 요인이다.

(2) 업무분장표 작성

유아교육기관에서 전 직원들에게 업무부여의 공정성을 유지하기 위해 업무분장표를 만든다. 업무분장표란 어떠한 업무를 체계적인 기준으로 분류하여 소속직원들에게 배분하는 것으로 조직 내의 인적자원의 효과적인 활용을 위하여 만들어진다. 조직 내의 업무를 부서의 특성이나 개인의 직위 및 직책에 따라 분담하게 되는데, 이를 업무분담이라고 하고 이 업무분담내용을 표시한 것을 업무분장표라고 한다. 업무분장표의 내용을 기록할 때는 소속부서와 직위를 기록한다. 그리고 포괄적인 업무의 범위와 여기에 속하는 세부적인 실행업무사항을 기록하도록 한다. 업무분장표는 업무분장과 업무내용을 자세히 기록하여 업무를 효율적으로 처리하는 것이 목적이다.

업무분장표의 '예'를 〈표 IV-8〉에 나타내었다.

〈표 IV-8〉 업무분장표

부서명	담당자	업부분장	업 무 내 용	비고
교무부	○○○	학적	원아의 전입, 전출상황	
		행사	각종 국가·사회행사, 원내교육 행사의 계획 및 추진	

업무분장표는 다음과 같은 요령으로 작성한다.

① 전 직원에게 분담하되 업무처리 소요시간과 노력을 고려하여 균형적이며 공평하게 부여한다.

② 교사 개개인의 희망을 최우선하여 배정하되 교사의 특성, 소질 등을 고려하여 부여한다.

③ 가급적 매년 담당업무를 바꾸어 전 직원들이 원내의 모든 업무처리 경험을 갖도록 한다.

④ 담당업무가 바뀌는 경우에는 전에 담당한 교사로부터 관계서류를 인계받음은 물론 업무처리 요령과 방법에 대한 안내를 받는다.

(3) 공정한 직무수행을 위한 공무원행동강령

공무원은 자기에게 부여된 직무의 공정한 직무수행을 위해 상급자로부터 부당한 압력을 거부할 수 있다. 이에 관련된 공무원 행동강령은 다음과 같다.

> 제4조 (공정한 직무수행을 해치는 지시에 대한 처리)
> ① 공무원은 상급자가 자기 또는 타인의 부당한 이익을 위하여 공정한 직무수행을 현저하게 해치는 지시를 하였을 때에는 그 사유를 그 상급자에게 소명하고 지시에 따르지 아니하거나 제23조에 따라 지정된 공무원행동강령에 관한 업무를 담당하는 공무원(이하 "행동강령책임관"이라 한다)과 상담할 수 있다.
> ② 제1항에 따라 지시를 이행하지 아니하였는데도 같은 지시가 반복될 때에는 즉시 행동강령책임관과 상담하여야 한다.
> ③ 제1항이나 제2항에 따라 상담 요청을 받은 행동강령책임관은 지시 내용을 확인하여 지시를 취소하거나 변경할 필요가 있다고 인정되면 소속 기관의 장에게 보고하여야 한다. 다만, 지시 내용을 확인하는 과정에서 부당한 지시를 한 상급자가 스스로 그 지시를 취소하거나 변경하였을 때에는 소속 기관의 장에게 보고하지 아니할 수 있다.
> ④ 제3항에 따른 보고를 받은 소속 기관의 장은 필요하다고 인정되면 지시를 취소·변경하는 등 적절한 조치를 하여야 한다. 이 경우 공정한 직무수행을 해치는 지시를 제1항에 따라 이행하지 아니하였는데도 같은 지시를 반복한 상급자에게는 징계 등 필요한 조치를 할 수 있다.
> ⑤ 제1항에 따른 소명은 별지 제1호서식 또는 이에 상당하는 방법으로 하여야 하며, 제2항이나 제3항에 따른 상담 요청은 별지 제2호서식으로 한다.
>
> (공무원 행동강령)

2) 업무협조체제 구축

유아교육기관 내에서 원내 업무를 효율적으로 처리하기 위해서는 동료교사들 간의 업무협조체제 구축은 필수적이다. 그리고 동료교사들 간에 업무협조체제가 합리적으로 구축되면 업무추진의 효율성 제고는 물론, 교사들 간의 인간관계 및 인화조성에도 도움이 된다.

원내 전 직원이 참여하는 협조체제를 구축하기 위해서는 원내 업무를 추진하는 과정에서 어떤 교사가 무엇을 어떻게 협조할 것인지에 대한 구체적인 계획을 세워서 진행되어야 한다. 구체적인 계획이 세워지지 않는다면 업무추진과정에서 혼동이 일어나거나 시행착오를 일으킬 수도 있다. 원내에서 이루어지는 모든 업무는 가급적 전직원이 참여해야 한다.

교직원 간의 업무체제구축은 업무처리의 효율성 제고는 물론 원내의 바람직한 분위기 조성과 집단 응집력을 높이는 데 효과적이다. 다음에서 업무협의를 위한 협력방안의 '예'를 제시한다.

(1) 업무협의중심 협력방안의 '예'

① 목적, 유형, 내용

동료교사들이 어린이집 또는 학급 내의 행사, 당면과제, 상부기관 또는 원장의 지시사항,

기타 제반업무 등을 공동협의를 통해 해결방안을 찾아 시행함으로써 업무수행의 효율성을 도모하기 위함이며, 업무협의중심 협력 유형에는

첫째, 어린이집에서 추진하는 각종 업무, 행사, 당면과제 등을 해결 또는 시행하기 위해 이루어지는 업무협의중심의 협력

예 신입원아 입학식 개최에 따른 업무협의

둘째, 학급에서 돌발적으로 발생한 긴급협안과제를 해결하기 위해 시행되는 업무협의중심의 협력

예 감기 걸린 원아들에 대한 대책은?

셋째, 상부기관 또는 원장이 지시한 과제에 대해 해결하기 위해 시행하는 업무협의중심의 협력

예 원아모집을 위한 어린이집 홍보자료 작성방안

넷째, 특정 업무추진에 따른 세부계획을 어린이집의 최고책임자인 원장의 결재를 득한 후 시행에 앞서 전 교사에게 시행계획을 주지시키기 위하여 시행에 따른 협조를 구하기 위한 업무중심의 협력

예 봄 현장학습 계획시달 등이며, 업무협의중심협력으로 이루어지는 업무내용은 어린이집이나 보육실 내에서 이루어지는 모든 업무, 즉 행사, 당면과제, 상부기관 또는 원장의 지시사항 외에도 교사지도, 교육계획 수립 및 지도, 특별활동 지도, 생활지도, 학급경영, 교육기자재 및 자료 활용, 컴퓨터 활용, 교육연구, 학부모 · 지역사회관계, 교육정보 수집 등 유아교육기관에서 이루어지는 모든 교육활동으로 범위가 아주 광범위하다.

② 협의형태

업무협의중심 협력을 위한 공식적인 협의형태의 '예'를 들면 〈표 IV-9〉와 같다(염지숙 외, 2015).

〈표 IV-9〉 업무협의중심 협력 형태

교사 간 협력형태	내용
동 학년협의회	같은 학년 담임교사들로 팀을 구성, 주로 학급경영, 교육과정 운영, 자료개발 및 제작, 수업방법 개선 등의 내용을 중심으로 이루어지는 협의중심형태
동 연령협의회	비슷한 연령의 교사끼리 팀을 이루어 교과지도 및 자료개발 등의 목적을 중심으로 이루어지는 협의중심형태
특정 분야 관련 협의회	현장교육활동, 교육자료 제작, 동화 구연 등 특정 분야에 관심 있는 교사들끼리 조직하여 상호 정보교환의 협력을 하는 형태
동 공간협의회	교실이 위치하고 있는 장소에 따라 일을 분류하여 추진, 실행하는 형태

3) 치밀한 업무계획 수립

유아교육기관이서 해당유아교육기관에서 설정한 운영목표를 구현하기 위해서는 다양한 업무를 추진해야 하는데 업무추진의 효율성을 높이기 위해서는 업무계획을 치밀하게 수립해야 한다. 업무계획에는 1일업무계획, 주간업무계획, 월간업무계획이 있다.

(1) 1일업무계획

1일업무계획은 당장 오늘 하루 동안에 이루어져야 하는 업무로서 가장 구체적이며 실제적인 계획으로 시간대별로 계획되어야 한다. 보육교사의 1일업무계획에는 당해 학급유아들을 지도하기 위한 유아지도활동 계획과 원 운영에 따른 담당업무 추진계획이 포함되어야 한다. 1일업무계획은 〈표 IV-10〉과 같이 정리해두면 시간관리하기에 유용하다.

〈표 IV-10〉 1일업무계획

학급활동업무		원내활동업무	
일과 운영	주요업무	주관업무	협조업무
1. 난장이의 고리 (동화 지도) 2. 종이배만들기 (미술활동)	1. 학부모상담 • 일시 • 대상 • 안건 • 준비물 2. 학습자료제작	1. 야외관찰학습 계획수립	1. 하원 시 원아지도 17:00 ~

① 일과 운영: 유아일과활동 지도내용 중 교사가 특별히 관심을 가지고 지도하거나 자료가 준비되어야 하는 내용

② 주요업무: 유아지도활동 외에 학급운영에 필요한 업무(예: 학부모상담, 자료제작, 교구연구 등)

③ 주관업무: 기관 내에서 사무분담업무에 따른 업무내용

④ 협조업무: 주간 업무계획 내에 계획된 타업무 내용에 따른 협조사항

(2) 주간업무계획

주간업무계획은 각 부서별로 추진해야 할 업무를 계획한다.

〈표 IV-11〉 주간업무계획

월 주(일 ~ 일)

부서별	담당자	지난주 업무내용	금주 업무내용

① 주간업무계획은 부서별로 구분하여 수립한다.

② 교무부에서 위 주간업무계획양식에 의거 각 부서에서 제출한 업무내용을 취합하여 작성한다.

③ 다른 부서의 업무계획을 이해해야 협조할 수 있고 또한 자신의 업무에 대하여 동료직원들이 협조할 수 있도록 작성한다.

④ 매주 월요일이나 전주 금요일에 협의가 이루어지도록 한다.

⑤ 주간 업무계획은 어린이집에서 1주일 동안에 이루어지는 모든 활동을 총체적으로 이해할 수 있게 작성한다.

(3) 월중업무계획

월중업무계획은 1달 동안에 이루어지는 원내 업무계획을 총정리하여 일자별로 〈표 IV-12〉와 같이 작성한다.

〈표 IV-12〉 월중업무계획

월일	국가, 사회행사	업 무 계 획	담당자	비고

① 각 부서별로 계획된 업무내용을 총체적으로 계획한다.

② 각 부서별로 계획된 업무내용이 날짜별로 중복되는 경우는 교무부에서 조정해 준다.

③ 매월 첫째 주 월요일 직원종회 시에 업무계획을 담당교사가 발표하도록 한다.

4) 업무의 위임, 간소화, 제거

업무추진의 효율성을 제고시키기 위하여 업무의 위임, 간소화, 제거를 과감하게 시행해야 한다.

(1) 위임

위임은 지금까지 원내의 모든 업무를 원장이 직접 지휘, 감독하는 체제에서 일부는 원감이 그리고 일부는 부장에게 위임함으로써 업무의 지휘, 감독체제를 직위별로 분산시키는 체제이다. 이렇게 업무체제를 위임함으로써

첫째, 업무분담이 직위별로 균형적으로 이루어지고

둘째, 교사들은 업무추진을 위해 계획을 세워 결재를 얻는 과정에서 일부는 원감전결로, 일부는 부장전결로 이루어짐으로써 결재를 얻기 위한 시간이 절약되고

셋째, 중간관리층 직원이 사명감을 가지고 업무를 주도적으로 추진할 수 있다.

(2) 간소화

업무처리방법을 간소화하여 시간을 절약하는 방법이다. 예를 들면, 반드시 문서로 작성하여 결재를 얻는 관행을 타파하여 전자 결재로 대신할 수도 있고 간단한 업무는 구두결재로 대치한다. 그리고 유아지도를 위한 교수·학습지도안을 매년 교사들이 작성하는 부담을 경감하기 위해 필터식 학습지도안을 작성하여 다음해에 다른 교사가 필터식 보도안에 자신의 계획을 첨삭하여 지도하는 경우이다.

(3) 제거

효용성이 떨어지는데도 불구하고 현재 작성활용하고 있는 장부나 서류를 과감하게 없앤다. 예를 들면 신체검사부, 건강기록보조부, 학급경영요록 등은 이런 견해에서 이미 제거되었다.

5) 불필요한 시간 소요 요인 제거

유아교육기관에서 교사들에게 불필요한 시간이 소요되는 일들이 너무나도 많다. 따라서 이러한 요일들을 사전에 제거하도록 한다.

(1) 전화

일과활동 중에는 학부모로부터 전화를 일체 받지 않는다고 사전에 예고한다.

(2) 외래내방객

교사면담을 원하는 외래내방객은 서무실을 경유하도록 하고 용무의 성격에 따라 서무직원이 조치한다.

(3) 학부모 상담

학부모상담은 방과후에 지정된 날에만 시행하고 필요시에는 유아를 통한 통신이나 메모지를 이용하도록 한다.

(4) 불필요한 회의

직원회의는 최소화한다. 직원회의는 1달에 1회 정도 실시한다.

(5) 외부기관의 협조의뢰 차단

외부기관에서의 협조의뢰사항에 대하여 단호히 거절하거나 최소화한다.

(6) 치밀한 계획수립

모든 업무계획은 치밀하게 수립하여 시행과정에서 시행착오에 의한 시간낭비가 없도록 한다.

(7) 상사의 호출

상사는 일과 중에 가급적 교사들을 호출하지 않는다.

(8) 직원들 간의 불화

직원들 간의 불화, 좋지 못한 인간관계 등으로 불필요한 시간이 많아진다. 근본적으로 교직원 상호 간에 좋은 인간관계 형성을 위한 대책들이 강구되어야 한다.

6) 업무지침, 업무누가기록부 활용

유아교육기관에서는 보유교사들이 매년 같은 업무를 담당할 수 없다. 신임교사가 들어오고 정년교사가 출현함에 따라 부득이 원내 담당 업무가 바꾸어지기 마련이다. 이때 새로 업무를 담당하는 교사는 업무내용의 파악은 물론 업무처리요령을 익히는 데 많은 시간이 소요된다. 따라서 원내 주요 업무별로 업무처리 지침서 혹은 업무처리 매뉴얼을 정리하여 남겨놓으면 유아교사의 업무담당이 바뀌더라도 업무처리 지침서나 업무처리 매뉴얼을 보면 쉽게 업무처리에 임할 수 있다.

그리고 업무누가기록부를 활용하면 업무처리시기와 처리요령을 쉽게 이해하여 업무추진의 효율성을 높일 수 있다. 일반적으로 유아교육기관에서 업무를 추진하기 위해서는 제일 먼저 업무추진계획을 세우는데 계획 내에는 월별계획이 세워지기 마련이다.

따라서 월별계획에 따른 시행 또한 월별로 시행되는데 월별로 시행된 내용을 개략적으로 정리해 놓은 자료가 업무누가기록부로서 아무리 처음에 이 업무를 담당한 교사라 할지라도 업무누가기록부를 보면 언제, 어떻게 업무를 처리할 것인가를 명확하게 안내해 준다. 이와 같이 업무지침과 업무누가기록부는 업무추진을 위한 소요시간을 최대한 단축시켜준다.

7) 업무처리진행절차의 합리화

전 항에서 업무처리의 효율화방안에 대하여 다각도로 검토하여 보았다. 이번에는 업무처리진행절차에 따른 합리화방안에 대하여 생각해 보기로 한다. 업무처리절차란 당해 유아교육기관의 운영목표가 설정되면 운영목표구현을 위한 다양한 사업이 선정되어 지금까지의 과정에 따라 얻어진 일연의 내용을 중심으로 당해 유아교육기관의 운영계획서가 만들어진다. 일반적으로 각 기관의 운영계획서는 전년도 1~2월경에 작성되어 전직원에게 윤독회가 이루어지고 학부모들에게는 운영계획서 내의 주요사업에 대한 설명회가 이루어진다.

그리고 신학년도에 들어와서 기 수립된 운영계획서에 계획된 사업을 추진하게 된다. 따라서 전년도에 수립된 금학년도 운영계획을 실제 추진하는 일연의 과정을 업무처리진행절차라고 하는데 이 업무처리진행절차가 합리적으로 이루어지지 않는다면 업무추진의 효율성을 도모할 수 없다. 업무처리진행절차는 첫째, 계획수립단계 둘째, 실행단계 셋째, 평가단계로 이어지는데 이에 대하여 자세히 생각해 보기로 한다.

(1) 계획수립단계

계획수립단계는 유아교육기관의 운영계획서 내에 계획된 사업에 대하여 실제로 추진하기 위한 세부실천계획을 수립하는 과정이다. 업무처리진행절차가 모두 중요하지만 계획수립단계에서 계획을 치밀하고 상세하게 수립되지 않는다면 실제 실행과정에서 시행착오를 일으키거나 혼란을 일으켜 사업추진을 중단하거나 계획을 수정해야 하는 상황이 도래할 수도 있다.

이렇게 되면 시간적으로나 물질적으로 쓸데없는 낭비가 불가피하므로 계획은 아주 치밀하게 수립해야 한다. 계획은 문서기안이라고 하는 과정을 밟는데 다음에서 문서의 기안에 대하여 설명하기로 한다.

① **문서기안**

㉠ 기안의 의의: 기관의 의사를 결정하기 위하여 문안을 작성하는 것

㉮ 기안용지를 사용하는 일반 기안, 일괄기안, 공동기안

㉯ 기안용지를 사용하지 아니하는 수정기안, 서식에 의한 처리 등이 있음

㉡ 기안자: 직급에 관계없이 「사무관리규정」 제5조의 규정에 의하여 분장받은 업무에 대하여 그 업무를 담당하는 자

㉢ 기안의 형식

㉮ 문서의 기안은 전자 문서로 함을 원칙으로 하며, 업무의 성격 기타 특별한 사정이 있는 경우에는 종이문서로 기안한다.

㉯ 기안용지의 종류

- 일반기안용지: 대내외 문서 + 내부결제문서
- 일반간이서식: 내부 결재 문서
- 관계서식이 따로 있는 경우 그 서식

㉰ 일반간이서식은 보고서, 계획서, 검토서 등 내부결재문서에 한하며 시행문으로 변환하여 시행할 수 없다.

- 시행을 전재로 한 문서는 반드시 일반기안용지를 사용하여야 함

② 문서의 결재

㉠ 결재(좁은 의미)는 법령의 규정에 의하여 소관사항에 대한 기관의사를 결정할 권한을 가진 자(주로 행정기관의 장)가 그 의사를 결정하는 행위를 말한다.

㉡ 전결은 행정기관의 장으로부터 업무내용에 따라 결재권을 위임받은 자가 행하는 결재를 말하며 그 위임전결 사항은 당해 기관의 장이 훈령(임의전결규정 또는 지방자치단체의 규칙)으로 정한다.

㉢ 대결은 결재권자가 휴가, 출장, 기타의 사유로 결재권자의 사정에 의하여 결재를 할 수 없을 때 그 직무를 대리하는 자가 행하는 결재를 말한다.

③ 문서 작성의 원칙

문서작성은 정확성, 평이성, 신속성, 간편성이 유지되어야 한다.

㉠ 정확성: 문서의 내용이 정확해야 한다. 문서의 내용이 정확해야 한다는 것은 상대방이 문서를 정확히 해석할 수 있어야 한다는 뜻이다. 따라서 전하려는 의사를 올바로 전달할 수 있도록 표현방법과 용어 사용 등에 세심한 주의를 기울여야 한다.

㉡ 평이성: 문서는 누구나 이해하기 쉽게 평이한 용어와 표현방법을 구사해야 한다.

㉢ 신속성: 문서는 작성자가 신속히 작성할 수 있을 뿐 아니라 받아보는 측에서도 신속하게 요점을 파악할 수 있어야 한다. 신속성의 요구와 관련된 것으로 가로쓰기, 요점만 쓰기, 결론 앞세우기, 예고하는 문장으로 구사, 조목별로 본문배열 등이 있다.

㉣ 간편성: 문서를 복잡하고 어렵게 쓰기보다 가능한 한 간결하게 작성해야 한다. 하나

의 문서에는 한 건에 관한 것만 담는 것이 원칙이며, 연, 월, 일 등은 정해진 부호등을 사용하기 간편하게 작성한다.

㉤ 경제성: 학급 사무는 시간적으로 신속하게, 내용면에서는 정확하게 이루어져야 하지만 그렇다고 너무 많은 사무비용이 들어가는 것도 문제이다. 학급사무비용을 최대한으로 줄여 최대의 효과를 거양하는 경제성의 원리가 필요하다. 흔히 습관적으로 학급사무를 운영하고 있기 때문에 경제성에 무관심한 경우가 많다.

(2) 실행단계

실행단계는 전 항 계획단계에서 수립한 시행계획을 실제로 현장에 투입하는 단계로서 아무리 훌륭한 실행계획이 수립되었다 할지라도 현장에 투입하는 실행과정이 미숙하다면 당초에 기대하는 성과를 거양할 수 없다. 실행단계에서는 다음과 같은 절차를 밟아 진행한다.

① 계획발표

담당교사가 관계되는 교사들을 한 장소에 모아놓고 사업진행계획을 발표한다. 특히 사업의 목표, 기대되는 효과, 진행계획, 각 교사들이 담당하거나 협조할 내용을 중심으로 발표시킨다.

② 계획수정보완

물론 업무담당교사가 업무시행계획을 치밀하게 수립하였다 할지라도 많은 교사의 의견을 청취하여 당초 계획에 대한 수정, 보완 작업이 이루어진다. 물론 대개의 경우, 당초의 계획대로 시행되는 경우가 많다.

③ 업무시행

발표된 계획, 협의결과에 따라 교사들이 각기 맡은 업무를 시행한다.

④ 업무추진상황 점검 및 확인

업무담당교사는 동료교사들의 업무추진상황을 점검 · 확인하고 업무진행과정에서 돌출되는 문제에 대하여 협의하여 대안을 제시한다.

⑤ 평가 및 반성

업무시행결과에 대한 평가 그리고 나타난 문제점에 대한 보완계획을 수립해둔다. 업무실행단계에서는 〈표 IV-13〉과 같이 업무추진실적부를 작성하여 활용한다.

〈표 IV-13〉 업무추진실적부

담당교사 ○○○

<table>
<tr><td>업무내용</td><td colspan="2"></td><td>시행기간</td><td></td></tr>
<tr><td>목적 및 가치</td><td colspan="4"></td></tr>
<tr><td>업무시행
계획의 개요</td><td colspan="2"></td><td>협조교사명</td><td></td></tr>
<tr><td>월일</td><td>업무계획</td><td>업무추진내용</td><td>문제점</td><td>대책</td></tr>
<tr><td></td><td></td><td></td><td></td><td></td></tr>
<tr><td></td><td></td><td></td><td></td><td></td></tr>
<tr><td>평가 및 반성</td><td colspan="4"></td></tr>
</table>

업무추진실적부는 계획된 사업에 대하여 추진상황을 시기별로 요약·정리하여 추진상황의 점검·확인 및 문제점에 대한 대안을 모색할 수 있도록 구안되어 있다.

① 업무내용, 목적 및 가치, 업무시행계획의 개요, 처리기간, 협조교사명은 기 수립된 시행계획서의 내용을 요약한 것으로 사업계획을 총체적으로 일목요연하게 이해하기 위해 구안되었다.

② 월일, 업무계획, 업무추진 내용, 문제점, 대책은 시행계획에 의한 추진내용을 요약 정리해 나가면서 파생될 수 있는 돌발 문제점에 대한 대책을 누가적으로 기록해 나간다.

③ 사업이 종료된 후에 평가와 반성 내용을 요약 정리한다.

④ 1일에 끝날 수 있는 사업은 보다 상세히 기록할 수 있다.

(3) 평가단계

평가단계는 업무추진의 마지막 단계로서 업무성과를 분석하고 차후 계획의 계획적인 시행 여부 또는 문제점에 대한 대책을 강구해 보는 단계로서 업무시행의 마무리 단계이다. 평가는 〈표 IV-14〉와 같은 양식에 의하여 이루어진다.

〈표 IV-14〉 업무평가

사업명 :

담당자 :

사업계획	실적개요	목표량	실적	실적비율	효과	문제점 및 대책

이상에서 밝힌 바와 같이 모든 사업은 계획수립단계, 시행단계, 평가단계 등 업무 처리진행 절차가 합리적으로 이루어져야 업무처리의 효율성을 제고시킬 수 있다.

참고문헌

강기수 외(2012), 최신교사론, 서울: 동문사.

강문희(2002), 21세기 유아교육, 서울: 학지사.

고정곤 외(2004), 한국유초등교육의 오늘과 내일, 서울: 양서원.

고정곤 외(2005), 유아사회교육, 서울: 양서원.

고정곤 외(2011), 부모교육의 이론과 실제, 서울: 양서원.

고정곤 외(2015), 교직실무, 서울: 정민사.

고정곤 외(2015), 보육과정, 서울: 양서원.

고정곤 외(2016), 보육학개론, 양성원.

고정곤 외(2016), 초등교육행정의 이론과 실제, 양성원.

고정곤 외(2017), 아동생활지도, 양성원.

교육과학기술부(2010), 누리과정, 교육과학기술부.

교육과학기술부(2010), 유치원교원양성 및 임용체계 개선방안, 교육과학기술부.

권영례 외(2015), 영유아교사론, 서울: 양서원.

권진일 외(2010), 유아교사론, 서울: 양서원.

김경이 외(2001), 교직의 이해, 경기: 문음사.

김기태(2004), 미래지향적 교사론, 서울: 교육과학사.

김동배 외(2004), 한국인의 정신건강 개념에 관한 연구, 한국사회복지학, 56(1), 203-233.

김은설 외(2010), 보육시설장, 교사윤리강령 개발연구, 한국보육시설연합회, 유아정책연구소 수탁보고 2010-10.

김은영(1999), 우리나라와 미국의 유치원교사 양성제도비교, 이화여자대학교 대학원 석사학위논문.

김은영 외(2016), 인성과 리더십, 경기: 양성원.

김이영 외(2013), 정신건강론, 서울: 양서원.

김종철(1994), 최신 교사론, 서울: 교육과학사.

김판갑(2003), 초등학교 여교사의 교직문화에 대한 연구, 경남대학교 대학원 박사학위논문.

김현경(2003), 교직활동을 통해 형성되는 초등학교 교사문화에 대한 연구, 경인교육대학교 교육대학원 석사학위논문.

김희용(2007), 좋은 교사의 자질, 교육철학, 38, 27-46.

남궁달화(1999), 인성교육론, 경기: 문음사.

노길영(2000), 경력유치원 교사를 통해 본 교사발달의 제 요인 및 유형, 이화여자대학교 대학원 석사학위논문.

노종희(1982), 교원현직교육의 발전방향과 과제, 한국교육개발원.

문용린(1993), 교직윤리와 교사의 수업책무성, 교육월보, 11월, 95-98.

민성혜(2015), 보육교사론, 서울: 양서원.

박근주 외(2009), 영유아교사론, 서울: 양서원.

박덕규(1986), 교원양성 이대로 좋은가? 한국교총, 교육연구, 3, 11-27.

박선해 외(2013), 보육교사론, 경기: 공동체.

박은혜(2005), 유아교사론, 서울: 창지사.

박혜리(1989), 유아교육교사의 전문성에 관한 연구, 이화여자대학교 대학원 석사학위논문.

백선희 외 (2004), 영유아보육법 개정에 따른 보육시설장 및 보육교사 자격제도연구, 한국영유아보육학, 39, 171-195.

백혜리(2008), 보육교사론, 서울: 동문사.

안창선 외(2004), 교사론, 서울: 교육과학사.

양정미(2004), 보육교사의 교육관심사, 발달단계에 따른 장학실태 및 요구도 조사연구.

염지숙 외(2010), 유아교사론, 서울: 양서원.

염지숙 외(2015), 유아교사론, 서울: 양서원.

유기련(1991), 인간관계론, 서울: 무역경영사.

윤복남(2000), 유아교육기관 교사들의 현직교육에 대한 요구분석, 계명연구논총, 18(1), 97-114.

윤영애(2002), 유아교사 발달단계에 따른 임상장학 모형개발, 덕성여자대학교 대학원 박사학위논문, 부산대학교 대학원 석사학위논문.

윤종건 외(1998), 교사론, 서울: 창지사.

이경(2001), 유치원교사와 보육교사의 전문성과 역할수행 인식과의 관계, 이화여자대학교 교육대학원 석사학위논문.

이순형 외(2015), 보육교사론, 서울: 양서원.

이영석 외(1997), 유아교육학개론, 서울: 양서원.

이은해(1995), 어린이집 영아반 운영의 실제, 서울: 교육과학사.

이은혜(2010), 유아교사론, 서울: 창지사.

이은화 외(1995), 유아교사론, 서울: 양서원.

이인효(1990), 인문계고등학교 교직문화연구, 서울대학교 대학원 박사학위논문.

이종목(1989), 스트레스의 원인, 결과 및 대책, 성원사.

임부연 외(2015), 유아교사론, 서울: 양서원.

임재택(2001), 유아교육기관 운영관리, 서울: 양서원.

임주희(2004), 걸음마기 영아교사의 역할에 관한 문화기술적 연구, 건국대학교 석사학위논문.

장선철(2002), 현대인의 정신건강, 서울: 동문사.

장원동 외(2009), 유아교사론, 서울: 청목출판사.

정영수 외(1998), 교사와 교육, 서울: 문음사.

정혜진(2004), 보육교사의 바람직한 역할수행을 위한 인식연구: 보육시설장과 보육교사의 관점에서, 중앙대학교 대학원 석사학위논문.

조경덕 외(2012), 대인관계와 커뮤니케이션, 서울: 동문사.

조경자(2007), 유아교사와 유아가 인식한 유아교사의 이미지 이해, 유아교육연구, 27(3).

조부경 외(2005), 유아교육실습, 서울: 학지사.

진동섭 역(1996), 교직사회, 경기: 양서원.

진동섭 외(2011), 학교경영컨설팅과 수업컨설팅, 경기: 교육과학사.

최수아(2005), 직장보육시설 보육교사의 역할수행에 관한 교사 및 학부모의 인식조사 연구, 이화여자대학교 대학원 석사학위논문.

한광일(2008), 스트레스 치료법, 서울: 삼호미디어.

한국교원단체 총연합회(2000), 예비교원을 위한 교사론, 서울: 교학사.

한국교원단체 총연합회(2006), 교사론, 서울: 교학사.
한국보육진흥원(2011), 보육교사 승급교육교재, 한국보육진흥원.
한국보육진흥원(2013a), 보육교사를 위한 표준 보수교육과정, 한국보육진흥원.
한국보육진흥원(2013b), 양성교육기관에서의 보육실습지도, 한국보육진흥원.
한국보육진흥원(2013c), 어린이집 원장을 위한 표준 보수교육과정, 한국보육진흥원.
한국보육진흥원(2014), 어린이집 평가인증안내(3차지표 시범사업용), (재)한국보육진흥원 보육인력국가자격증 홈페이지.
한국유아교육학회(1995), 유아교육사전(용어편), 경기: 교문사.
황해익(2015), 보육교사론, 경기: 정민사.

Almy, M.(1975), *The early childhood at work*, new york: mcgraw-hill book company.
Hamachek, D.(1992), *encounters with the sell*(4th ed.), new york: Har court brace.
Keean, M.(1998), Making the transition from prescool to infant/Loddier teacher, *young children*, *53*(2).
Katz, L. G.(1972), "Developmental stages of prescool teacher." *Elementary school journal*, *73*, 50-54.
Machad, J. M. & Botnarescue, H. H.(2001), *student teaching: early childhood practicum guide*, 4th edition, delmar, thomson learning, Inc.
Rowe, D, Early. B., & Loubier. D.(1994). 영아와 걸음마기 유아교사의 역할, 조부경 · 이정미 역(1999).
Saracho, O, N.(1998). "A study of the rdes of early childhood teacher." *early child development and care*, *38*, 43-46.
Spodek, B. S.(1985), *teaching in the early years*(3rd ed.), new jersey: prentice hall. inc.

저자 소개

- **고정곤**

원광대학교 대학원 교육학석사
전라북도 교육청 교직과장·교육과장
군산 서해초등학교장, 서해대학교 겸임교수
서울시교육청 유아교육위원
〈저서〉 보육과정, 유아사회교육, 유아교과교육론, 보육교사론 외 다수

- **김중기**

호서대학교 대학원 유아교육학박사
현, 국제대학교 아동보육과 교수, 평생교육원원장
〈저서〉 보육실습, 아동미술, 취·창업노트 외 다수

- **이영희**

원광대학교 교육대학원 교육학석사
원광대학교 대학원 문학박사
현, 서해대학교 유아교육과 교수
〈저서〉 보육학개론, 아동미술, 놀이지도, 유아미술교육 외 다수

- **이우언**

계명대학교 심리학과 박사과정 수료
현, 수성대학교 사회복지과 교수
〈저서〉 영유아발달, 정신건강론 외 다수

- **전대성**

단국대학교 대학원 행정학박사
현, 경북전문대학교 사회복지과 교수
〈저서〉 사회복지법제론, 보육학개론 외 다수

보육교사인성론

1판 1쇄 인쇄 — 2019년 1월 28일
1판 1쇄 발행 — 2019년 1월 31일

저　　자 - 고정곤 · 김중기 · 이영희 · 이우언 · 전대성
발 행 인 - 강철원
발 행 처 - 양성원
주　　소 - 경기도 파주시 검산로 173번길 29-20
전　　화 - 031-946-3861(代)
팩　　스 - 031-946-3864
이 메 일 - tnwpub@naver.com
홈페이지 - tnwpub.co.kr
출판등록 - 2015년 8월 31일 제 2015-000211 호

ISBN 979-11-6126-140-9

정가 20,000원